主編 黄志繁　副主編 劉承源

江西地方珍稀文獻叢刊

宜春卷

易咏春 編著

江西高校出版社

JIANGXI DIFANG ZHENXI WENXIAN CONGKAN YICHUN JUAN

圖書在版編目(CIP)數據

江西地方珍稀文獻叢刊. 宜春卷 / 黃志繁主編;易咏春編著. — 南昌:江西高校出版社,2018.11
ISBN 978-7-5493-7979-8

Ⅰ. ①江… Ⅱ. ①黄… ②易… Ⅲ. ①地方文獻—匯編—宜春 Ⅳ. ①K295.6

中國版本圖書館CIP數據核字(2018)第261491號

出版發行	江西高校出版社
責任編輯	曾文英
社址	江西省南昌市洪都北大道96號
總編室電話	(0791)88504319
銷售電話	(0791)88517295
網址	www.juacp.com
印刷	南昌市光華印刷有限責任公司
經銷	全國新華書店
開本	700 mm × 1000 mm 1/16
印張	25.5
字數	205千字
版次	2018年11月第1版
印次	2018年11月第1次印刷
書號	ISBN 978-7-5493-7979-8
定價	78.00元

贛版權登字-07-2018-1403

總　序

1996年盛夏，我的碩士生導師邵鴻教授給我1000元的經費，囑托我務必去我所研究的區域贛南跑一跑田野。於是，我滿懷期待地開啓了我的首次贛南田野之行。本以爲田野是浪漫的，鄉下是充斥着族譜和碑刻等田野資料的，没料到我田野第一站就遭受重大挫折。當時，因爲我的論文題目是《贛南市場研究》，而《贛南日報》又報道贛縣的白鷺鄉發現了農村原始市場。我遂興衝衝地殺向白鷺村。但是，當我坐鄉鎮班車走到贛縣田村時，班車突然壞了，修好要到晚上9點多鐘。如果坐摩托到白鷺需要15元錢，對於當時的我來説，太貴了，而且我人生地不熟，也有點擔心安全問題。頗爲無奈的我衹好在一個鄉村餐館等班車修好，不消説，等我到白鷺鄉政府計劃投宿時已經將近深夜12點了。没料到，更糟糕的是，當我好不容易找到白鷺鄉政府張鄉長的時候，大概當時的我渾身灰塵，裝扮奇特，又是外地口音，而白鷺鄉又剛發生幾起文物盜販案件，張鄉長直接懷疑我是文物販子，拒絕給我安排住宿。結果，我當場和他大吵起來，他表示要叫派出所的人將我扣押。後來，我想起贛州市博物館館長韓振飛認識張鄉長，於是，和張鄉長及幾個鄉幹部到鄉郵政所花1塊多長途電話費，請韓館長和張鄉長通了電話，才算消除誤會。事後想起來，真是後怕，倘若當時韓館長不在家，估計我當晚會被扣押在白鷺鄉派出所。

我在這裏詳述這個故事，不是爲了訴苦，而是爲了説明，真正的田野工作遠不是鄉村旅游般的浪漫，而是非常艱辛的，且史料收集更多的是碰運氣，特别是在交通條件比較差、數碼相機不普及的那個時代。我永遠不會忘記，1999 年，我欣喜若狂地在上猶縣營前鎮一户黄姓人家家裏用手抄寫一份非常有意思的文獻《去粤來猶記》時的場景。昏暗的燈光下，人家全家都在準備吃飯，而我還在奮力抄寫，絲毫不想停。主人想邀請我吃飯，又想我盡快離開。於是，一家人圍在飯桌前，一邊用土話議論着我，一邊眼巴巴地盼望我快點離開。我當然是厚着臉皮抄完這份文獻，事後却頗爲内疚，我們的所謂田野考察對人家平静生活其實是一種打擾。

後來，我參加了工作，做了教授，物質條件改善了，這種田野的艱辛有所減少，但是，時間却比讀書時代不知道緊張了多少。如何在田野中找到感覺，又獲得數據，是我一直在探索的問題。直到 2007 年我認識了會昌縣政協文史辦的宋瑞森老師，當我驚訝於他對地方史料的掌握和對學術信息的熟稔時，我才發現自己找到了田野的訣竅，那就是作爲一個外地工作的學者，必須有一個當地的文史工作者作爲堅定的伙伴。當我認識尋烏縣民間文獻研究“大牛”劉承源老師時，我真的被他對民間文獻的收集、整理和研究的水平所折服了。他絶對不是一般意義上的地方文史愛好者，而是深藏於民間的文獻專家。後來，隨着我認識的民間文獻大家越來越多，我越來越發現，在信息時代，有許多地方文史工作者，他們不僅手上掌握着大量民間文獻，而且，他們的文言文修養、對制度史的熟悉和對學術信息的掌握已經相當於甚至超過許多大學教師了。如何和他們合作，通過正當合理的方式把他們手上的文獻整理出來，潤澤學林，一直是我在謀劃的事情，而編撰一套地方珍稀文獻叢刊應該是實現上述理想的不錯的辦法。

編撰這套叢書，我的想法絶非爲了我個人之研究，而是非常樸素的，那就是發動地方文史工作者，盡可能地向學界公布不爲公藏機構所收藏的或很難尋獲的珍稀文獻，以方便學術界研究和利用，同時也搭建起大學科研院所學術機構和地方學術研究團體之間的聯系平臺。我以爲，這是一個地方 211 大學學術機構應該有的責任心和公心。因此，入選本套叢書的作者都有如下幾個特點：第一，對地方文獻有深厚的感情，能够善待文獻；第二，對地方文獻有一定的收藏，且自願奉獻文獻出來；第三，對地方文獻有較强的解讀能力，熟悉基本的文獻整理規範。在這個原則上，就有了這一套叢書的編撰。

本套叢書共包括如下内容：

嘉靖《虔臺續志》和天啓《重修虔臺志》，這兩套古籍全世界衹有兩套，分别存放在日本内閣文庫和英國牛津大學圖書館，如今分别由石城縣圖書館館長劉敏先生和會昌縣文化館曾敏先生點校，以饗學界。

其他珍稀文獻分别來自石城縣、上猶縣、吉水縣、尋烏縣、會昌縣、宜春市袁州區等地。作者分别爲石城縣圖書館館長劉敏先生，上猶縣委組織部羅偉謨先生，吉水縣委宣傳部副部長、文聯主席楊巴金先生，宜春市人大常委會秘書長易咏春先生，尋烏縣歷史文化研究會會長劉承源先生和王佳京先生，會昌縣政協宋瑞森先生和文化館曾敏先生等。

本套叢書是大學與民間學者學術合作的一次有益嘗試，若得成功，我們希望能够繼續編撰第二套、第三套，乃至無窮套。長期以往，堅持不懈，或許贛學之崛起，江右學術群體之蔚然，將夢想成真。諸公勉之！

黄志繁序於贛昭萍旅次

時值丙申酷暑

目錄

票據簿記(28 件)

江西地方珍稀文獻叢刊

宜春縣白源鄧氏文書

文書簡介

白源地處江西省宜春市袁州區東部，距宜春城區約十公裏，現屬宜春市袁州區彬江鎮，明清時期屬宜春縣歸化鄉，民國屬宜春縣歸南鄉，解放後曾設白源鄉、白源公社、白源大隊，現分成白源、前白源兩個行政村。白源居鄧、鄒、温、李、潘諸氏，鄧氏由鄰村横山村黄家灣徙來，其先祖于元代至順年間由新餘縣洋田遷至黄家灣。這批文書共161件，出自白源鄧氏，所記載的内容起于明代隆慶二年（1568年），止于民國二十八年（1939年），時間跨度長達371年，内容涉及買賣、租賃、典當、借貸、佃耕、貿易、合會、税賦、訴訟、合約、禁示、悔過等諸多民事行爲和相關行政管理。

（作者爲文書收藏人王瑩）

買賣文契(97 件)

清順治十三年十月鄧相四賣田契

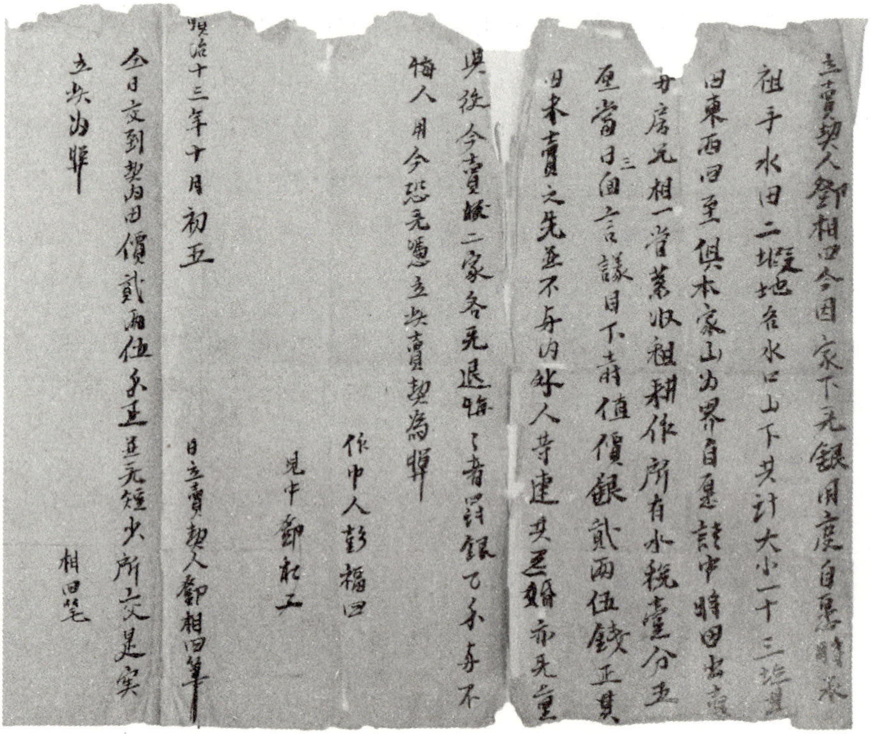

立賣契人鄧相四今因家下无銀用度自愿將承
祖手水田二塅坐地名水口山下共計大小一十三坵其
田東西四至俱本家山為界自愿請中將田出賣
與房兄相一當業收租耕作所有水税壹分五
厘當日三自言議目下時值價銀貳兩伍錢正其
田未賣之先並不與內外人等違交逐婚亦无重
典後今賣後二家各无退悔悔者罰銀一兩與不
悔人用今恐无憑立出賣契為照
作中人彭福四
見中鄧紀五
順治十三年十月初五日立賣契人鄧相四筆
今日交到契內田價貳兩伍錢正並无短少所交是實
立出為照
相四笔

清康熙二十九年十月鄒儀庭賣田契

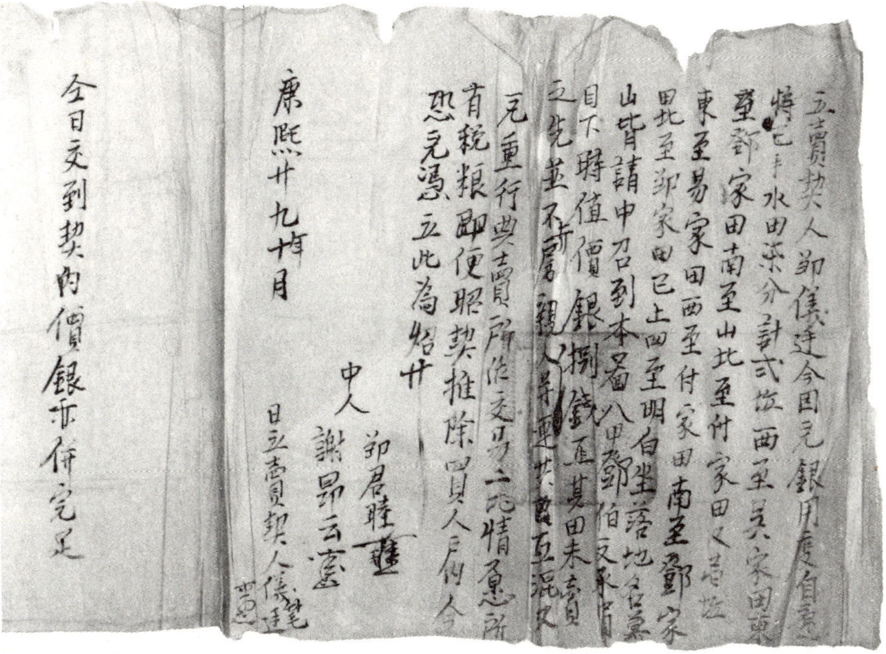

立賣契人鄒儀廷今因無銀用度自意
將己手水田柒分計弍坵西至吳家田東
至鄒家田南至山北至什家田又一坵
東至易家田西至什家田南至鄒家
田北至鄒家田已上四至明白坐落地名[illegible]
山皆請中召到本圖八甲鄒伯文承買
目下時值價銀捌錢正其田未賣
之先並不曾[illegible]其[illegible]
無重行典賣所作交易二比情愿所
有稅粮即便照契推除買人戶內[illegible]
恐無憑立此為[illegible]

中人　鄒君睦　謝昂云

康熙廿九年十月　日立賣契人儀廷

全日交到契內價銀並係完足

清康熙三十年二月鄧天八賣田契

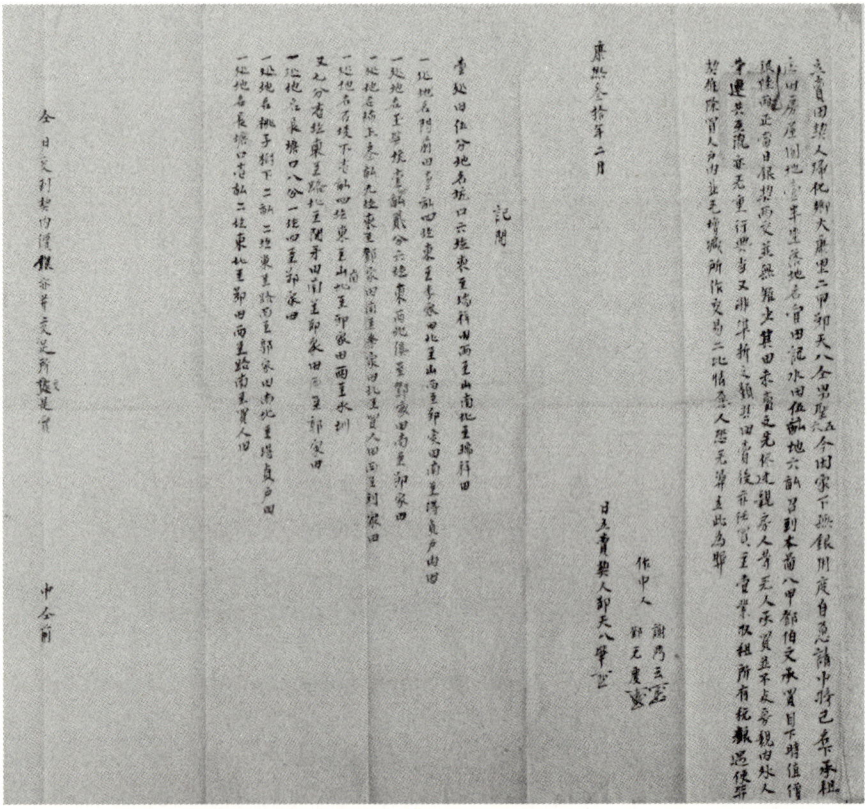
立賣田契人歸化鄉大康里二甲鄧天八仝男聖六聖五今因家下無銀用度自愿請中將已業承祖
之田房屋園地壹半坐落地名曾田記水田伍畝地六畝召到本圖八甲鄧伯文承買目下時值價
銀陸兩正當日銀契兩交其無短少其田未賣之先係是親房人等無人承買並不是房親內外人
等連其交流亦無重行典當又非準折之類其田賣後亦係買主管業收租所有稅糧遇便推
契推除買人戶內並無增減所作交易二比情愿人恐無憑立此為照

康熙叁拾年二月

日立賣契人鄧天八畢押

作中人　謝丙三押　鄧元慶押

記開

壹處田伍分地名坑口六址東至瑞祥田西至山南北至瑞祥田
一處地名門前田壹畝四址東至李家田北至山西至鄧家田南至得貞戶內田
一處地名王家坑壹畝貳分六址東西北俱至鄧家田南至鄧家田
一處地名橋上叁畝九址東至鄧家田南至李家田北至買人田西至劉家田
一處地名石坡下壹畝四址東至山南北至鄧家田西至水圳
又九分右址東至路北至閔子田南至鄧家田西至鄧家田
一處地名長塘口八分一址四至鄧家田
一處地名桃子樹下二畝二址東至路西至鄧家田南北至得貞戶田
一處地名長塘口壹畝二址東北至鄧田西至路南至買人田

仝日又到契內價銀六兩足訖所收是實

中仝前

清康熙三十年四月鍾文侯賣田莊契

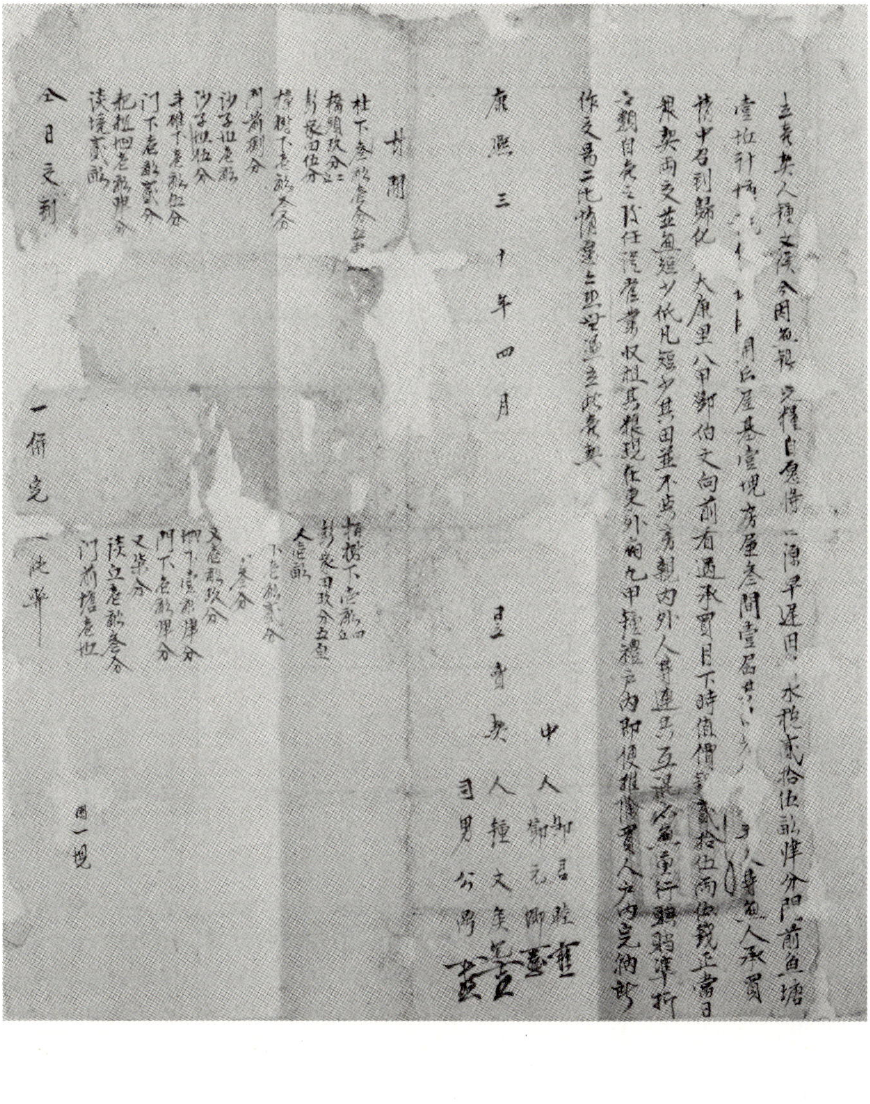
立賣契人鍾文侯今因無銀[illegible]糧自愿將[illegible]早遲田[illegible]水稅貳拾伍畝肆分門前魚塘
壹口計[illegible]屋基壹塊房屋叁間壹届[illegible]人承買
請中召到歸化大康里八甲鄧伯文向前看過承買日下時值價銀貳拾伍兩伍錢正當日
銀契兩交並無短少低凡短少其田並不幽房親內外人等違占互混如有重行典賣準折
字類自系立[illegible]任從管業收租其糧現在東外甬九甲鍾禮戶內即便推與買人戶內完納計
作文易二比情愿立此無憑立此賣契

康熙三十年四月 立賣契人鍾文侯 同男公禹

中人 鄧君政 鄧元卿

計開
杜下叁畝[illegible]
梅頭玖分二[illegible]
彭家田伍分
梯[illegible]下壹畝叁分
門前捌分
沙子[illegible]壹畝
沙子坪伍分
羊雅下壹畝伍分
門下壹畝貳分
杷[illegible]壹畝肆分
陡坑貳畝
梯[illegible]下壹畝[illegible]
彭家田玖分五厘
人壹畝
下壹畝貳分
[illegible]叁分
又壹畝玖分
[illegible]下壹畝肆分
門下壹畝肆分
又柒分
陡立壹畝叁分
門前塘壹口

仝日交到 一併完 一批

[illegible]一塊

清康熙三十一年正月鄒君睦等賣地契

立賣契人鄭君祥今因無銀用度自惷將已
分圍地壹片坐落地名枋坑西至大山為界
東南至行路為界北至叶人地基為界已上
肆至明白請中和壽交鄭伯文當日得受
銀捌錢正其地任從買人開業無得異言
後二家各無異說今恐無憑立此為帖

康熙三十壹年正月

同日交利契內係水供完足

中人 謝日祈云還
立賣契人君睦生匯
同弟君祥憲
同男程公麗

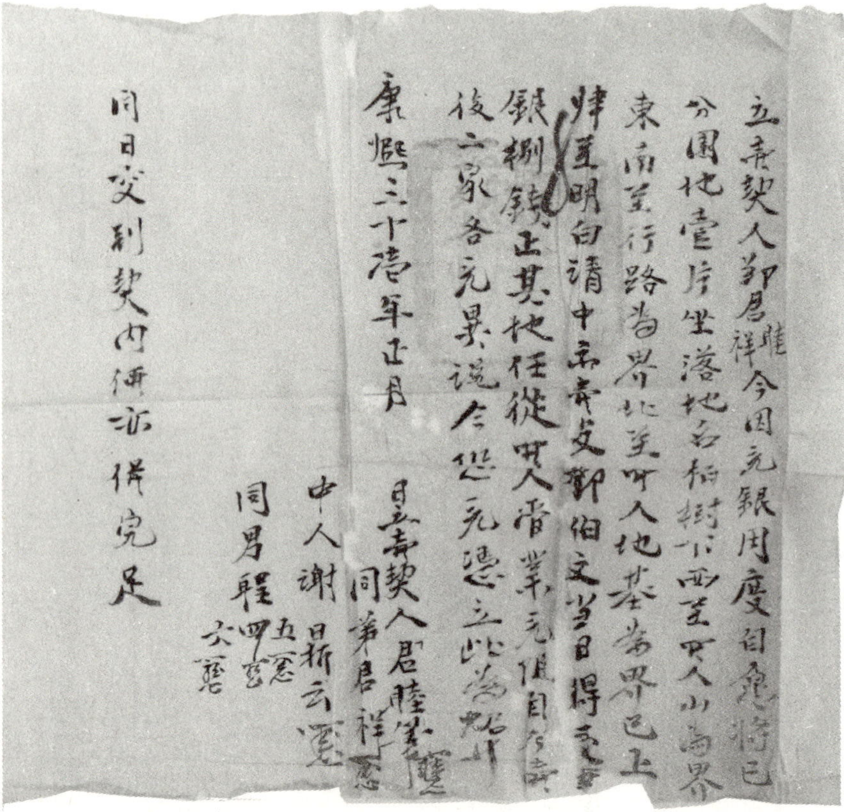

清康熙三十二年十月易瑞圖賣田契

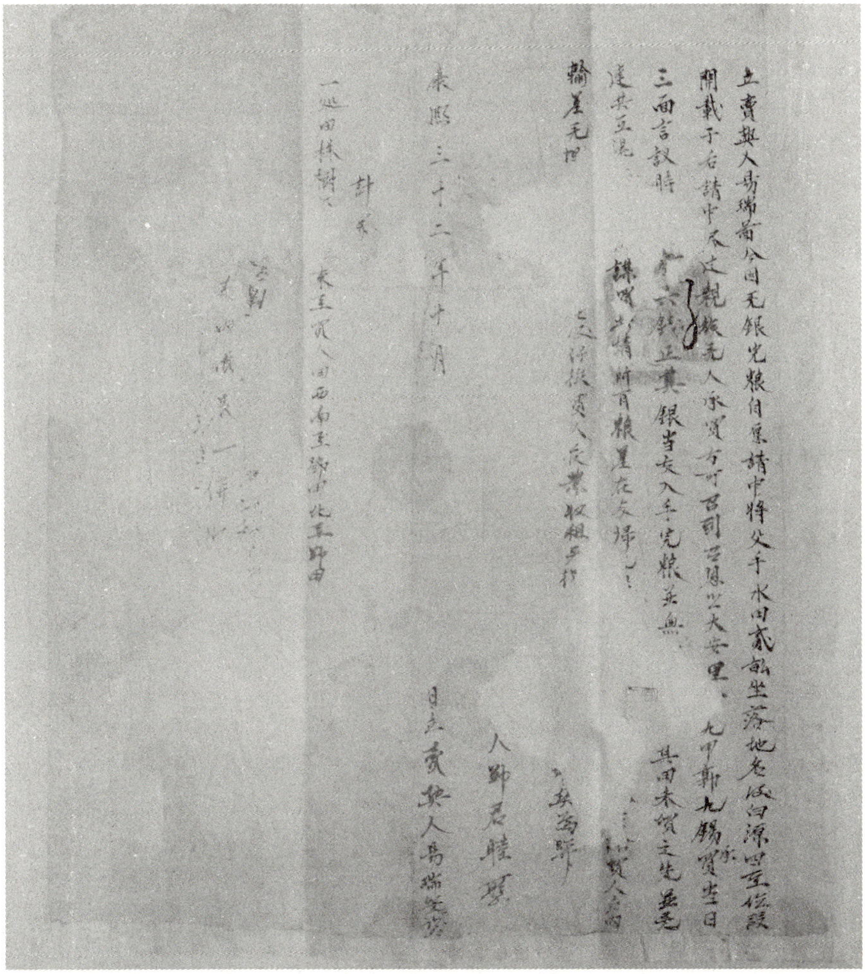

清康熙三十二年十月鄒瑞祥賣田契

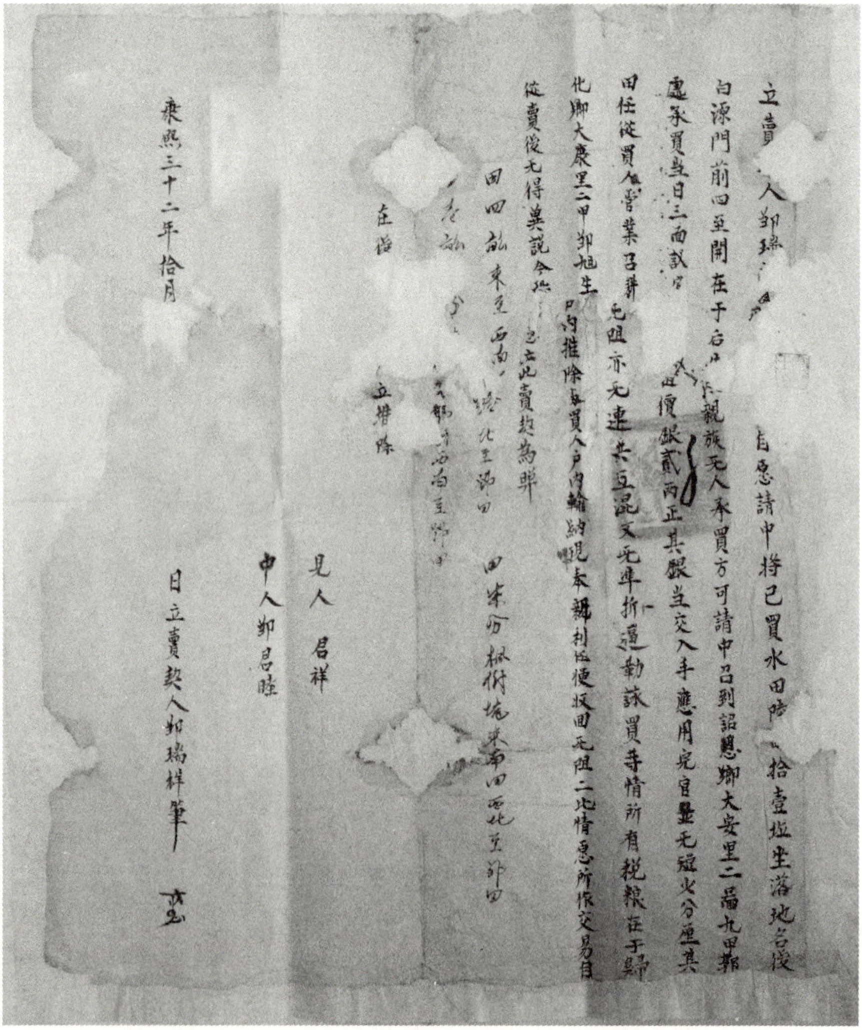

立賣[illegible]人鄒瑞[illegible]自愿請中將己買水田[illegible]拾壹坵坐落地名彼
白源門前四至開在于后[illegible]親族无人承買方可請中召到詔恩鄉大安里二啚九甲鄒
處承買為业三面議定田價銀貳兩正其銀當交入手應用兌官塁无短少分厘其
田任從買人管業召耕无阻亦无連共互混文无準折逼勒該買等情所有稅粮在于歸
化鄉大康里二甲鄒旭生戶內推除與買人戶內輸納現本親利任便收田无阻二比情愿所作交易自
從賣後无得異說今欲[illegible]立此賣契為照
田四坵東至西南[illegible]北至[illegible]田　田朱分楓树塅東南田西北至鄒田
[illegible]坵[illegible]分[illegible]鄒[illegible]西南至鄒田
在[illegible]　立冊除
見人　君祥
中人鄒君睦
康熙三十二年拾月　日立賣契人鄒瑞祥筆（押）

清康熙三十三年五月傅桓玉賣莊田契

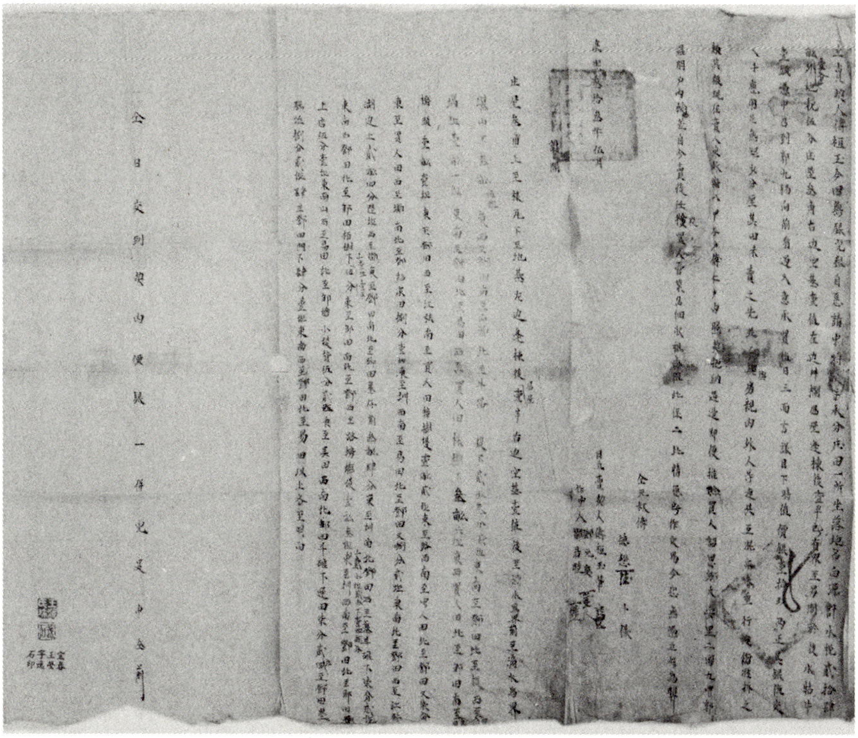

清康熙三十三年十二月鄒星一賣田契

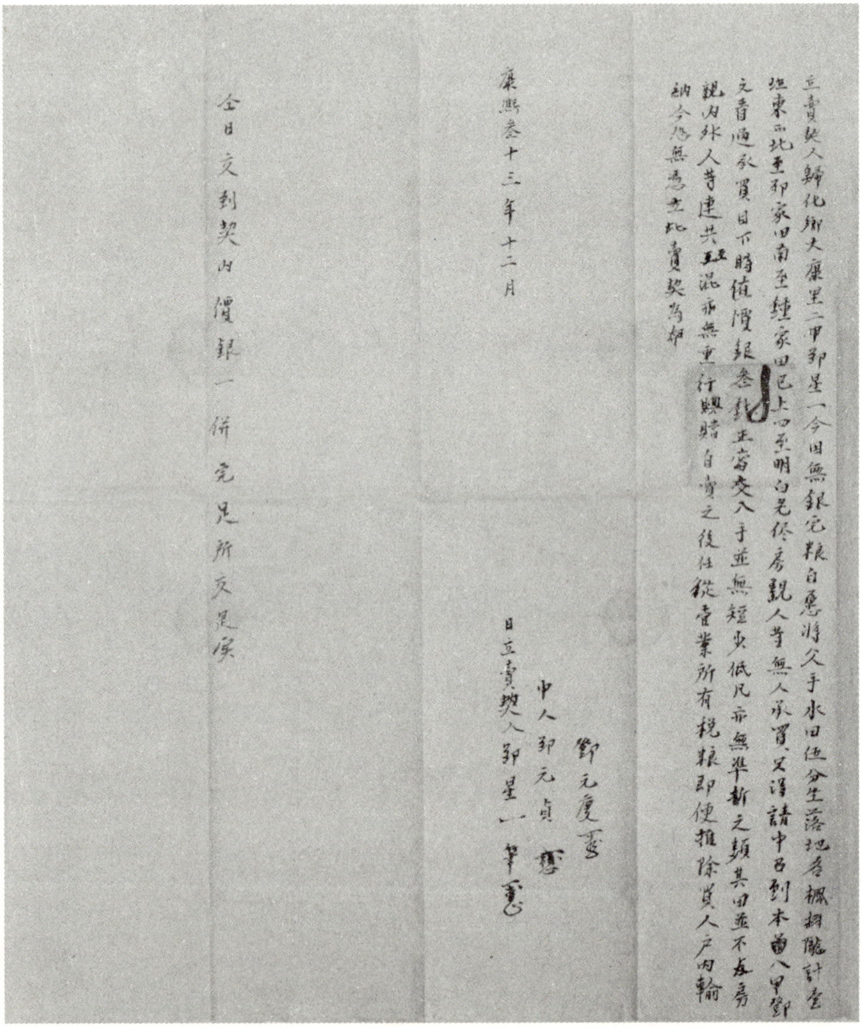

立賣契人歸化鄉大康里二甲鄒星一，今因無銀完粮，自愿將父手水田伍分，坐落地名楓樹隴，計壹坵，東西北至鄒家田，南至鍾家田，已上四至明白。先儘房親人等，無人承買，又浮請中召到本啚八甲鄧文青邊承買，日下時值價銀叁兩五錢，當交入手，並無短少低欠，亦無準折之類。其田並不在房親內外人等達共混，亦無重行典賭。自賣之後，任從受業所有，稅粮即便推除買人戶內輸納。今恐無憑，立此賣契為照。

康熙叁十三年十二月　日立賣契人鄒星一（押）

中人鄒元貞（押）

鄧元慶（押）

今日交到契內價銀一併完足，所交是實。

清康熙三十七年二月鄒聖八賣田契

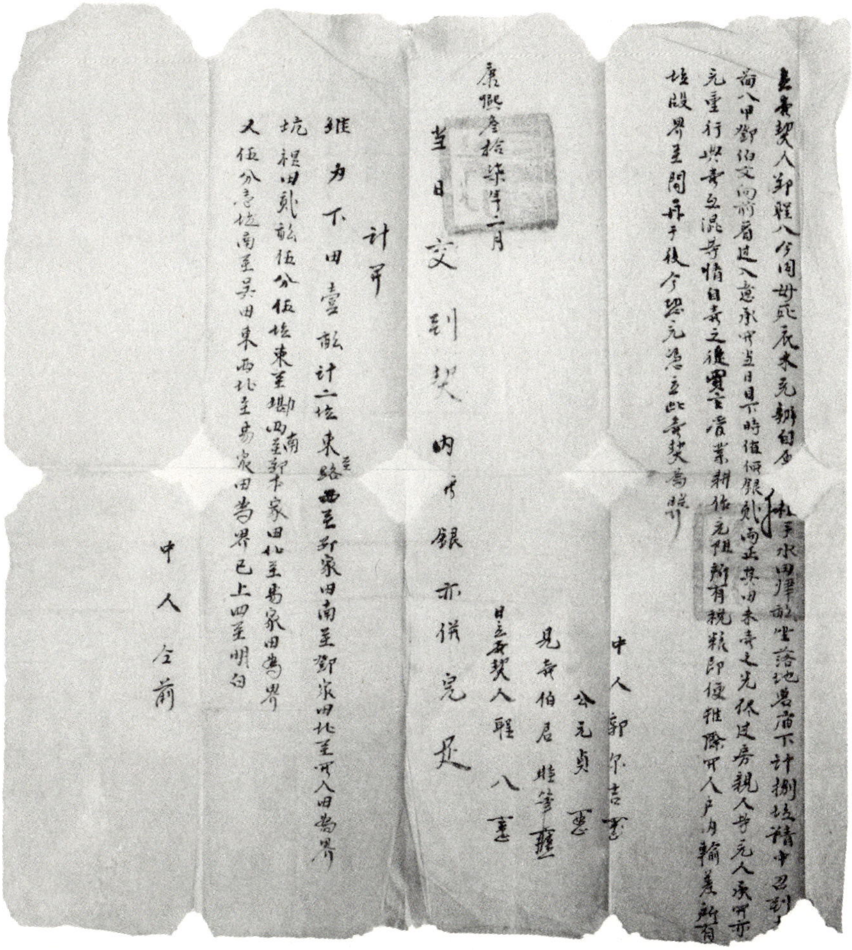

清康熙四十年三月李得成賣莊田契

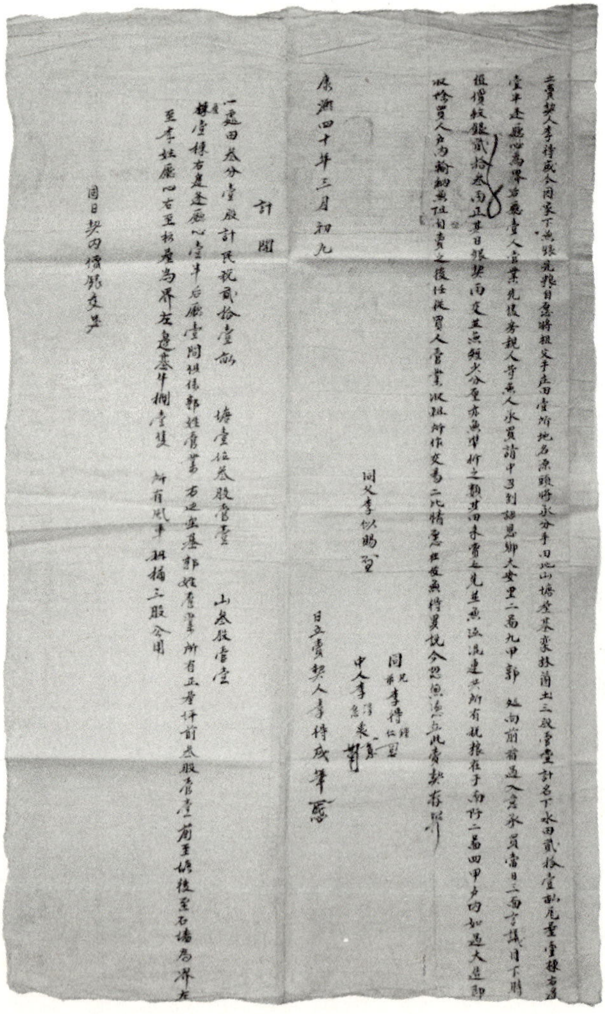

康熙四十年三月初九

同父李以暘（押）

同兄李得經（押）

中人李嘉秉（押）

日立賣契人李得成（押）

計開

清康熙四十四年二月鄧克庭貿田契

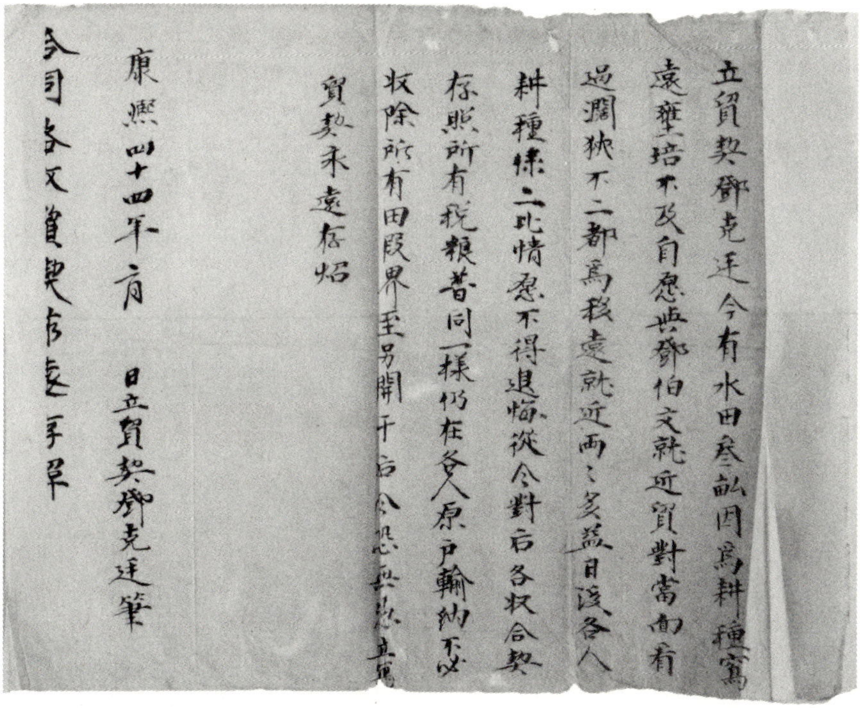
立貿契鄧克廷今有水田叁畝因爲耕種窩
遠難以培不及自愿與鄧伯文就近貿對當面有
過劄狄不二都爲移遠就近兩〻多益日後各人
耕種隸〻比情愿不得退悔從今對后各收合契
存照所有稅粮普同一樣仍在各人原户輸納不必
收除所有田段界至另開于后今恐無憑立寫
貿契永遠存炤
康熙四十四年二月　日立貿契鄧克廷筆
今同各立貿契各執手單

清康熙四十七年十一月吴國祥賣田契

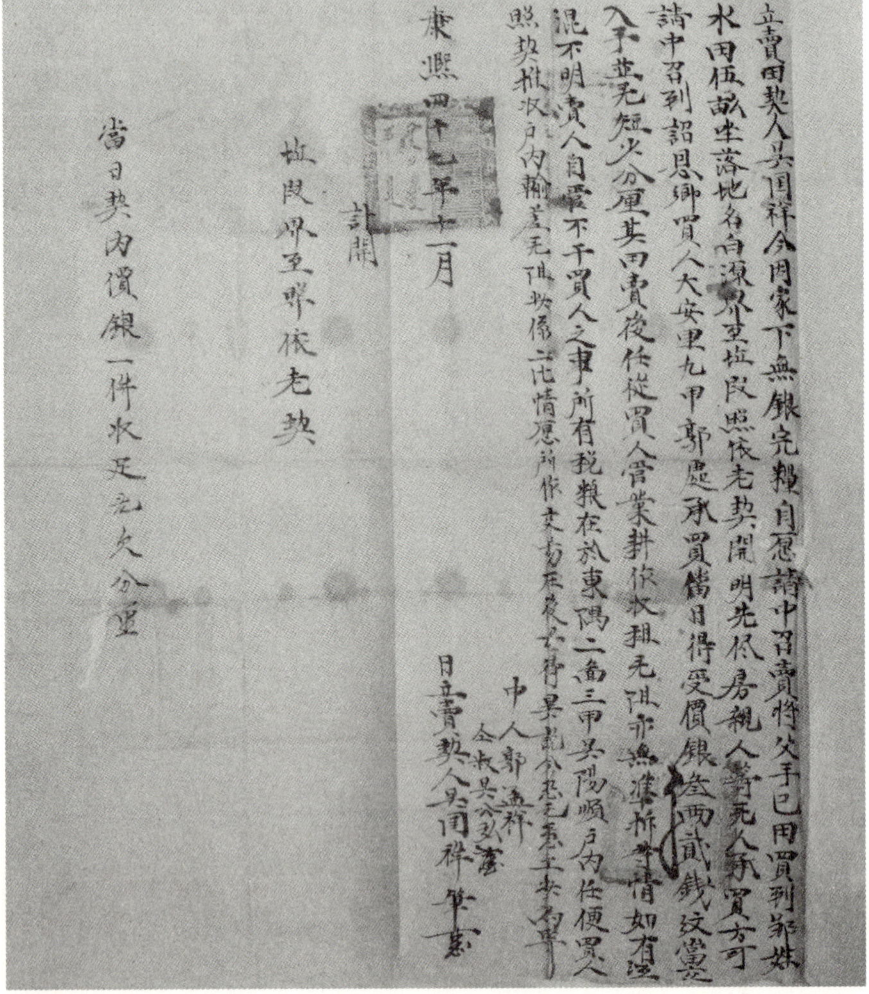
立賣田契人吴国祥今因家下無銀完粮自愿請中召賣將父手已用買到鄒姓
水田伍畝坐落地名白源界至坵段照依老契開明先儘房親人等无人承買方可
請中召到詔恩鄉買人大安里九甲鄒處承買當日得受價銀叁两貳錢紋艷足
入手並无短少分厘其田賣後任從買人管業耕作收租无阻亦無準折等情如有土
混不明賣人自理不干買人之事所有稅粮在於東隅二畬三甲吴陽順戶內任便買人
照契推收戶內輸差无阻此係二比情愿所作交易[illegible]今恐无憑立此為照
中人 鄒遇祥
仝叔 吴公[illegible]
日立賣契人吴国祥 筆 押
康熙四十七年十一月
計開
坵段界至照依老契
當日契内價銀一併收足无欠分厘

清康熙五十二年四月鄧仲達賣田契

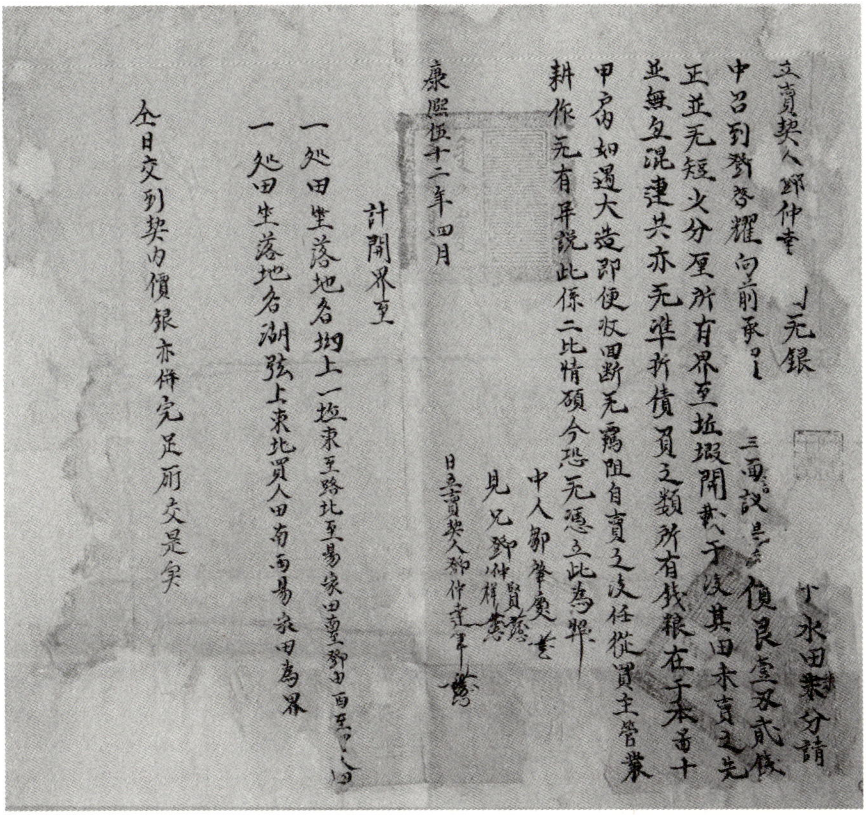

立賣契人鄧仲達 [illegible]无銀 [illegible]下水田業分請

中呂到劉孝耀向前承[illegible] 三面言議 是日 價艮壹兩貳錢

正並无短少分厘所有界至坵塅開載于後其田未賣之先

並無另混連共亦无準折債負之類所有錢粮在于本甲十

甲戶內如遇大造即便收田斷无需阻自賣之後任從買主管業

耕作无有異說此係二比情願今恐无憑立此為照

中人鄧肇燮 押

見兄鄧仲賢 押

鄧仲祥 押

日立賣契人鄧仲達 押

康熙伍十二年四月

計開界至

一處田坐落地名坳上一坵東至路北至易家田並鄧田西至[illegible]人田

一處田坐落地名湖弦上東北買人田南西易家田為界

仝日交到契內價銀亦併完足所交是實

清康熙五十二年十二月鄧忠三賣田契

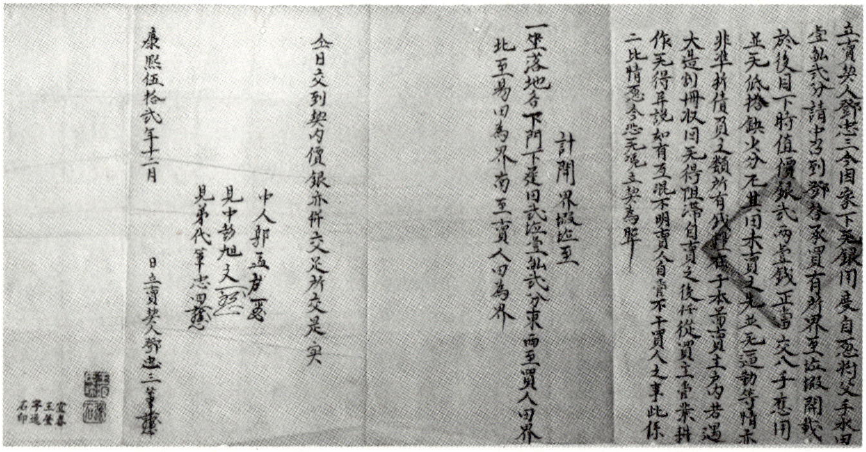
立賣契人鄧忠三今因家下无銀用度自愿將父手水田
壹畝弍分請中召到鄧叁承買有所界至坵畝開載
於後目下時值價銀弍兩壹錢正當交入手應用
並无低捺缺少分厘其田未賣之先並无逼勒等情亦
非準折債負之類所有錢糧在于本甲當賣主户内若遇
大造到冊收回无得阻滞自賣之後任從買主管業耕
作无得異說如有來歷不明賣人自當不干買人之事此係
二比情愿今恐无憑立契為照

計開界址坵至

一坐落地名下門下疋田弍坵壹畝弍分東西至買人田界
北至易田為界南至賣人田為界

仝日交到契內價銀亦并交足所交是实

中人郭孟方
見中彭旭文
見弟代筆忠四

康熙伍拾弍年十二月　日立賣契人鄧忠三

寶晉王瑩字逸石印

清康熙五十二年十二月鄧忠四賣田契

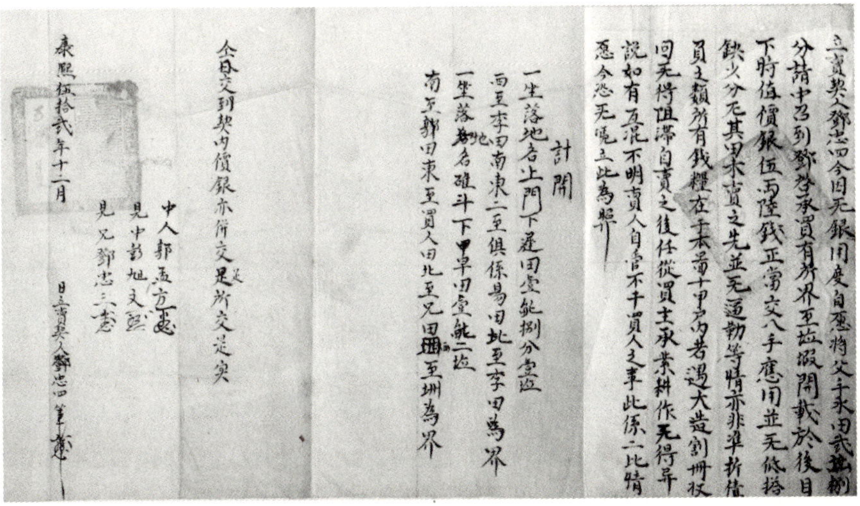

立賣契人鄧忠四今因無銀用度自愿將父手承田貳坵捌
分請中召到鄧參承買有界至坵段開載於後目
下時值價銀伍兩陸錢正當交入手應用並無低搭
缺少分厘其田未賣之先並無通勒等情亦非準折債
負之類所有錢糧在于本啚十甲戶內若遇大造割冊收
回無得阻滯自賣之後任從買主承業耕作無得异
說如有互混不明賣人自當不干買人之事此係二比情
愿今恐無憑立此為照

計開

一坐落地名上門下延田壹號捌分壹坵
西至李田南東二至俱係易田北至李田為界
一坐落地名碓斗下早田壹號二坵
南至郭田東至買人田北至兄田西至圳為界

仝日交到契內價銀亦併交足所交是實

中人郭孟方（押）
見中彭旭文（押）
見兄鄧忠三（押）

康熙伍拾貳年十二月

日立賣契人鄧忠四筆（押）

清康熙五十三年正月鄧忠三賣田契

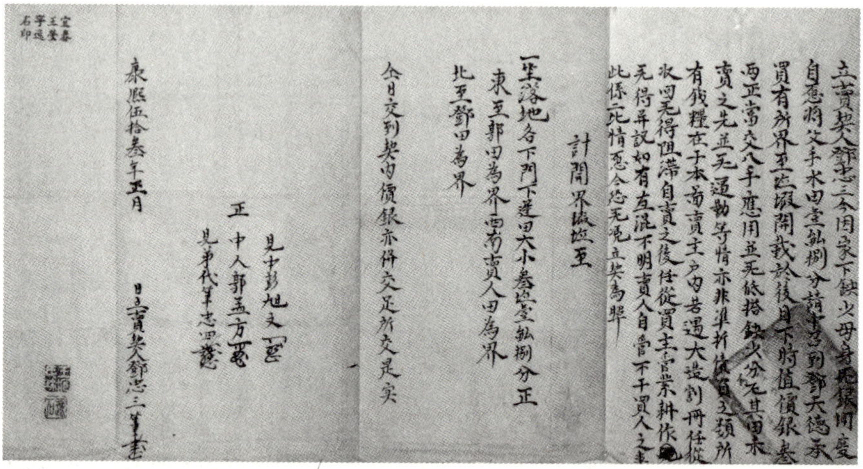
立賣契人鄧忠三今因家下缺少母身□銀用度
自意將父手水田壹畝捌分請中說到鄧天德承
買有所界至坵段開載於後目下時值價銀叁
兩正當交入手應用並無缺措欠分厘其田未
賣之先並無通勒等情亦非準折債負之類所
有錢糧在于本甲賣主户內若遇大造割冊任從
收回無得阻滯自賣之後任從買主管業耕作
無得異說如有來混不明賣人自當不干買人之事
此係二比情愿今恐無憑立契為照

計開界址至
一坐落地名下門下蓮田大小叁坵壹畝捌分正
東至郭田為界 西南賣人田為界
北至鄧田為界

今日交到契內價銀亦併交足所交是实

康熙伍拾叁年正月 日立賣契人鄧忠三 筆

見中彭旭文
正 中人郭孟方
見弟代筆志四

清康熙五十□年三月鄧忠四賣屋基契

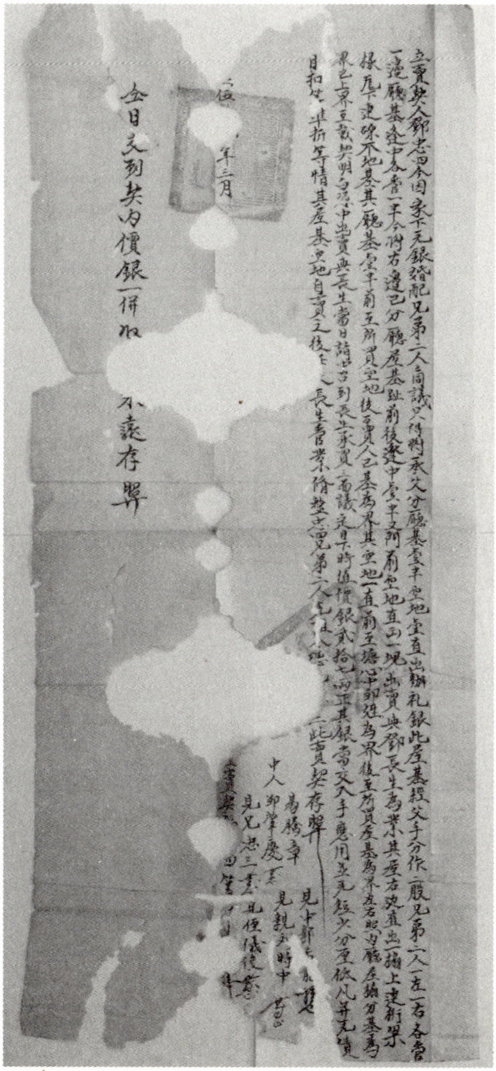

清康熙六十年四月鄧德俊賣田契

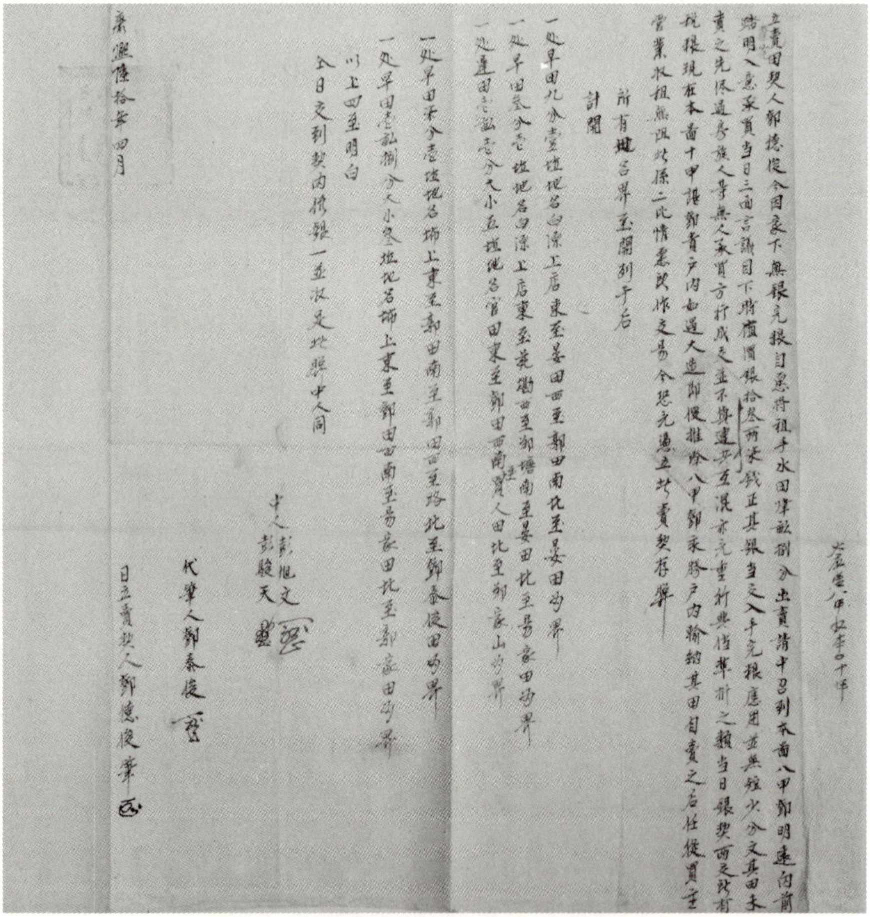

七厘壹、八甲收手〇十斗

立賣田契人鄧德俊今因家下無銀完粮自思將祖手水田肆畝捌分出賣請中召到本面八甲鄧明達向前踏明入意承買当日三面言議目下時值價銀拾叁兩柒錢正其銀当交入手完粮應用並無短少分文其田未賣之先係通房族人等無人承買方行成交並不與逼勒互混亦无重行典借準折之類当日銀契兩交就有耗粮現在本面十甲鄧貴户内如過人達鄧俊推除八甲鄧承勝户内輸納其田自賣之后任從買主管業收租無阻此係二比情愿非作交易今恐无憑立此賣契存照

所有田地名界至開列于后

計開

一処旱田九分壹坵地名白源上店東至晏田西至郭田南北至晏田为界

一処旱田叁分壹坵地名白源上店東至莞獨田西至鄧塘南至晏田北至易家田为界

一処塘田壹畝壹分九小丘坵地名官田東至鄧田西南至買人田北至鄧家山为界

一処旱田柒分壹坵地名坵上東至郭田南至郭田西至路北至鄧春俊田为界

一処旱田壹畝捌分八小丘坵地名坵上東至郭田西南至易家田北至郭家田为界

以上四至明白

又日交到契内价银一并收足此照　中人同

中人　彭胤文
　　　彭駿天

代筆人鄧春俊

康熙陸拾年四月　日立賣契人鄧德俊筆

清雍正九年九月晏聯芳賣田契

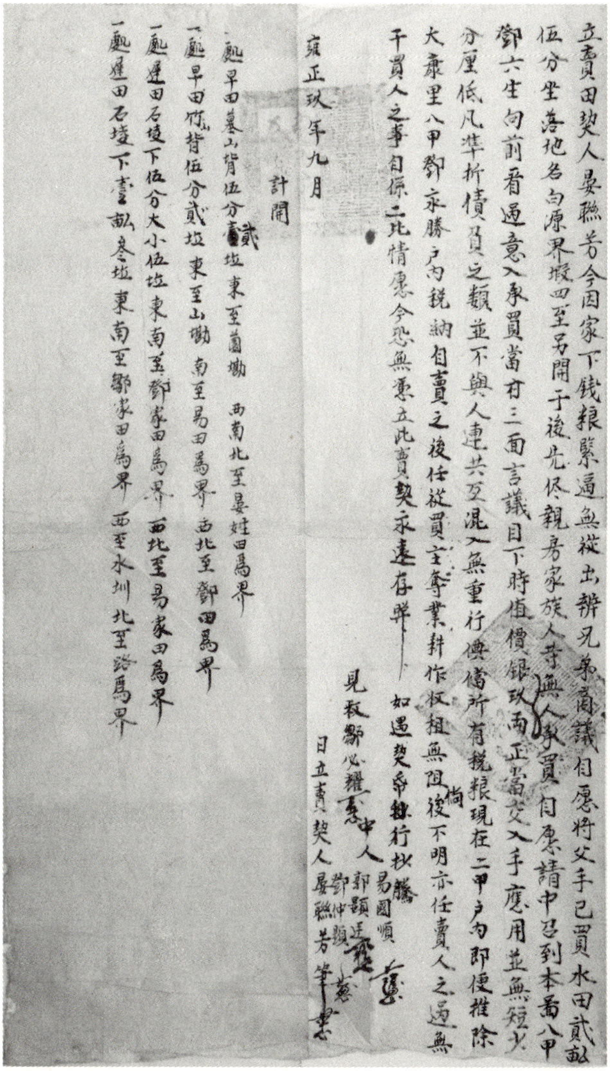

立賣田契人晏聯芳，今因家下錢粮緊逼，無從出辦，兄弟商議，自愿將父手己買水田貳畝伍分，坐落地名白源界，服四至另開于後。先尽親房家族人等，無人承買，自愿請中召到本啚八甲鄧六生向前看過，意入承買。當付三面言議，目下時值價銀玖兩正，當交入手應用，並無短少分厘，低凡準折債負之類，並不與人連共交混，入無重行典偹。所有税粮現在二甲户内，即便推除大康里八甲鄧永勝户内，税納自賣之後，任從買主管業耕作，收租無阻。倘後不明，亦任賣人之邊，無干買人之事。自係二比情愿，今恐無憑，立此賣契，永遠存照。

如遇契帋，兼行抄騰。

見叔 鄧必耀

中人 易國順 郭顯廷 鄧仲顯

雍正玖年九月 日立賣契人晏聯芳 筆

計開

一處旱田墓山背伍分貳坵，東至園墈，西南北至晏姓田爲界

一處旱田竹山背伍分貳坵，東至山墈，南至易田爲界，西北至鄧田爲界

一處遲田石陂下伍分大小伍坵，東南至鄧家田爲界，西北至易家田爲界

一處遲田石陂下壹畝叁坵，東南至鄧家田爲界，西至水圳，北至路爲界

清雍正十年十月郭春兆等賣田契(布政司契紙)

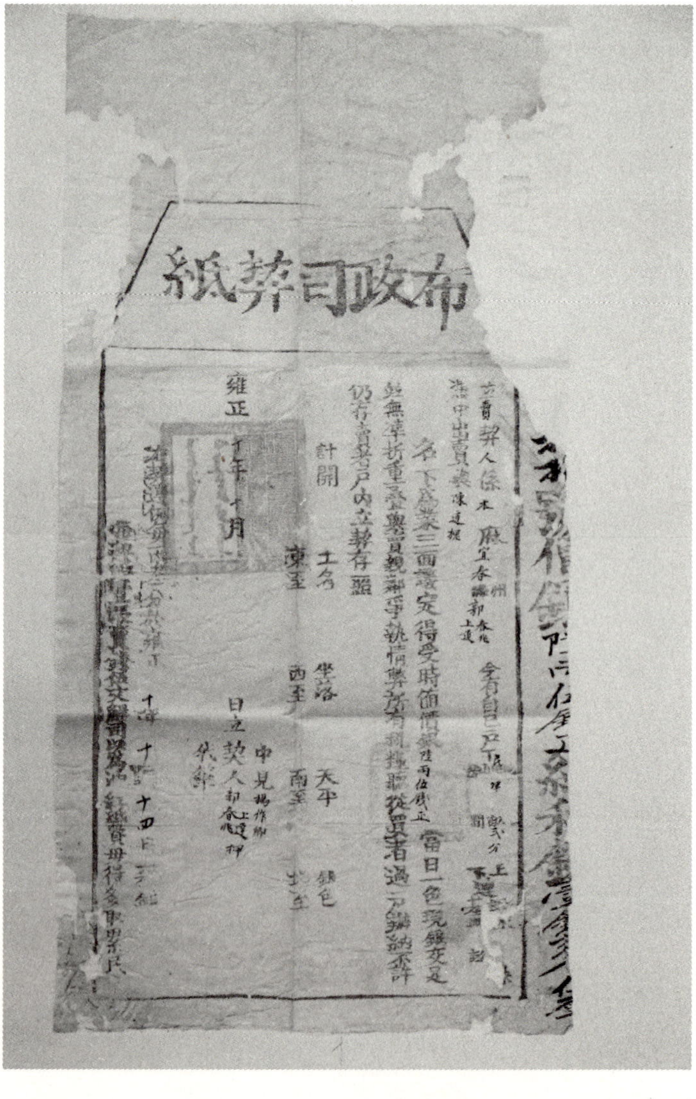

布政司契紙

立賣契人係本府宜春縣郭春兆、上達，今有自己戶下[illegible]

浩中出賣與陳廷[illegible]

名下爲業，三面議定，得受時値價銀[illegible]，當日一色現錢交足，

並無準折重叠典賣，親房爭執情弊。[illegible]從買者過戶辦納，不許

仍行賣[illegible]戶内。立契存照。

計開

土名 坐落 天平 頒色

東至 西至 南至 北至

雍正十年十月 日立契人郭春兆、上達（押）

中見 楊作卿

代筆

[illegible]

清雍正十年十二月羅迪肇賣田契（布政司契紙）

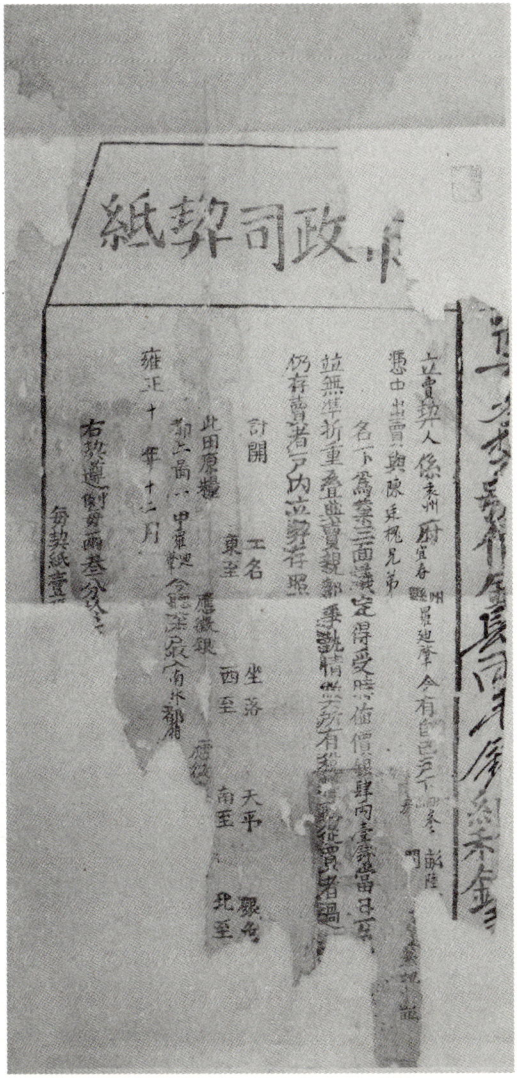

布政司契紙

立賣契人係袁州府宜春縣羅迪肇，今有自己戶下[illegible]

憑中出賣與陳兵槐兄弟名下爲業，三面議定得受時值價銀肆兩[illegible]

並無準折重叠典賣親鄰爭執情弊，如有[illegible]

仍存賣者戶內立契存照

計開

土名　坐落　天平　[illegible]

東至　西至　南至　北至

此田原[illegible]應徵銀[illegible]

[illegible]

雍正十年十二月

右契遵例每兩叁分[illegible]

每契紙壹[illegible]

清雍正十年十二月□□□賣田契

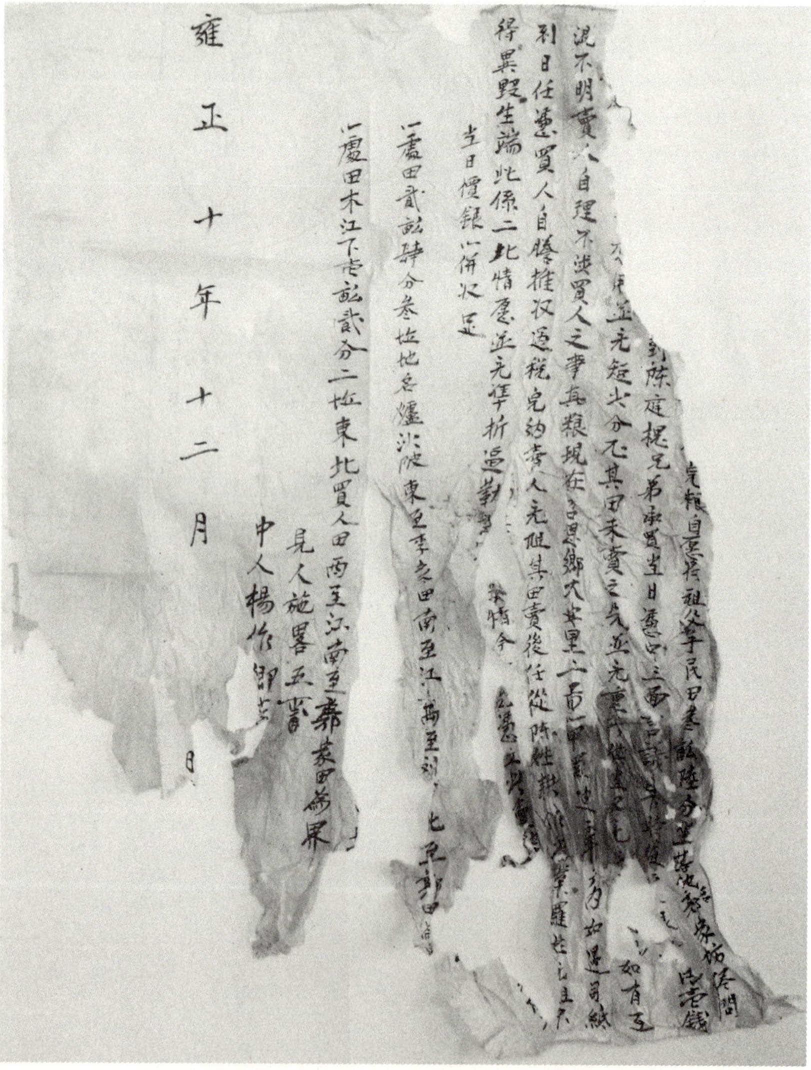
[illegible]兄叔自愿將祖父手民田叁畝陸分正落[illegible]
[illegible]到陳庭提兄弟承買出日憑中三面[illegible]
[illegible]正元庭出分乙其田未賣之先並无重[illegible]
泥不明賣人自理不涉買人之事其糧現在[illegible]鄉大安里[illegible]
到日任憑買人自將推收過稅見納賣人无阻其田賣後任從陳姓[illegible]
得異説生端此係二比情愿並无準折逼勒[illegible]
出日價銀一併收足
一處田貳畝肆分叁坵地名[illegible]東至李家田南至江[illegible]
一處田木江下忠畝貳分二坵東北買人田西至江南至蔡[illegible]界
見人施署五
中人楊作卿
雍正十年十二月　日

清雍正十一年十一月郭德洪賣田契(布政司契紙)

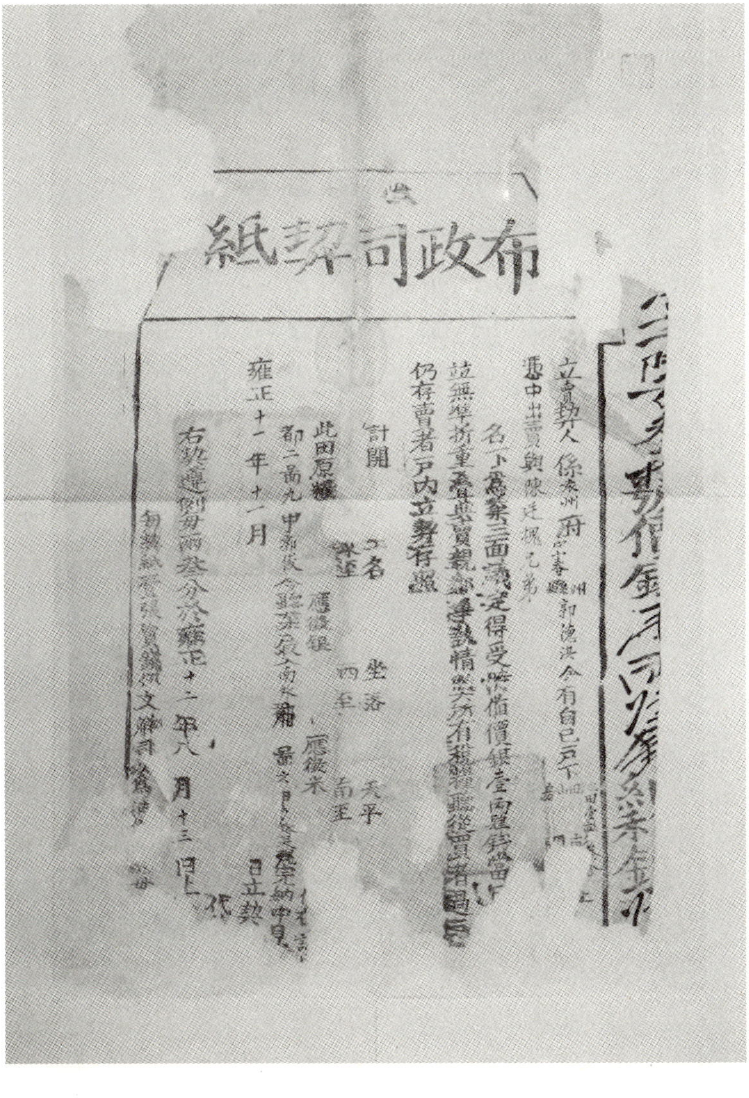

清乾隆三年十二月楊庭臣等賣墳山契

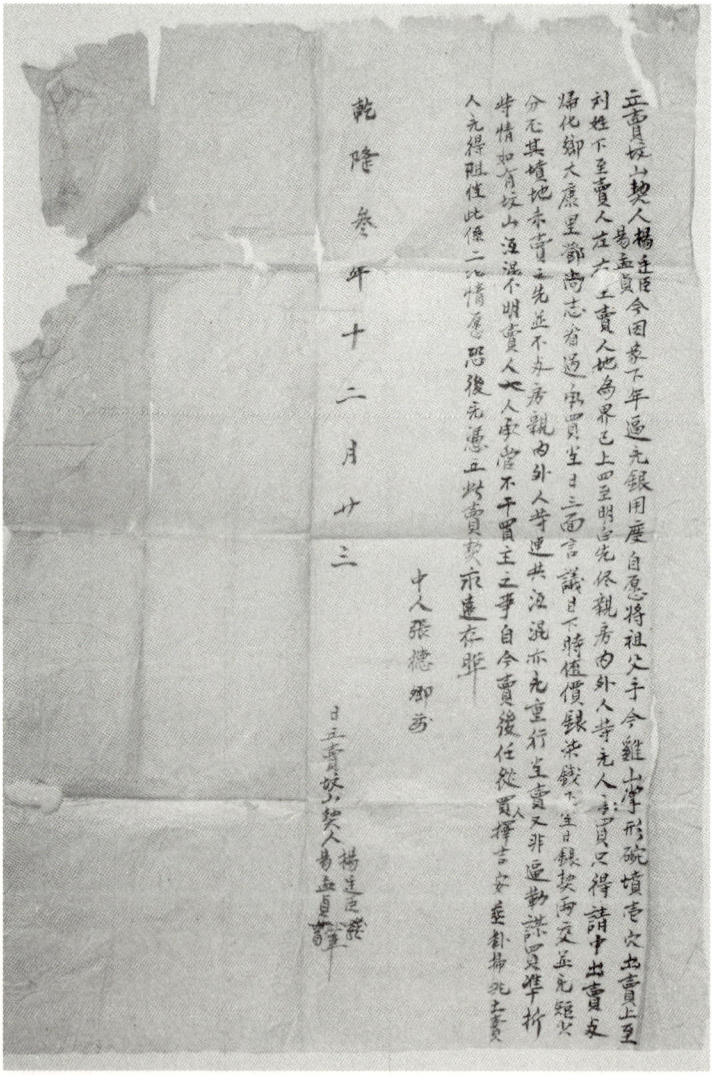

立賣墳山契人楊廷臣、楊孟貞，今因家下年逼，无銀用度，自愿將祖父手今雞山掌形碗墳壹穴出賣，上至刘姓，下至賣人，左右二至賣人地為界，已上四至明白。先儘親房內外人等，无人承買，只得請中出賣。支歸化鄉大康里鄧尚志看過，承買為業。當日三面言議，時值價銀柒錢正，當日銀契兩交，並无短少分文。其墳地未賣之先，並不干房親內外人等，連共混亦无重行典賣，又非逼勒謀買準折等情。如有墳山混混不明，賣人一力承當，不干買主之事。自今賣後，任從買人擇吉安葬掛掃，兆土賣人无得阻僥。此係二比情愿，恐後无憑，立此賣契，永遠存照。

中人張德卿押

乾隆叁年十二月廿三

日立賣墳山契人 楊廷臣 楊孟貞 押

清乾隆五年□月劉學文賣田契

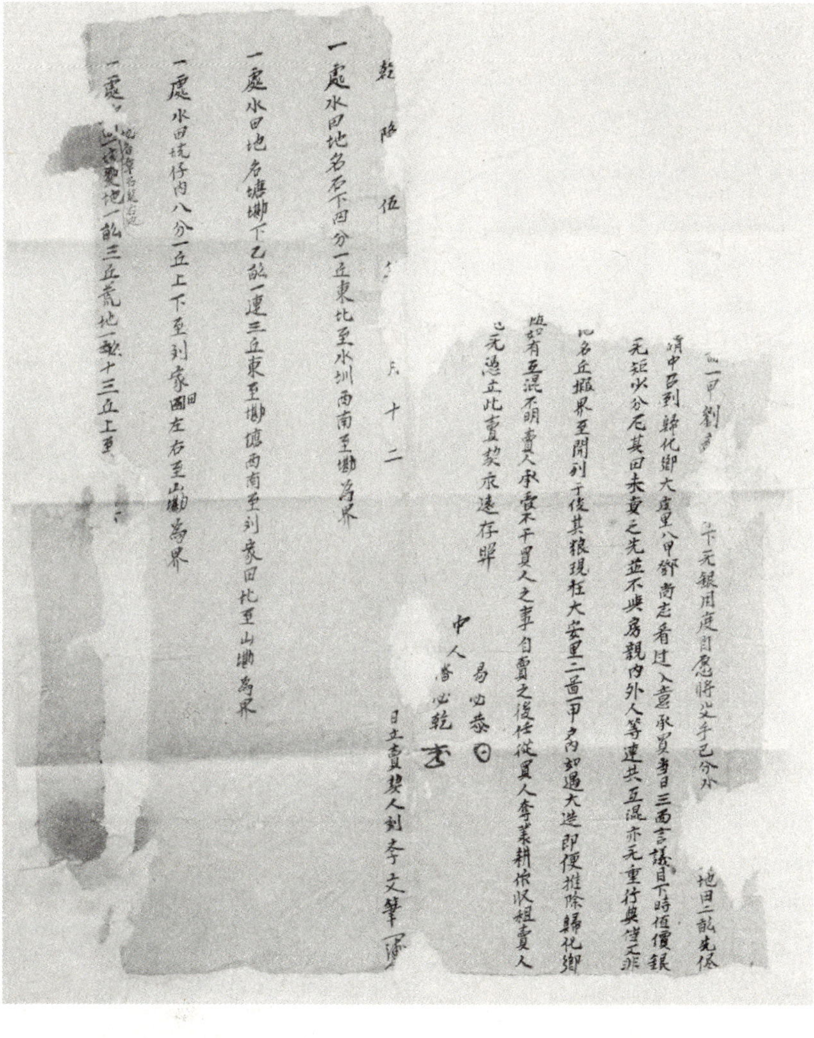
□一甲劉□□　　今无銀用度自愿將父手己分下　　地田二畝先係
請中臣到歸化鄉大安里八甲鄧尚志看过入意承買當日三面言議目下時值價銀
无短少分厘其田未賣之先並不與房親內外人等連共互混亦无重行典當之弊
地名丘𡋳界至開列于後其粮現在大安里二啚一甲名下内(?)過大造即便推除歸化鄉
□如有互混不明賣人承當不干買人之事自賣之後任從買人李某耕作收租賣人
□无憑立此賣契永遠存照
中人　易必泰（押）
　　　鄧必乾（押）
日立賣契人劉李文筆（押）
乾隆伍年□月十二
一處水田地名石下四分一丘東北至水圳西南至𡋳為界
一處水田地名塘𡋳下乙畝一連三丘東至𡋳塘西南至到家田北至山𡋳為界
一處水田坑仔內八分一丘上下至到家田園左右至山𡋳為界
一處□□□地一畝三丘荒地一畝十三丘上至□

清乾隆六年九月鄧秀林賣田契

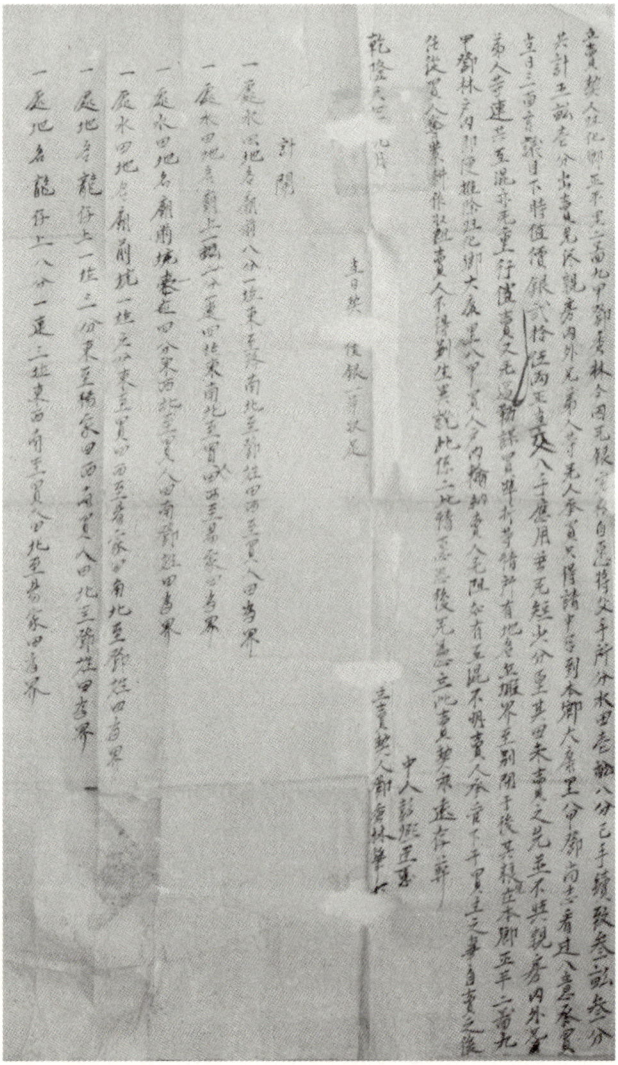

清乾隆十一年二月鄒華六賣田契

清乾隆十一年十一月鄧尚志買契布政司契尾

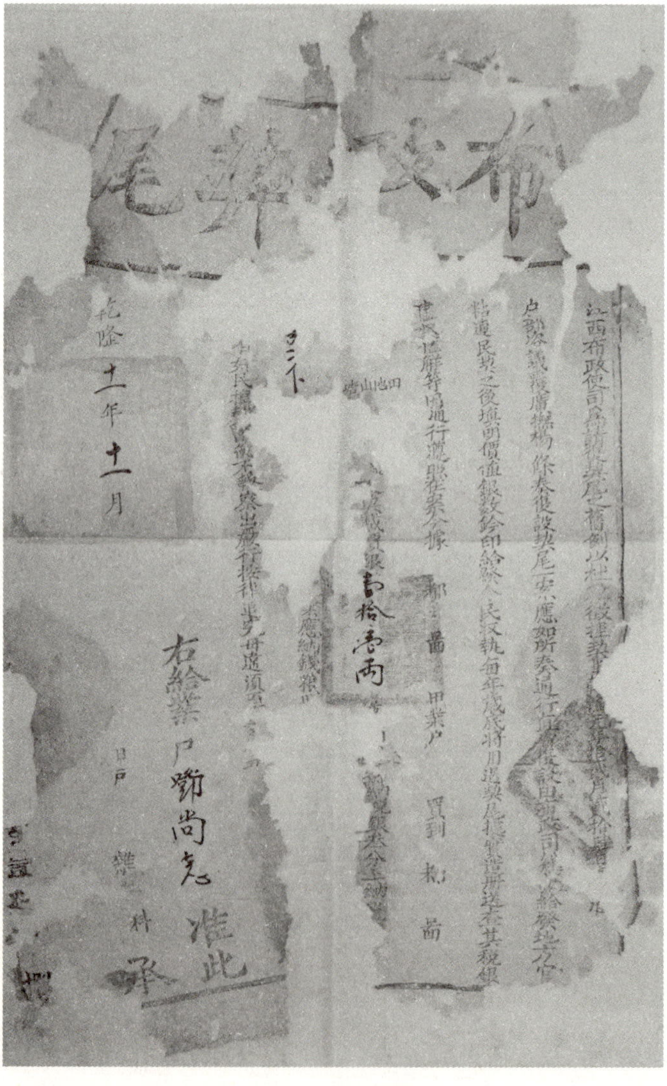
乾隆十一年十一月
右給業户鄧尚志 准此

清乾隆十一年易秀奎賣田契

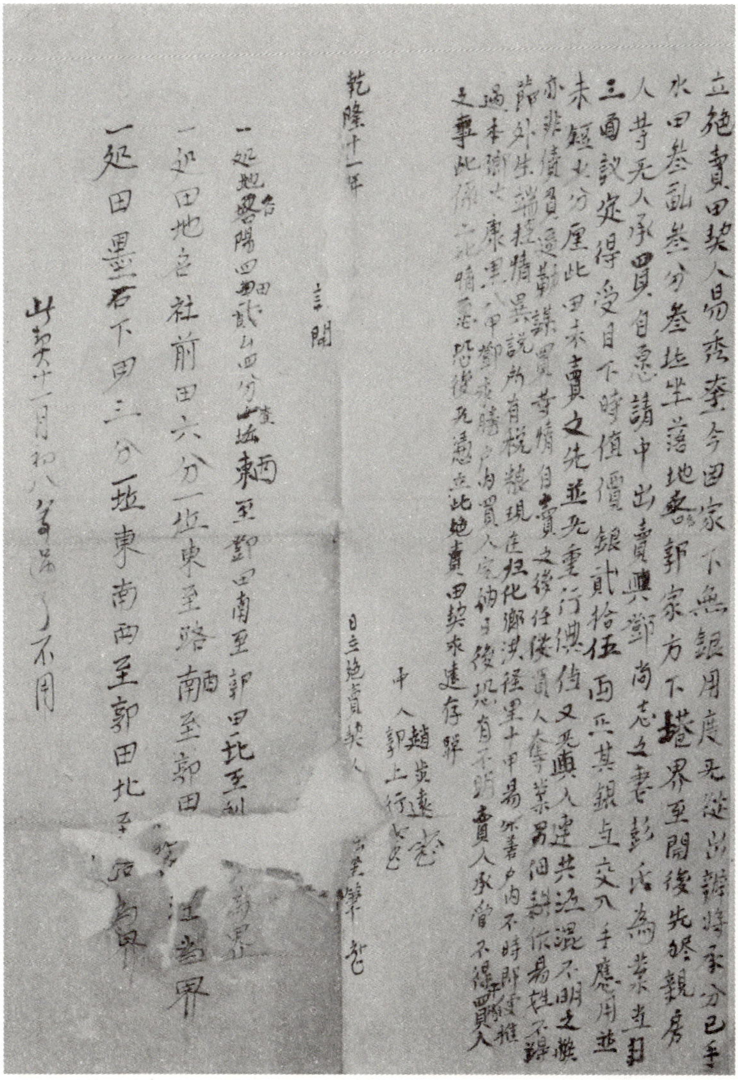

清乾隆十二年十二月劉榮樟等賣田屋契

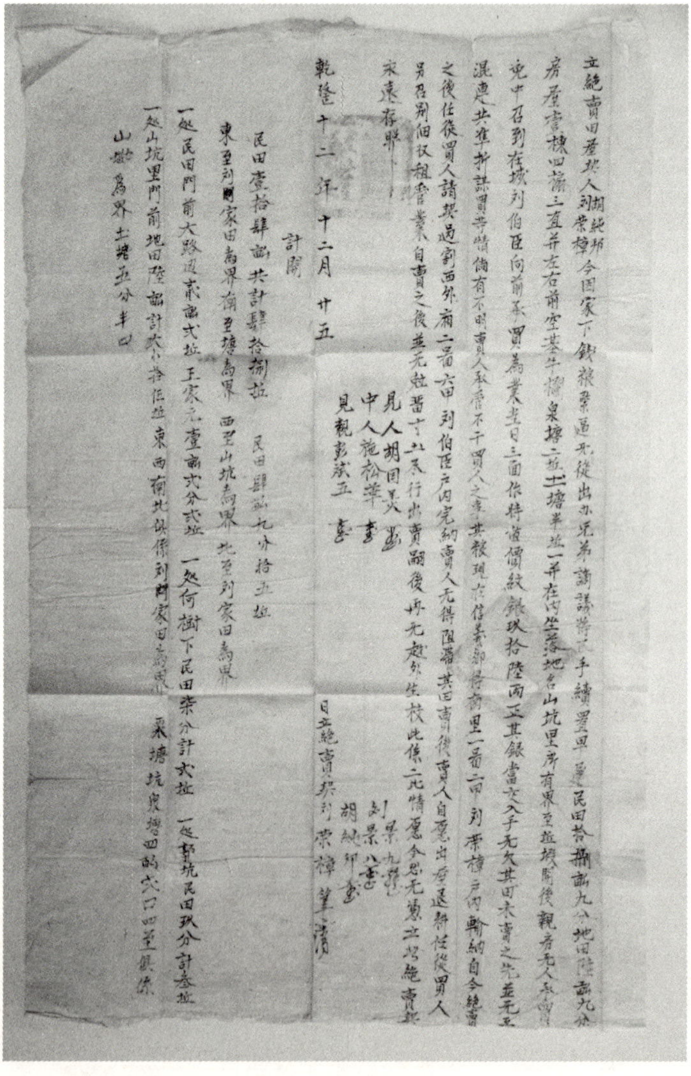
立絶賣田屋契人胡純邦、劉榮樟，今因家下鈙粮[illegible]無從出，兄弟商議，將手續置早民田叁[illegible]畝九分，地田陸畝九分，
房屋壹棟[illegible]三直，并左右前空基、牛欄、泉塘二丘、土塘半丘，一并在內，坐落地名山坑里，所有界至丘塅，問[illegible]親房無人承買，
先中召到在城劉伯臣向前承買為業，是日三面作時值價紋銀玖拾陸兩正，其銀當交入手無欠，其田未賣之先，並無重
混典，共準折謀買等情，倘有不明，賣人承當，不干買人之事。其稅現在信義都[illegible]里一啚二甲劉榮樟戶內輸納，自今絶賣
之後，任從買人請契過割西外廂二啚六甲劉伯臣戶內完納，賣人無得阻當。其田賣後，賣人自愿出屋退耕，任從買人
另召別佃收租管業。自賣之後，並無找贖，寸土不存，行出賣嗣後再無起外生枝。此係二比情愿，今恐無憑，立此絶賣契
永遠存照。

見人胡同美 押
中人施裕華 書
見親彭斌五 押

乾隆十二年十二月廿五日立絶賣契劉榮樟 筆清
劉景九 押
劉景八 押
胡純邦 押

計開

民田壹拾肆畝，共計肆拾捌丘　民田肆畝九分拾五丘

東至劉家田為界，南至塘為界，西至山坑為界，北至劉家田為界

一処民田門前大路邊貳畝弍丘，王家元壹畝弍分弍丘，一処何樹下民田柒分計弍丘，一処鄧坑民田玖分計叁丘

一処山坑里門前地田陸畝，計大小拾伍丘，東西南北俱係劉家田為界，泉塘坑泉塘四口，弍口四至俱係

山塅為界，土[illegible]五分半口

清乾隆十三年十月劉賦成賣田契

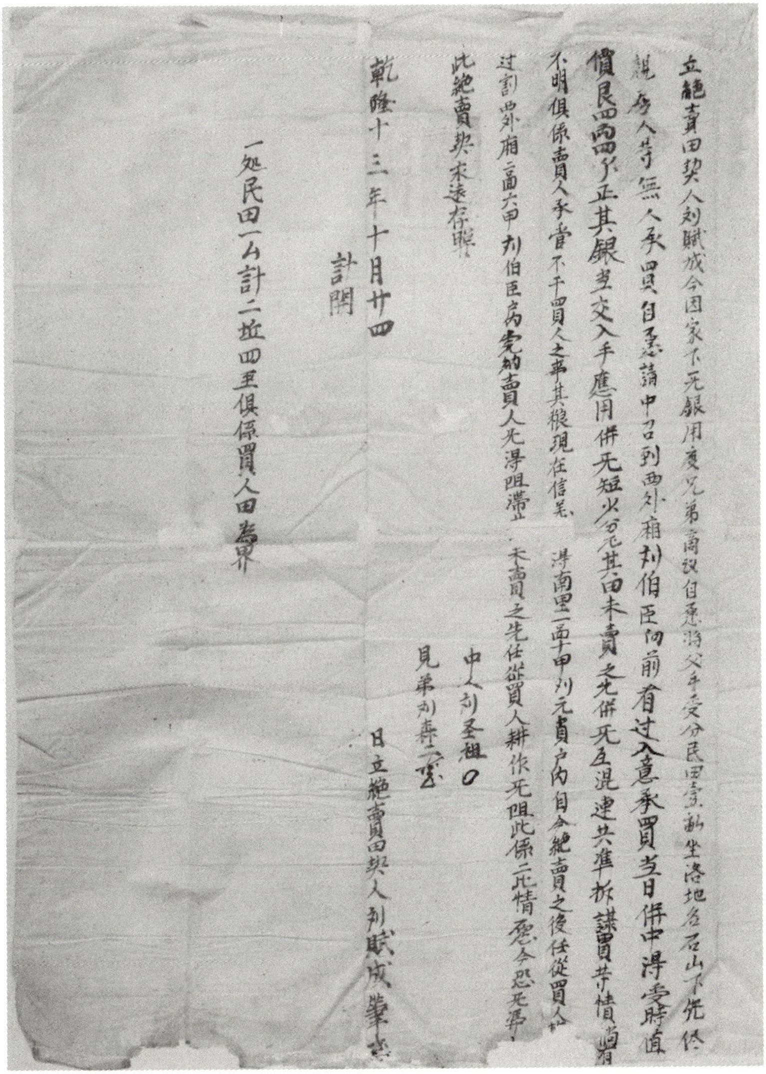

立絶賣田契人刘賦成今因家下无銀用度兄弟商議自愿將父手受分民田乙處坐落地名石山下先儘親房人等無人承買自愿請中召到西外廂刘伯臣向前看过入意承買当日併中得受時值價艮四両乙正其艮当交入手應用併无短少分毛其田未賣之先併无互混違共準折謀買等情倘有不明俱係賣人承當不干買人之事其粮現在信善得南里二甲十甲刘元貴户內自今絶賣之後任從買人过割岀外廂二畄六甲刘伯臣戶完納賣人无得阻滯未賣之先任從買人耕作无阻此係二比情愿今恐无憑此絶賣契永遠存照

中人刘圣祖

見弟刘壽一

乾隆十三年十月廿四日立絶賣田契人刘賦成筆

計開

一處民田一丘計二坵四至俱係買人田為界

清乾隆十七年四月鄧啓聖賣田契

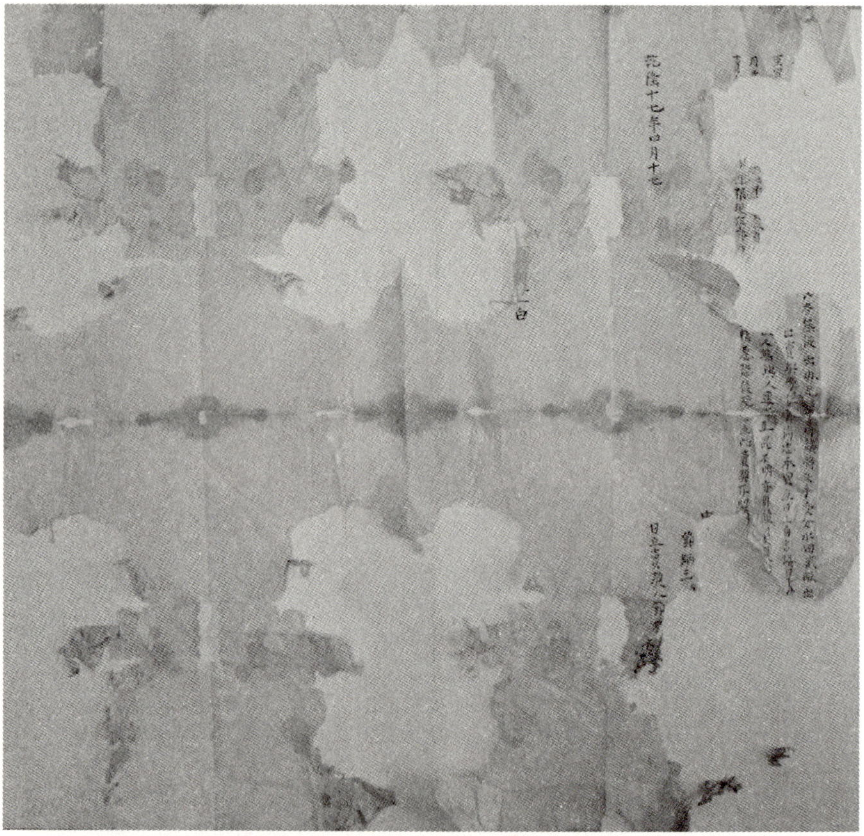
乾隆十七年四月十七

清乾隆十七年十月陳秀禄等賣田契

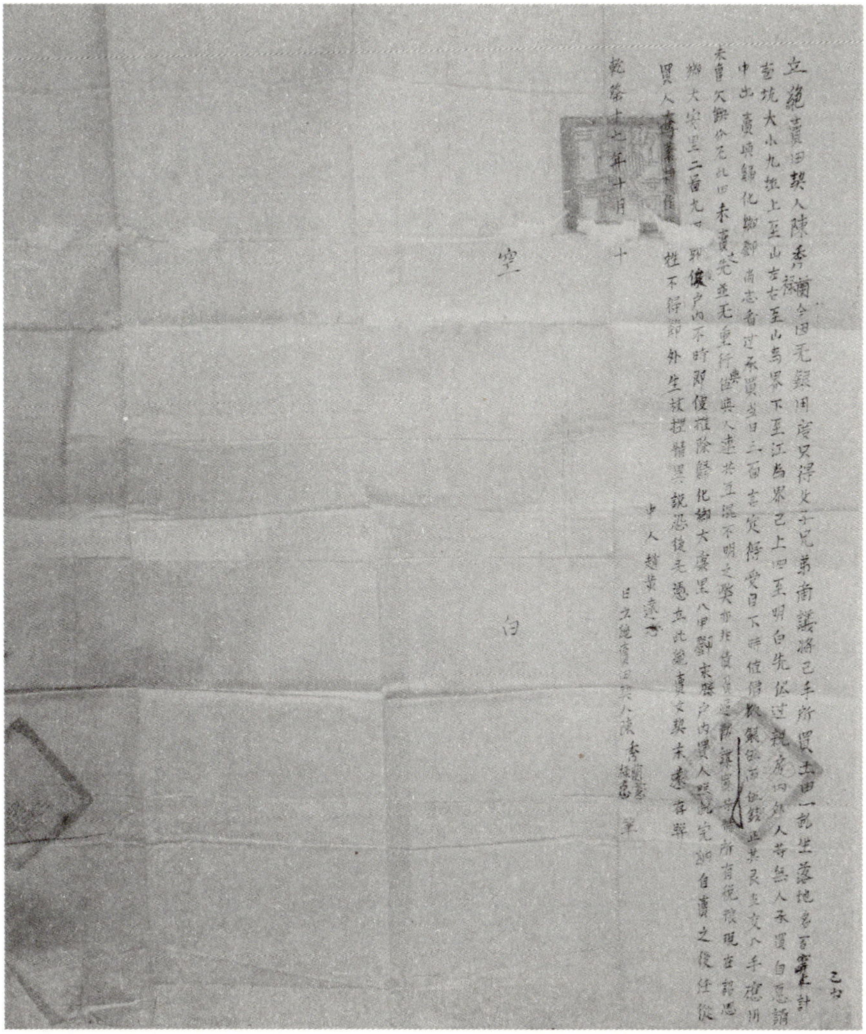
立絶賣田契人陳秀祿、蘭，今因乏銀用度，只得父子兄弟商議，將己手所買之田一丘，坐落地名[illegible]，計
壹坑大小九坵，上至山古，右至山為界，下至江為界，己上四至明白。先儘過親房內外人等，無人承買，自愿請
中出賣與歸化鄉鄧尚志邊承買。當日三面言定，得受田下時值價銀[illegible]正，其銀當交入手，應用
未賣之先並無重行典當，與人違共互混不明之契，亦非貨債準折[illegible]所有從前現在[illegible]憑
[illegible]
鄉大安里二啚九甲[illegible]戶內不時聽便推除歸化鄉大安里八甲鄧[illegible]戶內買人照契完納，自賣之後任從
買人[illegible]姓不得[illegible]外生枝[illegible]異說。恐後無憑，立此絶賣文契永遠存照。
中人 趙黃源[illegible]
日立絶賣田契人陳秀祿、蘭 筆
乾隆十七年十月 十 空白

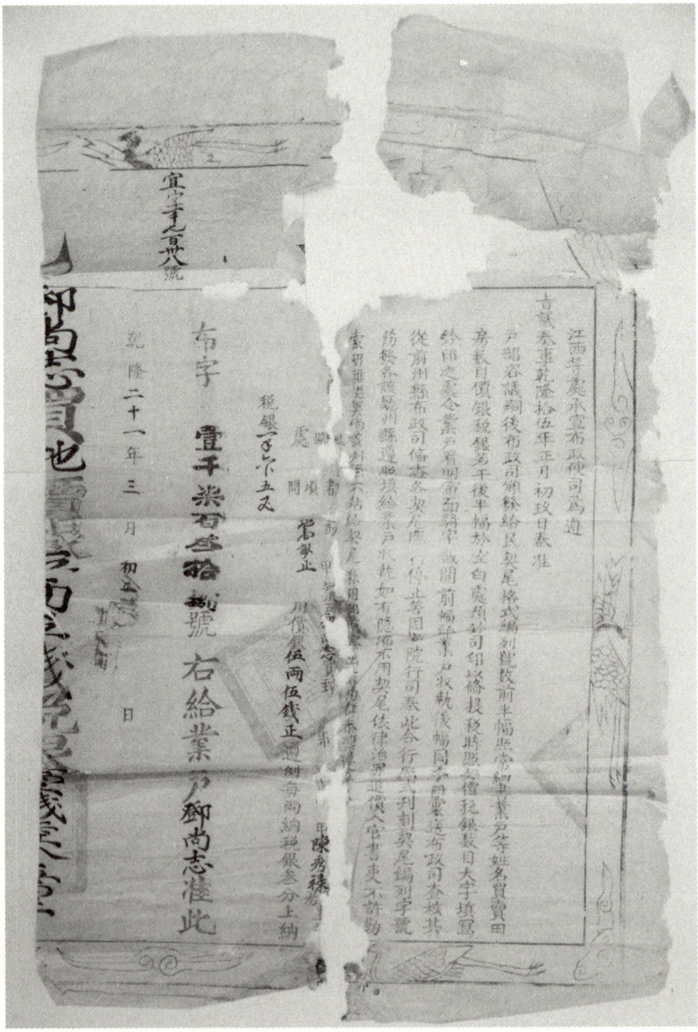

江西等處承宣布政使司為遵
旨議奏事乾隆拾伍年正月初玖日奉准
戶部咨議覆後布政司頒發給民契尾格式編刻號數前半幅照常細書業戶等姓名買賣田
房數目價銀税銀若干後半幅於空白處預鈐司印以備投税時將契價税銀數目大字填寫
鈐印之處令業戶看明當面騎字截開前幅給業戶收執後幅同季冊彙送布政司查核其
從前州縣布政司備查各契尾應行停止等因[illegible]院行司奉此合行刊刻契尾編列字號
頒發各該府州縣遵照填給業戶收執如有隱匿不用契尾依律治罪並[illegible]官書吏不許勒
索[illegible]

[illegible] 處 [illegible] 用價銀伍兩伍錢正照例每兩納税銀叁分上納
陳秀祿

税銀[illegible]

布字 壹千柒百叁拾 號 右給業戶鄧尚志准此

乾隆二十一年三月初五日

宜字[illegible]號

2

清乾隆十九年十二月游鳴漢賣地契

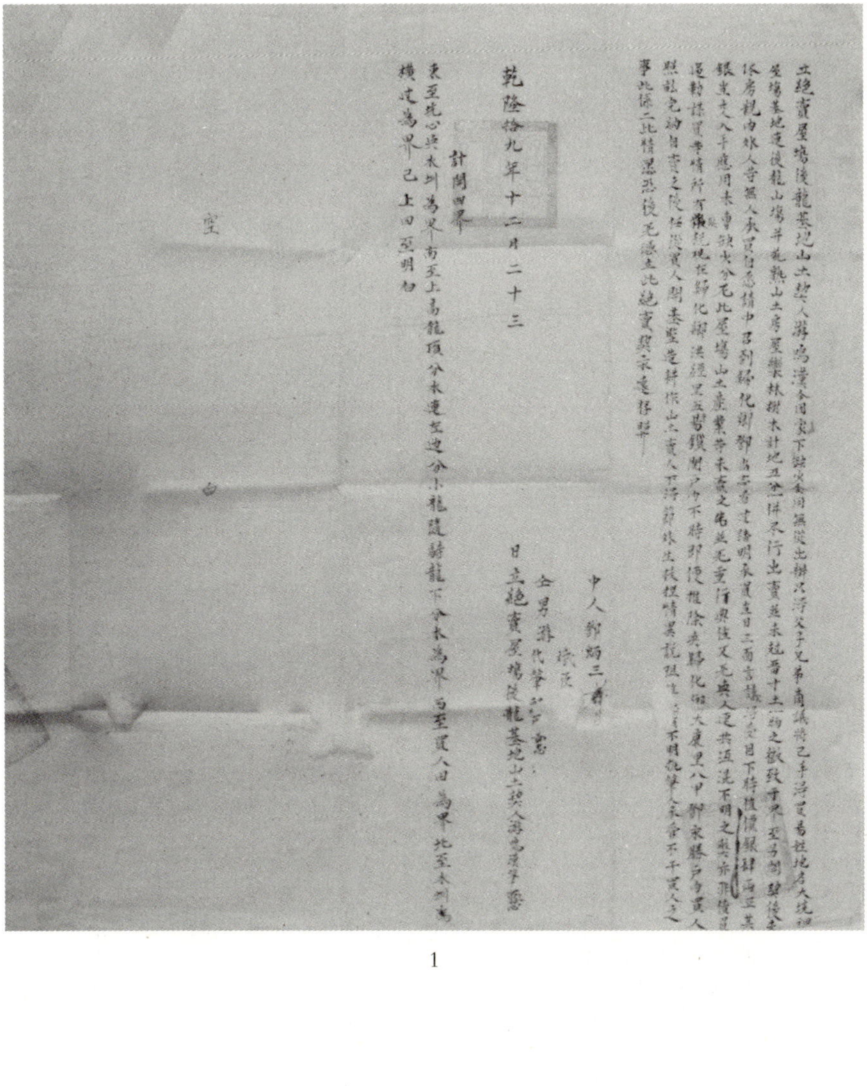

立絕賣屋塲後龍基地山土契人游鳴漢[illegible]

乾隆拾九年十二月二十三日立絕賣屋塲後龍基地山土契人游鳴漢[illegible]

中人 鄧炳三[illegible]

計開四界

東至先心與本圳為界 南至上高龍頂分水連[illegible]

橫過為界 已上四至明白

1

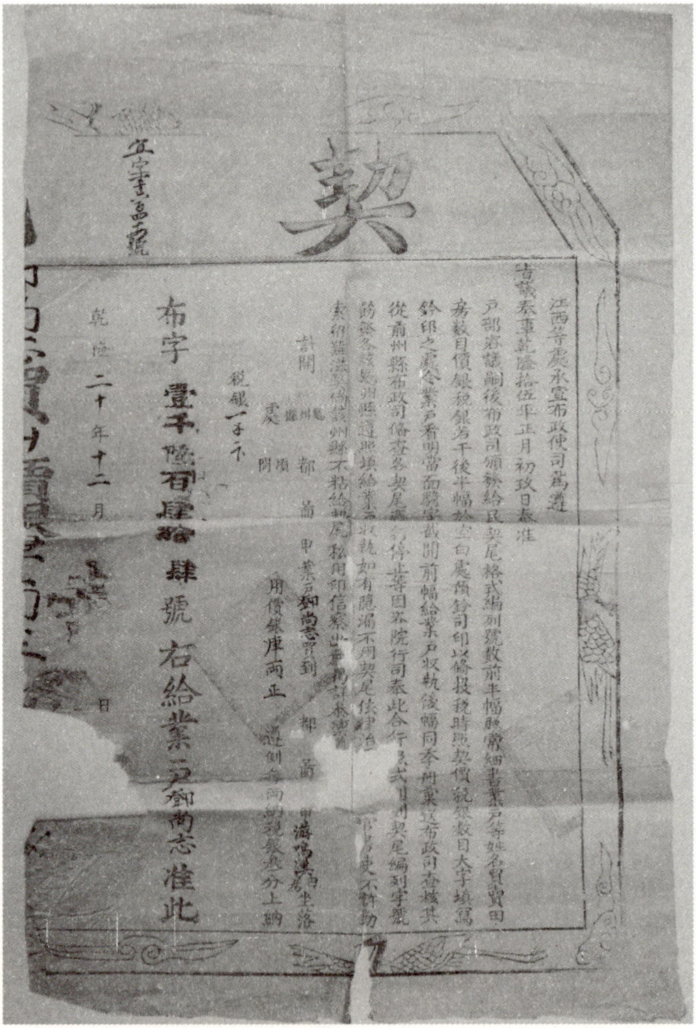
契

布字壹千陸百肆拾肆號 右給業戶鄭尚志 准此

乾隆二十年十二月 日

2

清乾隆二十一年十二月劉傳一賣墳山契

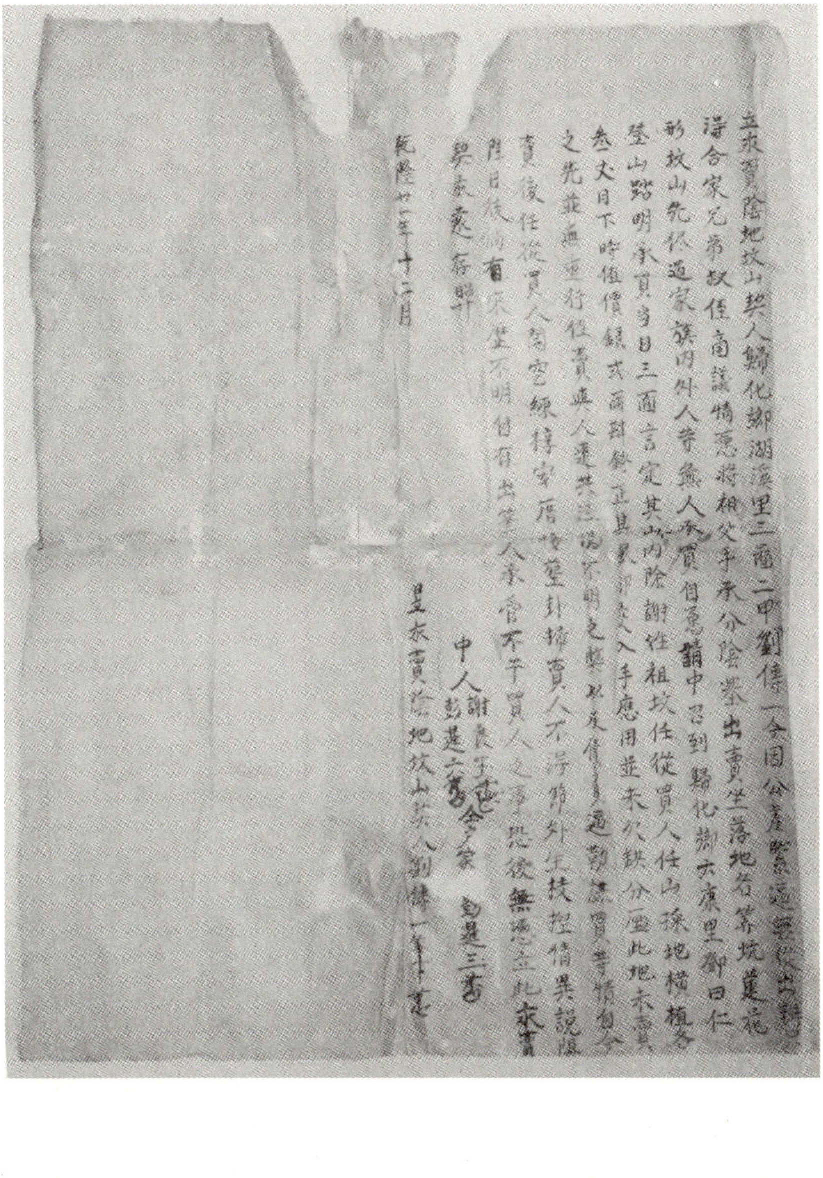
立永賣陰地坟山契人歸化鄉湖溪里三啚二甲劉傳一今因公[illegible]無從出辦
得合家兄弟叔侄商議情愿將祖父手承分陰基出賣坐落地名箬坑蓮花
形坟山先儘通家族內外人等無人承買自愿請中召到歸化鄉大康里鄧曰仁
登山踏明承買為業當日三面言定其山內除謝姓祖坟任從買人任山採地橫直各
叁丈目下時值價銀弍兩正其銀即日契入手應用並未欠缺分厘此地未賣
之先並無重行典賣與人連共[illegible]不明之契[illegible]遇[illegible]買等情自今
賣後任從買人開空練擇安厝後塋封掃賣人不得節外生枝控情異說阻
陸日後倘有來歷不明自有出筆人承當不干買人之事恐後無憑立此永賣
契永遠存照
乾隆廿一年十二月
中人 謝良[illegible] 彭楚六 [illegible]家 彭楚三
立永賣陰地坟山契人劉傳一[illegible]

清乾隆二十四年八月彭萬欽賣莊田契

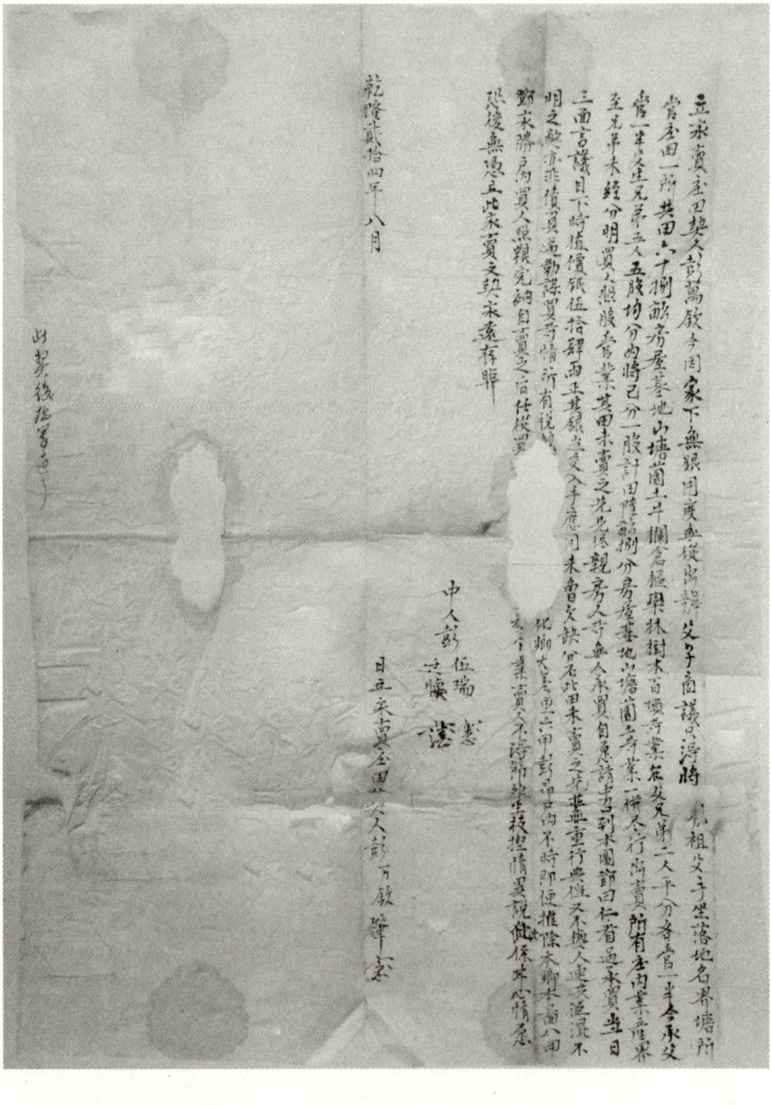

清乾隆二十四年十二月彭爲璉等賣莊田契

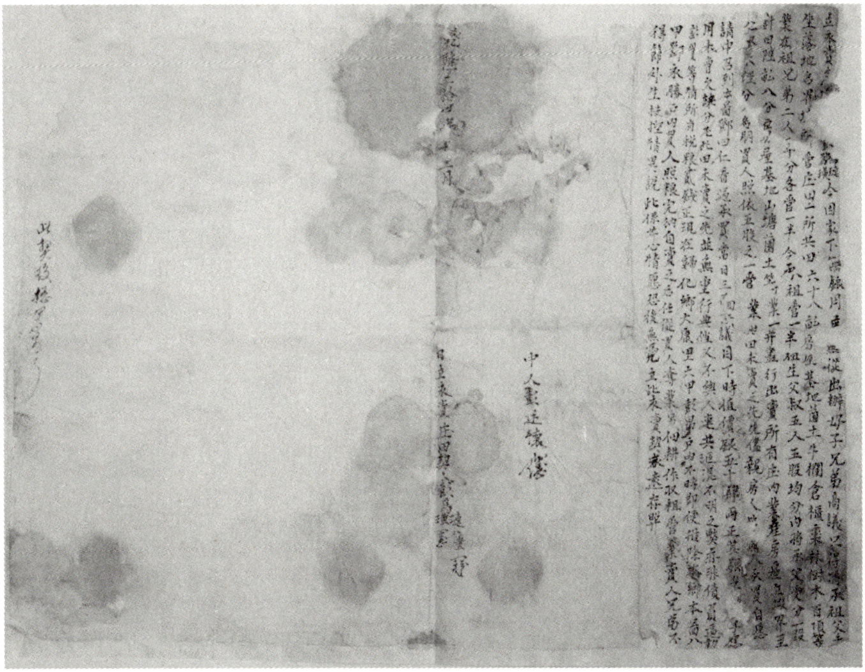

清乾隆三十年八月胡伯仁買契契尾

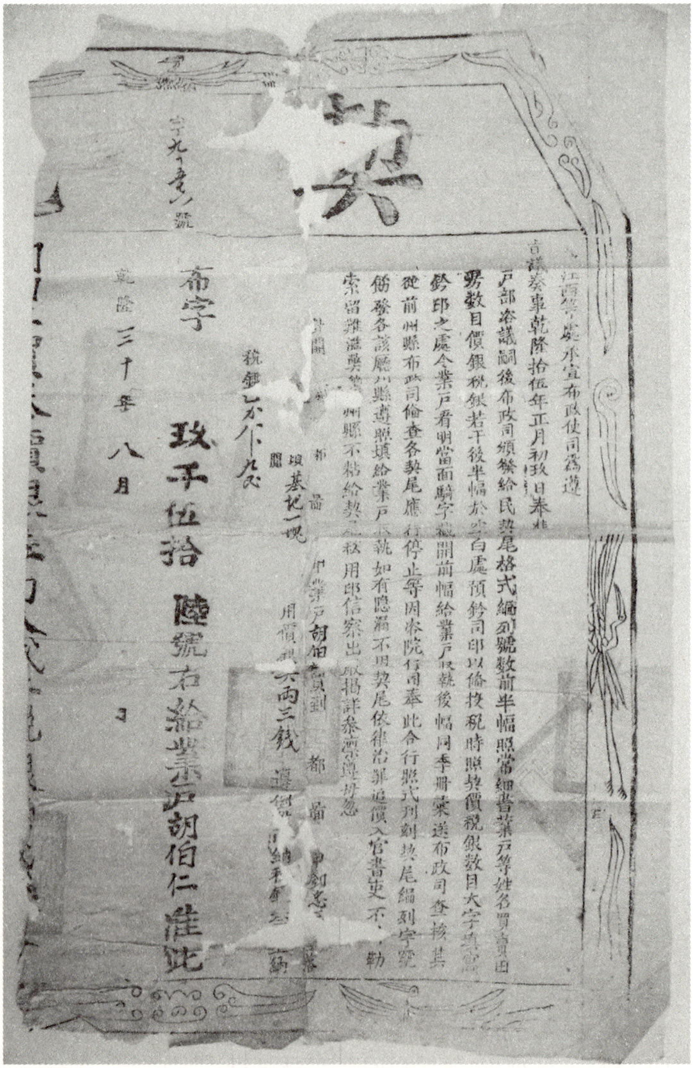

契

江西等處承宣布政使司為遵
旨議奏事乾隆拾伍年正月初玖日奉准
戶部咨議嗣後布政司頒發給民契尾格式編列號數前半幅照常細書業戶等姓名買賣田
房數目價銀稅銀若干後半幅於空白處預鈐司印以備投稅時照契價稅銀數目大字填寫
鈐印之處令業戶看明當面騎字截開前幅給業戶收執後幅同季冊彙送布政司查核其
從前州縣布政司備查各契尾應行停止等因咨院行司奉此合行照式刊刻契尾編列字號
頒發各該廳州縣遵照填給業戶收執如有隱漏不用契尾依律治罪追價入官書吏不[illegible]勒
索留難濫準[illegible]州縣不粘給契[illegible]私用印信察出[illegible]揭詳參決不姑恕

計開[illegible]都[illegible]啚[illegible]甲業戶胡伯仁[illegible]到[illegible]都[illegible]啚[illegible]甲劉[illegible]

[illegible]基地一塊 用價銀[illegible]兩三錢

稅銀[illegible]

布字 玖千伍拾陸號 右給業戶胡伯仁 准此

字九千[illegible]號

乾隆三十年八月 日

清乾隆三十一年六月鄒騰高賣田地契

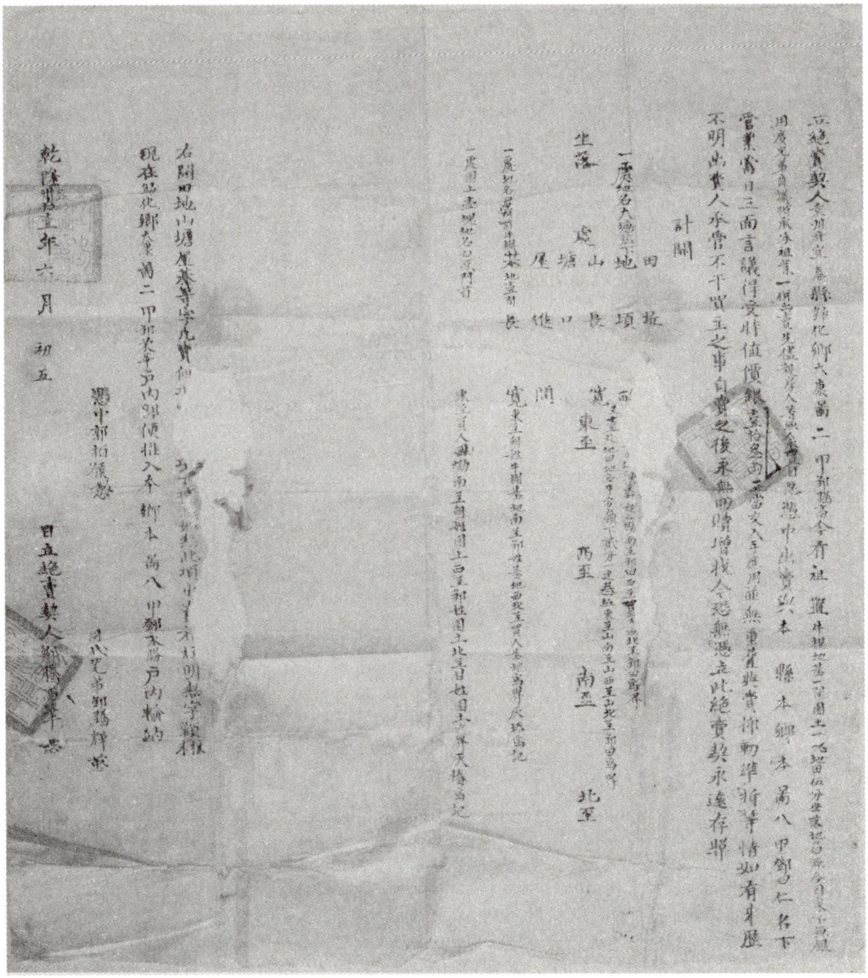

1

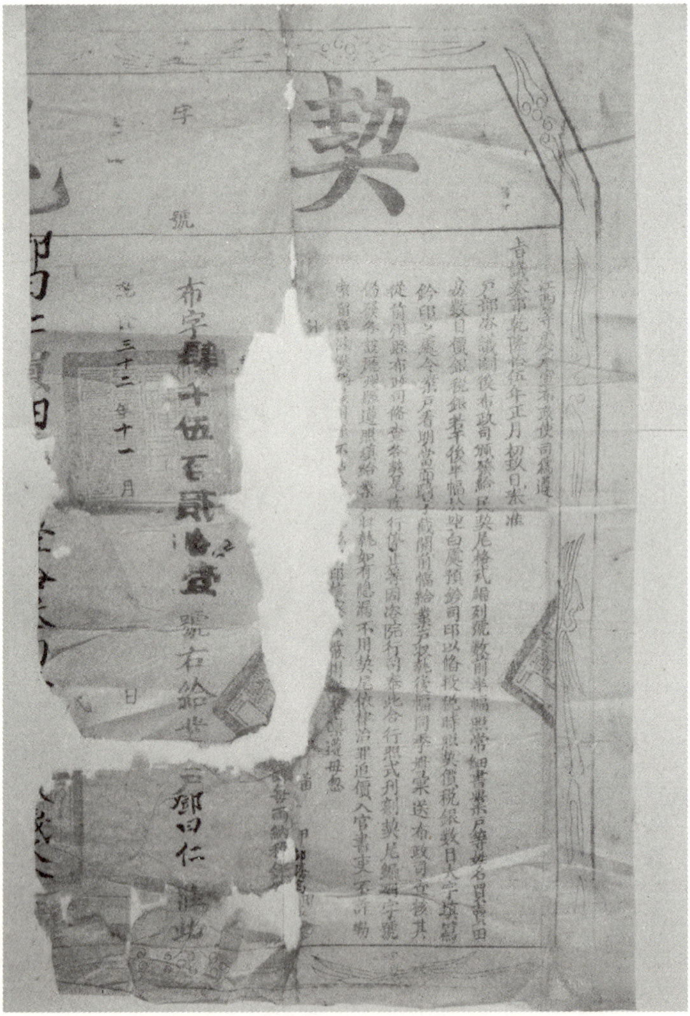

2

清乾隆三十一年十二月李邦達賣杉木契

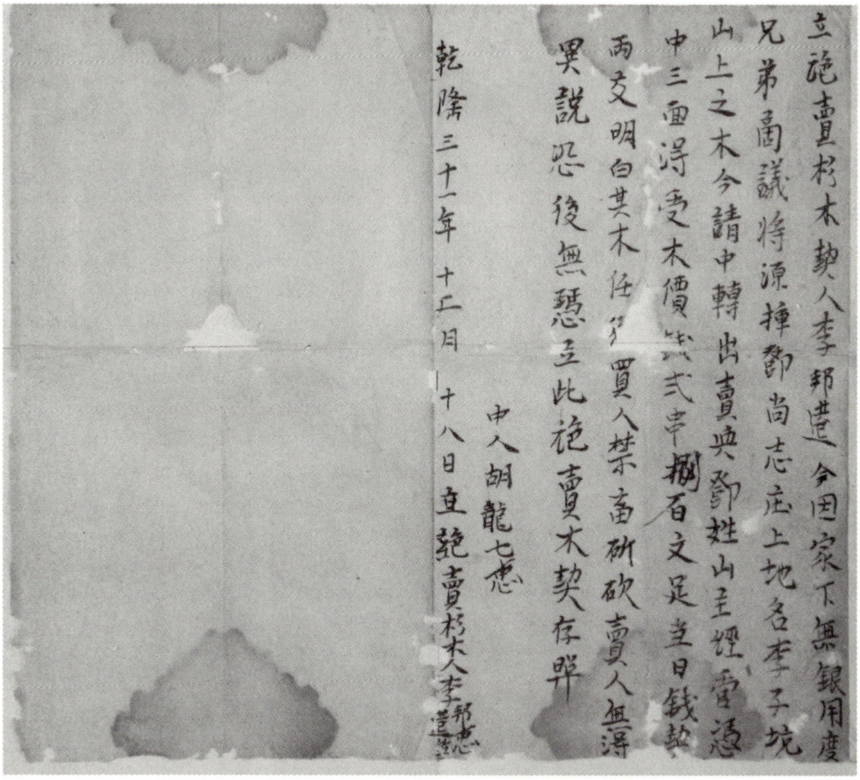

立絕賣杉木契人李邦達，今因家下無銀用度，兄弟商議，將源揮鄧尚志庄上地名李子坑山上之木，今請中轉出賣與鄧姓山主經管，憑中三面得受木價錢弍串捌百文，足，是日錢契兩交明白。其木任從買人禁畜斫砍，賣人無得異說。恐後無憑，立此絕賣木契存照。

中人 胡龍七 志

乾隆三十一年 十二月 十八日 立絕賣杉木人 李邦達 志

清乾隆三十一年十二月鄒周佐賣田契

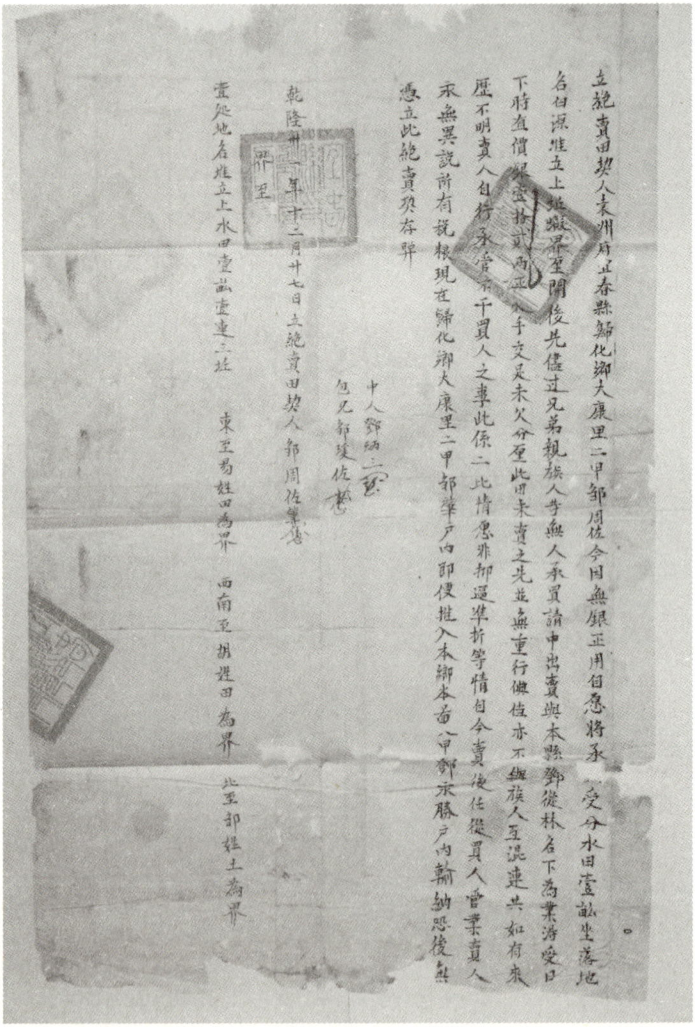

立絶賣田契人袁州府宜春縣歸化鄉大康里二甲鄒周佐今因無銀正用自急將承受分水田壹畝坐落地
名白源狌立上坵嶽界至開後先儘過兄弟親族人等無人承買請中出賣與本縣鄧從林名下為業游受日
下時值價銀壹拾貳兩正其銀入手交足未欠分厘此田未賣之先並無重行典當亦不與族人互混連共如有來
歷不明賣人自行承當不干買人之事此係二比情愿非抑逼準折等情自今賣後任從買人管業賣人
永無異說所有稅根現在歸化鄉大康里二甲鄒華戶內即便推入本鄉本啚八甲鄧永勝戶內輸納恐後無
憑立此絶賣契存照

中人鄧紹三（押）
包兄鄒瑗佐（押）

乾隆卅一年十二月廿七日立絶賣田契人鄒周佐（押）

壹処地名坐立上水田壹畝連連二坵
東至易姓田為界
西南至胡姓田為界
北至鄒姓土為界

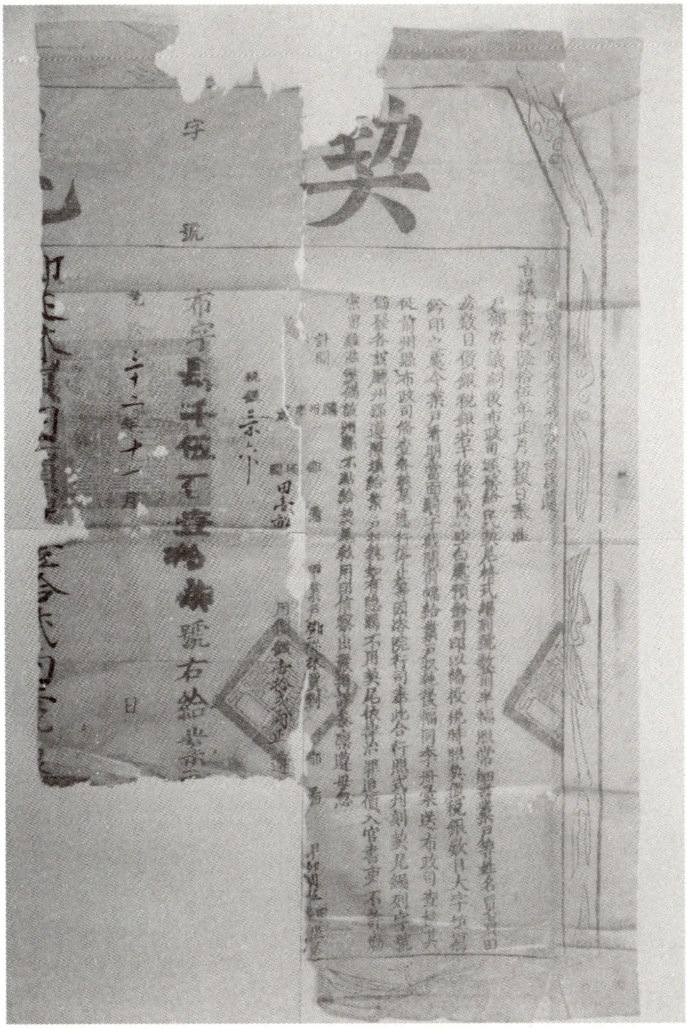
契
字　號
户部咨議嗣後布政司頒給民間契尾格式編列號數前半幅照常細書業户等姓名買賣田房數目價銀稅銀若干後半幅於空白處預鈐司印以備投稅時將契價稅銀數目大字填寫鈐印之處令業户看明當面騎字截開前幅給業户收執後幅同季冊彙送布政司查核其從前州縣布政司備查契尾應行停止等因咨院行司奉此合行照式刊刻契尾編列字號飭發各該廳州縣遵照頒給業户收執如有隱漏不用契尾依律治罪追價入官書吏不許需索

清乾隆三十二年二月何煌廷等賣屋契

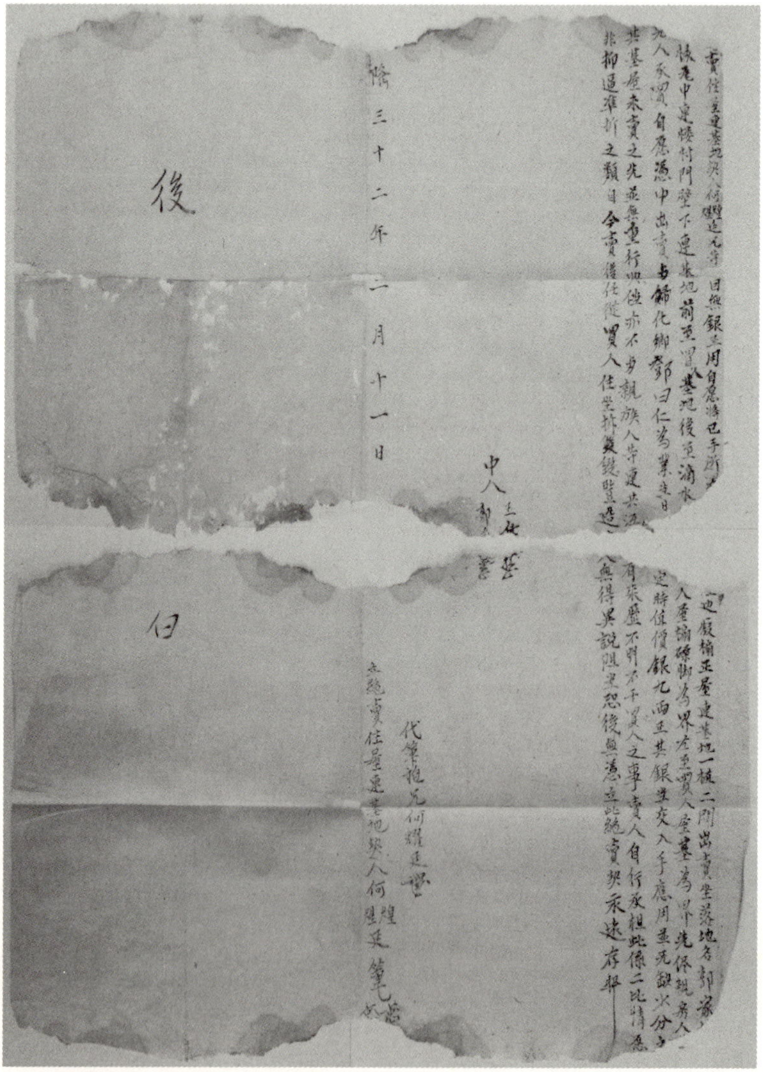

清乾隆三十三年正月郭上行賣田契

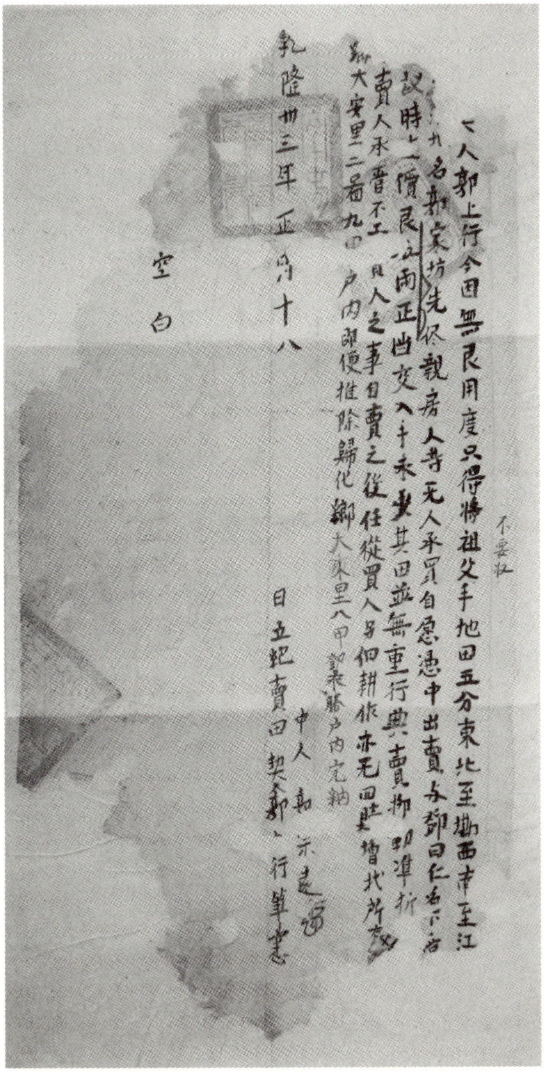

不要收

〻人郭上行今因無艮用度只得將祖父手地田五分東北至塅西南至江

九名郭宗坊先侭親房人等无人承買自愿憑中出賣與鄧回仁名下為

議時〻一價艮〻兩正當交入手承受其田並無重行典賣掛卯準折

賣人承當不干買人之事自賣之後任從買人另佃耕作亦无回贖增找所為

鄉大安里二啚九甲戶內即便推除歸化鄉大來里八甲鄧表勝戶內完納

乾隆卅三年正月十八日立杜賣田契郭〻行筆書

中人郭宗遠

空白

清乾隆三十四年五月鄧繪龍賣田契

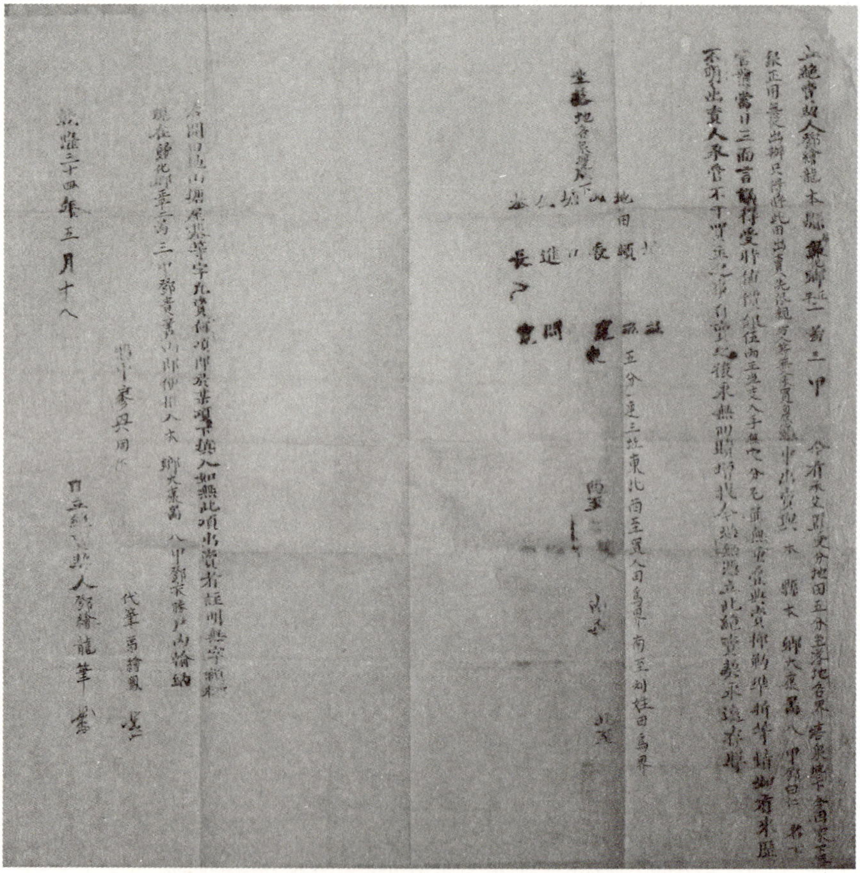

清乾隆三十九年十一月鄒啓賢等賣屋基契

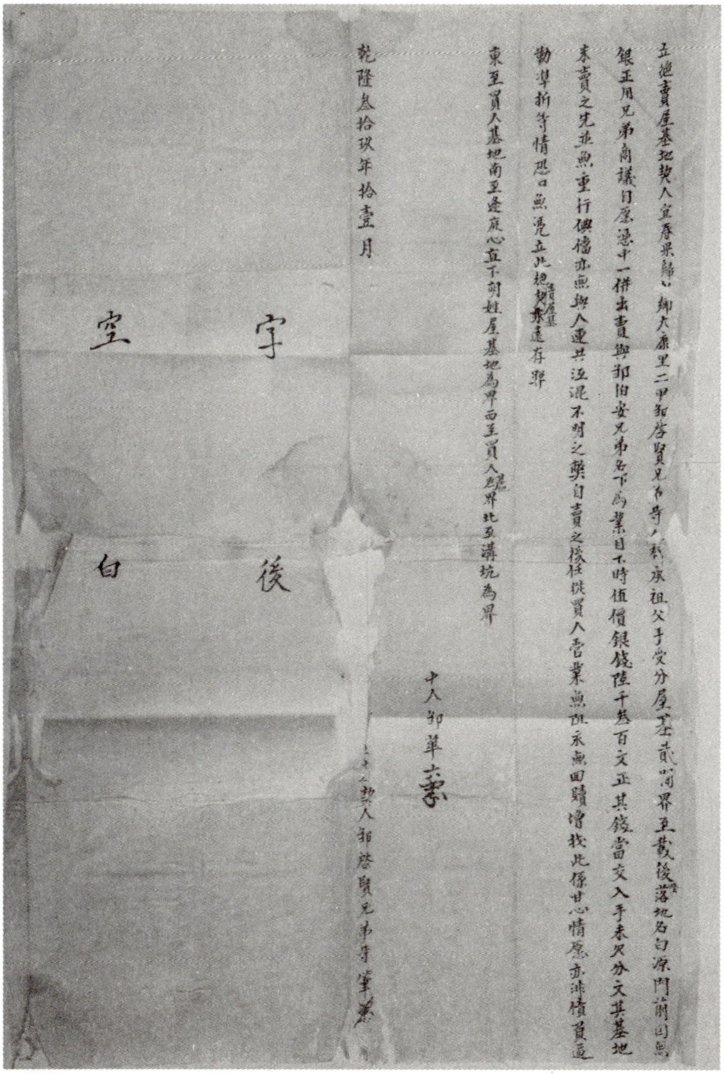
立絶賣屋基地契人宜春縣歸[illegible]鄉大康里二甲鄒啓賢兄弟等人有承祖父手受分屋基貳間界至載後落地名白源門前因無
銀正用兄弟商議自愿退出一併出賣與鄒伯安兄弟名下爲業目下時值價銀錢陸千叁百文正其錢當文入手未欠分文其基地
未賣之先並無重行典當亦無與人連共泛混不明之弊自賣之後任從買人管業無阻永無回贖增找此係甘心情愿亦非債貨逼
勒準折等情恐口無憑立此絶賣屋基契永遠存照
東至買人基地南至塍底心直下鄒姓屋基地爲界西至買人[illegible]界北至溝坑爲界

字後空白

中人鄒華

乾隆叁拾玖年拾壹月

立絶契人鄒啓賢兄弟等筆

清乾隆四十一年十一月趙洪八兄弟賣田契

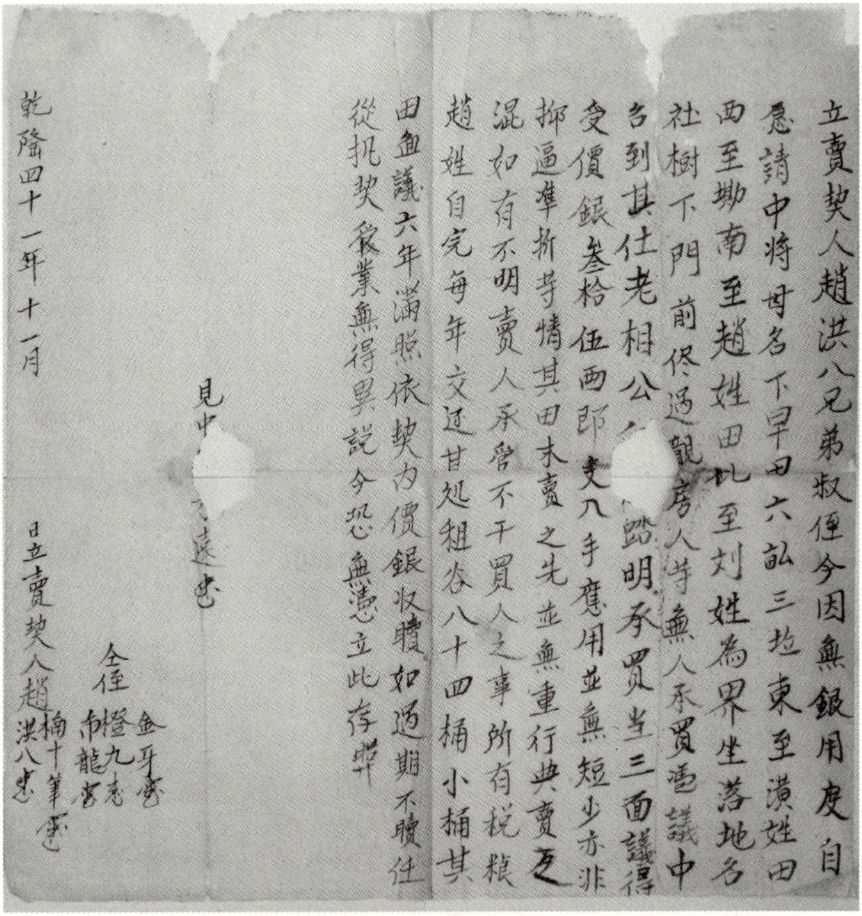
立賣契人趙洪八兄弟叔侄今因無銀用度自
急請中將母名下早田六畝三坵東至濱姓田
西至坳南至趙姓田北至刘姓為界坐落地名
社樹下門前佟過親房人等無人承買憑議中
召到其仕老相公[illegible]踏明承買出三面議得
受價銀叁拾伍両即交入手應用並無短少亦非
抑逼準折等情其田未賣之先並無重行典賣交
混如有不明賣人承當不干買人之事所有稅粮
趙姓自完每年交送甘処租谷八十四桶小桶其
田面議六年滿照依契內價銀收贖如過期不贖任
從执契管業無得異說今恐無憑立此存照
見中[illegible]文遠押
乾隆四十一年十一月　日立賣契人趙洪八押
仝侄　橙九押　金牙押
市龍押
楠十筆押

清乾隆四十二年八月鄧輔雲賣田契

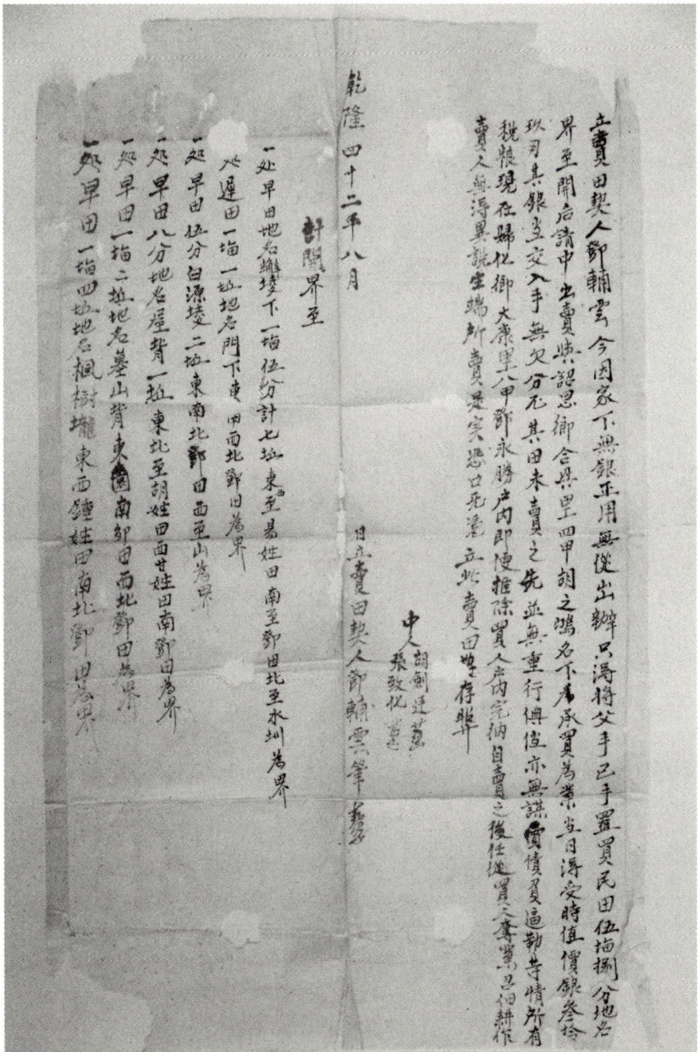

立賣田契人鄧輔雲今因家下無銀正用無從出辦只得將父手己手置買民田伍指捌分地名界至開后請中出賣與認恩御合與里四甲胡之鳴名下承買為業當日得受時值價銀叁拾玖兩其銀當交入手無欠分厘其田未賣之先並無重行典當亦無謀賣債負逼勒等情所有税粮現在歸化御大康里八甲鄧永勝户內即便推除買人户內完納自賣之後任從買人管業召佃耕作賣人無得異說生端所賣是实恐口无憑立此賣田契存照

中人　胡劍廷　張致化

乾隆四十二年八月　日立賣田契人鄧輔雲筆

計開界至

一处旱田地名蟠塅下一指伍分計七坵東西至易姓田南至鄧田北至水圳為界

一处遲田一指一坵地名門下東由西北鄧田為界

一处旱田伍分白源塅二坵東南北鄧田西至山為界

一处旱田八分地名屋背一坵東北至胡姓田西甘姓田南鄧田為界

一处旱田一指二坵地名墓山背東圍南鄧田西北鄧田為界

一处旱田一指四坵地名楓樹壠東西鍾姓田南北鄧田為界

清乾隆四十三年三月鄒明沂等賣田契

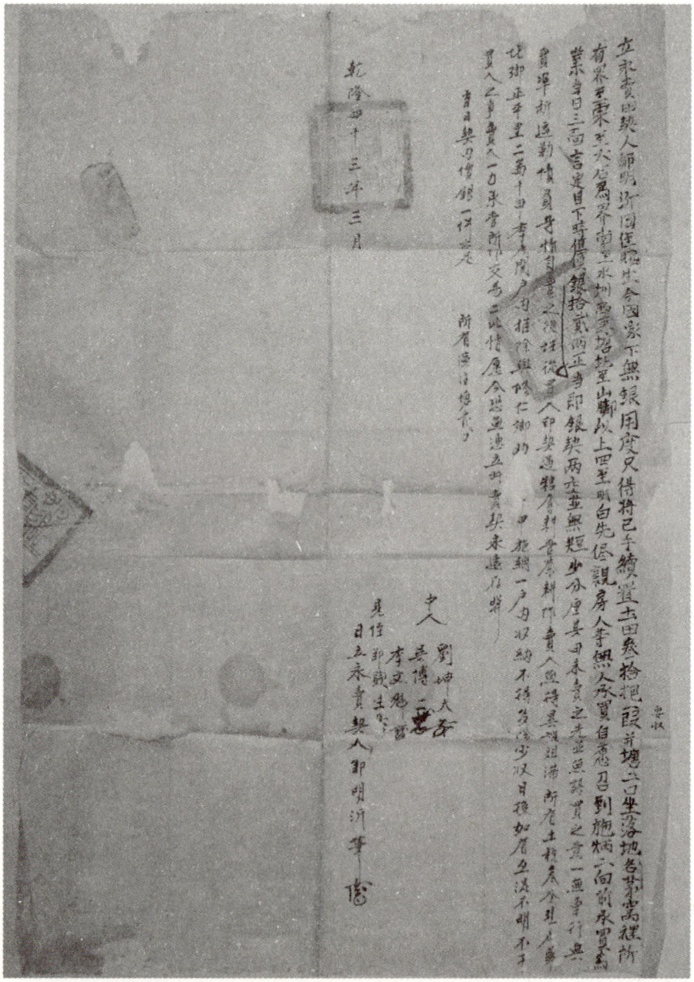

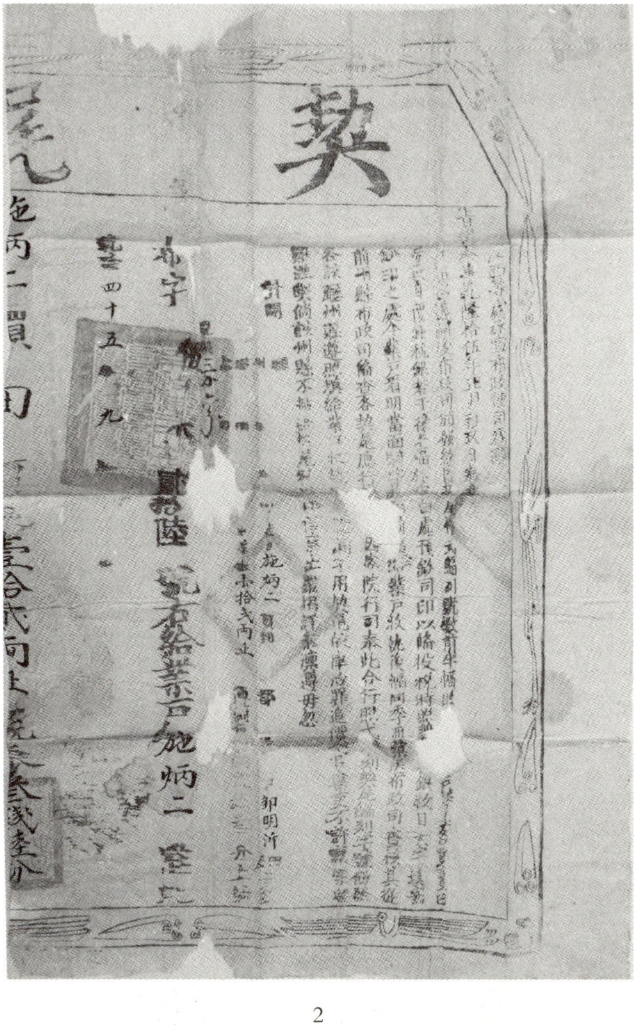

2

清乾隆四十四年二月晏潭二賣園土契

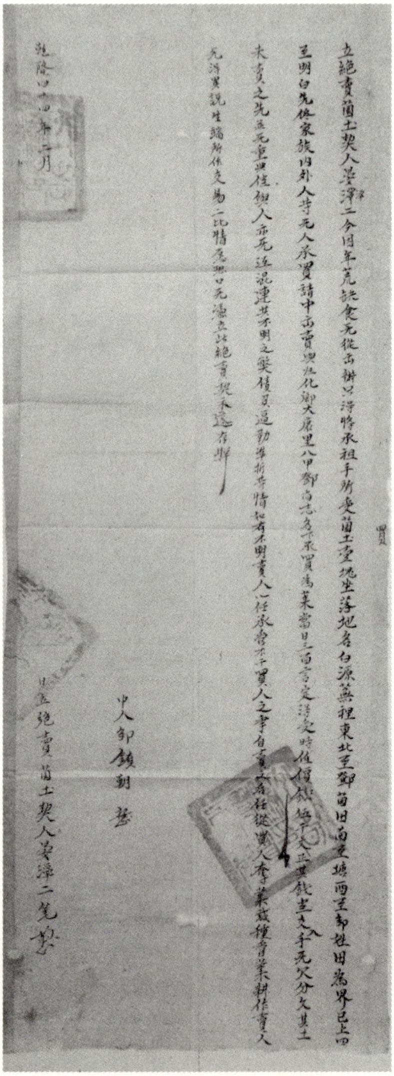

立絶賣菌土契人晏潭二，今因年荒缺食，無從出辦，只得將承祖手所受菌土壹塊，坐落地名白源蕪裡，東北至鄧茴田，南至塘，西至鄧姓田為界，已上四至明白。先儘家族內外人等，無人承買，請中出賣與本化鄉大康里八甲鄧名下承買為業。當日三面言定，時值價銀[illegible]五两，錢主交手，無欠分文。其土未賣之先，並無重典他人，亦無[illegible]來歷不明之處，[illegible]逼勒等情。如有不明，賣人一任承當，不干買人之事。自賣之後，任從買人[illegible]耕作，賣人無得異說生端。所作交易，二比情愿，恐口無憑，立此絶賣契永遠存照。

乾隆四十四年二月 日

中人鄧鎮[illegible] 押

日立絶賣菌土契人晏潭二 筆

清乾隆四十四年五月晏堅三賣田契

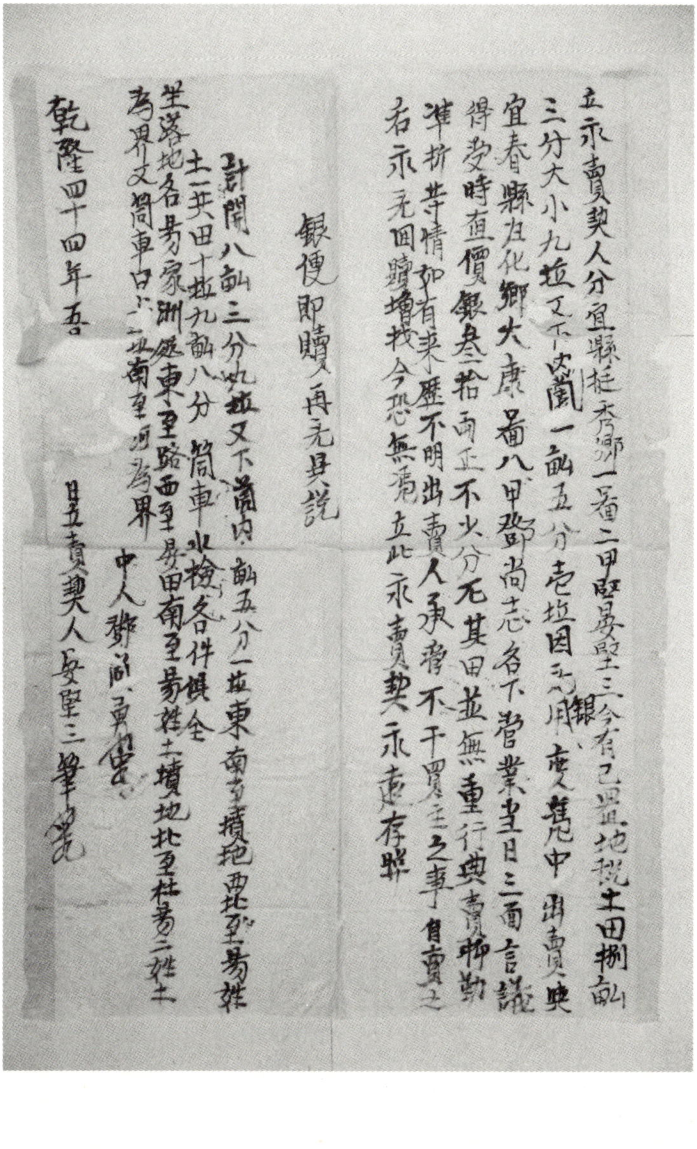
立永賣契人分宜縣拴秀鄉一啚二甲區晏堅三今有己置地税土田捌畝
三分大小九坵又下□□一畝五分壹坵因□用銀、□人甚人中出賣典
宜春縣在化鄉大康啚八甲鄧尚志名下管業當日三面言議
得受時值價銀叁拾兩正不少分厘其田並無重行典賣抑勒
準折等情如有來歷不明出賣人承當不干買主之事自賣之
后永无回贖增找今恐無憑立此永賣契永遠存照
銀便即贖再无異說
計開八畝三分九坵又下□內一畝五分一坵東南至□地西北至易姓
土一共田十坵九畝八分筒車水撿各件俱全
坐落地名易家洲□東至路西至晏田南至易姓土墳地北至林易二姓土
為界又筒車口□□南至河為界
中人鄧□、□□
乾隆四十四年五月　日立賣契人晏堅三筆□

清乾隆四十五年十二月石景耀等賣墳地契

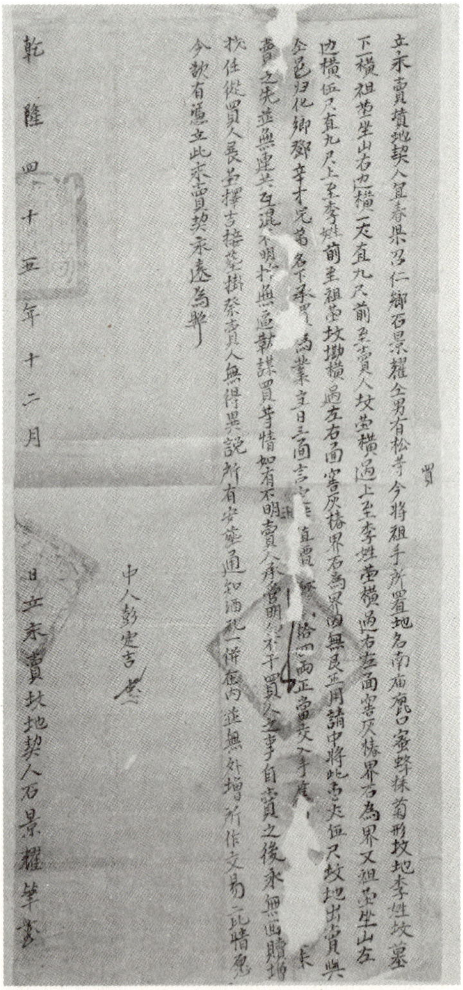

立永賣墳地契人宜春県召仁鄉石景耀仝男有松等今將祖手所置地名南廟䴉口蜜蜂抹蓊形坟地李姓坟墓
下一橫祖塋坐山右边橫一丈直九尺前至賣人坟塋橫過上至李姓塋橫過右左面窖灰椿界石為界又祖塋坐山左
边橫伍尺直九尺上至李姓前至祖塋坟撇橫過左右面窖灰椿界石為界四無異(?)丢(?)用請中將此塋夫伍尺坟地出賣與
仝邑归化鄉鄧辛才兄弟名下承買為業三日三面言定時值價[illegible]拾四兩正當交入手[illegible]
賣之先並無連共互混不明抒無遺欺謀買等情如有不明賣人承當明白不干買人之事自賣之後永無異(?)贖(?)
枚(?)任從買人畏(?)吉擇吉接葬掛祭賣人無得異說所有安葬通知酒礼一併在內並無外增所作交易二比情愿
今欲有憑立此永賣契永遠為照

中人彭定吉 押

乾隆四十五年十二月 日立永賣坟地契人石景耀 筆書

1

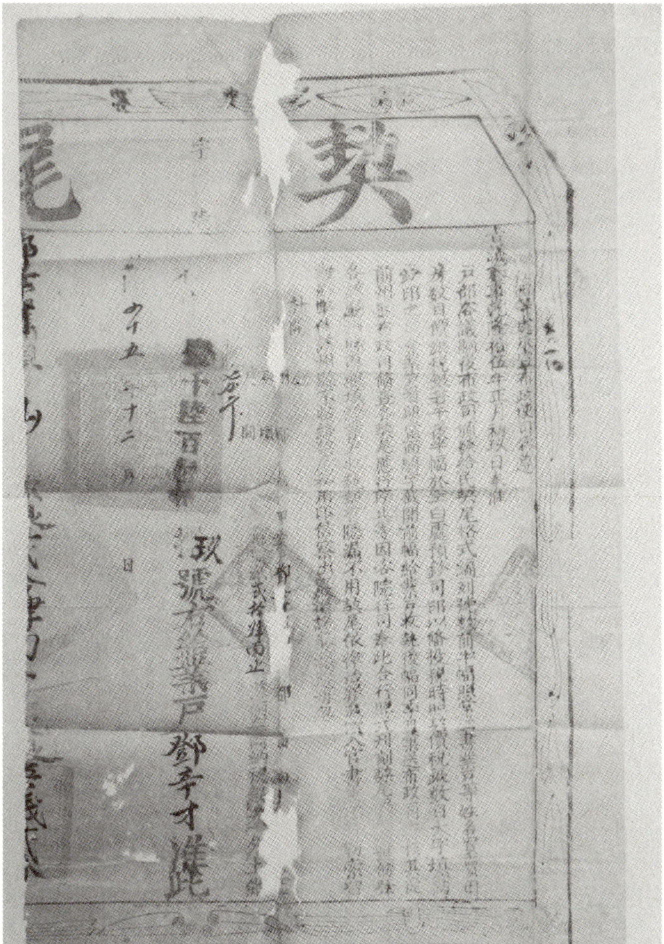

2

清乾隆四十六年十一月易凌雲等賣田契

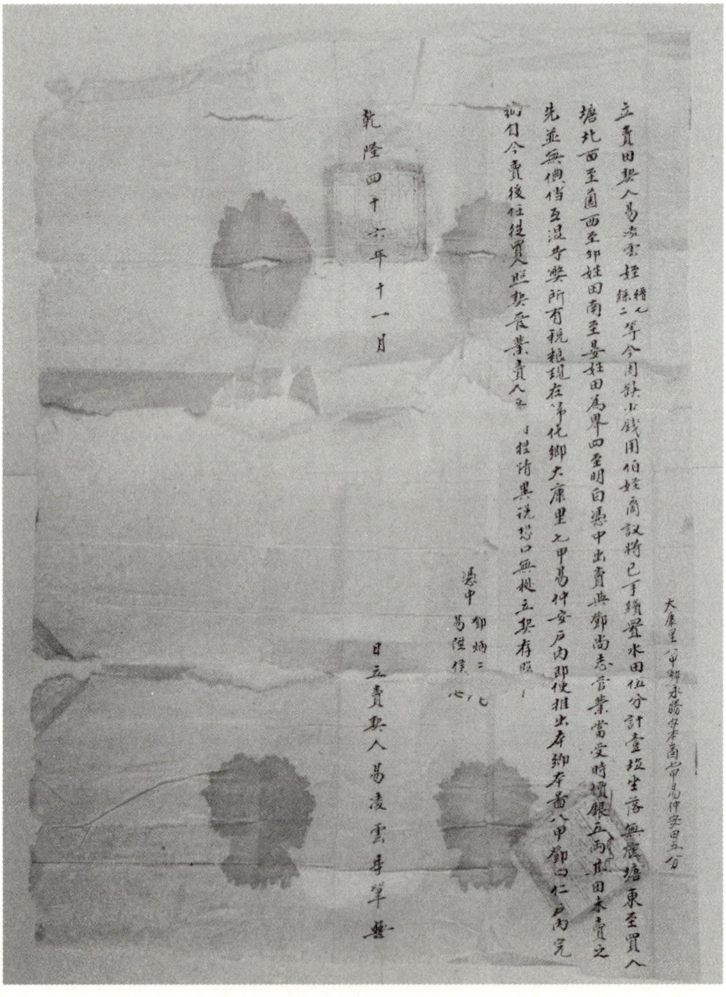

立賣田契人易凌雲姪德乙孫二等今因缺少錢用伯姪商議將已手續置水田伍分計壹坵坐落無底塘東至買人塘北西至園西至鄧姓田南至晏姓田為界四至明白憑中出賣與鄧尚志管業當受時價銀五兩正其田未賣之先並無倆當互混等弊所有稅粮現在歸化鄉大康里九甲易仲安户内即便推出存鄉本畨八甲鄧口仁户内完納自今賣後任從買人照契管業賣人不得異說恐口無憑立契存照

大康里八甲鄧永蕎户本割七甲易仲安田五分

憑中 鄧炳二 易陞侯

乾隆四十六年十一月 日立賣契人易凌雲手筆

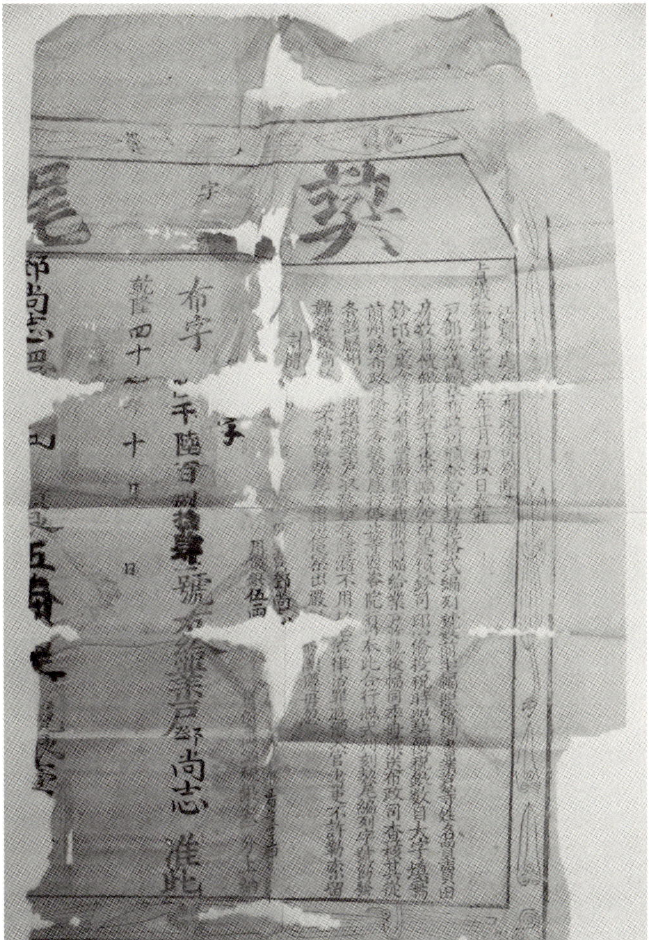

2

清乾隆四十八年六月彭金財賣杉木契

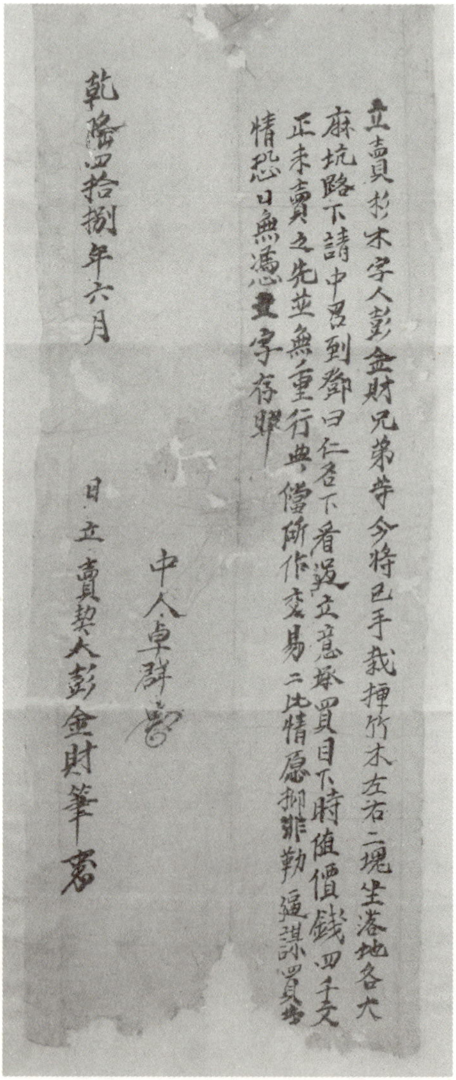
立賣杉木字人彭金財兄弟等今將己手栽插竹木左右二塊坐落地名大
麻坑路下請中召到鄧日仁名下看明立意承買目下時值價錢四千文
正未賣之先並無重行典償所作交易二比情愿抑非勒逼謀買等
情恐口無憑立字存照
中人卓群（押）
日立賣契人彭金財筆（押）
乾隆四拾捌年六月

清乾隆四十八年十月鄧繼成賣田契

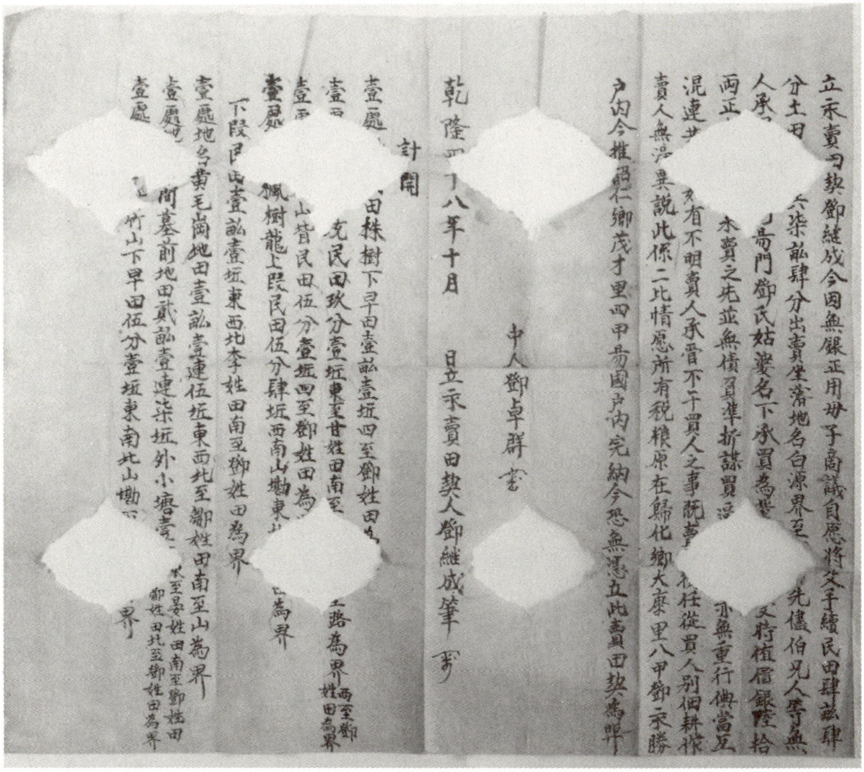
立永賣田契鄧繼成今因無銀正用母子商議自愿將父手續民田肆畝肆
分土田[illegible]六柒畝肆分出賣坐落地名白源界至[illegible]先儘伯兄人等無
人承[illegible]門鄧氏姑婆名下承買為業[illegible]父将值價銀陸拾
兩正[illegible]本賣之先並無債貨準折謀買[illegible]亦無重行典當互
混連[illegible]又有不明賣人承管不干買人之事既賣[illegible]任從買人别佃耕作
賣人無得異說此係二比情愿所有税粮原在歸化鄉大康里八甲鄧永勝
户内今推歸仁鄉茂才里四甲鄧國户内完納今恐無憑立此賣田契為照

乾隆四[illegible]八年十月　　日立永賣田契人鄧繼成筆　押

中人鄧卓群　押

計開

壹處[illegible]田株樹下旱田壹畝壹坵四至鄧姓田[illegible]路為界 西至鄧姓田為界

壹[illegible]克民田玖分壹坵東至甘姓田南至[illegible]

壹[illegible]山背民田伍分壹坵四至鄧姓田為[illegible]

壹處[illegible]楓樹龍上段民田伍分肆坵西南山塅東[illegible]為界

下段民田壹畝壹坵東西北李姓田南至鄧姓田為界

壹處地名黄毛崗坳田壹畝壹連伍坵東西北至鄧姓田南至山為界

壹處[illegible]祠墓前地田貳畝壹連柒坵外小塘壹[illegible] [illegible]至晏姓田南至鄧姓田 鄧姓田北至鄧姓田為界

壹處[illegible]竹山下旱田伍分壹坵東南北山塅[illegible]界

清乾隆四十八年十二月陳宗宣賣墳山契

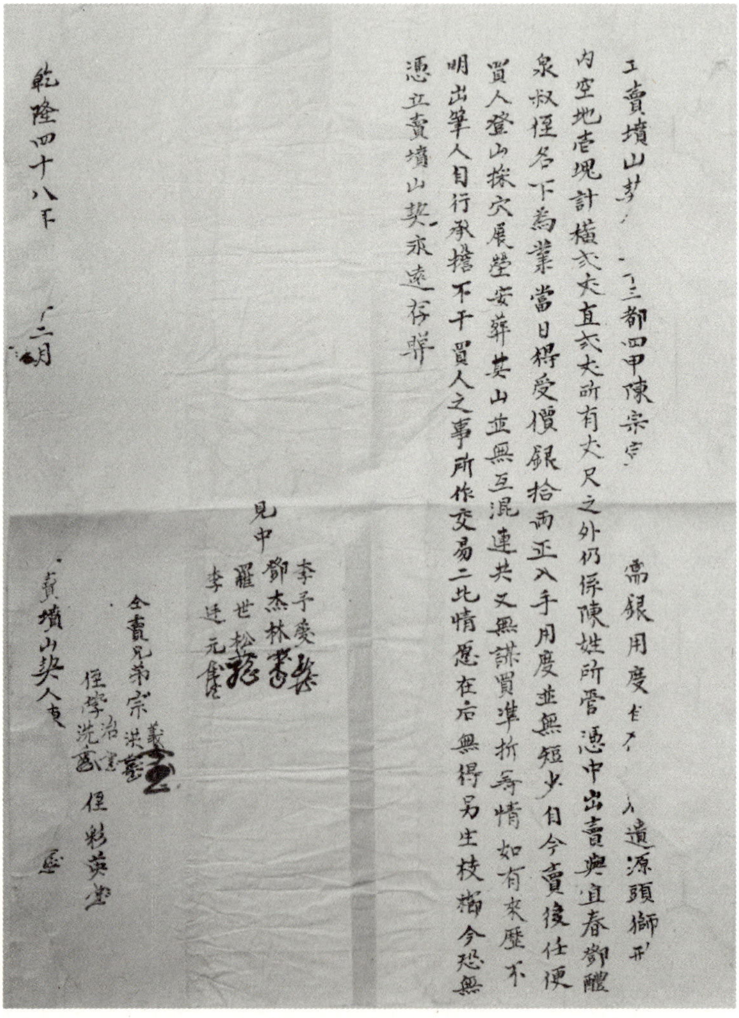

立賣墳山契人三都四甲陳宗宣，今因需銀用度，自將祖人遺源頭獅形
內空地壹塊，計橫弍丈直弍丈，所有丈尺之外仍係陳姓所管。憑中出賣與宜春鄧醴
泉叔侄名下為業，當日得受價銀拾兩正入手用度，並無短少。自今賣後，任便
買人登山探穴，扆塋安葬。其山並無互混，連共又無謀買準折等情。如有來歷不
明，出筆人自行承擋，不干買人之事。所作交易，二比情愿，在后無得另生枝節。今恐無
憑，立賣墳山契永遠存照。

見中 李子愛（押） 鄧杰林（押） 羅世松（押） 李廷元（押）

仝賣兄弟 宗義（押） 宗洪（押）
侄 學治 學洗 侄 彩英

乾隆四十八年十二月 日 立賣墳山契人宗宣（押）

清乾隆四十九年十月鄧魯珍賣田契

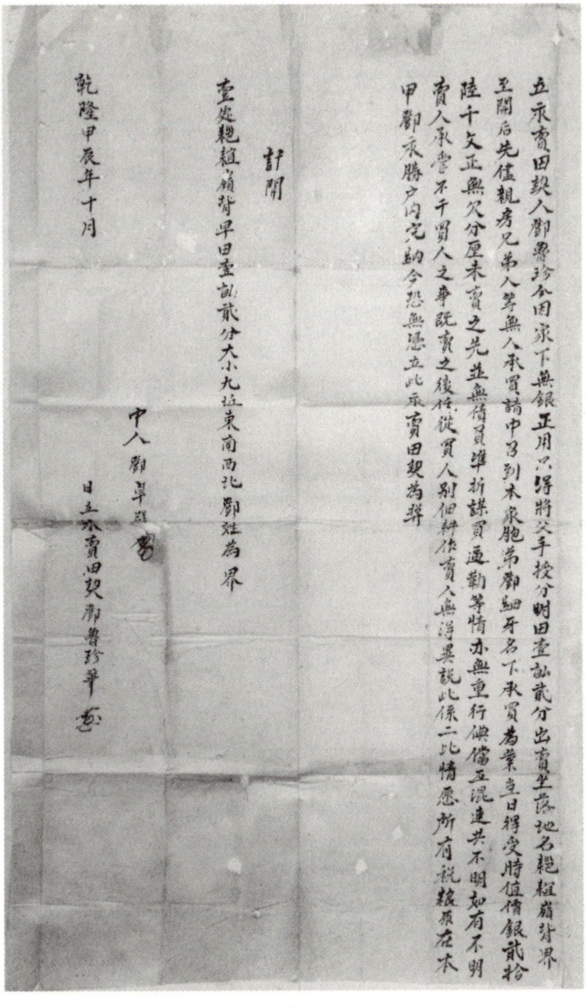

立永賣田契人鄧魯珍今因家下無銀正用只得將父手授分明田壹畝貳分出賣坐落地名艳粗嶺背界至開后先儘親房兄弟人等無人承買請中召到本家胞弟鄧細牙名下承買為業當日得受時值價銀貳拾陸千文正無欠分厘未賣之先並無債貨準折謀買逼勒等情亦無重行典當互混連共不明如有不明賣人承當不干買人之事既賣之後任從買人別佃耕作賣人無得異說此係二比情愿所有稅粮原在本甲鄧永勝户内完納今恐無憑立此永賣田契為據

計開

壹處艳粗嶺背旱田壹畝貳分大小九坵東南西北鄧姓為界

中人鄧□□（押）

乾隆甲辰年十月　日立永賣田契鄧魯珍筆（押）

清乾隆五十一年四月鄧伯文買田契契尾

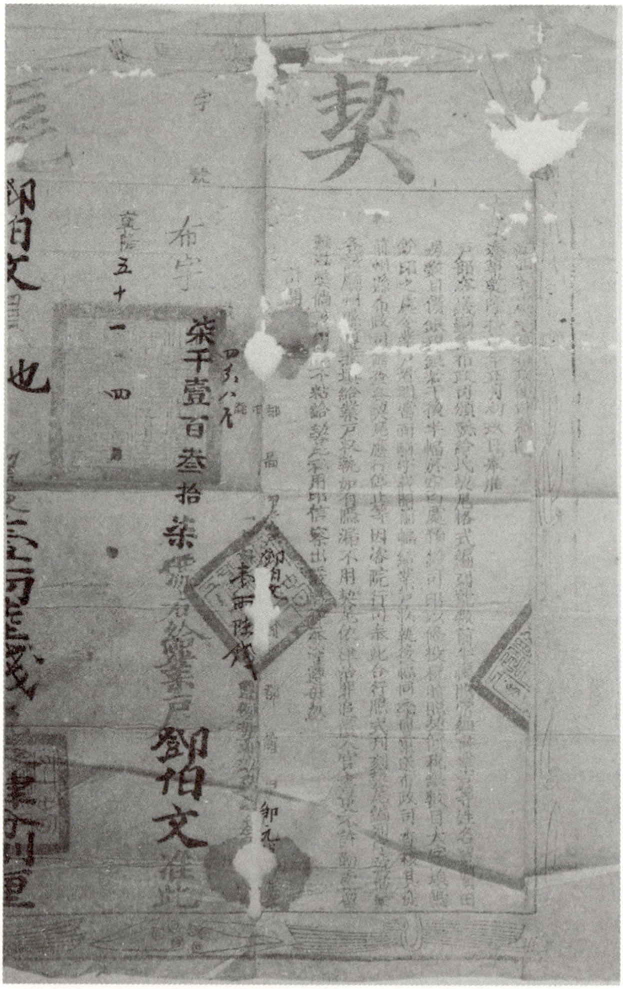
契
布字
乾隆五十一年四月
柒千壹百叁拾柒號
給業戶鄧伯文准此

清乾隆五十一年十月彭步伊等賣墳山契

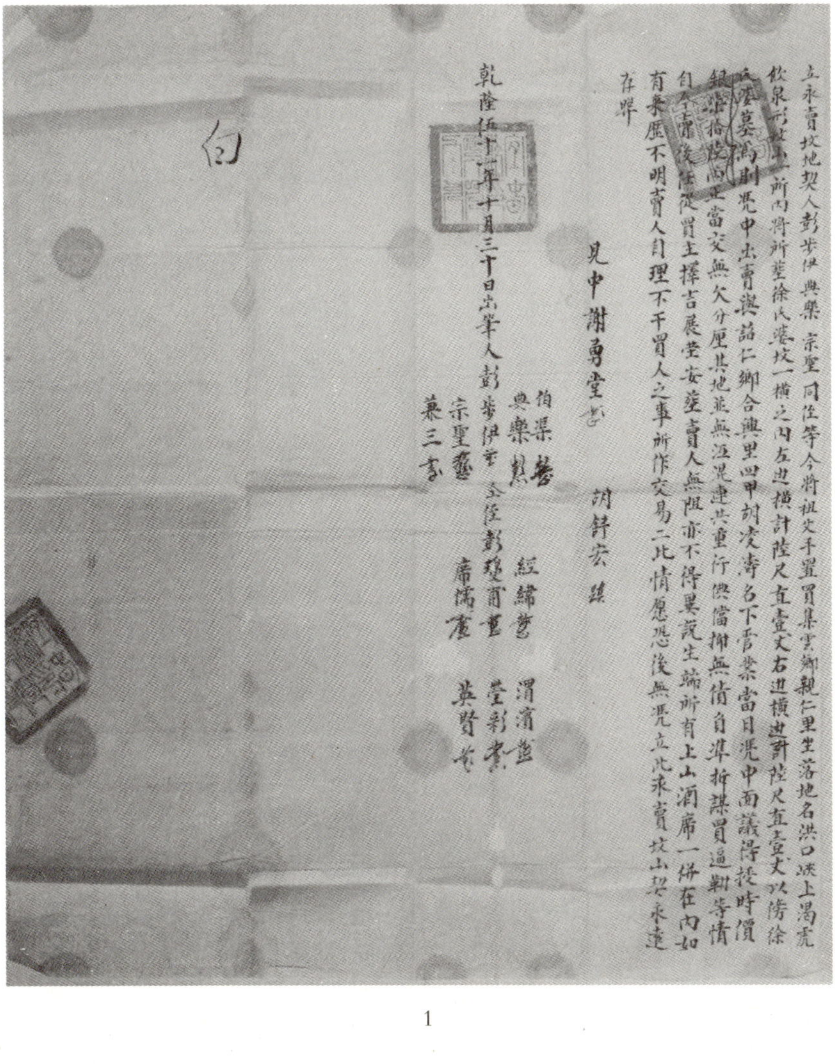
立永賣坟地契人彭步伊、興樂、宗聖同侄等，今將祖父手置買集雲鄉親仁里土名洪口陂上渴虎
飲泉形坟山一所，内將所葬徐氏婆坟一橫之内左邊橫計陸尺直壹丈，右邊橫邊計陸尺直壹丈，以傍徐
氏婆墓爲則，凭中出賣與謫仁鄉合輿里四甲胡凌濤名下管業，當日凭中面議得授時價
銀□拾捌兩正，當交無欠分厘。其地並無逕混，連共重行典當抑無債負準折諸買逼勒等情。
自今賣後，任從買主擇吉展塋安葬，賣人無阻，亦不得異說生端，所有上山酒席一併在内。如
有來歷不明，賣人自理，不干買人之事。所作交易，二比情愿，恐後無凭，立此永賣坟山契永遠
存照。

見中 謝勇堂（押） 胡舒宏（押）

乾隆伍十一年十月三十日出筆人 彭步伊（押） 仝侄 彭瓔甫（押）

伯渠（押） 經綸（押） 渭濱（押）

興樂（押） 瑩彩（押）

宗聖（押） 席儒（押） 英賢（押）

兼三（押）

白

1

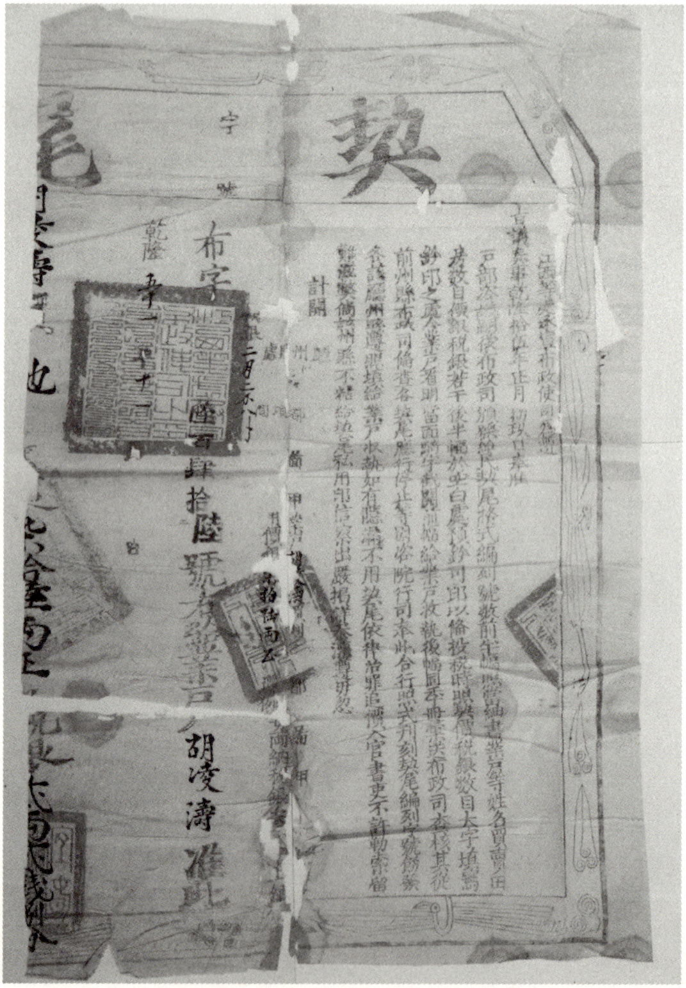

2

清乾隆五十三年十二月李德光賣竹木山場契

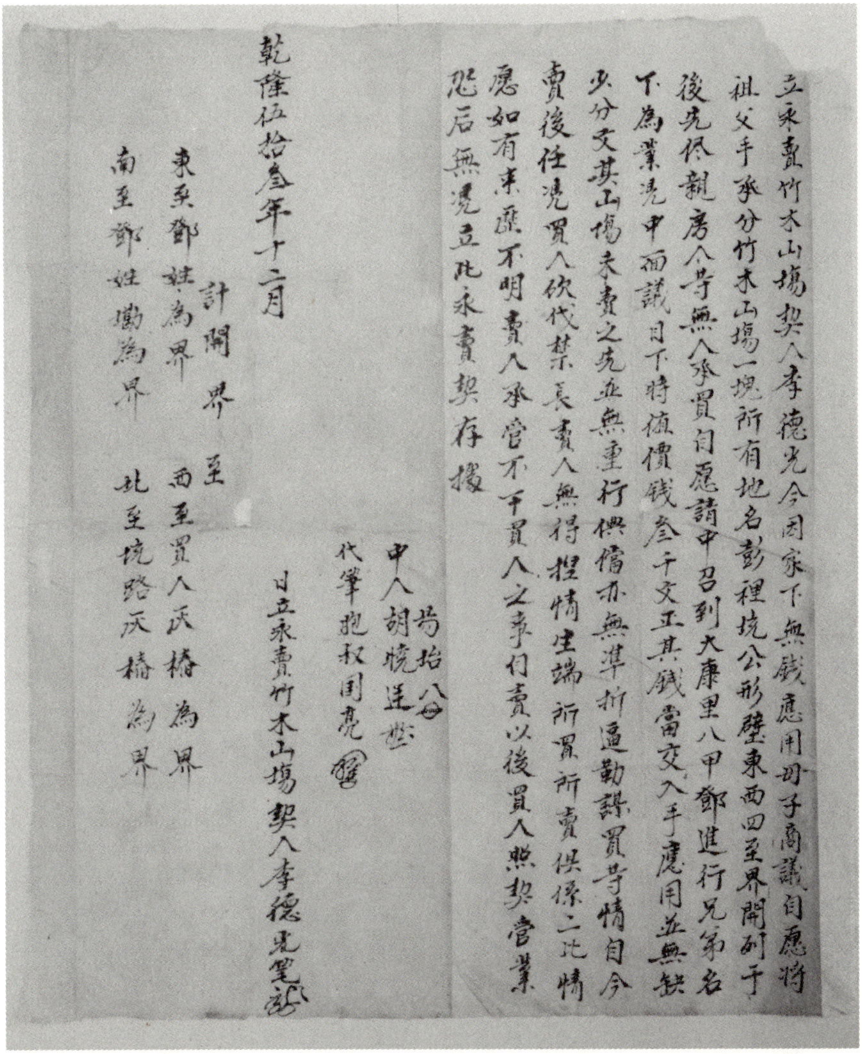

立永賣竹木山場契人李德光，今因家下無錢應用，母子商議，自愿將
祖父手承分竹木山場一塊，所有地名彭裡坑公形壁，東西四至界開列于
後，先儘親房人等，無人承買，自愿請中召到大康里八甲鄧進行兄弟名
下為業，憑中面議，目下時值價錢叁千文正，其錢當交入手應用，並無缺
少分文。其山場未賣之先，並無重行典當，亦無準折逼勒謀買等情。自今
賣後，任憑買人砍伐禁長，賣人無得捏情生端，所買所賣俱係二比情
愿。如有來歷不明，賣人承當，不干買人之事。仍賣以後，買人照契管業。
恐后無憑，立此永賣契存據。

号拾八

中人 胡曉廷（押）

代筆 抱叔 国亮（押）

乾隆伍拾叁年十二月 日立永賣竹木山場契人李德光（押）

計開界至

東至鄧姓為界　西至買人灰椿為界

南至鄧姓樹為界　北至坑路灰椿為界

清乾隆五十五年十二月鄒勇一等賣田契

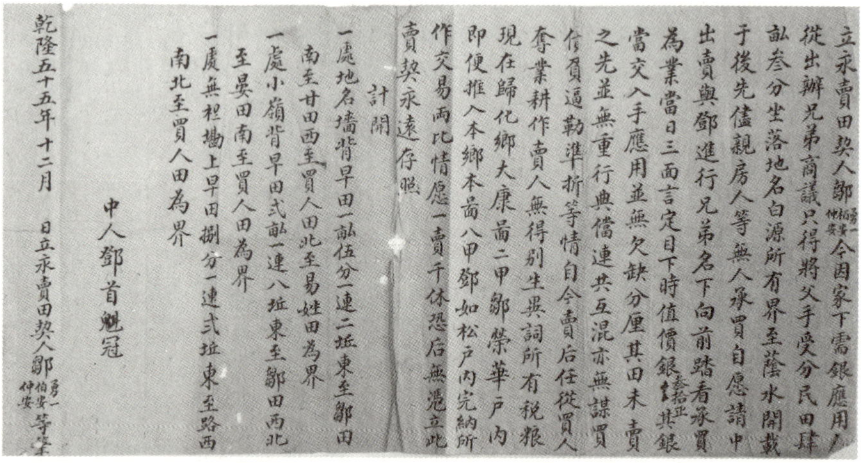
立永賣田契人鄒勇一柏安仲安今因家下需銀應用人
從出辦兄弟商議只得將父手受分民田肆
畝叁分坐落地名白源所有界至蔭水開載
于後先儘親房人等無人承買自愿請中
出賣與鄧進行兄弟名下向前踏看承買
為業當日三面言定日下時值價銀叁拾五两正其銀
當交入手應用並無欠缺分厘其田未賣
之先並無重行典儅連共互混亦無謀買
僣買逼勒準折等情自今賣后任從買人
奪業耕作賣人無得別生異詞所有稅粮
現在歸化鄉大康啚二甲鄒榮華戶內
即便推入本鄉本啚八甲鄧如松戶內完納所
作交易兩比情愿一賣千休恐后無憑立此
賣契永遠存照

計開
一處地名墻背旱田一畝伍分一連二坵東至鄒田
南至廿田西至買人田北至易姓田為界
一處小嶺背旱田弍畝一連八坵東至鄒田西北
至晏田南至買人田為界
一處無柤墈上旱田捌分一連弍坵東至路西
南北至買人田為界

中人鄧首魁冠

乾隆五十五年十二月　日立永賣田契人鄒勇一伯安仲安等

清乾隆五十六年十二月鄒秀升賣田契

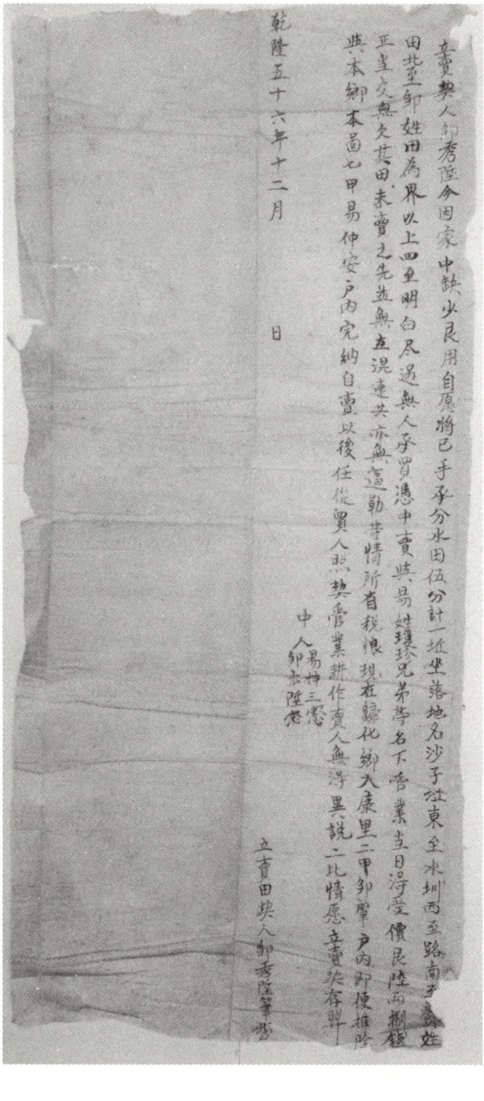
立賣契人鄒秀陞今因家中缺少艮用自愿將已手承分水田伍分計一坵坐落地名沙子坵東至水圳西至路南至易姓
田北至鄒姓田爲界以上四至明白尽過無人承買憑中賣與易姓瓊玖兄弟等名下管業当日得受價艮陸兩捌錢
正当交無欠其田未賣之先並無互混連共亦無逼勒等情所有税粮現在歸化鄉大康里二甲鄒寧户内即便推除
與本鄉本啚七甲易仲安户内完納自賣以後任從買人照契管業耕作賣人無得異説二比情愿立賣契存照
中人 易坤三 鄒去陞
乾隆五十六年十二月 日 立賣田契人鄒秀陞筆

清乾隆六十年十二月鄒俊升賣田契

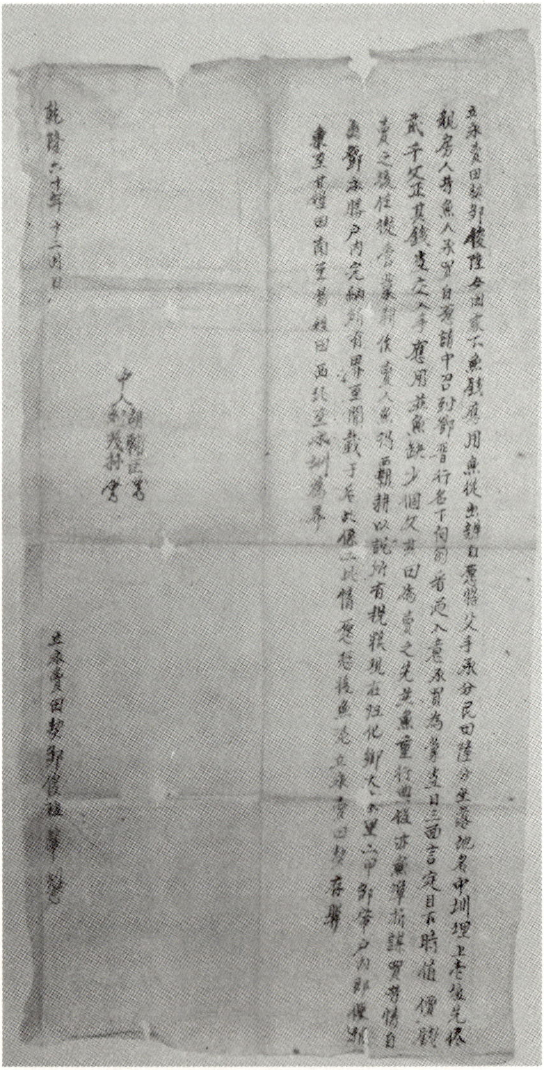

立承賣田契鄒俊陞今因家下無錢應用無從出辦自愿將父手承分民田陸分坐落地名中圳埋上壱坵先儘親房人等無人承買自愿請中召到鄒晋行名下向前看過入意承買為業當日三面言定目下時值價錢貳千文正其錢當交入手應用並無缺少個文其田為賣之先並無重行典當亦無準折謀買等情自賣之後任從晋業耕作賣人無得阻執以說所有稅粮現在歸化鄉太[illegible]里六甲鄒常户內鄒便照更鄒承勝户内完納所有界至開載于后此係二比情愿恐後無憑立承賣田契存照

東至甘姓田南至鄒姓田西北至承圳為界

中人 胡朝臣 書
鄒茂林 書

乾隆六十年十二月日

立承賣田契鄒俊陞筆 親

清嘉慶元年二月鄒甚和等賣田契

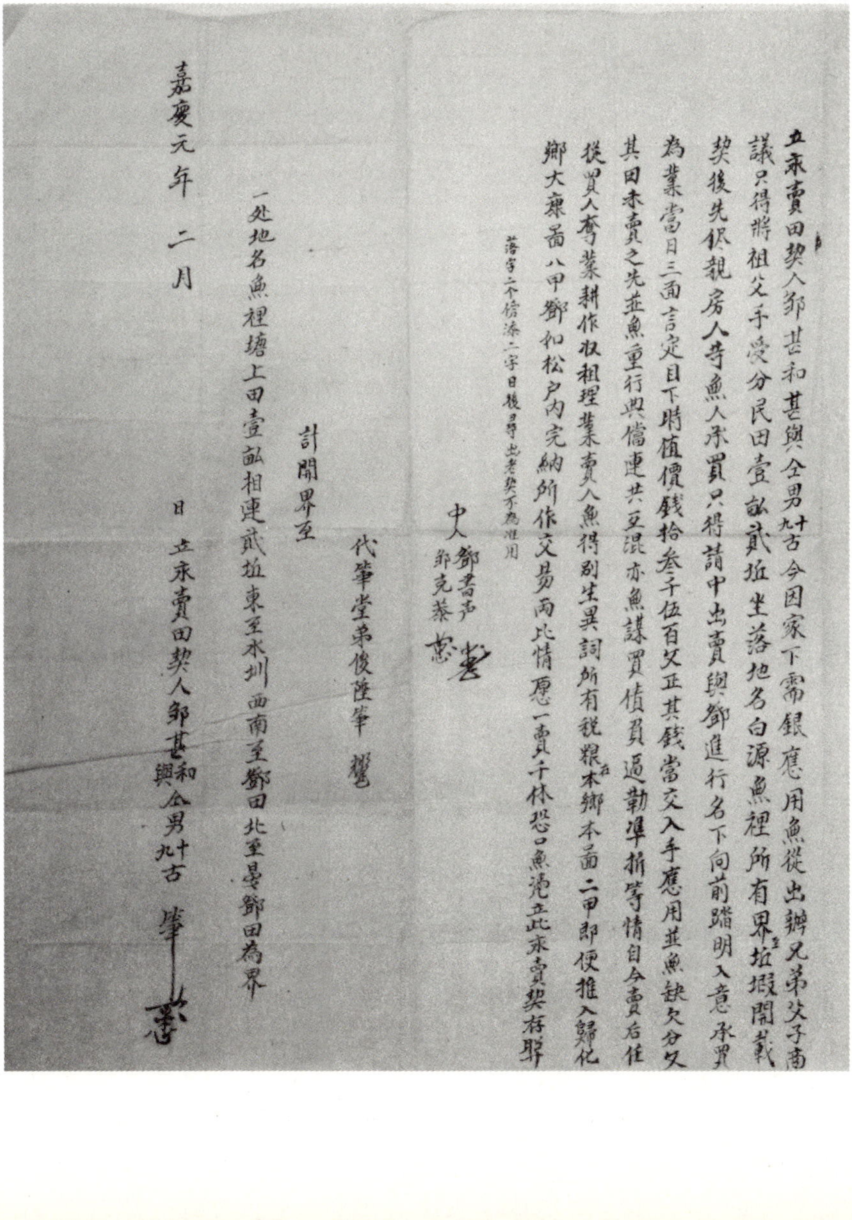

立永賣田契人鄒甚和甚與仝男九十古今因家下需銀應用無從出辦兄弟父子商議只得將祖父手受分民田壹畝貳坵坐落地名白源魚裡所有界至坵塅開載契後先儘親房人等無人承買只得請中出賣與鄒進行名下向前踏明入意承買為業當日三面言定目下時值價錢拾叁千伍百文正其錢當交入手應用其無缺欠分文其田未賣之先並無重行典當連共互混亦無謀買債負逼勒準折等情自今賣后任從買人奪業耕作收租理業未賣人無得別生異詞所有稅粮本鄉本啚二甲鄒便推入歸化鄉大康啚八甲鄒和松户內完納所作交易兩比情愿一賣千休恐口無憑立此永賣契存照

落字二个傍添二字日後尋出老契不為准用

中人 鄒書户 押
鄒克恭 押

代筆堂弟俊陞筆 押

計開界至

一处地名魚裡塘上田壹畝相連貳坵東至水圳西南至鄒田北至是鄒田為界

嘉慶元年 二月 日 立永賣田契人鄒甚和甚與仝男九十古 筆 押

清嘉慶六年十二月鄒甚和等賣田契

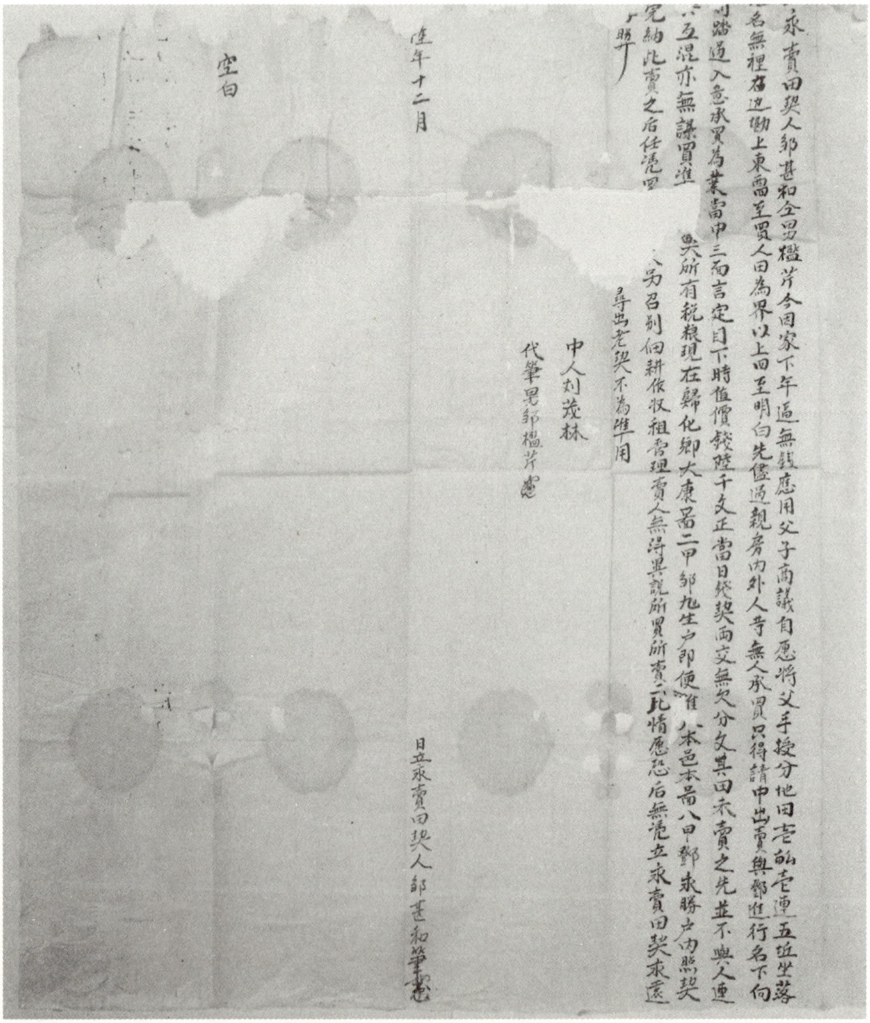
[illegible]永賣田契人鄒甚和仝男檻芹今因家下年逼無錢應用父子商議自愿將父手授分地田壹畝壹連五坵坐落
[illegible]名無裡石边墈上東西至買人田為界以上四至明白先儘盡親房内外人等無人承買只得請中出賣與鄒進行名下向
[illegible]前踏道入意承買為業當中三面言定目下時值價錢陸千文正當日發契兩交無欠分文其田未賣之先並不與人重
[illegible]互混亦無謀買準[illegible]與所有稅粮現在歸化鄉大康啚二甲鄒九生户即便推入本邑本啚八甲鄒永勝户内照契
完納此賣之后任憑買[illegible]入另召別佃耕作收租管理賣人無得異說所買所賣二比情愿恐后無憑立永賣田契永遠
[illegible]照
尋出老契不為準用
中人刘茂林
代筆男鄒檻芹
[illegible]年十二月　日立永賣田契人鄒甚和筆
空白

清嘉慶十年十一月易伯鳳賣山契

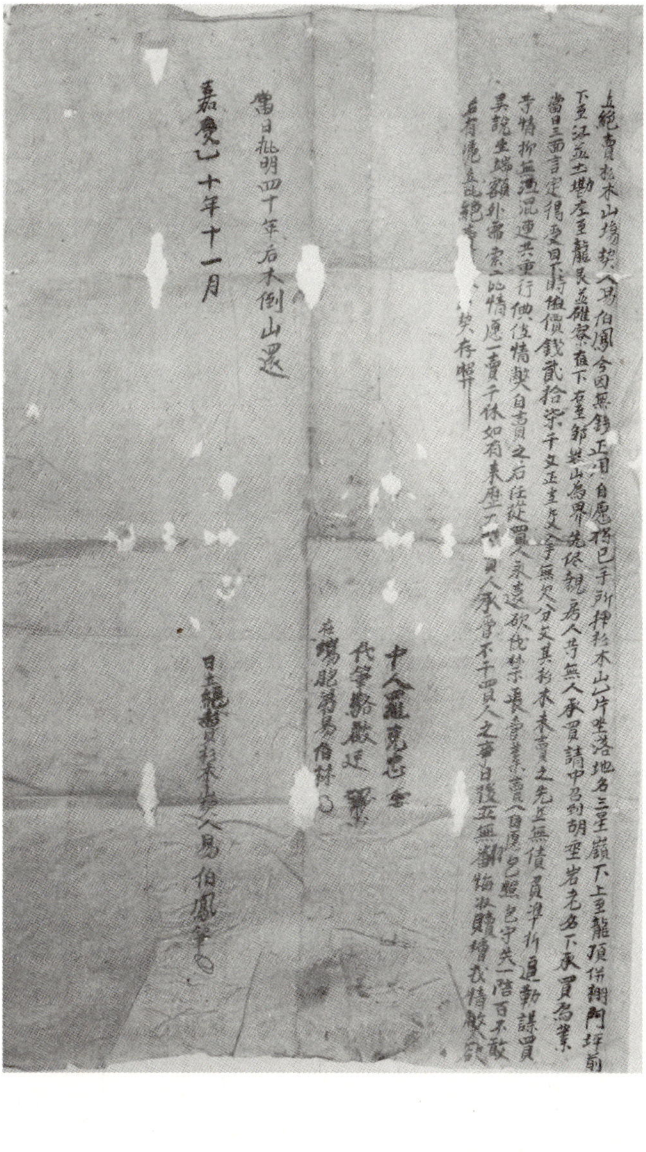

立絕賣杉木山場契人易伯鳳，今因無錢正用，自愿將己手所押杉木山一片，坐落地名三星嶺下，上至龍頂併𠭽門坪崩，下至江，並左……至龍，右並雕寮直下，右至鄧姓山為界。先儘親房人等，無人承買，請中召到胡亞岩老爹下承買為業。當日三面言定，得受目下時值價錢貳拾宗千文正，其錢當即入手，無欠分文。其杉木未賣之先，並無債貨準折，亦非逼勒謀買等情，抑無□混□共更行□□情願。自賣之后，任從買人永遠砍伐，毋得□□□異言異說，並無額外需索之事，此係情愿一賣千休。如有來歷不明，賣人承當，不干買人之事。日後並無翻悔加贖增找情弊。欲后有憑，立此絕賣契存照。

中人羅克忠 押
代筆鄒啟廷 押
在場胞弟易伯林 ○

當日批明，四十年后木倒山還

嘉慶乙十年十一月 日立絕賣杉木契人易伯鳳 押

清嘉慶十三年十一月易乘興等賣墳山契

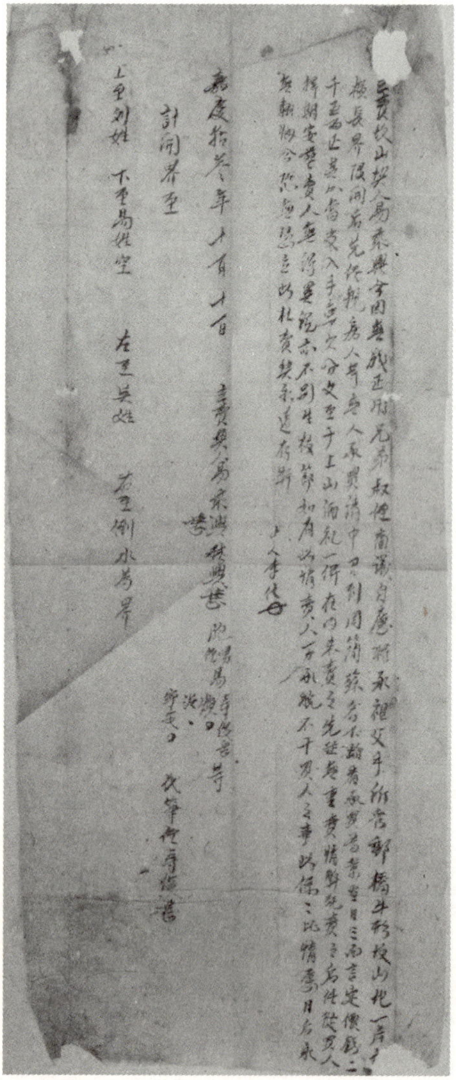

清嘉慶十六年十二月彭上達賣田契

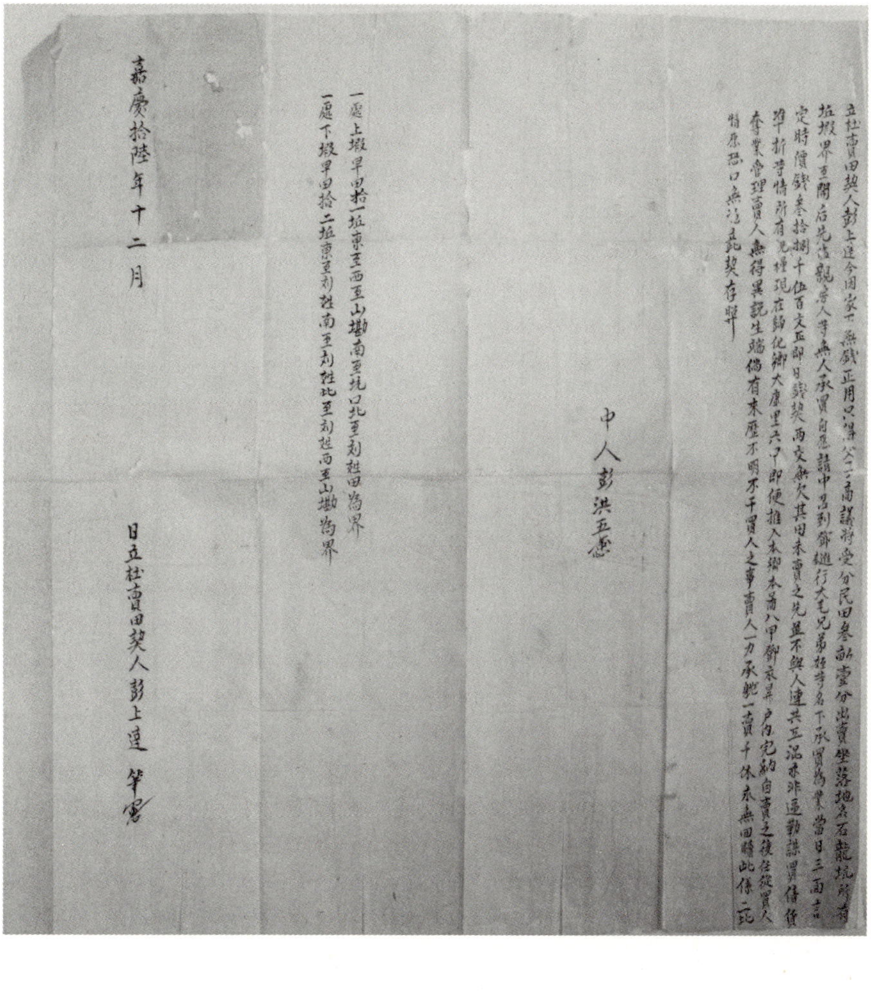
立杜賣田契人彭上達今因家下無錢正用只得父子商議將受分民田叁畝壹分出賣坐落地名石龍坑背
坵段界至開后先盡親房人等無人承買自愿請中說到鄧繼行大毛兄弟名下承買為業當日三面言
定時價錢叁拾捌千伍百文正即日錢契兩交無欠其田未賣之先並不與人連共互混亦非逼勒謀買債貨
準折等情所有兑糧現在歸化鄉大康里六甲即便推入本鄉本都八甲鄧衣某戶內完納自賣之後任從買人
管業管理賣人無得異說生端倘有來歷不明不干買人之事賣人一力承耽一賣千休永無回贖此係二比
情愿恐口無憑立此杜契存照

中人彭洪五

一處上墩早田拾一坵東至西至山墈南至坑口北至刘姓田為界
一處下墩早田拾二坵東至刘姓南至刘姓北至刘姓西至山墈為界

嘉慶拾陸年十二月　日立杜賣田契人彭上達筆

清嘉慶十七年三月劉孝關衆等賣墳地契

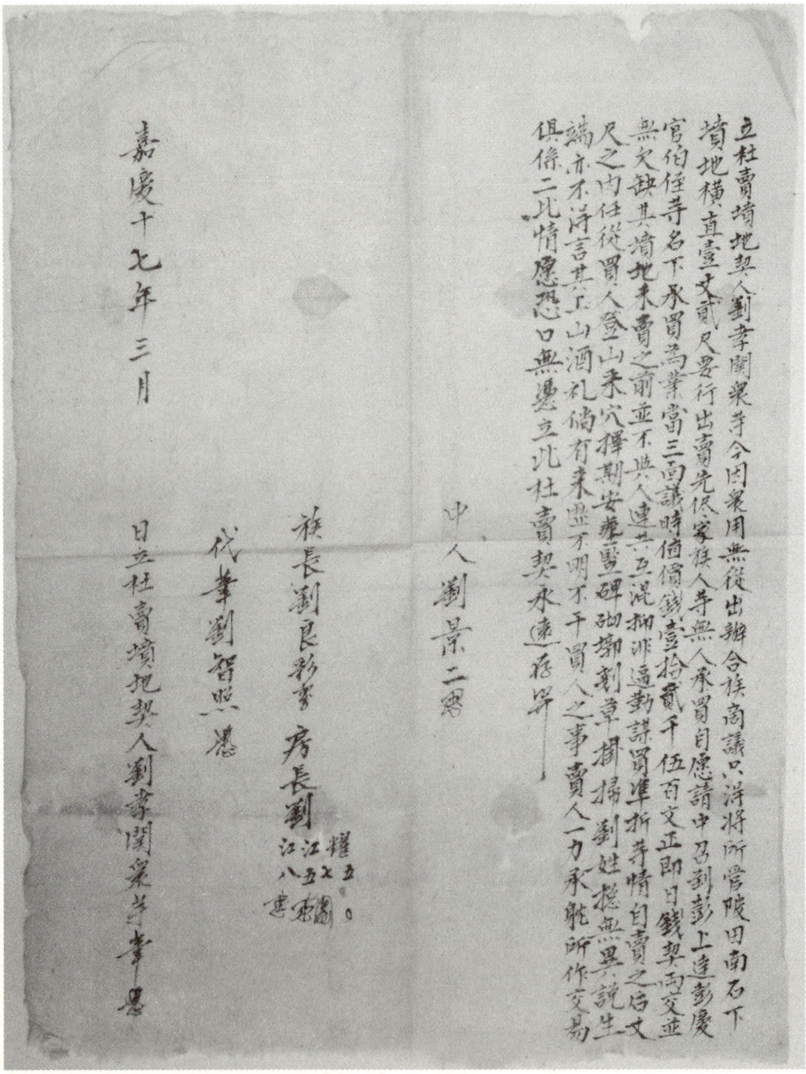
立杜賣墳地契人劉孝關衆等今因衆用無從出辦合族商議只得將所管陂田南石下墳地橫直壹丈貳尺要行出賣先儘家族人等無人承買自愿請中召到彭上達彭慶官伯侄等名下承買為業當三面議時值價錢壹拾貳千伍百文正即日錢契兩交並無欠缺其墳地未賣之前並不與人連共立混拗非逼勒謀買準折等情自賣之后丈尺之內任從買人登山求穴擇期安葬豎碑砌擲割草掛掃劉姓總無異說生端亦不得言其上山酒礼倘有來歷不明不干買人之事賣人一力承耽所作交易俱係二比情愿恐口無憑立此杜賣契永遠存照

中人劉景二押

族長劉良彩書　房長劉耀五　江文　江五　江八

代筆劉智照憑

嘉慶十七年三月日立杜賣墳地契人劉孝關衆等押

清嘉慶十八年十二月易炖三等賣田契

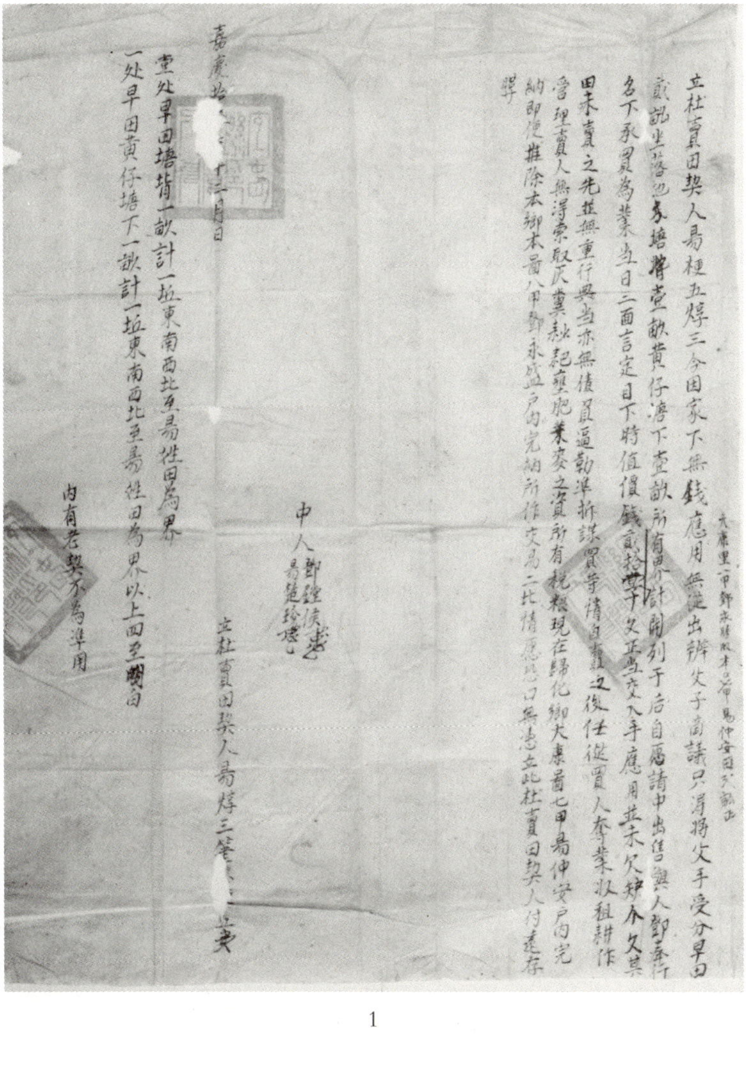

立杜賣田契人易棲五焞三，今因家下無錢應用，無從出辦，父子商議，只得將父手受分旱田
貳坵，坐落地名塘背壹畝、黄仔滘下壹畝，所有田畝計開列于后，自愿請中出售與人鄧奉行
名下承買為業。當日三面言定，目下時值價錢貳拾[illegible]千文正，當交入手應用，並未欠少分文。其
田未賣之先，並無重行典當，亦無債貨逼勒準折謀買等情。自賣之後，任從買人奪業收租耕作
管理，賣人無得索取。其粮起(?)塹(?)地業麥之資，所有粮根現在歸化鄉大康(?)里七甲易仲安戶內完
納，即便推除本鄉本里八甲鄧永盛戶內完納。所作交易二比情愿，恐口無憑，立此杜賣田契人付[illegible]存
照。

大康里一甲鄧永勝收本名下易仲安田[illegible]畝正

壹处旱田塘背一畝，計一坵，東南西北至易姓田為界
一处旱田黄仔塘下一畝，計一坵，東南西北至易姓田為界。以上四至明白

內有老契不爲準用

中人 鄧鐘俟(?)押 易廷珍押

立杜賣田契人易焞三等 立

嘉慶拾捌年十二月日

1

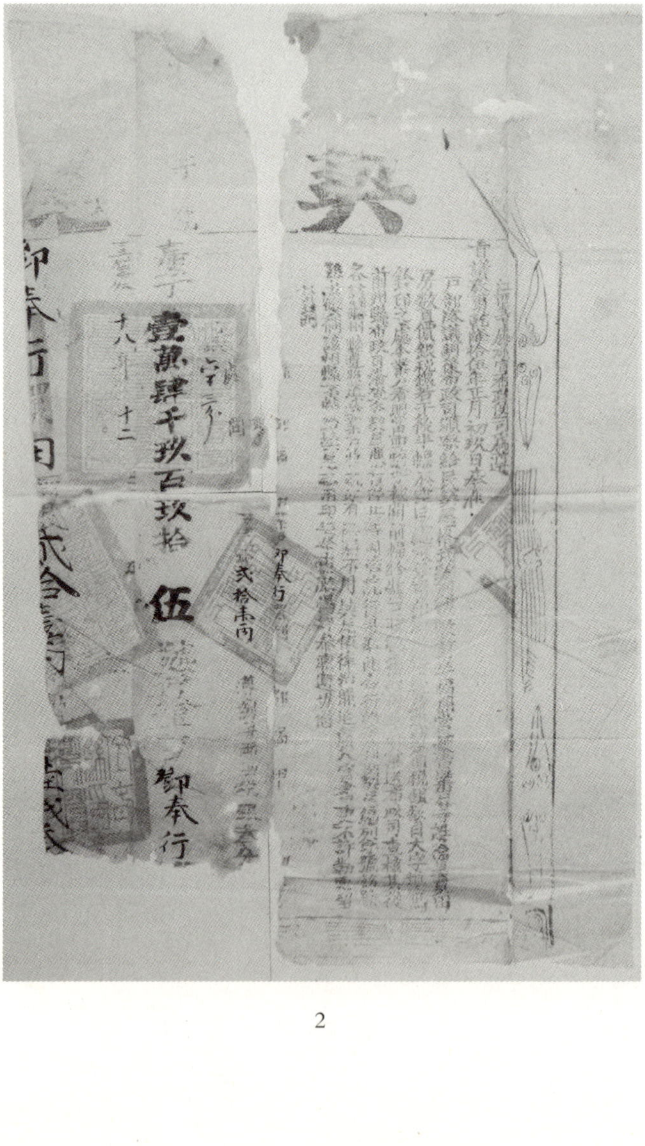

2

清嘉慶十八年十二月彭善化賣田契

立杜賣田契人彭善化今因家下要錢應用口滂捔已干受分水稅早田壹坵坐落地名隴上東至嶺西至彭墻南至彭姓田北至彭姓
田已上四至開載明白先儘親房族內人等無人承買只滂請中引到出賣與鄰房行名下入賣承買為業當中三面言定日下時估
價錢拾捌阡文正當文入手應用不欠分文其田未賣之先並無重行轉借准流不明邦排估買過嶺謀買平情日賣之壹任
從鄧姓奇耕管業賣人興滂鄧外生枝所有現粮照依官割現在紐化鄉宜化一啚八甲彭省節使推除註化謝大康面
八甲鄧承勝戶完納壹賣世休永無增我蹟田此係二比情愿兩照万悔恐口無憑立此杜賣田契永遠存群

中人易　成珍老
　　　　　　葉八宏

嘉慶拾捌拾貳月　　日立杜賣田契人彭善化筆慶

空白

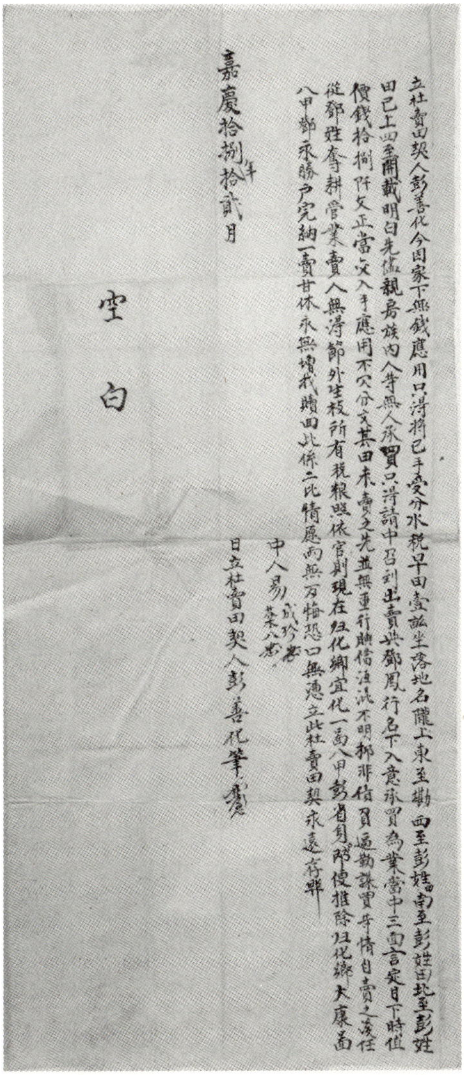

清嘉慶十九年四月易懷英等賣山場園地契

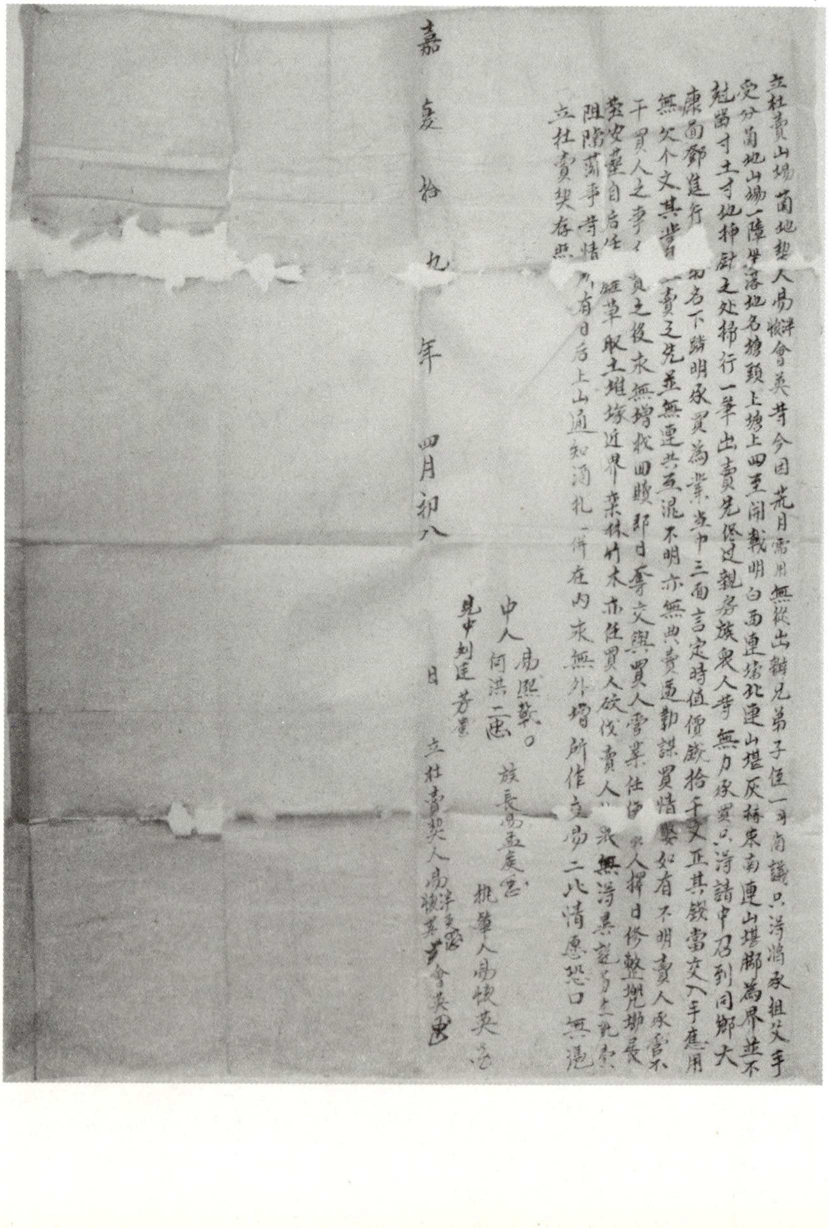

立杜賣山場園地契人易懷洋、會英等，今因乏用無從出辦，兄弟子侄一并商議，只得將承祖父手
受分園地山場一障，坐落地名塘頭上塘上，四至開載明白：西連塆，北連山壇灰埒，東南連山壇腳為界，並不
紐留寸土寸地神尉之処，歸行一筆出賣。先儘問親房族衆人等，無力承買，只得請中召到同鄉大
康園鄧進行名下踏明承買為業。當中三面言定時值價錢拾千文正，其錢當交入手應用，
無欠个文。其當日一賣之先，並無重典蒙混不明，亦無典賣逼勒謀買情弊。如有不明，賣人承當，不
干買人之事。賣之後，永無增找回贖。即日奉交與買人管業，任從買人擇日修整，鋤挖鋤長
蓋安葬，自后任從葬取土，堆塚近界，栽樹竹木，亦任買人砍伐，賣人無得異說，另立執約
阻隔滋事等情。乃有日后上山通知酒礼一併在内，永無外增。所作交易，二比情愿，恐口無憑，
立杜賣契存照。

中人 易熙載（押） 何洪二（押） 族長易孟庚（押）
見中 劉廷芳（押） 執筆人 易懷英（押）

嘉慶拾九年四月初八日 立杜賣契人 易懷洋（押） 易懷英（押） 會英（押）

清嘉慶十□年十二月彭上攀賣田契

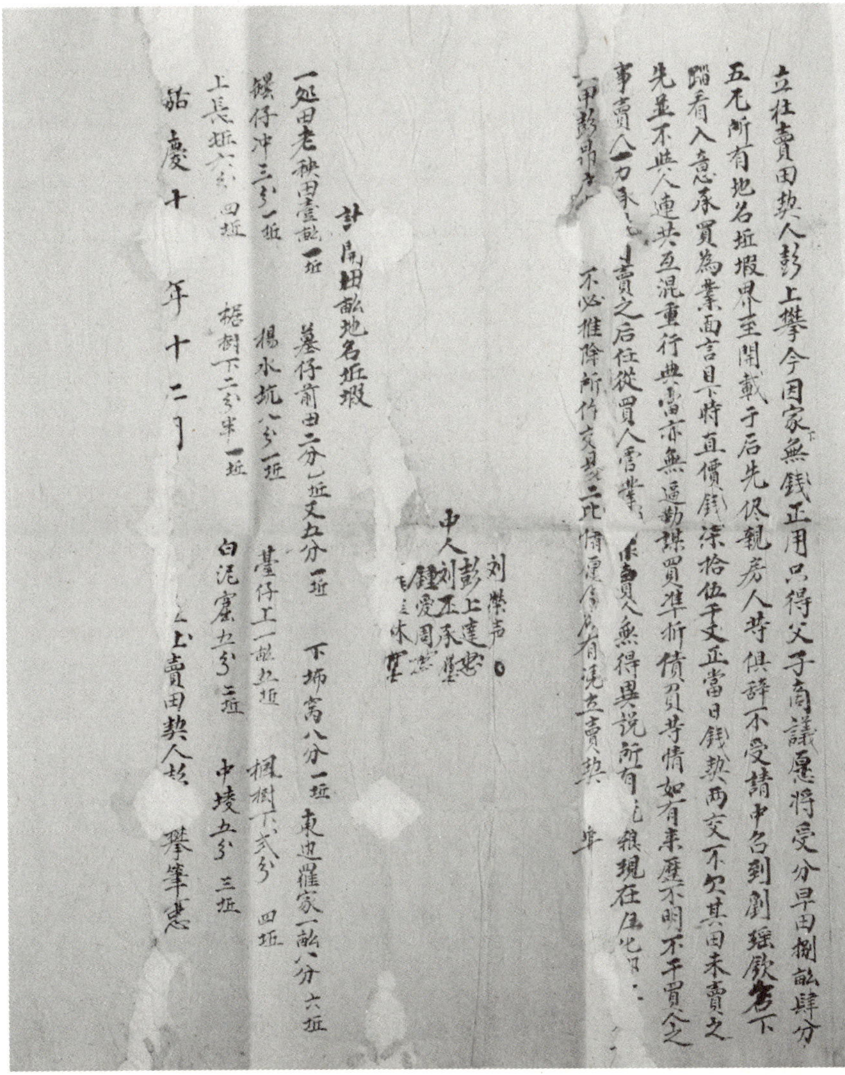

立杜賣田契人彭上攀今因家無錢正用只得父子商議愿將受分旱田捌畝肆分五厘所有地名坵塅界至開載于后先儘親房人等俱辭不受請中召到劉瑶欽名下踏看入意承買為業面言目下時值價錢柒拾伍千文正當日錢契兩交不欠其田未賣之先並不與人連共互混重行典當亦無逼勒謀買準折債負等情如有來歷不明不干買人之事賣人一力承當 賣之后任從買人管業 賣人無得異說所有糧現在 甲彭 不必推除所作交易二比情愿各無反悔立賣契爲照

計開田畝地名坵塅

一処田老秧田壹畝一坵 墓仔前田二分一坵 丈五分一坵 下坪窩八分一坵 東边羅家一畝八分 六坵

螺仔冲三分一坵 楊水坑八分一坵 墓仔工一畝五坵 楓樹下貳分 四坵

上長坵六分 四坵 梘樹下二分半一坵 白泥窠五分二坵 中坡五分 三坵

中人 劉榮吉 彭上達 劉丕承 鍾愛周

嘉慶十 年十二月 立上賣田契人彭上攀筆

清道光元年七月彭升國賣墳地契

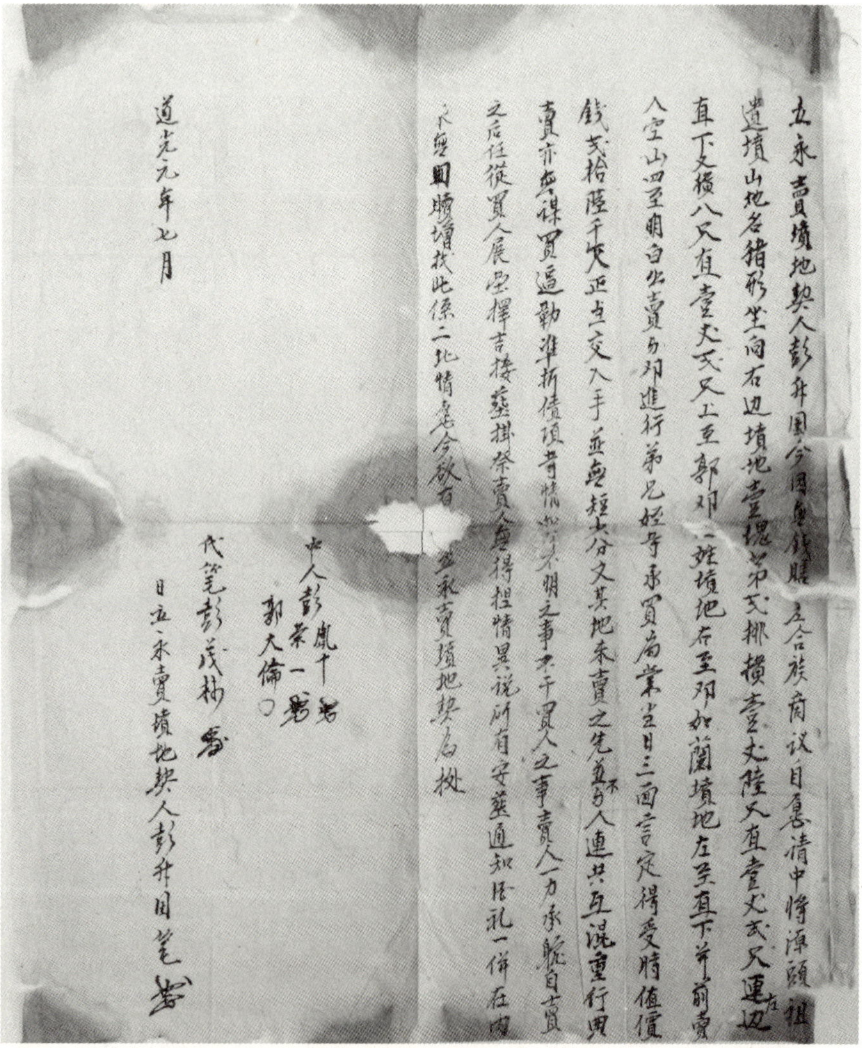
立永賣墳地契人彭升國今因無錢使用合族商议自愿請中將源頭祖
遺墳山地名猪形坐向右边墳地壹塊計丈挪横壹丈陸尺直壹丈贰尺連左边
直下丈横八尺直壹丈贰尺上至郭邓二姓墳地右至邓如蘭墳地左至直下并前賣
入空山四至明白出賣与邓進行弟兄姪等承買爲業當日三面言定得受時值價
錢贰拾陸千文正当立交入手並無短少分文其地未賣之先並不与人連共且混重行典
賣亦無謀買逼勒准折債項等情如有不明之事不干買人之事賣人一力承躭自賣
之后任從買人展開擇吉接葬掛祭賣人無得抯情異説所有安葬通知房乱一併在内
不得回贖增找此係二比情愿今欲有憑立永賣墳地契爲據
中人 彭鳳千 押
彭榮一 押
郭大倫 〇
代筆 彭茂林 押
道光元年七月 日立永賣墳地契人彭升國 筆 押

清道光三年十二月鄧騰蛟賣田契

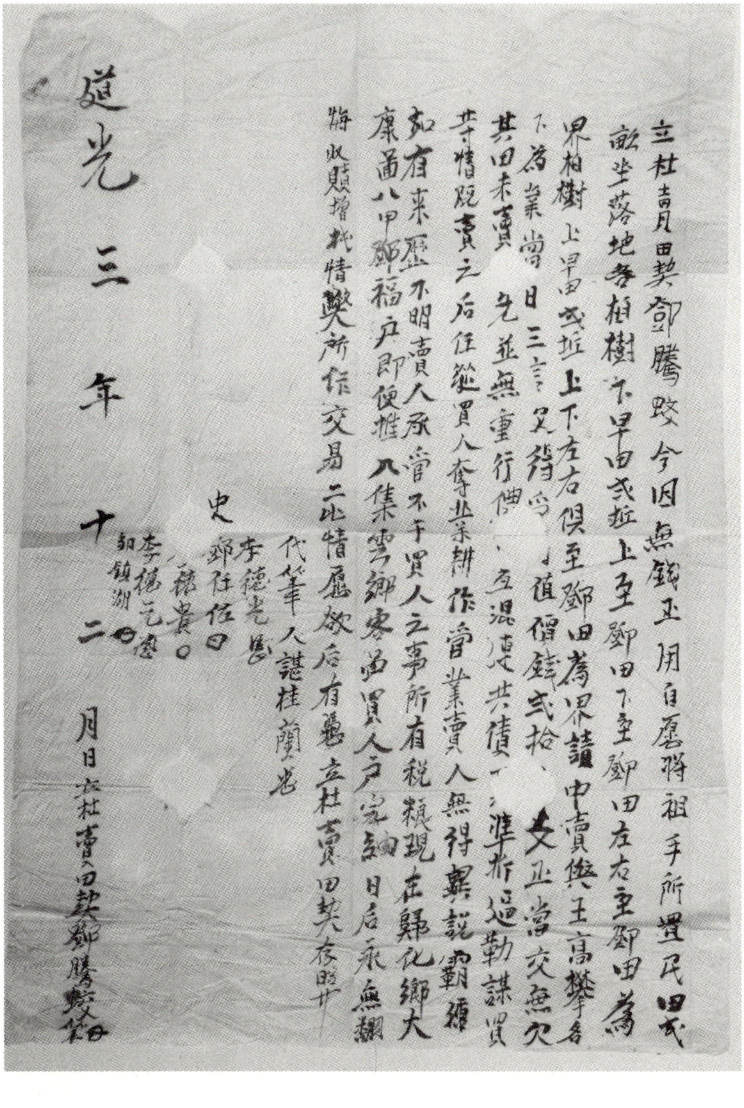

立杜賣田契鄧騰蛟今因無錢正用自愿將祖手所置民田弍
畝坐落地名柏樹下早田弍坵上至鄧田下至鄧田左右至鄧田爲
界柏樹下早田弍坵上下左右俱至鄧田爲界請中賣與王高攀名
下爲業當日三言叉得[illegible]值價錢弍拾、文正當交無欠
其田未賣先並無重行典[illegible]、立混違共債[illegible]準折逼勒謀買
等情既賣之后任從買人奪業耕作管業賣人無得異說霸種
如有來歷不明賣人承當不干買人之事所有稅粮現在歸化鄉大
康通八甲鄧福户即便推入集雲鄉寒畄買人户完納日后永無翻
悔收贖增找情弊所作交易二比情愿欲后有憑立杜賣田契存照廿

代筆人諶桂蘭

史
李德光
鄧任佐
鄧禄貴
李德元
知
鄧鎮湖

道光三年十二月日立杜賣田契鄧騰蛟筆

清道光八年十二月劉利器等賣屋料契

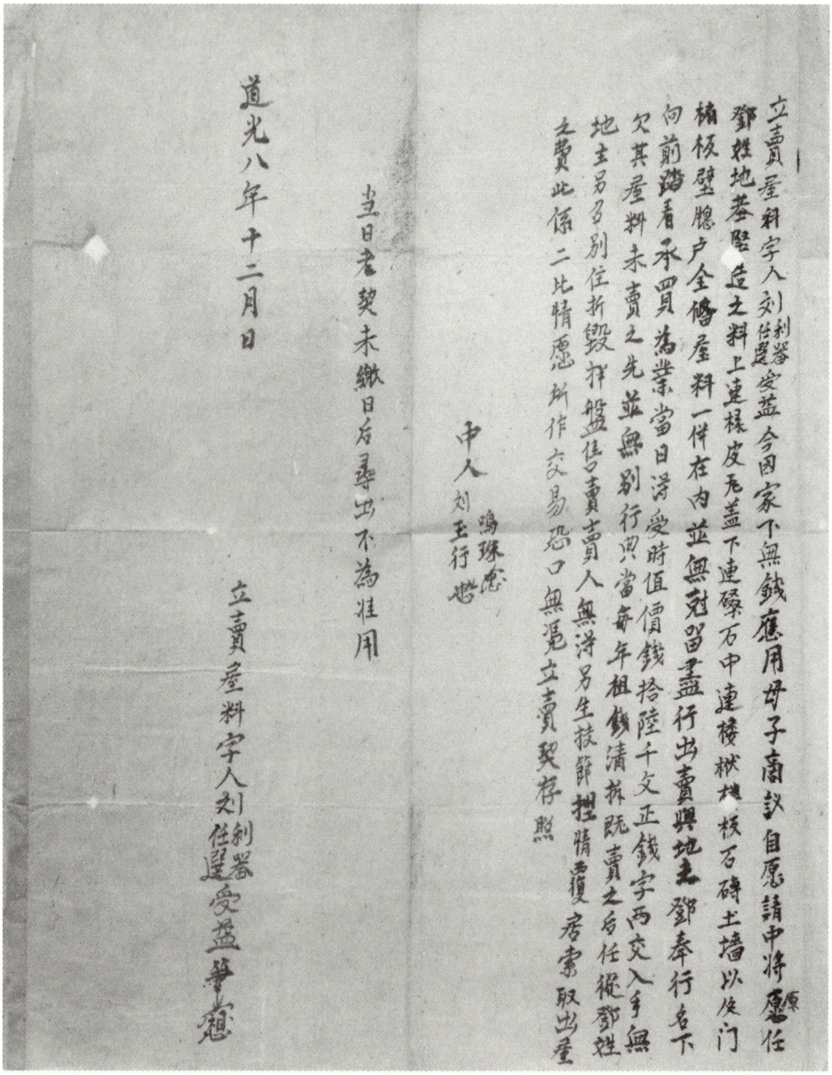

立賣屋料字人刘利器任還受益今因家下無錢應用母子商議自愿請中將原屋任鄧姓地基竪造之料上連椽皮瓦蓋下連磉石中連樓栿樓板石砖土墻以及门楠板壁牕户全備屋料一件在内並無寄留盡行出賣與地主鄧奉行名下向前踏看承買為業當日得受時值價錢拾陸千文正錢字兩交入手無欠其屋料未賣之先並無別行典當每年租谷清楚既賣之后任從鄧姓地主另召別住拆毀拼盤售賣賣人無得另生枝節捏情要復居索取出屋之費此係二比情愿所作交易恐口無憑立賣契存照

中人 刘鳴琛押 玉行押

此日老契未繳日后尋出不為准用

道光八年十二月日

立賣屋料字人刘利器任還受益筆押

清道光十年十二月鄧騰蛟賣田契

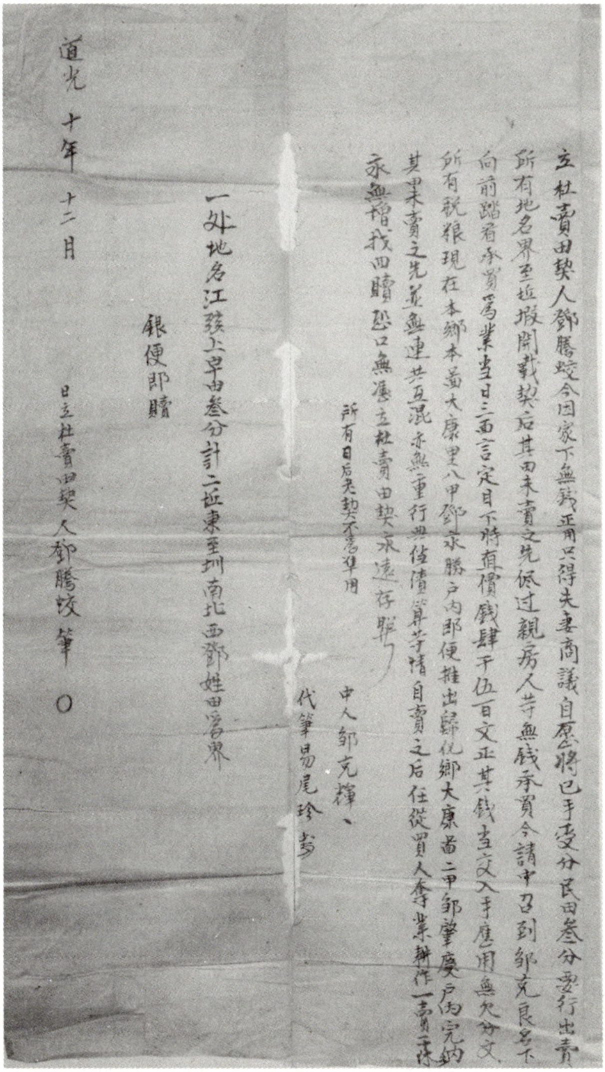
立杜賣田契人鄧騰蛟，今因家下無錢正用，只得夫妻商議，自愿將己手受分民田叁分，要行出賣，
所有地名界至坵塅開載契后。其田未賣之先，儘過親房人等，無錢承買，今請中召到鄧克良名下
向前踏看承買為業。當日三面言定，目下時值價錢肆千伍百文正。其錢當日入手應用，無欠分文。
所有稅粮現在本鄉本啚大康里八甲鄧永勝戶內，即便推出，歸仍鄉大康啚二甲鄧肇慶戶內完納。
其田未賣之先，並無連共互混，亦無重行典佔債貨等情。自賣之后，任從買人管業耕作，一賣一休，
永無檀我田贖。恐口無憑，立杜賣田契永遠存照。
所有日后老契不為準用
中人 鄧克輝
代筆 易尾玲
一外地名江孩上早田叁分，計二坵，東至圳，南北西鄧姓田為界
銀便即贖
道光十年十二月 日立杜賣田契人鄧騰蛟 筆 ○

清道光十一年十二月劉鳴珠賣田契

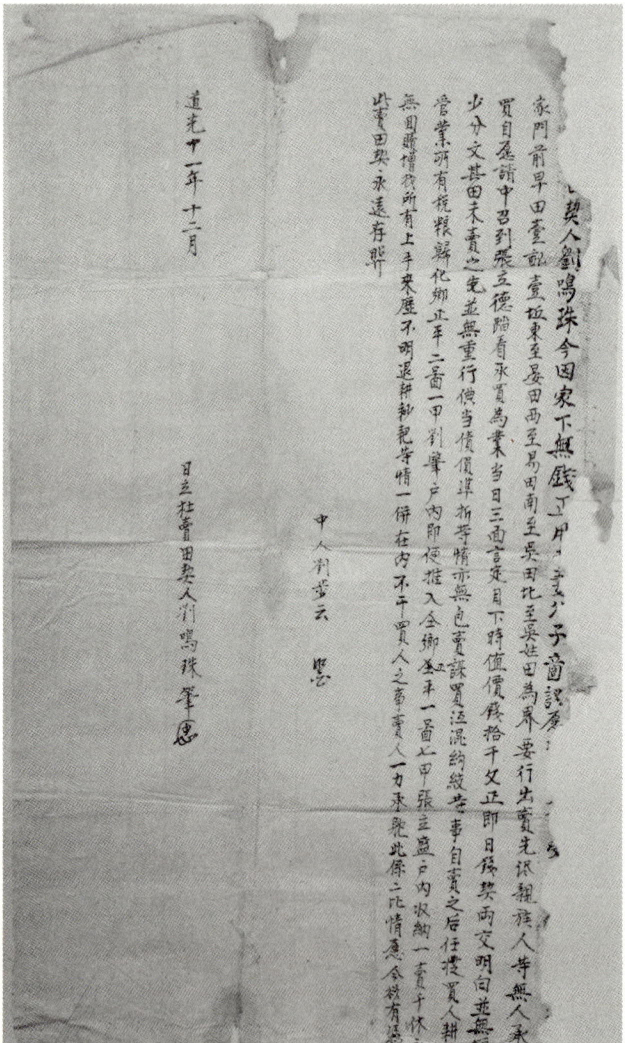

[illegible]契人劉鳴珠今因家下無錢正用[illegible]
家門前旱田壹畝壹坵，東至晏田，西至易田，南至吳田，北至吳姓田為界，要行出賣，先儘親疏人等，無人承
買，自愿請中召到張立德踏看，承買為業。當日三面言定，目下時值價錢拾千文正，即日錢契兩交明白，並無短
少分文。其田未賣之先，並無重行典当債價準折等情，亦無包賣謀買逼混納緞等事。自賣之后，任投買人耕作
管業。所有稅粮解化鄉正平二啚一甲劉肇户内，即便推入仝鄉金平一啚七甲張立盛户内收納一貢干休，永
無回贖增找。所有上手來歷不明，退耕執犯等情，一併在内，不干買人之事，賣人一力承躭。此係二比情愿，今欲有憑，立
此賣田契，永遠存照。

中人劉安云 押

道光十一年十二月 日立杜賣田契人劉鳴珠 筆 押

清道光十三年八月鄧鈺七等賣田契并契尾

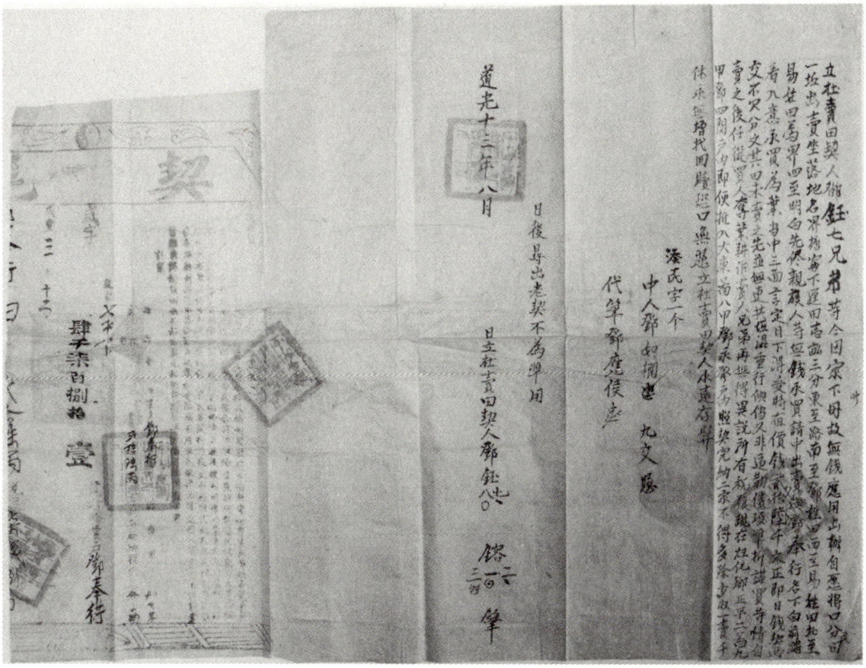

清道光十四年十二月鄧惟元等賣田契

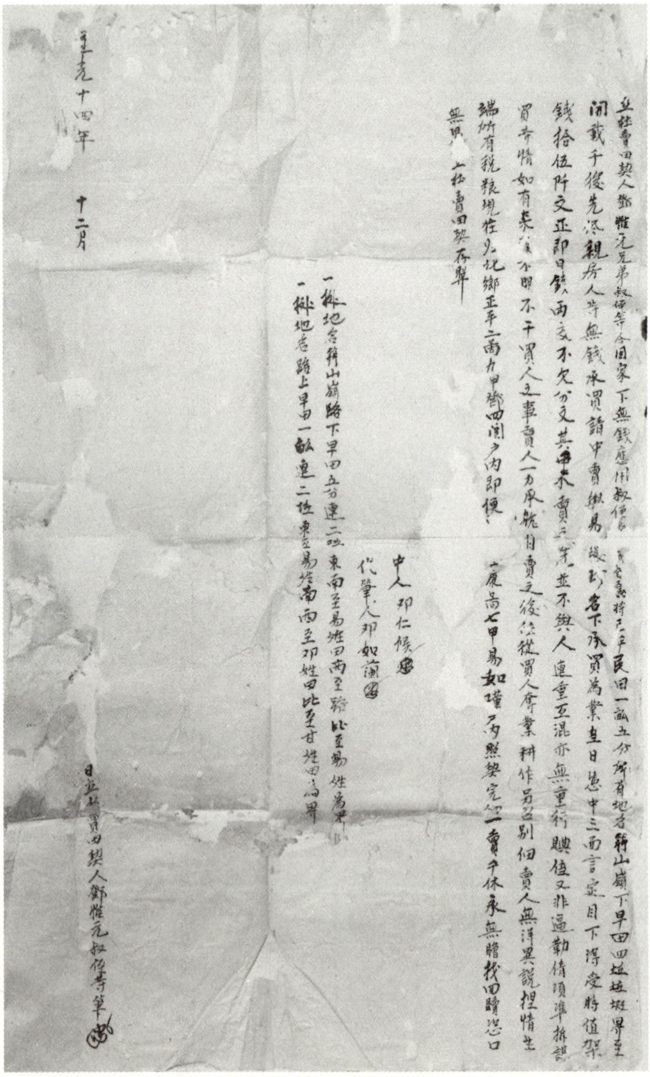

立杜賣田契人鄧惟元兄弟叔侄等，今因家下無錢應用，叔侄商議，自願將父手民田一畝五分，坐落地名新山嶺下旱田四坵，坵坵界至開載于後，先盡親房人等無錢承買，請中賣與易毅名下承買為業，當日憑中三面言定，目下時值價錢拾伍仟文正，即日錢兩交，不欠分文，其田未賣之先，並不與人連重互混，亦無重行典值，又非逼勒債項準折，謂買者情愿，如有來歷不明，不干買人之事，賣人一力承就，自賣之後，任從買人管業耕作，另召別佃，賣人無得異說，恐口無憑，所有稅糧，現在吉化鄉正平二啚九甲鄧四閧户內，即便一應歸七甲易如璋户照契完納，一賣千休，永無贖找，恐口無憑，立杜賣田契存照。

一據地名新山嶺路下旱田五分，連二坵，東南至易姓田，西至路，北至易姓為界。

一據地名路上旱田一畝，連二坵，東至易姓，南西至鄧姓田，北至甘姓田為界。

中人 鄧仁候 押

代筆人 鄧如蘭 押

道光十四年 十二月 日立杜賣田契人鄧惟元叔侄等 押

清道光十五年五月彭細福賣侄契

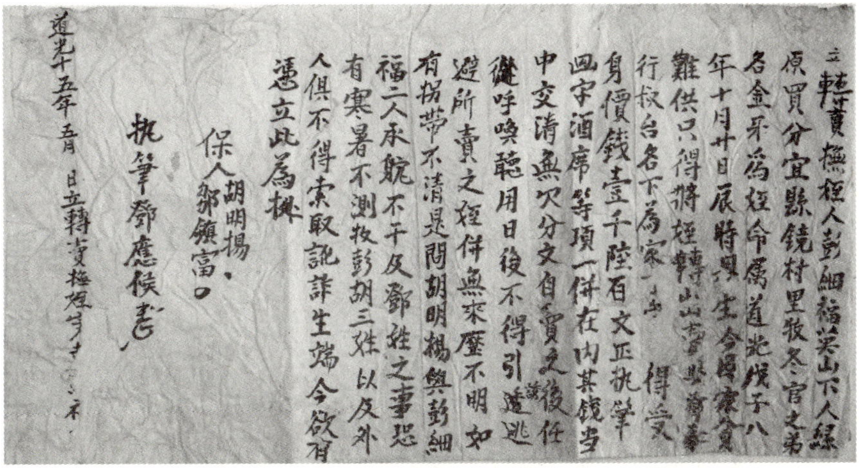

立轉賣撫姪人彭細福莫山下人緣
原買分宜縣鏡村里投冬官之弟
名金牙為姪命屬道光俴子八
年十月廿日辰時建生今因家貧
難供只得將姪轉[illegible]
行叔台名下為家一生　得受
身價錢壹千陸百文正執筆
四字酒席等項一併在內其錢當
中交清無欠分文自賣之後任
從呼喚聽用日後不得引誘逃
避所賣之姪併無來歷不明如
有拐帶不清是問胡明揚與彭細
福二人承耽不干及鄧姓之事恐
有寒暑不測牧彭胡三姓以及外
人俱不得索取訛詐生端今欲有
憑立此為據

保人 胡明揚、鄧領富

執筆 鄧應候 書

道光十五年五月　日立轉賣撫姪字[illegible]

清道光十五年十二月彭黨八賣田契

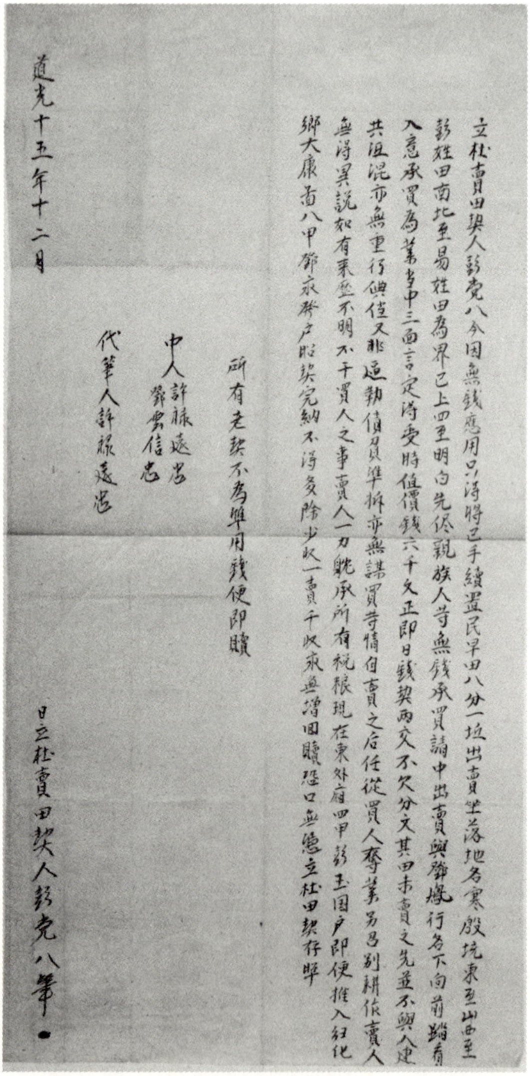

立杜賣田契人彭党八今因無錢應用只得將己手續置民旱田八分一坵出賣坐落地名寒般坑東至山西至
彭姓田南北至易姓田為界已上四至明白先儘親族人等無錢承買請中出賣與鄧燦行名下向前踏看
入意承買為業当中三面言定得受時值價錢六千文正即日錢契兩交不欠分文其田未賣之先並不與人建
共但混亦無重行典佳又非逼勒債貨準折亦無謀買等情自賣之后任從買人奪業另召別耕依賣人
無得異説如有來歷不明不干買人之事賣人一力餘承所有稅粮現在東外廂四甲彭玉固户即便推入紅化
鄉大康亩八甲鄧永発户収契完納不得多除少收一賣千收永無增回贖移口無憑立杜田契存照

所有老契不為乎用錢便即贖

中人許祿遠尝
鄧貴信忠

代筆人許祿遠尝

道光十五年十二月　日立杜賣田契人彭党八筆

清道光十六年十二月鄧胡氏等賣田屋山場契

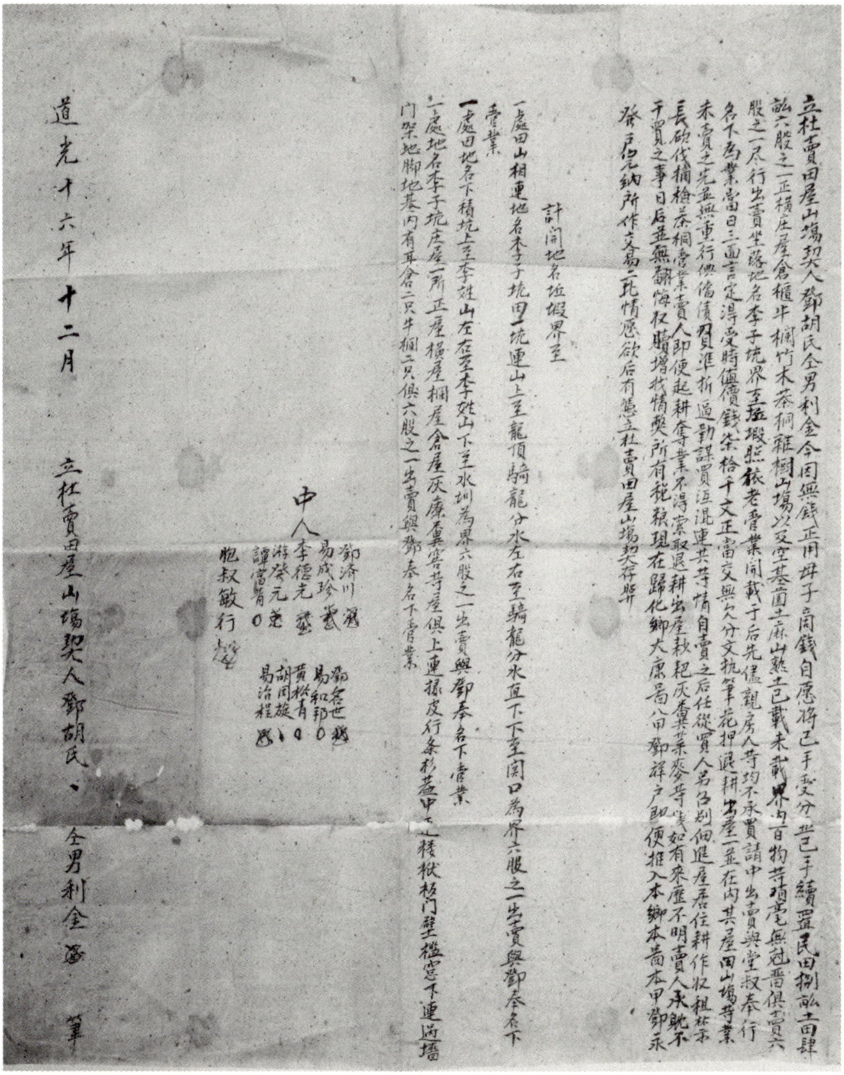

立杜賣田屋山場契人鄧胡氏仝男利金，今因無錢正用，母子商議，自愿將己手受分並己手續置民田捌畝二角肆畝六股之一，正橫庄屋倉櫃牛欄竹木茶桐雜樹山場，以及空基菜園土麻山熟土，已載未載界內百物等項，毫無遺留，俱出賣六股之一，盡行出賣。坐落地名李子坑，界至坵塅照依老賣業開載于后。先儘親房人等，均不承買，請中出賣與堂叔奉行名下為業。當日三面言定，得受時值價錢柒拾千文正，當交無欠分文，執筆花押，退耕出屋一並在內。其屋田山場等業未賣之先，並無重行典當債貨準折逼勒謀買近混連共等情。自賣之后，任從買人另召別佃進屋居住耕作收租，蓄禁長砍伐摘檢茶桐管業。賣人即便起耕奪業，不得霸取退耕出屋，鋤耙灰糞其菜麥等項。如有來歷不明，賣人承就，不干買之事。日后並無翻悔找贖增找情弊。所有稅糧現在歸化鄉大康高八甲鄧祥戶，即便推入本鄉本啚本甲鄧永登户名完納。所作交易，二比情愿，欲后有憑，立杜賣田屋山場契存照。

計開地名坵塅界至

一處田山相連，地名李子坑田一坑連山，上至龍頂騎龍分水，左右至騎龍分水直下，下至閉口為界，六股之一出賣與鄧奉名下賣業

一處田地名下積坑，上至李姓山，左右至李姓山，下至水圳為界，六股之一出賣與鄧奉名下賣業

一處地名李子坑庄屋一所，正屋橫屋柵屋倉屋灰廒吞糞窖等屋，俱上連椽皮行條杉蓋，中□楼栿板門壁礎，下連牆門架地脚地基，內有耳倉二只、牛欄二只，俱六股之一出賣與鄧奉名下賣業

中人 鄧濟川 易成珍 李德光 游癸元 譚當貴 鄧名世 易和郢 黄松青 胡同旋 易治桯

胞叔敏行

道光十六年十二月 立杜賣田屋山場契人鄧胡氏、仝男利金 筆

清道光十×年十二月鄧騰蛟賣田契

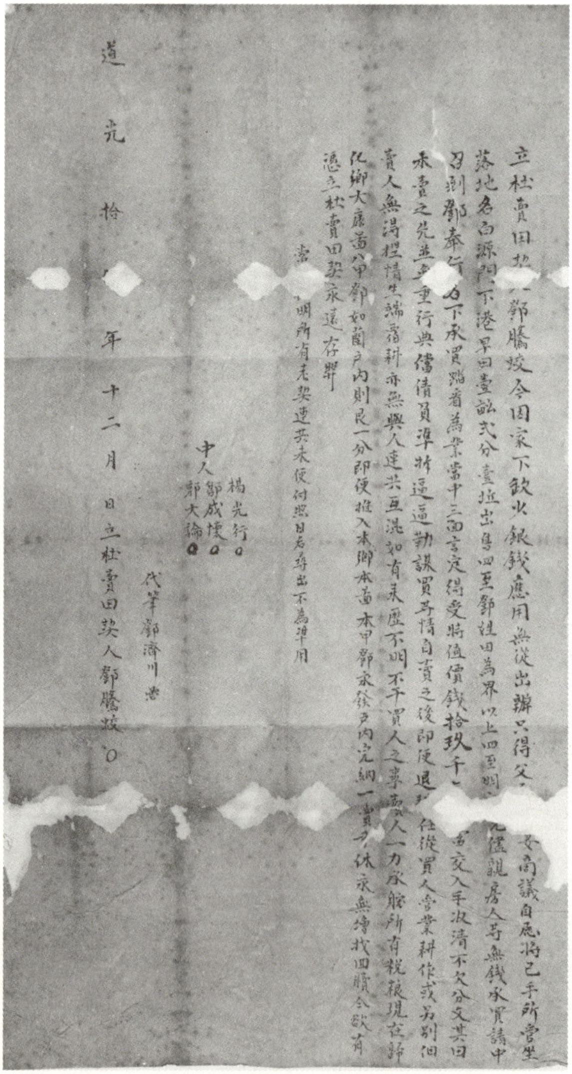

立杜賣田契人鄧騰蛟今因家下缺少銀錢應用無從出辦只得父[illegible]商議自愿將己手所管坐落地名白源門下港界田壹畝弍分壹坵出與四至鄧姓田為界以上四至明[illegible]儘親房人等無錢承買請中召到鄧奉行出頭承買爲業當中三面言定得受時值價錢拾玖千[illegible]當交入手收清不欠分文其田未賣之先並無重行典當債貨準折逼迫勒謀買等情自賣之後即便退[illegible]任從買人管業耕作或另別佃賣人無得捏情生端霸耕亦無與人違共互混如有來歷不明不干買人之事賣人一力承擔所有糧銀現在鄧亿卿大康當八甲鄧如蘭户内則民一分即便推入本鄉本啚本甲鄧家發户内完納一賣了休永無增找回贖今欲有憑立杜賣田契永遠存照

當[illegible]明所有老契連共未便付出日后尋出不爲準用

中人 楊光行 鄧成懷 鄧大論

代筆鄧濟川

道光拾[illegible]年十二月 日立杜賣田契人鄧騰蛟

清道光二十一年十一月劉貞兆賣田契

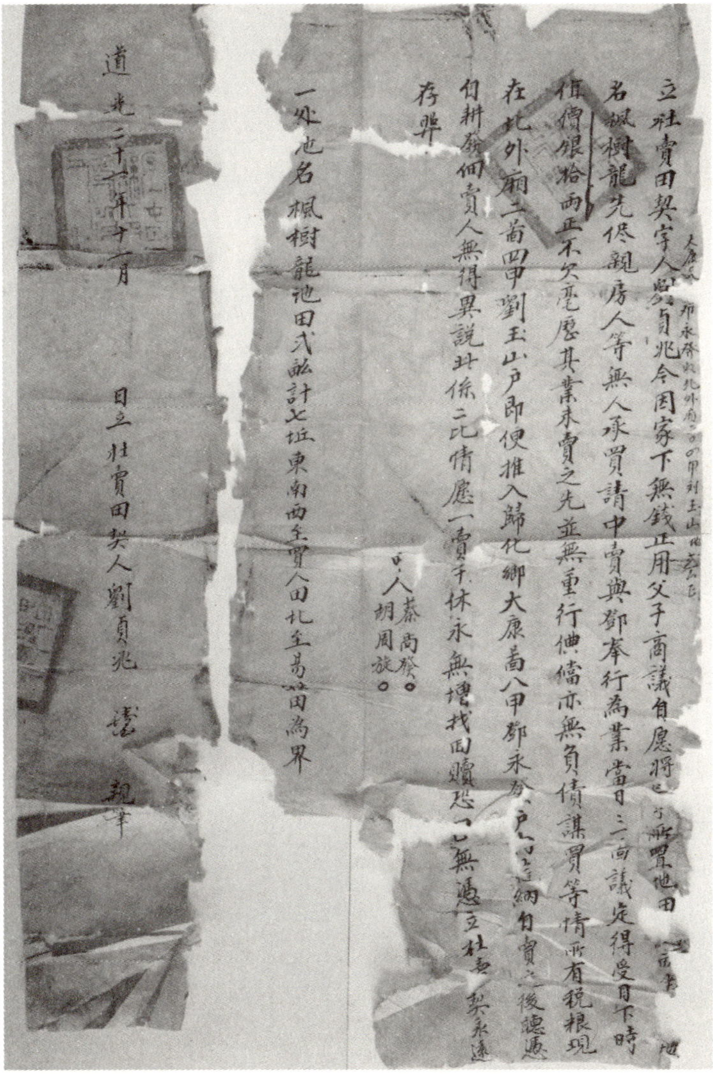

立杜賣田契字人劉貞兆今因家下無錢正用父子商議自愿將己手所買地田
名楓樹龍先儘親房人等無人承買請中賣與鄧奉行爲業當日三面議定得受田下時
值價銀拾兩正不欠毫厘其業未賣之先並無重行典當亦無負債謀買等情所有稅粮現
在北外廂二啚四甲劉玉山戶即便推入歸化鄉大康啚八甲鄧永發户□□納自賣之後聽憑
佃耕管佃賣人無得異說此係二比情愿一賣千休永無增找回贖恐口無憑立杜賣契永遠
存照

中人 蔡尚發 胡周旋

一處地名楓樹龍池田弍畝計七坵東南西至買人田北至易姓田爲界

道光二十一年十一月　日立杜賣田契人劉貞兆　親筆

清道光二十二年十二月劉華安等賣田契

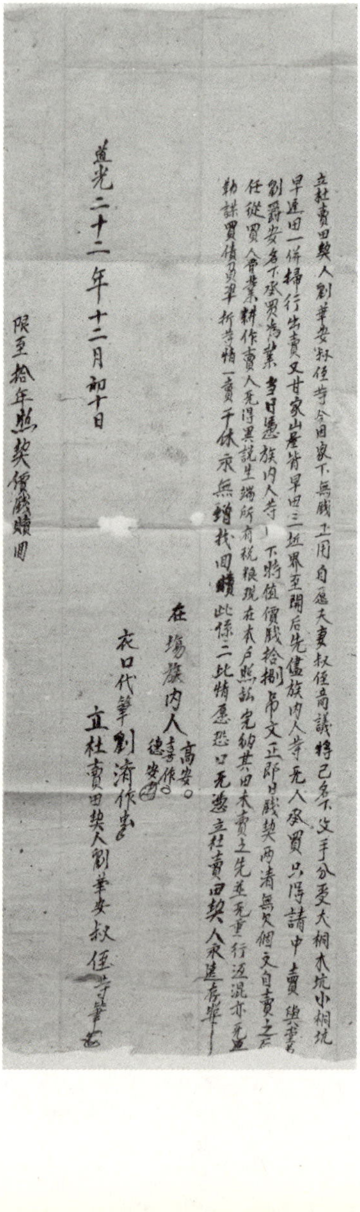

立杜賣田契人劉華安叔侄等今因家下無錢正用自愿夫妻叔侄商議將己名下父手分受大桐木坑小桐坑
早塅田一係掃行出賣又甘家山屋背早田三坵界至開后先儘族內人等无人承買只得請中賣與
劉爵安名下承買爲業當日憑族內人等下將值價錢拾捌吊文正即日錢契兩清無欠個文自賣之后
任從買人管業耕作賣人无得異說生端所有稅糧現在本戶照畝完納其田未賣之先並无重行返混亦无
勒謀買債貨準折等情一賣千休永無增找回贖此係二比情愿恐口无憑立杜賣田契人永遠存照

在場族內人 高安 壽作 德安

衣口代筆 劉濟作押

立杜賣田契人劉華安叔侄等筆

道光二十二年十二月初十日

限至拾年照契價錢贖回

清道光二十二年十二月易月華兄弟賣田契

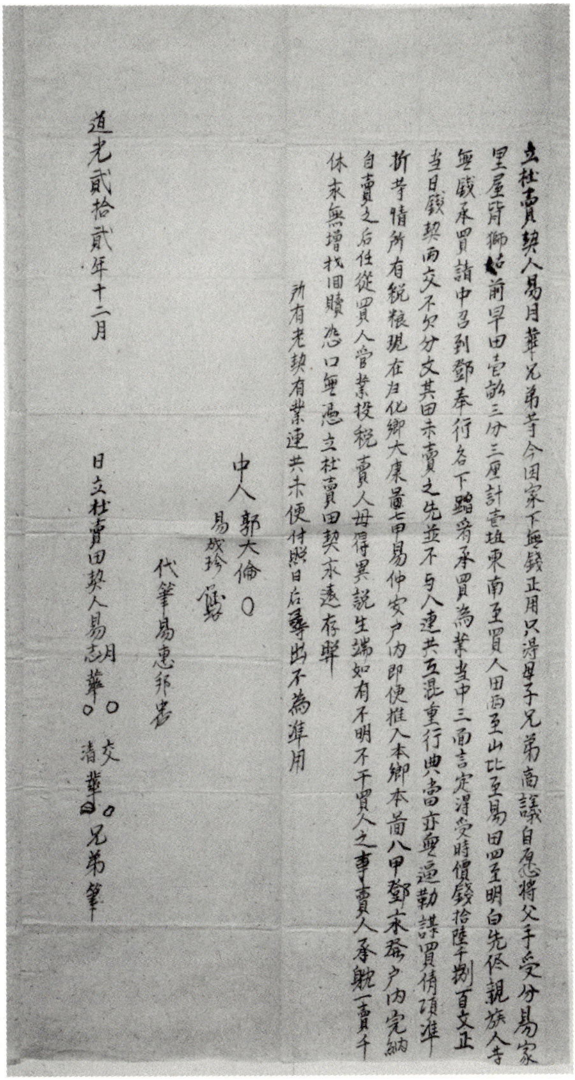

立杜賣契人易月華兄弟等今因家下無錢正用只得母子兄弟商議自愿將父手受分易家
里屋背鄉㘵前早田壹畝三分三厘計壹坵東南至買人田西至山北至易田四至明白先侭親族人等
無錢承買請中召到鄧奉行名下踴躍承買為業当中三面言定得受時價錢拾陸千捌百文正
当日錢契兩交不欠分文其田未賣之先並不与人連共互混重行典當亦無逼勒謀買債項準
折等情所有稅粮現在白化鄉大康崙七甲易仲安户内即使推入本鄉本崙八甲鄧永發户内完納
自賣之后任從買人管業投稅賣人毋得異說生端如有不明不干買人之事賣人承就一賣千
休永無增找回贖恐口無憑立杜賣田契永遠存照
外有老契有業連共未便付照日后尋出不為準用

中人 郭大倫〇
易成珍（押）

代筆 易惠邦 書

道光貳拾貳年十二月 日立杜賣田契人易志華〇 月〇 交 清華〇 兄弟 筆

清道光二十六年八月鄧懷元等賣樟樹契

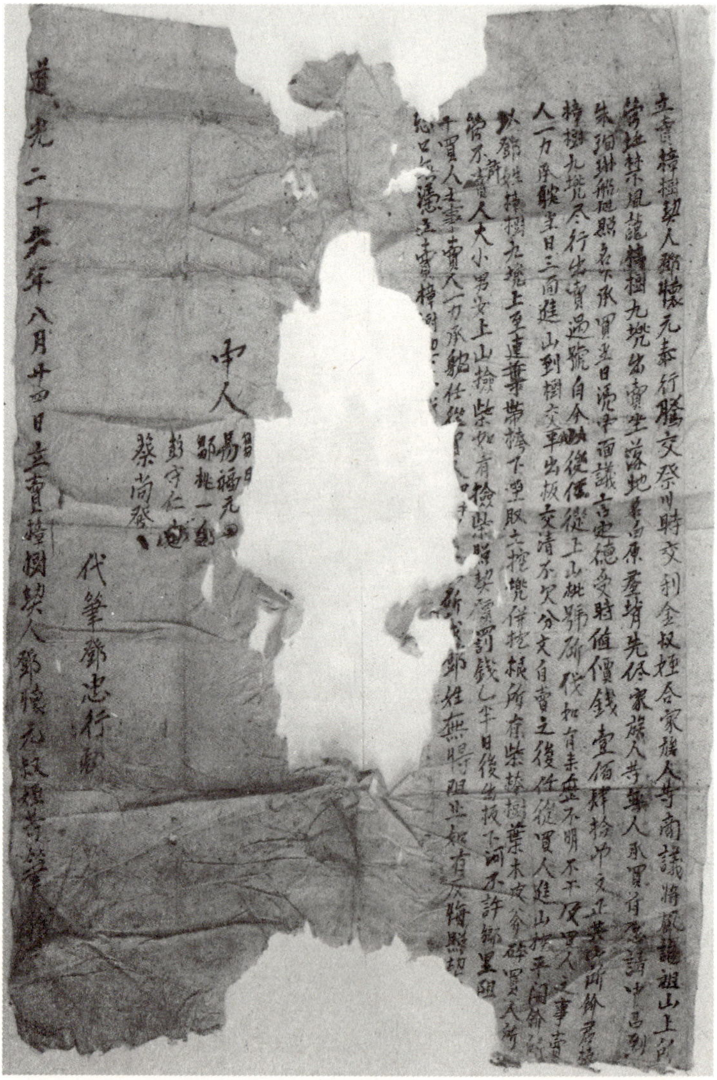

立賣樟樹契人鄧懷元叔行勝文癸川時文利金叔姪合家族人等商議將[illegible]

[illegible]

道光二十六年八月廿四日立賣樟樹契人鄧懷元叔姪等[illegible]

中人 彭福元 鄧桃一 彭守仁 蔡尚發

代筆 鄧忠行

清道光二十九年十一月鄧利金賣田契

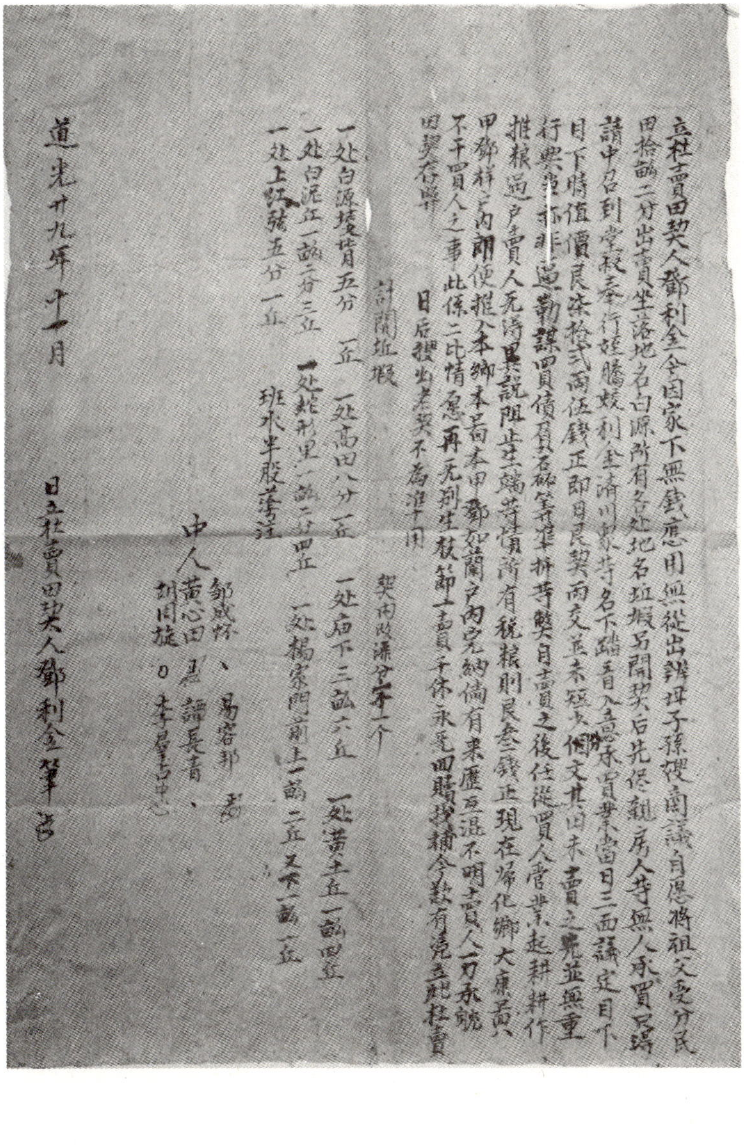
立杜賣田契人鄧利金今因家下無錢應用無從出辦母子孫嫂商議自愿將祖父受分民
田拾畝二分出賣其坐落地名白源所有各处地名坵塅另開契后先侭親房人等無人承買只得
請中召到堂叔泰行姪騰蛟利金濟川叔等名下踏看入意承買當日三面議定目下
日下時值價艮柒拾弍両伍錢正即日艮契兩交並未短少分文其田未賣之先並無重
行典当亦非逼勒謀買債貨准折等弊自賣之後任從買人管業起耕耕作
推粮過户賣人無得異說阻止生端等情所有稅粮則艮叁錢正現在歸化鄉大康六
甲鄧祥户内朗便推入本鄉本局本甲鄧如蘭户内完納倘有來歷不明賣人一力承就
不干買人之事此係二比情愿再無別生枝節一賣千休永無回贖找補今欲有憑立此杜賣
田契存照

日后搜出老契不為准用

契内改添字一个

計開坵塅

一处白源墈背五分一坵　一处高田八分一坵　一处庙下三畝六坵　一处黄土丘一畝四坵
一处白泥丘一畝二分三坵　一处蛇形里一畝二分四坵　一处楊家門前上一畝二坵　又下一畝一坵
一处上江豬五分一坵

班水半股落注

中人　鄧成怀、易容邦　黄心田　譚長青、胡同旋　李啓吉

日立杜賣田契人鄧利金筆

道光廿九年十一月

清咸豐元年十二月鄧名世賣田契

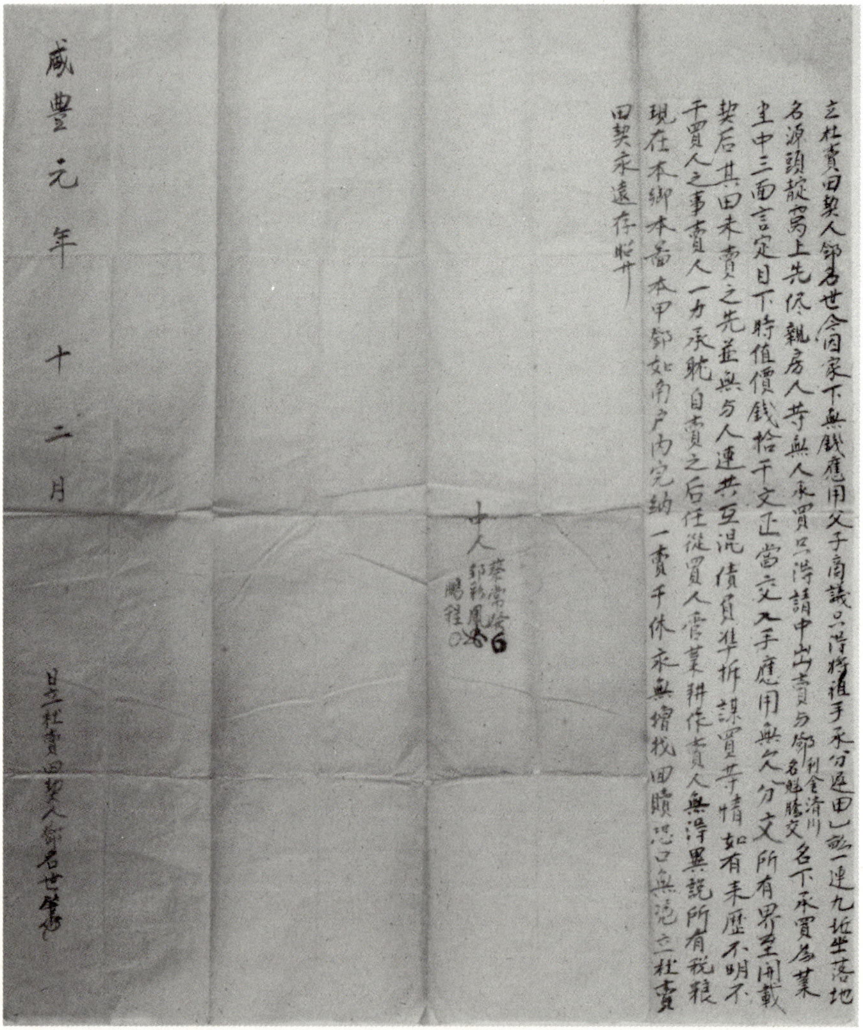

立杜賣田契人鄧名世今因家下無錢應用父子商議只得將祖手承分庭田山一連九坵坐落地
名源頭嶺窩上先儘親房人等無人承買只得請中出賣与鄧利金清川名魁勝文名下承買為業
里中三面言定目下時值價錢拾千文正當交入手應用無欠分文所有界至開載
契后其田未賣之先並無与人連共互混債貨準折謀買等情如有來歷不明不
干買人之事賣人一力承耽自賣之后任從買人雷業耕作賣人無得異說所有税粮
現在本鄉本啚本甲鄧如甫戶內完納一賣千休永無增找回贖恐口無憑立杜賣
田契永遠存照

中人 蔡當發 鄧彩鳳 鵬程

咸豐元年十二月日立杜賣田契人鄧名世

清光緒九年十二月鄧龍翔賣田契

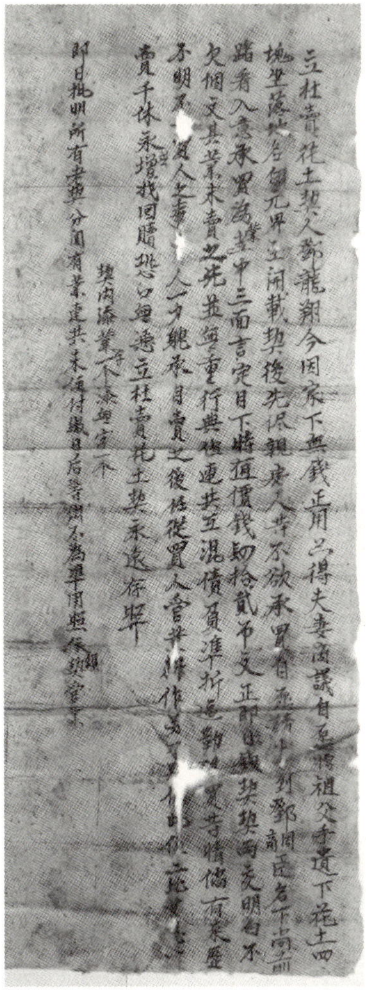

1

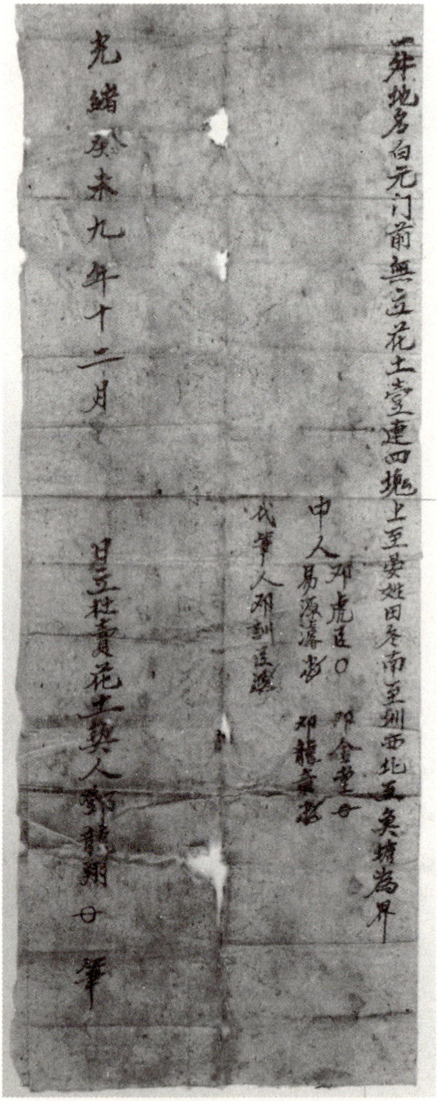

一井地名白元门前無亘花土壹連四塊上至晏姓田冬南至圳西北至吳塘為界

中人 邓虎臣〇 邓金堂⊖
易源濤押 邓龍高押

代筆人邓訓臣押

光緒癸未九年十二月 日立杜賣花土契人邓龍翔⊖筆

2

民國三年十二月鄧義俊等賣榨屋契

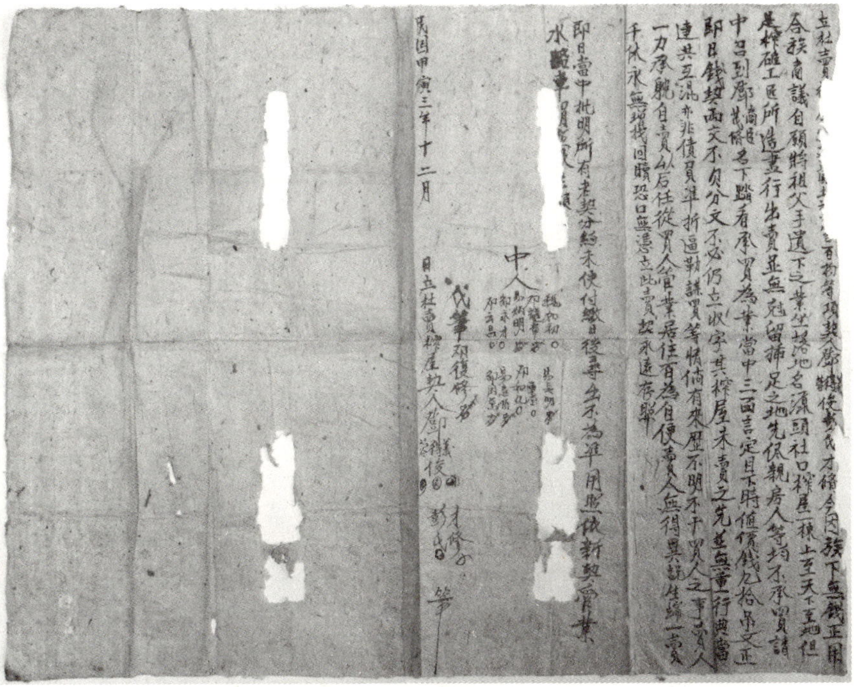

民國三年十二月鄧商臣等賣田契

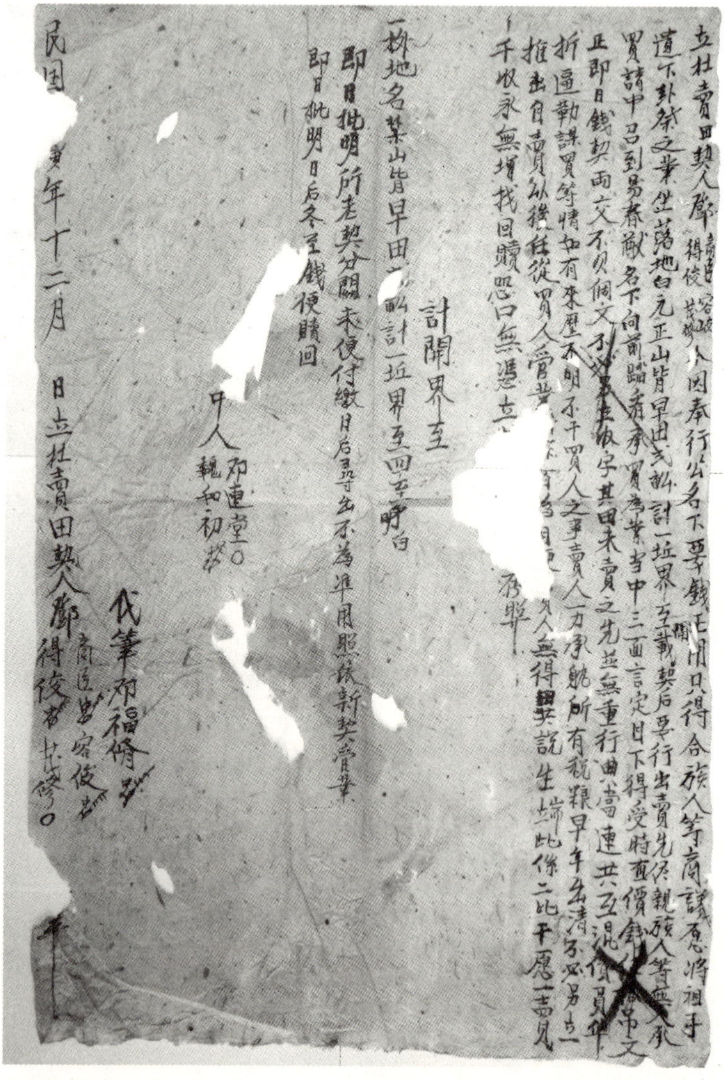
立杜賣田契人鄧商臣、得俊、容俊、甘修，今因奉行公名下要錢正用，只得合族人等商議，愿將祖手遺下外祭之業，坐落地名元正山背早田弍畝，計一坵，界至載契后。要行出賣，先儘親族人等無人承買，請中召到易春馥名下向前踏看，承買為業。當中三面言定，日下得受時值價錢□□吊文正，即日錢契兩交，不欠個文。此系二比甘愿，並無重行典當、違共互混，價足等情。如有來歷不明，不干買人之事，賣人一力承躭。所有稅糧，早年出清，不必另立推收。自賣以後，任從買人管業，無得異說生端。此係二比甘愿，一賣一千收，永無增找回贖，恐口無憑，立此杜賣田契為照。

一號地名葉山背早田□畝，計一坵，界至四至明白。
計開界至

即日批明：所老契分關未便付繳，日后尋出不為準用，照依新契管業。
即日批明：日后冬至錢便贖回。

中人　邓連堂○　魏和初押

代筆　邓福修押

民國三年十二月　日立杜賣田契人鄧商臣押、得俊押、容俊押、甘修○

民國二十八年十月鄒潤日賣田契

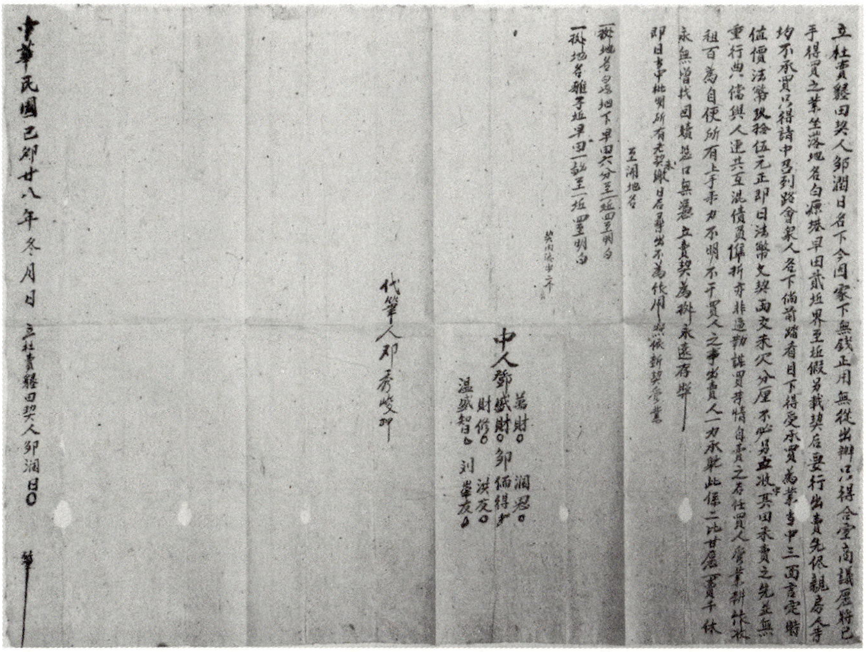
立杜賣緣田契人鄒潤日名下今因家下無錢正用無從出辦只得全堂商議愿將己
手得買之業坐落地名白源堘旱田貳坵界至坵假另載契后要行出賣先侭親房人等
均不承買只得請中召到路會家人名下備前踏看目下得受承買為業當中三面言定時
值價法幣玖拾伍元正即日法幣文契兩交未欠分厘不必另立收字其田未賣之先並無
重行典當與人迷共互混債負準折亦非逼勒謀買係情自甘之后任買人管業耕作收
租百為自便所有上手來力不明不干買人之事出賣人一力承肩此係二比甘愿賣千休
永無增找回贖無口無憑立賣契為據永遠存照
即日當中批明所有老契因日后尋出不為作用以後新契為憑
至潤地名
一號地名白源坵下旱田六分五一坵四至明白
一號地名雞子坵旱田一畝五一坵四至明白
契內添字六个
中人 鄒萬財 鄒潤君 鄒盛財 鄒佩得 鄒財仿 洪友 溫盛智 刘崇友
代筆人 邓秀峻
中華民國己卯廿八年冬月日 立杜賣緣田契人鄒潤日 筆

鄧炳三賣田契

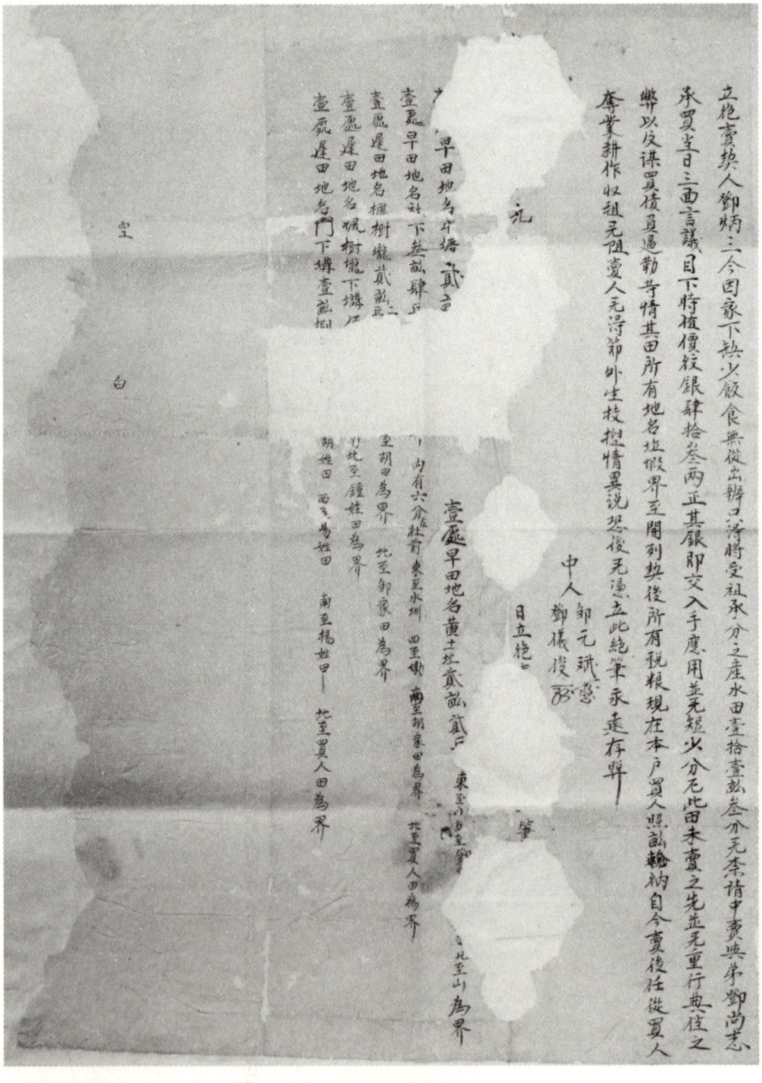
立絶賣契人鄧炳三今因家下缺少飯食無從出辦只得將受祖承分之產水田壹拾壹畝叁分无奈請中賣與弟鄧尚志
承買當日三面言議目下時值價紋銀肆拾叁兩正其銀即交入手應用並无短少分厘此田未賣之先並无重行典當之
弊以及謀買債負逼勒等情其田所有地名坵假界至開列契後所有税粮現在本戶買人照畝輸納自今賣後任從買人
管業耕作收租无阻賣人无得節外生枝捏情異說恐後无憑立此絶筆永遠存照

中人 鄧元試(押) 鄧儀俊(押)

[illegible]日立絶[illegible]

元[illegible]筆

壹處旱田地名黃土坵貳畝貳[illegible] 東至[illegible] 西至[illegible] [illegible]北至山為界

[illegible]旱田地名宇塘貳畝[illegible]

壹處旱田地名社下叁畝肆[illegible]

壹處遲田地名楓樹壠貳畝五[illegible]

壹處遲田地名楓樹壠下塅[illegible]

壹處遲田地名門下塅壹畝捌[illegible]

[illegible]內有六分在杜前 東至水圳 西至鄧 南至胡家田為界 北至買人田為界

[illegible]至胡田為界 北至鄧家田為界

[illegible]北至鍾姓田為界

[illegible]胡姓田 西至易姓田 南至楊姓田 北至買人田為界

空白

鄧尚志買契契尾(殘片)

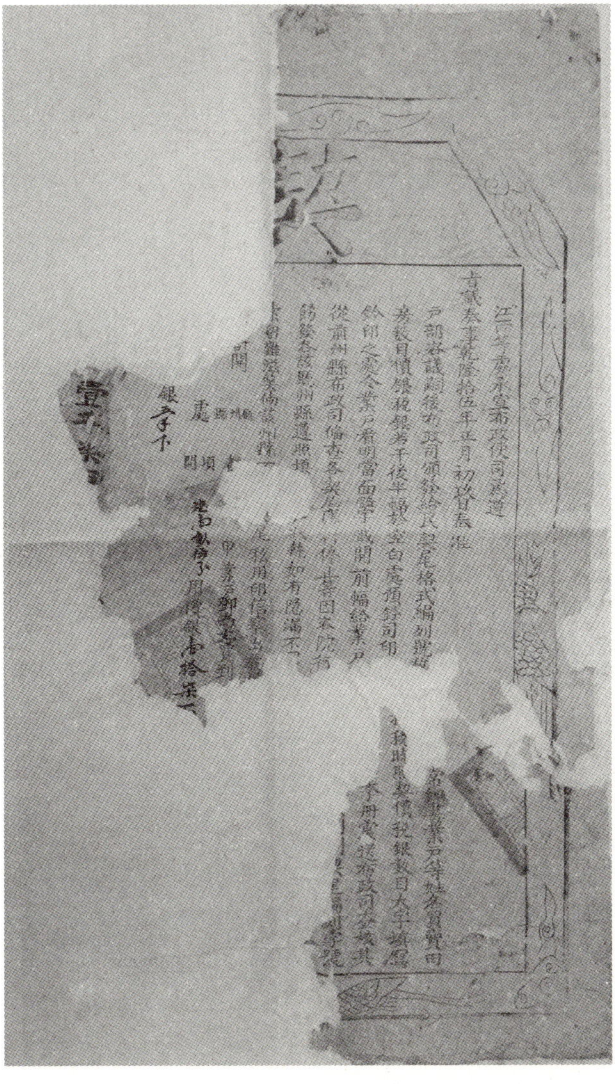
江西等處承宣布政使司爲遵
旨議奏事乾隆拾伍年正月初玖日奉准
戶部咨議嗣後布政司頒發給民契尾格式編列號數
房數目價銀稅銀若干後半幅於空白處預鈐司印
鈐印之處令業戶看明當面騎字截開前幅給業戶
從前州縣布政司備查各契尾停止等因奉院行
飭發各該縣州縣遵照
存留雜淆奠備該州縣一
如有隱漏不
計開
處
問項者
尾鈐用印信
甲業主鄧尚志
用價銀拾
常細書業戶等姓名買賣田
房數目價銀稅銀大字填寫
冊送布政司查核其
字號
銀

□益麟賣田契（殘片）

雜約文書(36件)

清康熙九年閏二月□堂票

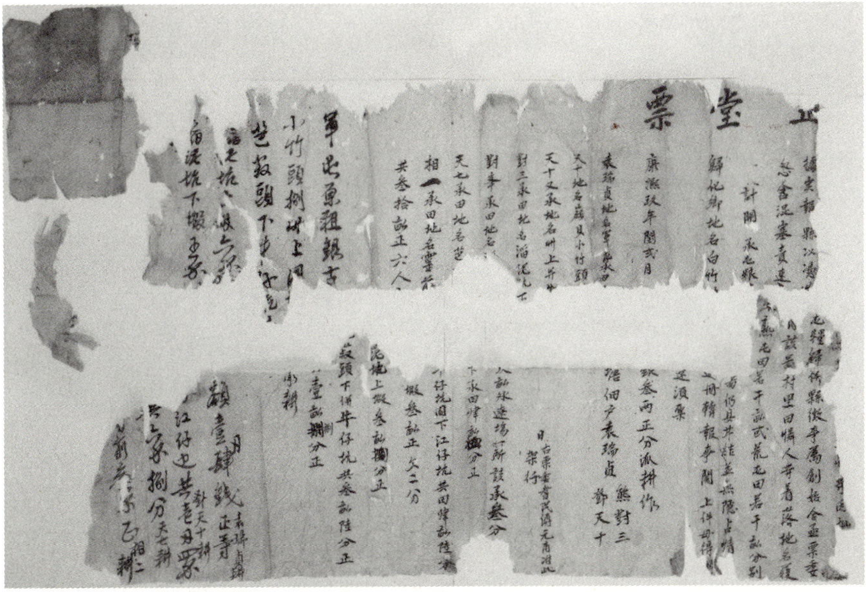

清乾隆五年十二月鄧炳三當田約

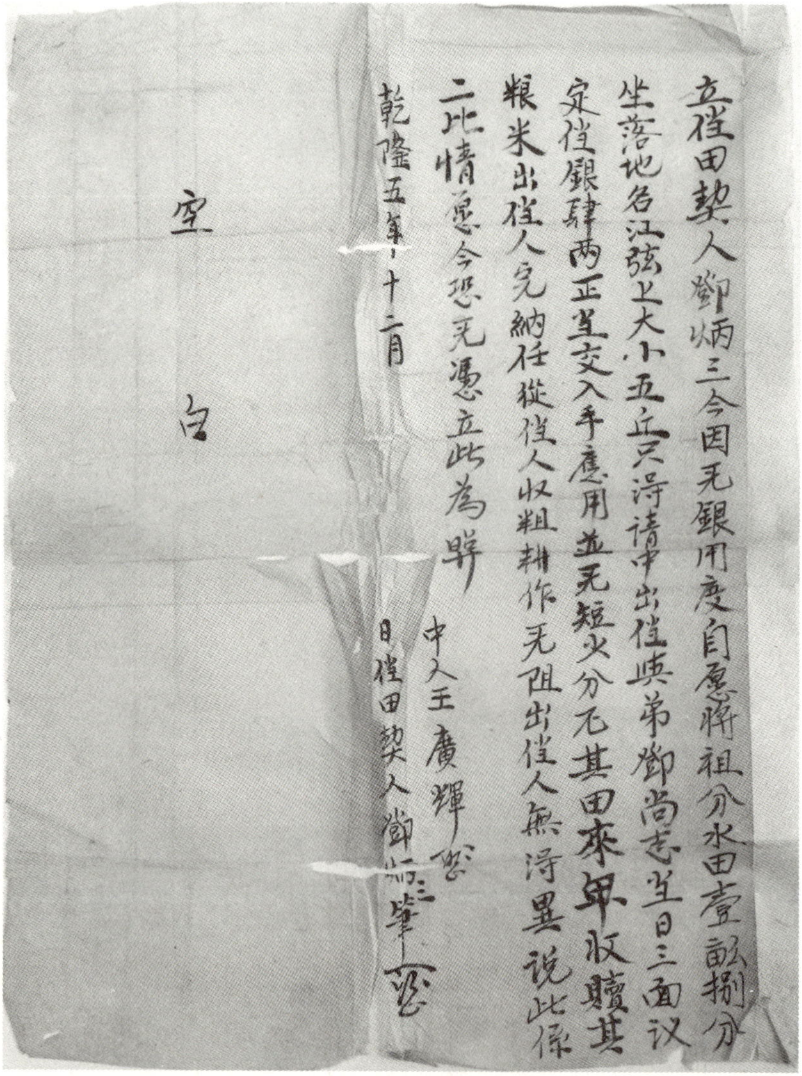

立當田契人鄧炳三今因无銀用度自愿將祖分水田壹畝捌分坐落地名江弦上大小五丘只得請中出當與弟鄧尚志当日三面议定當銀肆兩正当交入手應用並无短少分厘其田來年收贖其粮米出當人完納任從當人收租耕作无阻出當人無得異說此係二比情愿今恐无憑立此為照

中人王廣輝（押）

乾隆五年十二月　日當田契人鄧炳三筆（押）

空白

清乾隆二十八年十二月劉恕占領牛價約

立領牛價字人劉恕占，因屢欠□
主租谷不清，今歲又欠，共計叁石伍
十桶。田主經中牽牛退田，衆中
言勸，將所欠叁石伍十桶之谷以為
領牛價之資，買牛耕作，日後不
耕，將領田主牛價之谷如數交
其租在後不得再欠，并合如有□
情，自愿退耕出屋，無得異說，恐口
無憑，立字存照。
見中 鄧義俊(押) 鄧炳三(押)
劉文仰(押)
乾隆二十八年十二月 日立領字人劉恕占(押)

清乾隆三十年十二月黄元棟兄弟承耕約

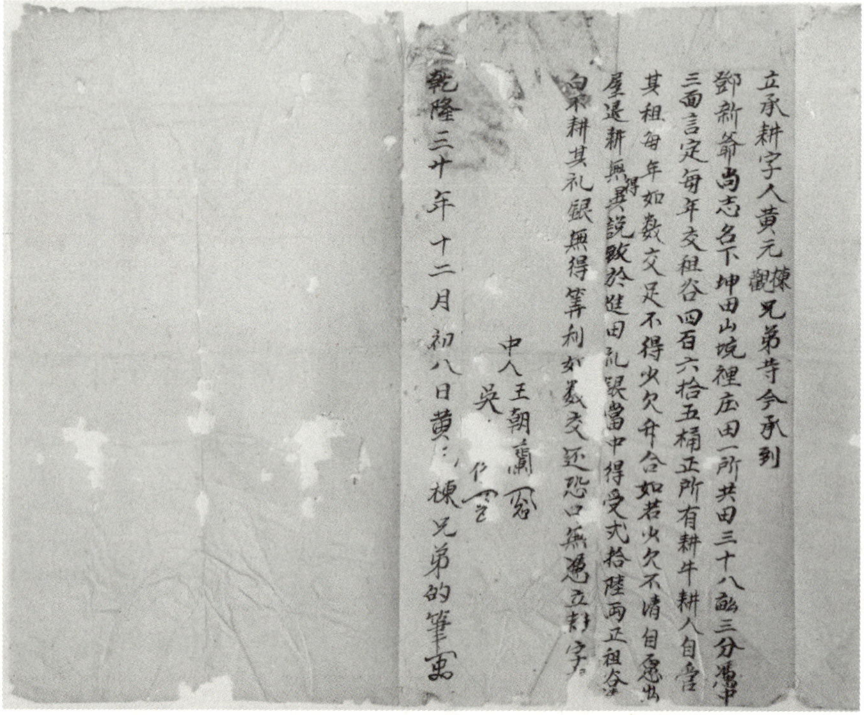
立承耕字人黄元棟觀兄弟等今承到
鄧新爺尚志名下坤田山蜿裡庄田一所共田三十八畝三分寔中
三面言定每年交租谷四百六拾五桶正所有耕牛耕人自管
其租每年如數交足不得少欠升合如若少欠不清自愿出
屋退耕無得異説致於從田礼銀當中得受弍拾陸两正租谷
自來耕其礼銀無得算利如數交还恐口無憑立耕字為
中人王朝薦
吳　作
乾隆三十年十二月初八日黄元棟兄弟的筆

清乾隆三十三年十月騙霸家田訴狀稿

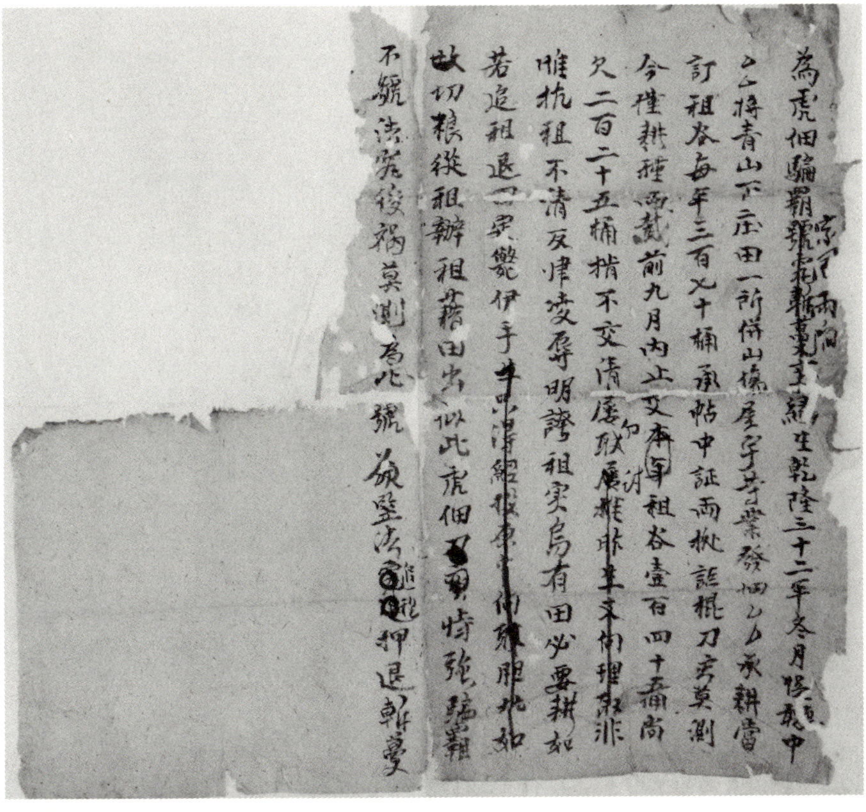
為虎佃騙霸號[illegible]生乾隆三十二年冬月憑[illegible]中
𠆤𠆤將青山下庄田一所併山塲屋宇并業發佃𠆤𠆤承耕當
訂租谷每年三百七十桶承帖中証兩批詎棍刁安莫測
今㩁耕種兩載前九月內止交本年租谷壹百四十五桶尚
欠二百二十五桶措不交清屢取屢推[illegible]
惟抗租不清反肆凌辱明謗祖實烏有田必要耕如
若追租退田實斃伊手[illegible]如
故切粮從租辦租藉田出似此虎佃[illegible]恃強騙霸
不號法究後禍莫測為此號叩憲法[illegible]押退斬蔓

清乾隆四十二年十二月鄧郊林承耕約

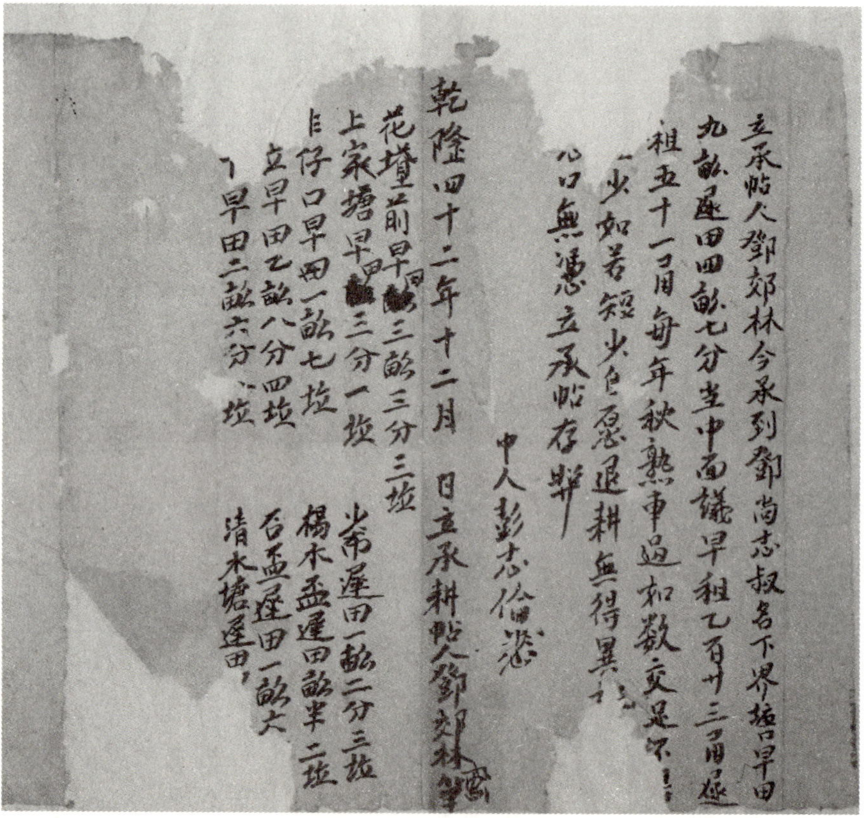

立承帖人鄧郊林今承到鄧尚志叔名下界垴口旱田
九畝逕田四畝七分，憑中面議旱租乙百廿三硕，逕
租五十一硕，每年秋熟車過和數交足，不□
少，如若短少，自愿退耕，無得異□
□口無憑，立承帖存照。
中人彭志倫（押）
乾隆四十二年十二月　日立承耕帖人鄧郊林（押）
花墥前旱田三畝三分三坵
上家墉旱田三分一坵
□仔口旱田一畝七坵
立旱田乙畝八分四坵
□旱田二畝六分□坵
山崙逕田一畝二分三坵
楊木盃逕田畝半二坵
石盃逕田一畝六
清木塘逕田

清乾隆五十三年三月鄧進行禁山約

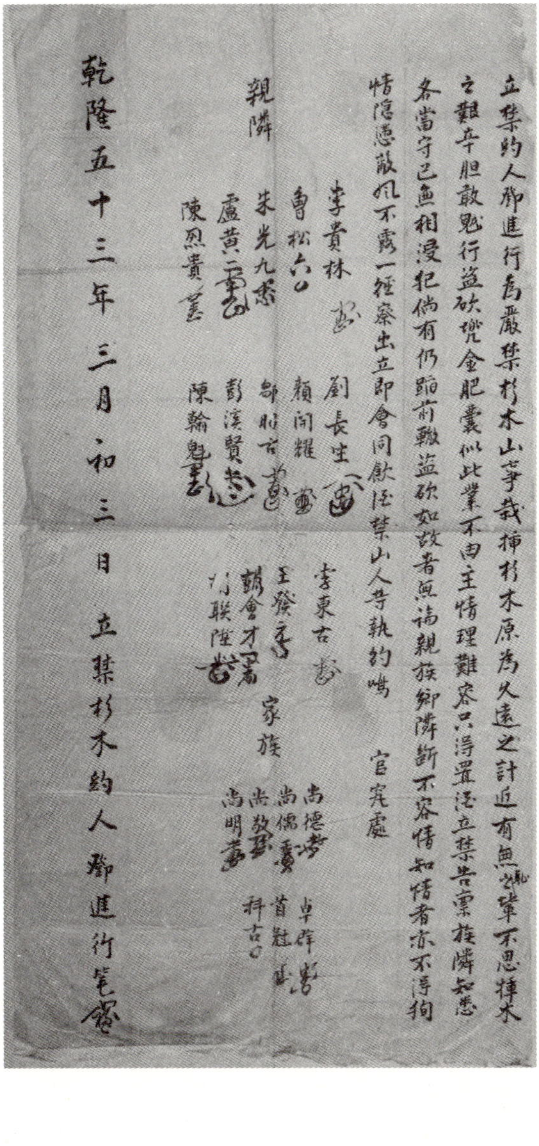

立禁約人鄧進行為嚴禁杉木山事栽插杉木原為久遠之計近有無恥之輩不思摔木
之艱辛胆敢魁行盜砍燬金肥囊似此業不由主情理難容只得置酒立禁告稟族鄰知悉
各當守己毋相侵犯倘有仍蹈前轍盜砍如故者無論親族鄉鄰斷不容情知情者亦不得徇
情隱匿敢徇不露一經察出立即會同歃酒禁山人等執約鳴　官究處

李貴林　劉長生　李東古
曾松六　賴開耀　王發
朱光九　鄧明古　鄒會才
盧黃二　彭濱賢　楊聯陞
陳烈貴　陳翰魁

親鄰

尚德　卓群
尚儒　首魁
尚敎　科古
尚明

家族

乾隆五十三年三月初三日立禁杉木約人鄧進行筆

清嘉慶十三年十二月鍾何均擔承約

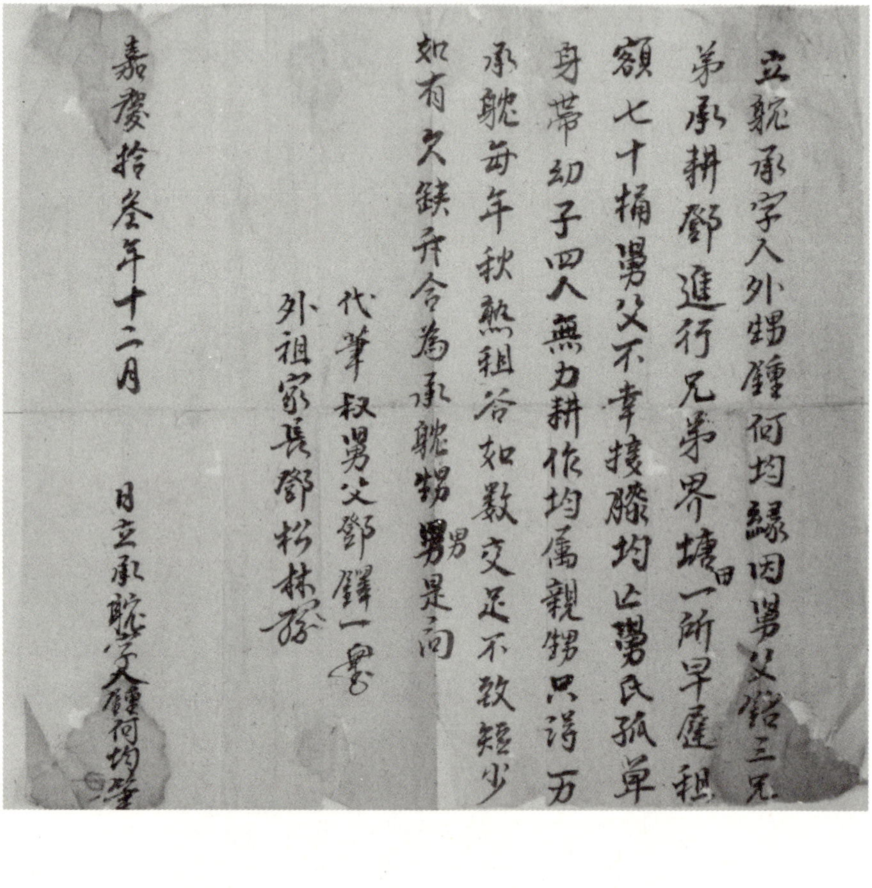
立躭承字人外甥鍾何均緣因舅父銘三兄
弟承耕鄧進行兄弟界塘田一所早歷租
額七十桶舅父不幸接滕均亡舅氏孤单
身帶幼子四人無力耕作均屬親甥只得万
承躭每年秋熟租谷如數交足不敢短少
如有欠缺弃合為承躭甥男是问
代筆叔舅父鄧鏵一
外祖家長鄧松林
嘉慶拾叁年十二月 日立承躭字人鍾何均

清嘉慶十七年二月劉鳴玉等承租約

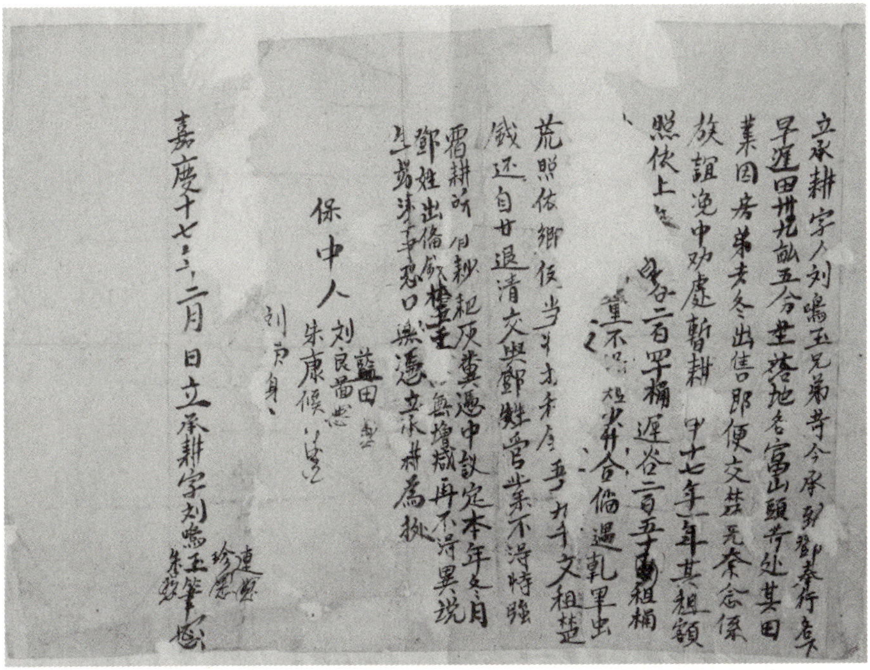

立承耕字人刘鳴玉兄弟等，今承到鄧春行名下
早涯田卅九畝五分，坐落地名富山頭等处，其田
業因房弟去冬出售，即便交楚，兄奈念係
族誼，浼中劝處暫耕。中十七年一年，其租額
照依上年，
早谷二百罗桶，遅谷二百五十罗租桶，
量不[illegible]，租米并合倫遇乾罡出
荒照依鄉例，当年ㄨ未ㄨ再ㄨ九十文租楚，
錢还自廿退清，交與鄧姓管業，不得恃強
霸耕。所有耖耙灰糞，凴中議定，本年冬月
鄧姓出備，錢楼立重，無增减，再不得異說
生端。今恐口無凴，立承耕為執。

保中人 刘良甾 藍田 朱康侯 刘[illegible]身

嘉慶十七年二月 日立承耕字刘鳴玉筆 朱敦 珍 連

清嘉慶十八年十一月易弼贊等會券

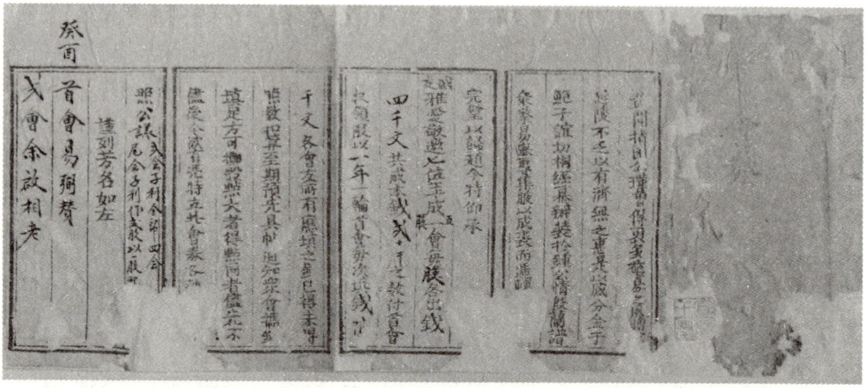

癸酉

謹列芳名如左

首會易弼贊

貳會余啟相老

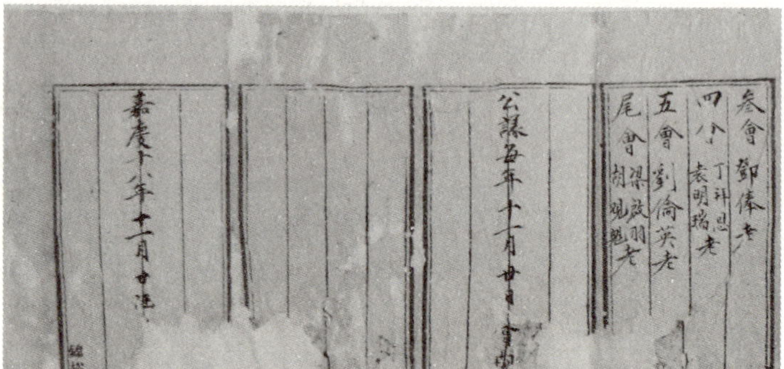

叁會 鄧俸老

四會 丁華思 袁明瑞老

五會 劉倫英老

尾會 梁啟明 胡魁魁老

公議每年十一月廿日會

嘉慶十八年十一月廿

清嘉慶二十一年九月鄧騰蛟無反悔約

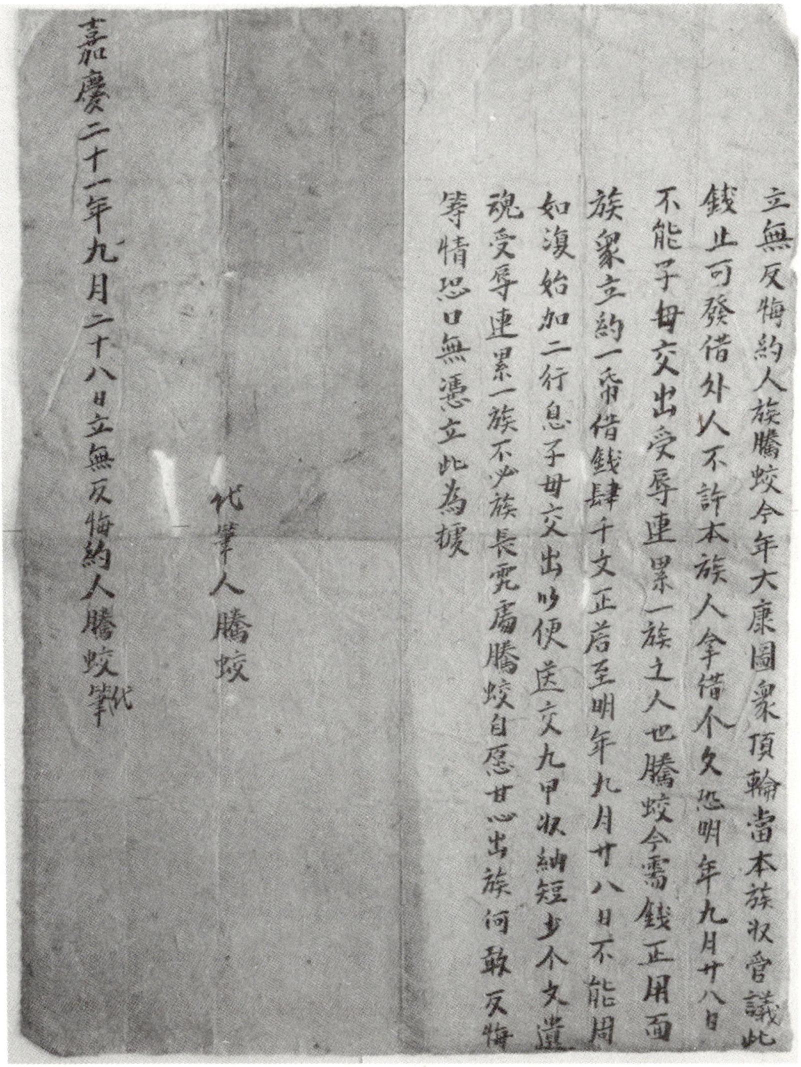

立無反悔約人族騰蛟今年大康國象頂輪當本族収會議此
錢止可發借外人不許本族人拿借个文恐明年九月廿八日
不能子母交出受辱連累一族之人也騰蛟今需錢正用面
族衆立約一帋借錢肆千文正言至明年九月廿八日不能周
如復始加二行息子母交出吵便㡳文九甲狀紬短少个文豈
䰟受辱連累一族不必族長究處騰蛟自愿甘心出族何敢反悔
等情恐口無憑立此為據

代筆人騰蛟

嘉慶二十一年九月二十八日立無反悔約人騰蛟筆代

清嘉慶二十三年二月劉鳴玉退耕約

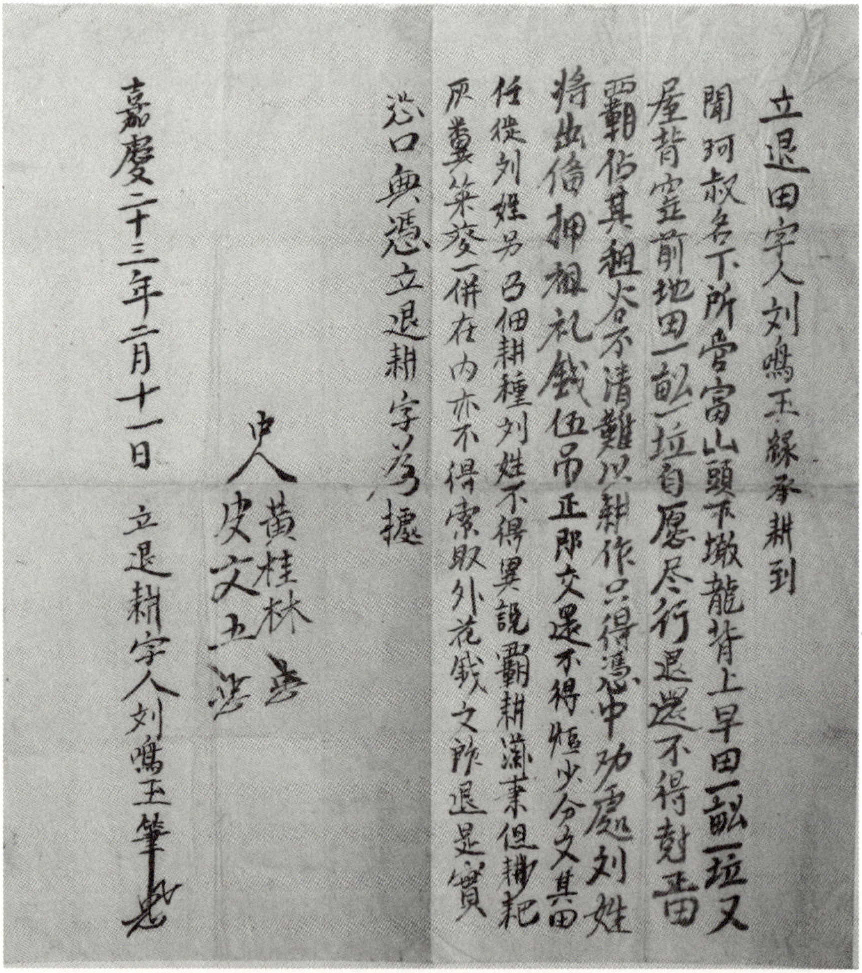
立退田字人刘鳴玉緣承耕到
閏珂叔名下所管雷山頭下墩龍背上早田一畝一坵又
屋背壟前地田一畝一坵自愿尽行退還不得刻番
覇佔其租谷不清難以耕作只得憑中劝處刘姓
將出備押租礼錢伍吊正郎交退不得短少分文其田
任從刘姓另召佃耕種刘姓不得異說覇耕滿業但撤把
灰糞菜麥一併在内亦不得索取外花錢文所退是實
恐口無憑立退耕字為據
中人 黄桂林 押
皮文玉 押
嘉慶二十三年二月十一日 立退耕字人刘鳴玉筆 押

清嘉慶二十四年十一月鄒勤懷批田約

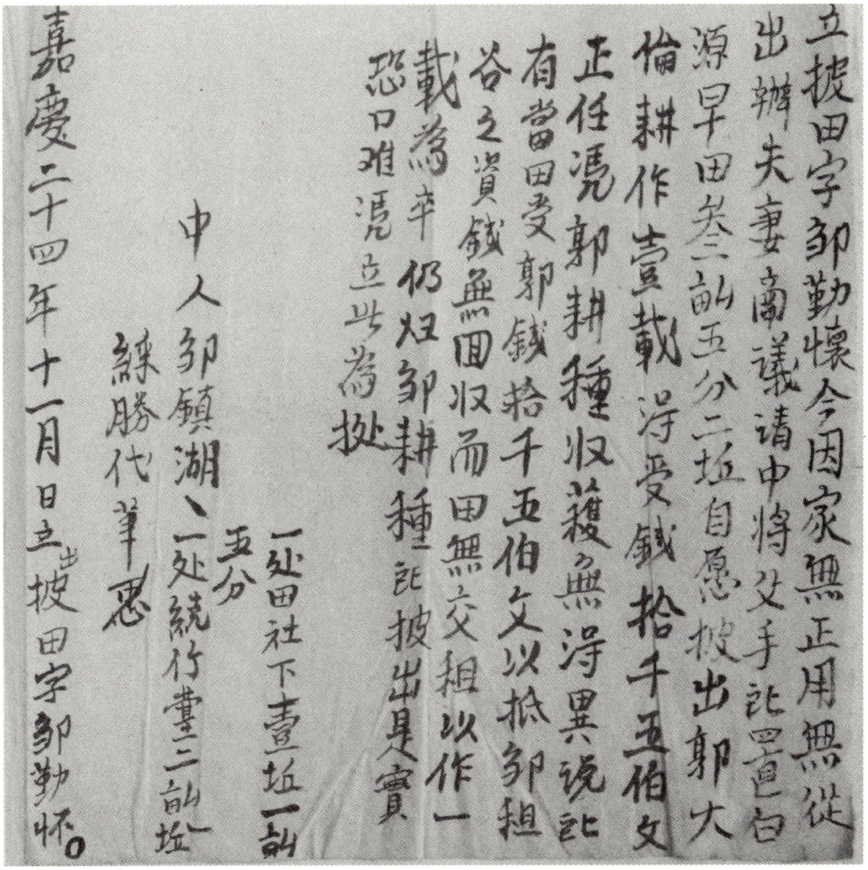

立拔田字鄒勤懷今因家無正用無從
出辦夫妻商議請中將父手託買白
源旱田叁畝五分二坵自愿拔出鄒大
倫耕作壹載得受錢拾千五伯文
正任憑鄒耕種收獲無得異說託
有當田受鄒錢拾千五伯文以抵鄒租
谷之資錢無田收而田無交租以作一
載為卒仍归鄒耕種託拔出是實
恐口难凴立此為拠

一処田社下壹坵一畝
五分
一処続竹壹二畝坵

中人鄒鎮湖
練勝代筆

嘉慶二十四年十一月日立出拔田字鄒勤怀

清嘉慶二十五年二月鄧寧六蔽賣樹木約

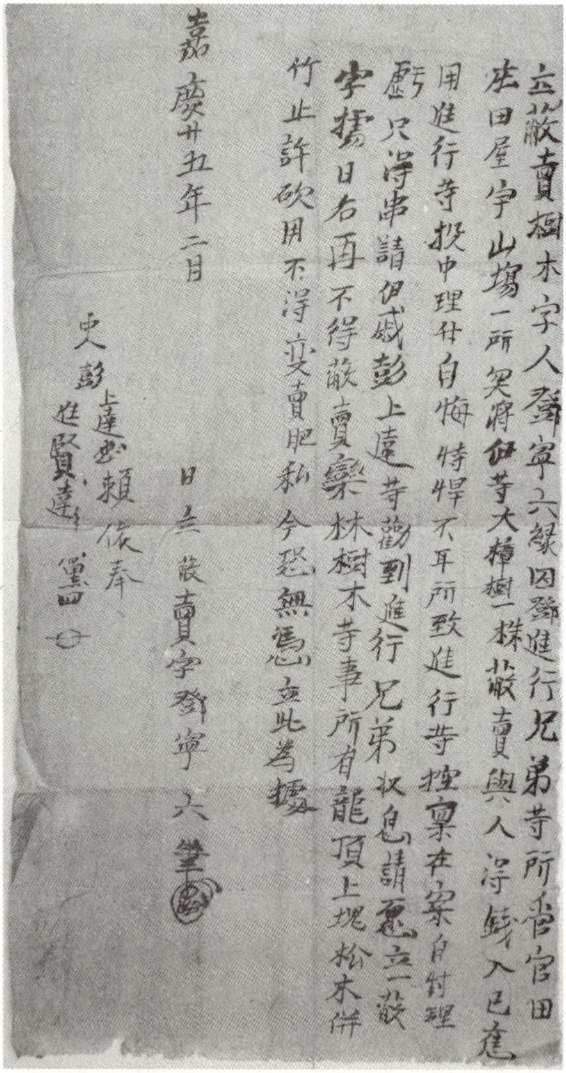

立蔽賣樹木字人鄧寧六，緣因鄧進行兄弟等所管官田庄田屋宇山場一所，哭將伊等大樟樹一株蔽賣與人，得錢入已走用。進行等投中理什，自悔特悍不耳所致，進行等控稟在案，自討理虧，只得串請伊戚彭上達等勸到進行兄弟收息請恩，立一蔽字據。日右再不得蔽賣欒株樹木等事，所有龍頂上坬松木并竹止許砍用，不得竊賣肥私。今恐無憑，立此為據。

嘉慶廿五年二月　日立蔽賣字鄧寧六筆

中人　彭上達　賴依奉　彭進賢

清道光元年十二月嚴發秀當油茶山約

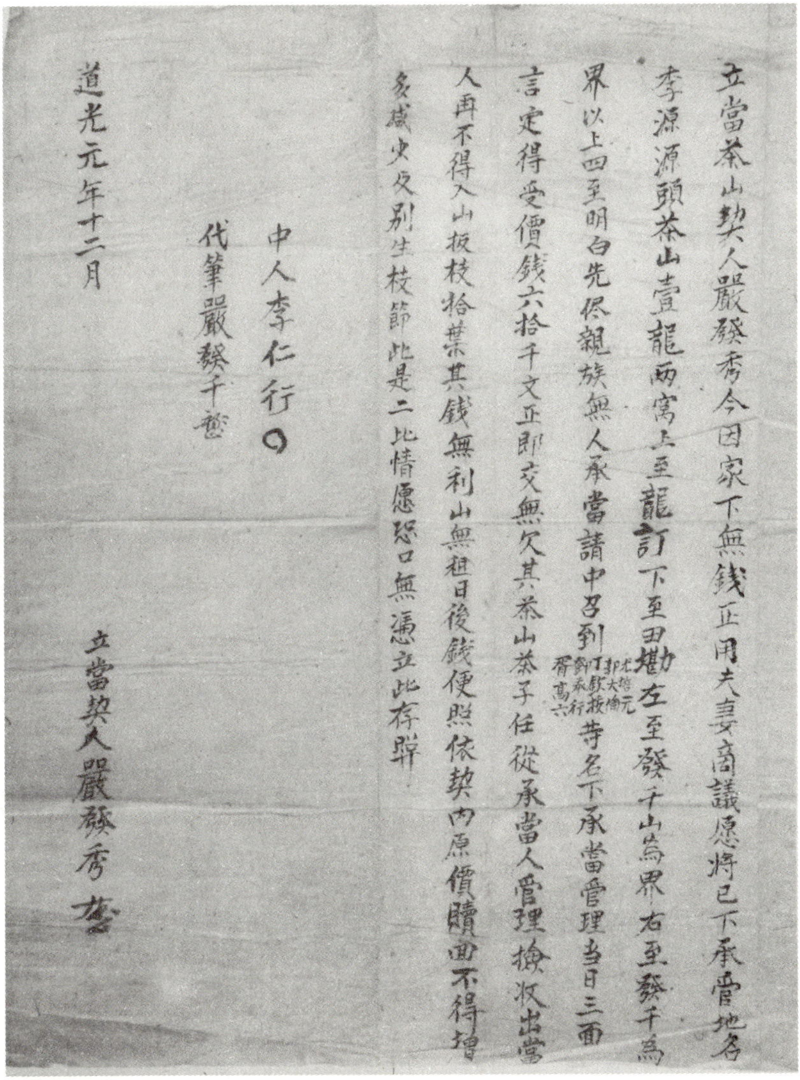

立當茶山契人嚴發秀今因家下無錢正用夫妻商議愿將已下承管地名
李源源頭茶山壹龍兩寓上至龍訂下至田墈左至發千山為界右至發千為
界以上四至明白先儘親族無人承當請中召到尤增元郭大倫丁欽拔鄧承行胥高六寺名下承當管理當日三面
言定得受價錢六拾千文正即交無欠其茶山茶子任從承當人管理撿收出當
人再不得入山扳枝拾葉其錢無利山無租日後錢便照依契內原價贖回不得增
多減少及別生枝節此是二比情愿恐口無憑立此存照

中人李仁行○

代筆嚴發千押

道光元年十二月

立當契人嚴發秀押

清道光四年十二月鄧標四退耕約

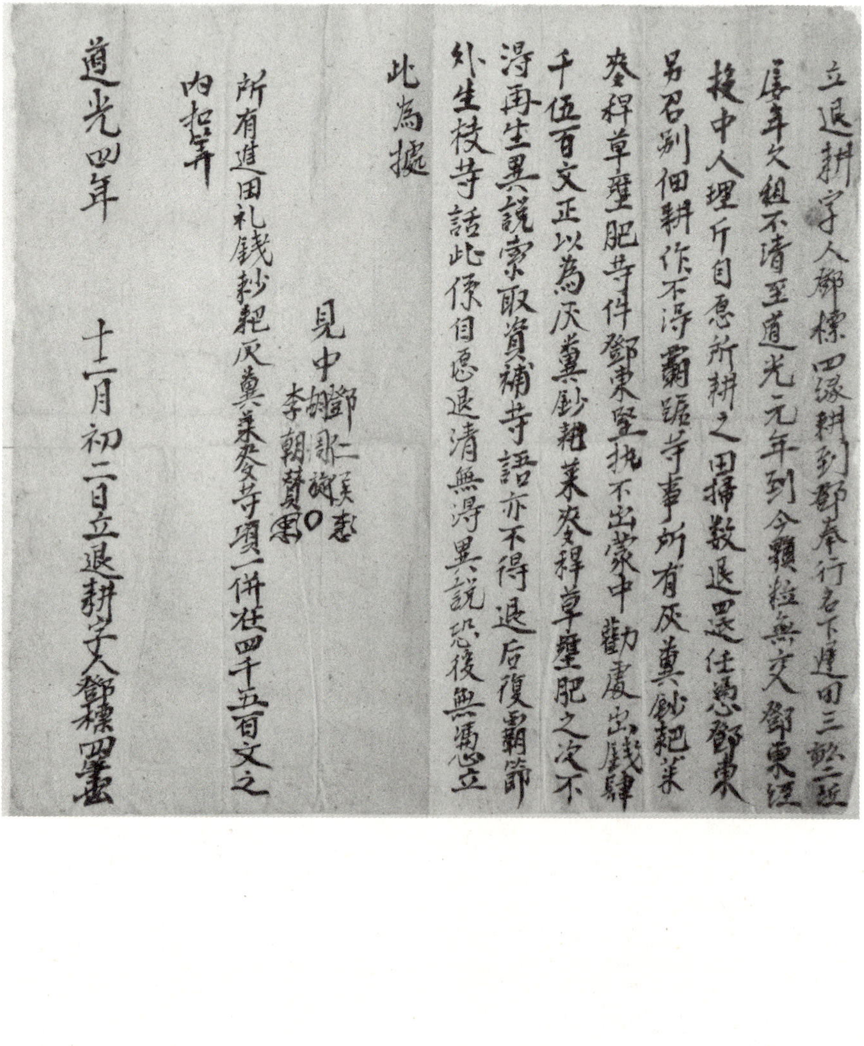

立退耕字人鄧標四緣耕到鄧奉行名下早田三畝二丘
屢年欠租不清至道光元年到今顆粒無交人鄧東經
投中人理斥自愿所耕之田歸數退還任憑鄧東
另召別佃耕作不得霸踞等事所有灰糞鈔耙茉
麥稈草壅肥等件鄧東堅執不出衆中勸處出錢肆
千伍百文正以為灰糞鈔耙茉麥稈草壅肥之資不
得再生異說索取資補等語亦不得退后復霸節
外生枝等語此係自愿退清無得異說恐後無憑立
此為據

見中 鄧二美 鄧歌旗 李朝贊

所有退田礼錢鈔耙灰糞茉麥等項一併在四千五百文之
内扣算

道光四年　十二月初二日立退耕字人鄧標四

清道光八年十一月鄧國珍買樟樹約

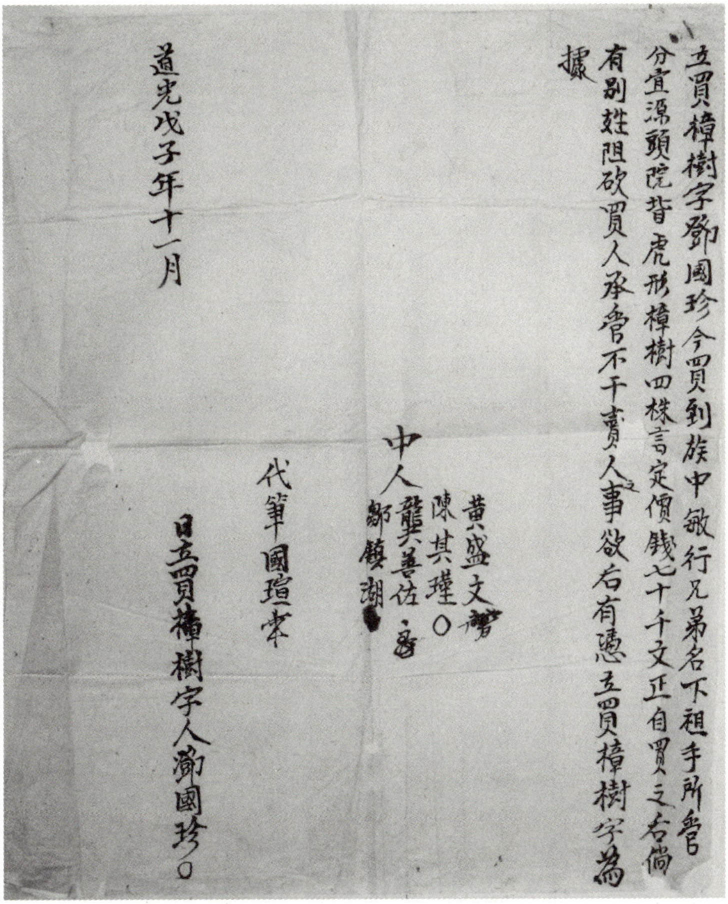
立買樟樹字鄧國珍今買到族中敏行兄弟名下祖手所管
分宜源頭院背虎形樟樹四株言定價錢七十千文正自買之后倘
有别姓阻砍買人承管不干賣人之事欲后有憑立買樟樹字為
據

中人 黃盛文（押） 陳其瑾○ 龔善佐（押） 鄧鎮湖

代筆國瑄（押）

日立買樟樹字人鄧國珍○

道光戊子年十一月

清道光十一年十二月胡鳴亮退耕約

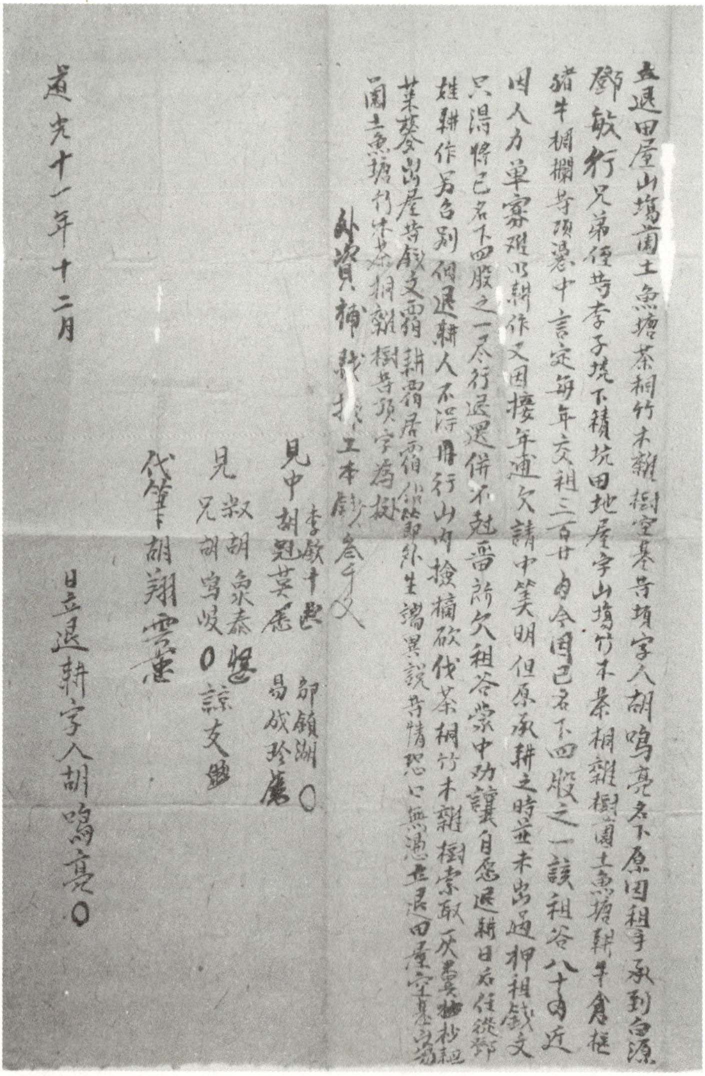

立退田屋山塆園土魚塘茶桐竹木雜樹空基等項字人胡鳴亮，名下原因祖手承到白源
鄧敏行兄弟侄等李子垅下積坑田地屋宇山塆竹木茶桐雜樹園土魚塘耕牛倉
猪牛棚欄等項，憑中言定每年交租三百廿角，今因己名下四股之一該租谷八十角，近
因人力單寡，難以耕作，又因屢年連欠，請中算明，但原承耕之時並未出過押租錢文，
只得將己名下四股之一不行退還，併不執晋前欠租谷，衆中劝讓，自愿退耕，日后任從鄧
姓耕作，另召別佃，退耕人不得再行山内撿摘砍伐茶桐竹木雜樹，索取一切等物，杪粗
菜蔬，出屋等叙文霸耕霸居霸佃，小部外生端異說等情，恐口無憑，立退田屋空基山塆
園土魚塘竹茶桐雜樹等項字爲據。
外資補錢拾工本錢八百千文

見中 胡冠英 押 李啟十 押 鄧領湖 ○ 易成珍 押
見 叔 胡魚泰 押 兄 胡鳴岐 ○ 諒支 押
代筆 胡翔雲 押

道光十一年十二月 日立退耕字人胡鳴亮 ○

清道光十二年鄧奉行相讓棚基約

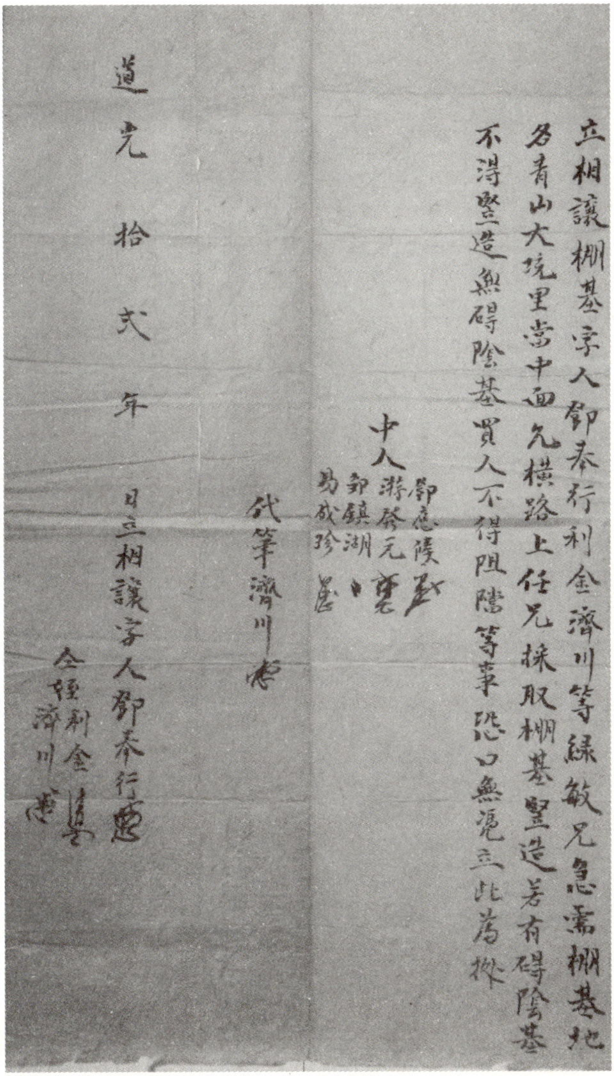

立相讓棚基字人鄧奉行、利金、濟川等，緣敏兄急需棚基，地名青山大坑里當中面，允横路上任兄採取棚基豎造，若有碍陰基，不得豎造，無碍陰基，買人不得阻隱等事，恐口無憑，立此爲據。

中人 鄧德陵（押） 游發元（押） 鄧鎮湖（押） 易成珍（押）

代筆 濟川（押）

道光拾貳年 月 日立相讓字人鄧奉行（押）

仝姪利金（押） 濟川（押）

清道光十八年十二月江智浚等會券

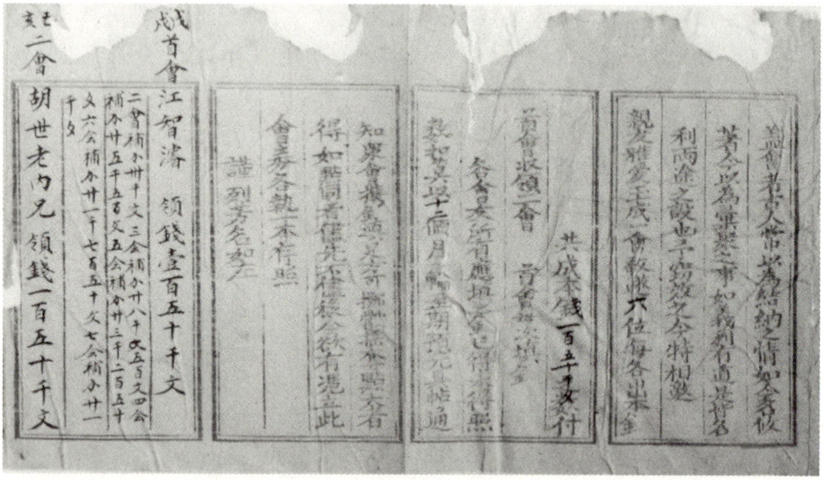

共成本錢一百五十千文付

首會 江智濬 領錢壹百五十千文

二會 胡世老內兄 領錢一百五十千文

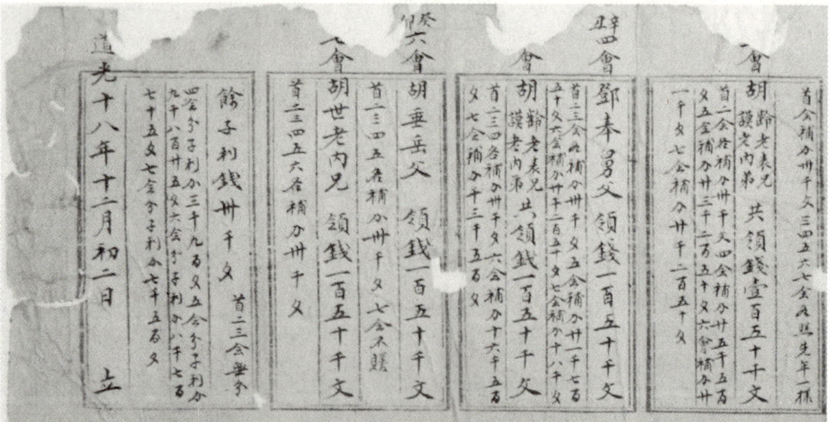

三會 胡翰老表兄 胡讓之內弟 共領錢壹百五十千文

四會 鄧奉舅父 領錢一百五十千文

五會 胡翰老表兄 胡讓老內弟 共領錢一百五十千文

六會 胡垂岳父 領錢一百五十千文

七會 胡世老內兄 領錢一百五十千文

餘子利錢卌千文

道光十八年十二月初二日 立

清道光二十年十二月黎福興承耕約

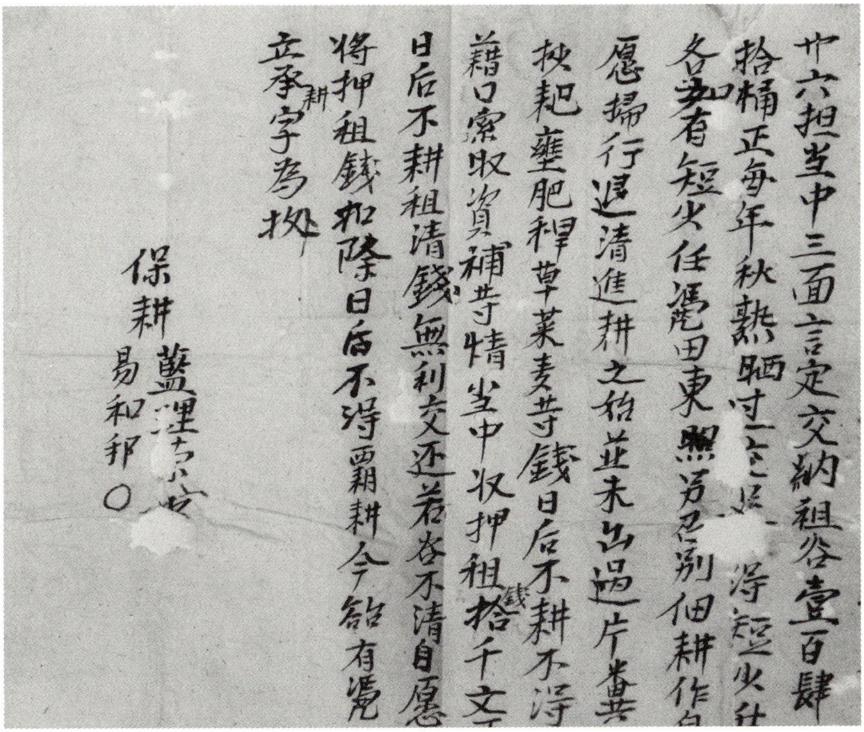

廿六担，当中三面言定，交納租谷壹百肆拾桶正，每年秋熟晒干一乞淨，浮短少升合。如有短少，任憑田東照另召别佃耕作，自愿歸行退清。進耕之始，並未出過片糞挾耙壅肥稈草菜麦等錢，日后不耕，不得藉口索取資補等情。当中收押租錢拾千文，日后不耕，租清錢無利交还；若谷不清，自愿將押租錢扣除，日后不得覇耕。今欲有憑，立承耕字為據。

保耕 藍

易和邦 〇

清道光二十五年二月劉張氏平心約

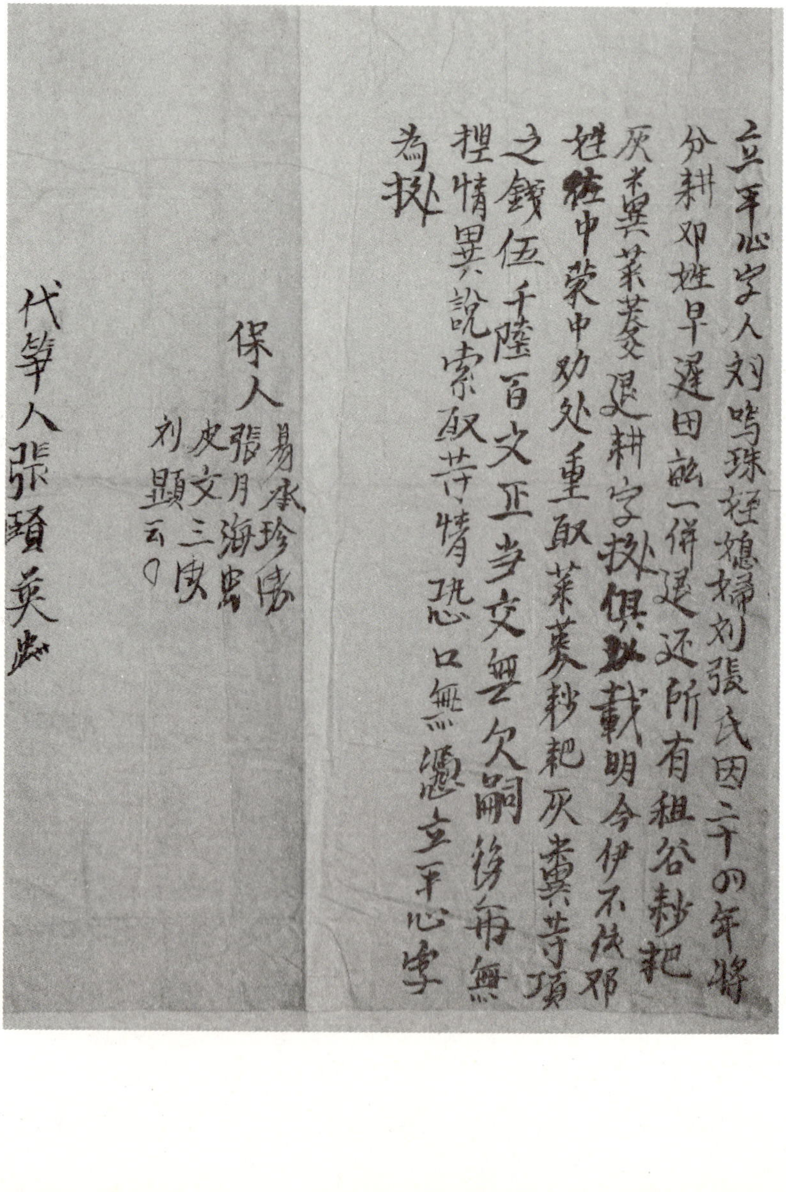

立平心字人刘呜珠娌媳婦刘張氏因二十四年將
分耕邓姓早遲田畝一併退还所有租谷杪耙
灰粪菜荚退耕字据俱以載明今伊不依邓
姓往中蒙中劝处重取菜荚杪耙灰粪等項
之錢伍千陸百文正当交無欠嗣後再無
理情異說索取等情恐口無憑立平心字
為据

保人 易承珍
張月海
皮文三
刘顯云

代筆人張顕英

清道光二十七年四月鄧懷元求免約

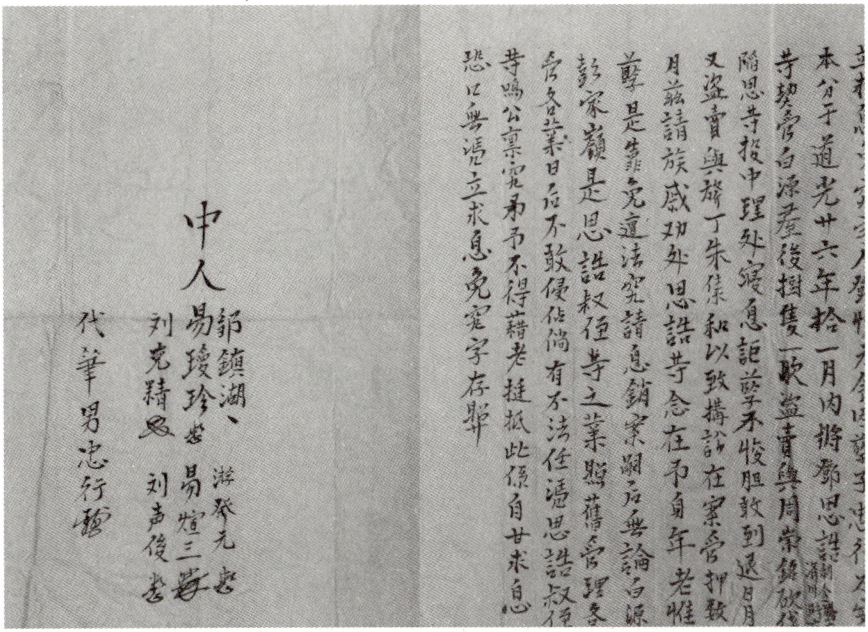
本分于道光廿六年拾一月内將鄧思諧
等契管白源產後撥隻一畝盜賣與周崇錦砍伐
隨思等投中理处寢息詎孽不悛胆敢到退日月
又盜賣與彭丁朱傑和以致搆訟在案管押數
月茲請族戚劝处思諧等念在予身年老惟
孽是靠免遭法究請息銷案嗣后無論白源
彭家嶺是思諧叔侄等之業照舊管理各
管各業日后不敢侵佔倘有不法任憑思諧叔侄
等鳴公稟究予予不得藉老推抵此係自甘求息
恐口無憑立求息免究字存照

中人 鄧鎮湖、游癸元押 易瓊珍押 易煊三押 刘克精押 刘声俊押

代筆男忠行押

清道光二十七年鄧懷元領人約

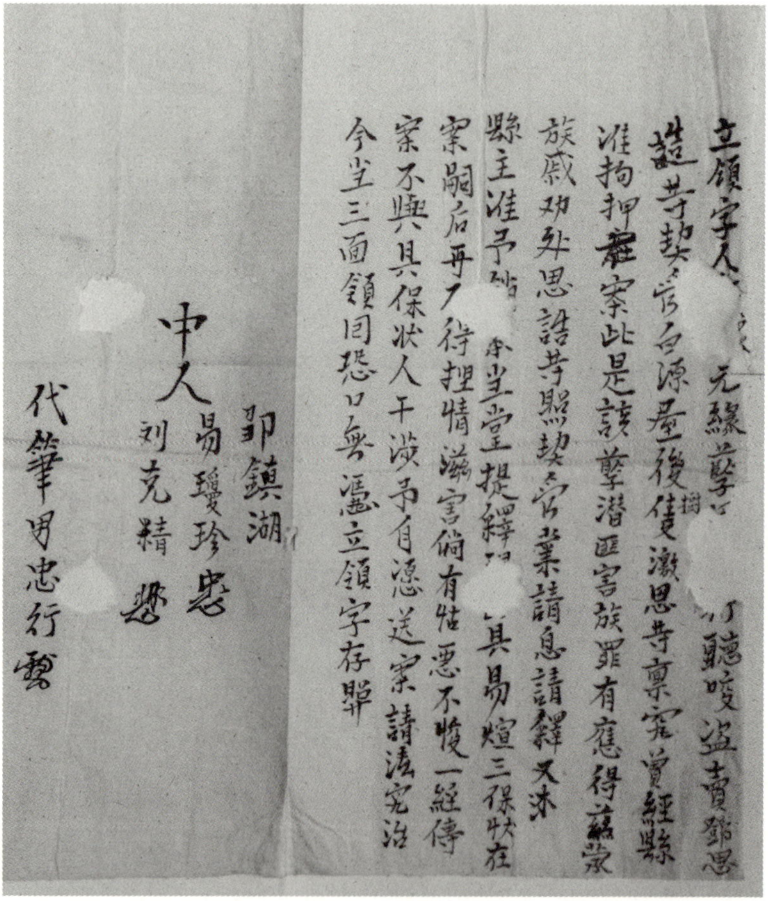

立領字人[illegible]元緣[illegible]聽唆盜賣鄧恩
詮等契字合源叠後侵挪激恩寺稟究賣經縣
准拘押懷案此是該孽潛匿害族罪有應得蒙
族戚劝處恩詣等照契字業請息請釋又沐
縣主准予始 本堂提釋[illegible]具易煊三保狀在
案嗣后再不得捏情滋害倘有估惡不悛一經傳
案不與具保狀人干涉弟自愿送案請法究治
今当三面領回恐口無憑立領字存照

鄧鎮湖
中人 易瓊珍 押
刘克精 押
代筆 易忠行 押

清道光二十八年正月鄧奉行等合約

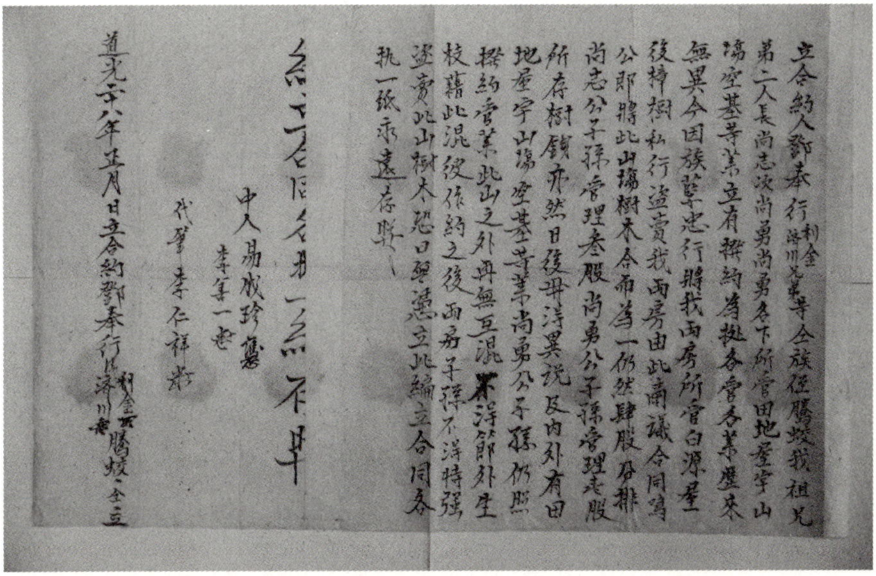

立合約人鄧奉行利金、澤川兄弟等仝族侄騰蛟我祖兄
弟二人長尚志次尚勇尚勇名下所管田地屋宇山
場空基等業立有撥約各管各業歷來
無異今因族孽忠行將我兩房所管白源屋一
後掙樹私行盜賣我兩房由此商議合同寫
公郎將此山場樹木合而為一仍然肆股分排
尚志公子孫管理叁股尚勇公子孫管理壹股
所存樹錢亦然日後毋得異說及內外有田
地屋宇山場空基等業尚勇公子孫仍照
撥約管業此山之外再無互混不得節外生
枝藉此混役作約之後兩房子孫不得恃強
盜賣此山樹木恐口無憑立此編立合同各
執一紙永遠存照

中人 易成珍（押）
李篤一（押）
代筆 李仁祥（押）

道光二十八年正月日立合約鄧奉行利金、澤川書 騰蛟仝立

清道光二十八年李善一租榨屋等約

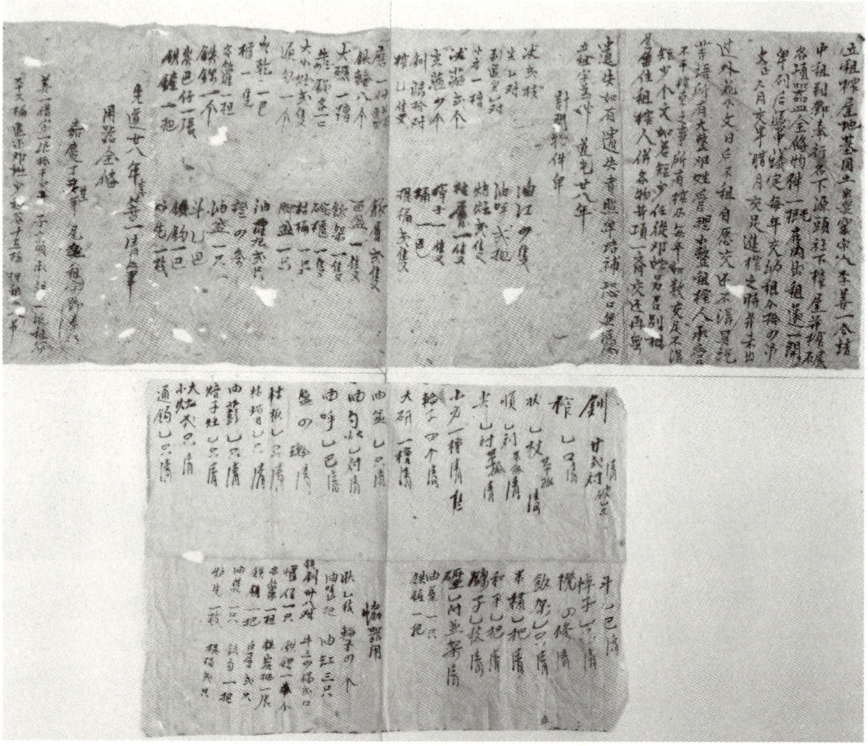

清道光年間郭大綸等會券

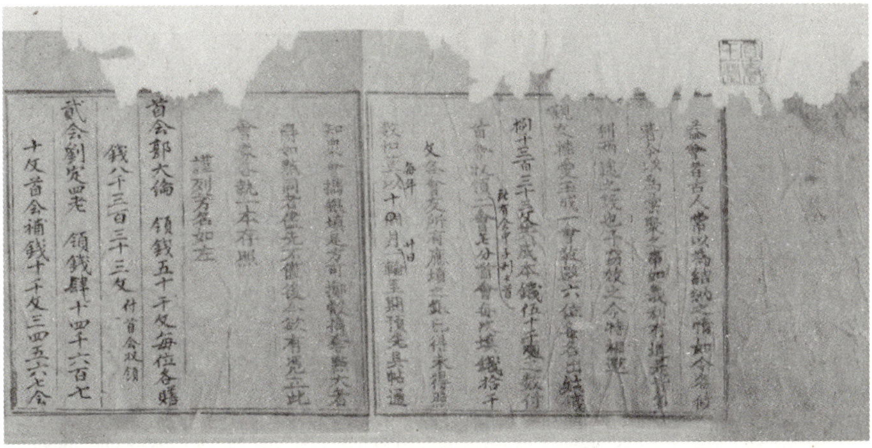

盖聞昔古人常以為結納之情如今各位
[illegible]
[illegible]
[illegible]
[illegible]成本錢伍十千文[illegible]
首会收領二會起分首會每次填錢拾千
文各會友所有應填之數[illegible]
[illegible]十四月廿日輪[illegible]
[illegible]
[illegible]執一本存照
謹列芳名如左
首会郭大倫　領錢五十千文每位各賠
錢八千三百三十三文　付首会收領
貳会劉安四老　領錢肆十四千六百七
十文首会補錢十千文三四五六七会

前半部分

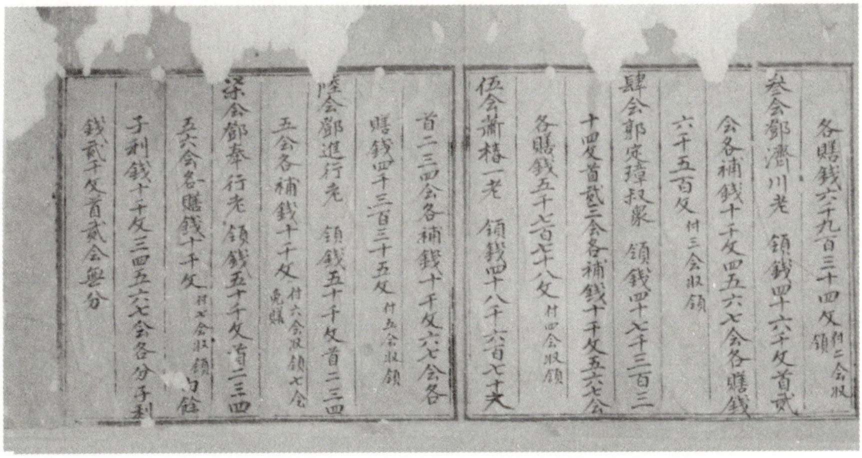

各賠錢六千九百三十四文　付二会收領
叁会鄧濟川老　領錢四十六千文首貳
会各補錢十千文四五六七会各賠錢
六千五百文　付三会收領
肆会郭安璋叔衆　領錢四十七千三百三
十四文首貳三会各補錢十千文五六七会
各賠錢五千七百七十八文　付四会收領
伍会蕭椿一老　領錢四十八千六百七十文
首二三四会各補錢十千文六七会各
賠錢四千三百三十五文　付五会收領
陸会鄧道行老　領錢五十千文首二三四
五会各補錢十千文　付六会收領七会免賠
柒会鄧奉行老　領錢五十千文首二三四
五六会各賠錢十千文　付七会收領自領
子利錢十千文三四五六七会各分子利
錢貳千文首貳会無分

後半部分

清咸豐元年七月駱良崇違示敗禁約

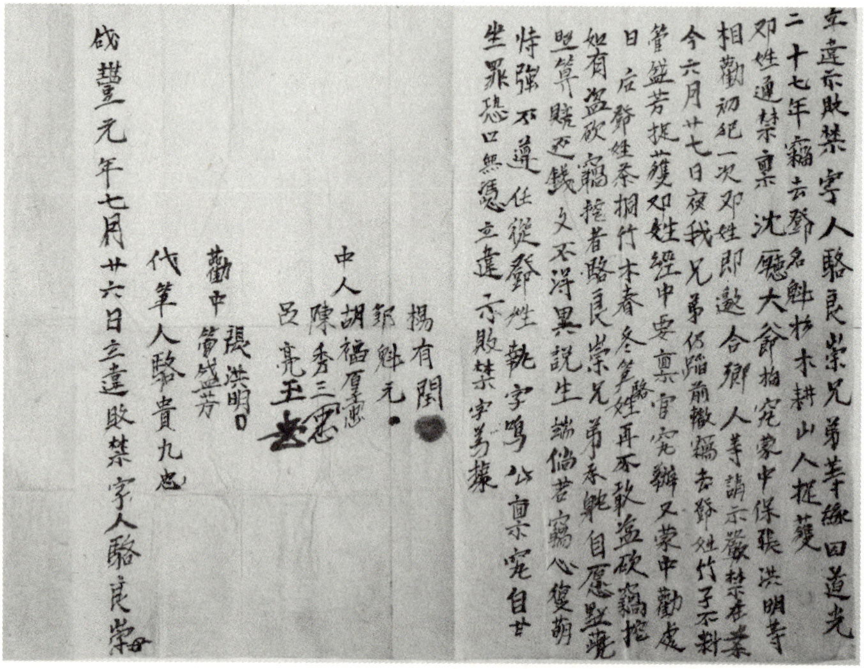

立違示敗禁字人駱良崇兄弟等緣因道光
二十七年竊去鄧名魁杉木，耕山人捉獲，
鄧姓遵禁稟沈廳大爺拘究，蒙中保張洪明等
相勸，初犯一次，鄧姓即邀合鄉人等請示嚴禁在案。
今六月廿七日夜我兄弟仍蹈前轍竊去鄧姓竹子，不料
黄盛芳捉獲，鄧姓經中要稟官究辦，又蒙中勸處。
日后鄧姓來桐竹木、春冬筍，駱姓再不敢盜砍竊挖。
如有盜砍竊挖者，駱良崇兄弟承耽，自愿照罰，
照算賠還錢文，不得異說生端。倘若竊心復萌，
恃強不遵，任從鄧姓執字鳴公，禀究，自甘
坐罪。恐口無憑，立違示敗禁字爲據。

楊有閏
鄧魁元
中人 胡福厚
陳秀三
呂亮玉
勸中 張洪明
黄盛芳
代筆人駱貴九

咸豐元年七月廿六日立違敗禁字人駱良崇

清咸豐元年十一月劉義能租店約

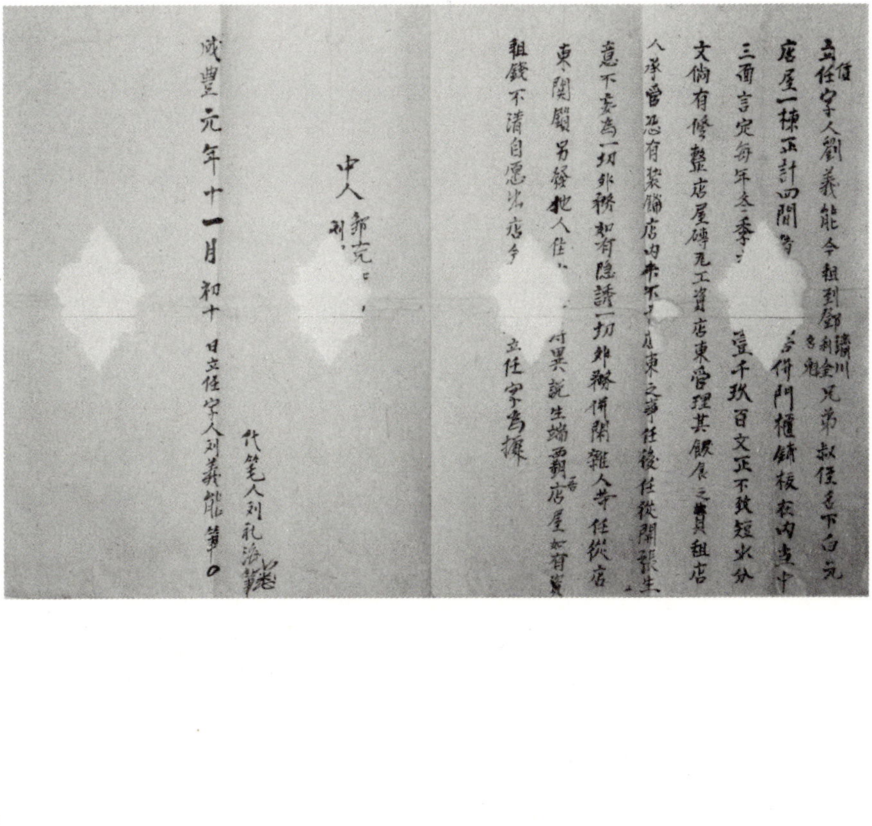

立任字人劉義能今租到鄧讃川、利金兄弟叔侄名下白元
店屋一棟正計四間〔□〕合併門檻鋪板在內當中
三面言定每年冬季〔□〕壹千玖百文正不致短少分
文倘有修整店屋磚瓦工資店東管理其飯食之費租店
人承當恐有柴儲店內亦不〔□〕店東之事任後任從開張生
意不妄為一切外務如有隱誘一切外務併閑雜人等任從店
東閑鬪另發批人住〔□〕村異說生端覇佔店屋如有〔□〕
租錢不清自愿出店今〔□〕立任字為據

中人 鄧完〔□〕 劉〔□〕

咸豐元年十一月初十日立任字人劉義能筆

代筆人劉禮海筆

清咸豐元年十一月辛崇瑞租店約

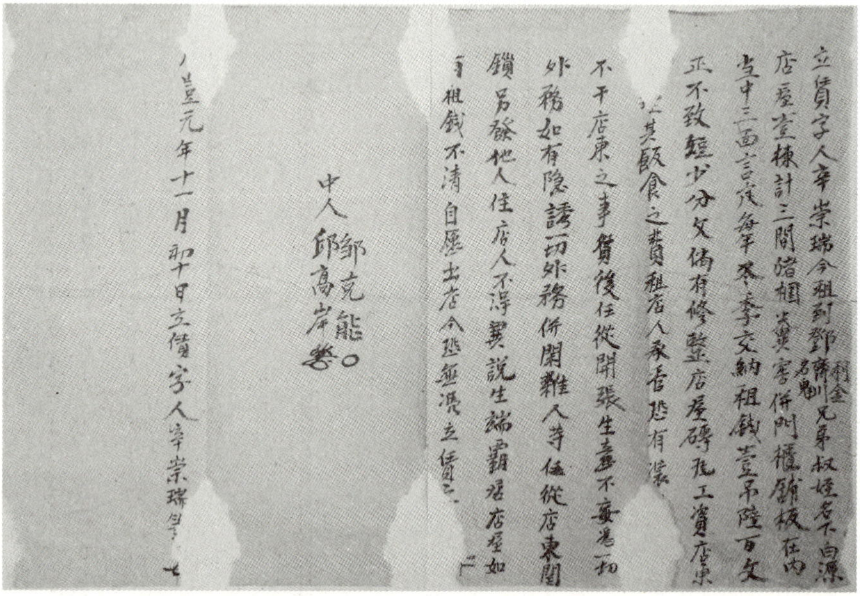

立賃字人辛崇瑞今租到鄧齊利金名劇兄弟叔侄名下自源
店屋壹棟計三間諸椢嵌實寄併門櫃舖板在內
當中三面言定每年冬季交納租錢壹吊陸百文
正不致短少分文倘有修整店屋磚瓦工資店東
[illegible]其飯食之費租店人承當恐有壞
不干店東之事賃後任從開張生意不妄為一切
外務如有隱諱一切外務併閑雜人等任從店東閉
鎖另發他人住店人不得異說生端霸踞店屋如
有租錢不清自應出店今恐無憑立賃字[illegible]

中人 鄧克能○ 鄧高岸[illegible]

咸豐元年十一月初十日立賃字人辛崇瑞[illegible]

清咸豐二年二月郭賓七租牛約

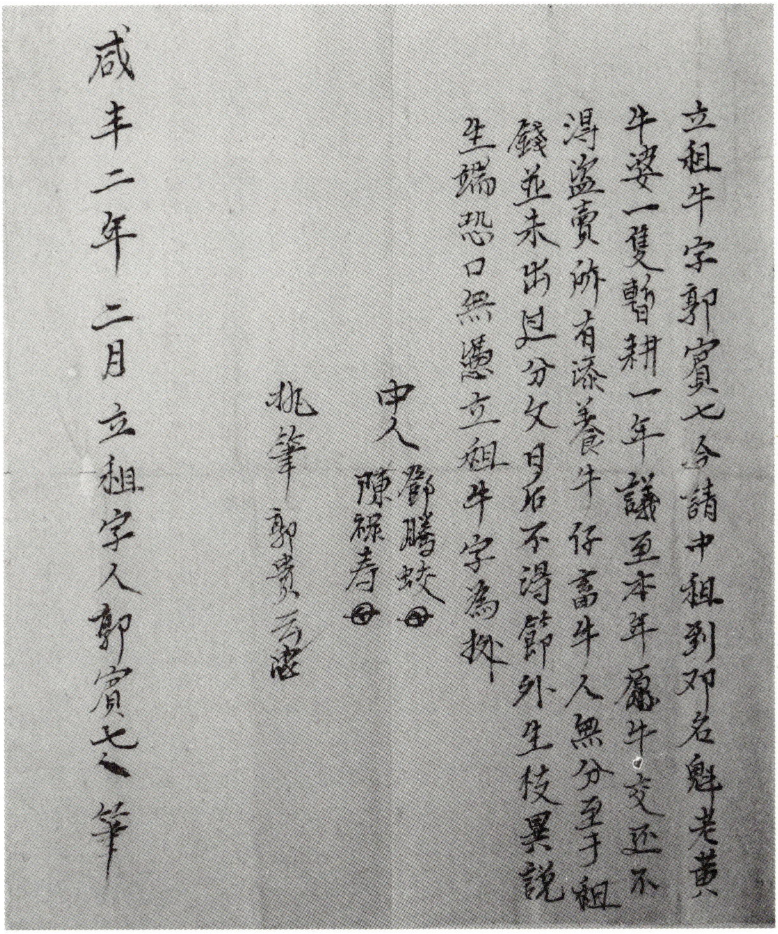
立租牛字郭賓七今請中租到邓名魁老黄
牛婆一隻暫耕一年議至本年爲牛交还不
得盜賣所有添養食牛仔畜牛人無分至于租
錢並未出过分文日后不得節外生枝異說
生端恐口無憑立租牛字爲據
中人 劉騰蛟 陳祿壽
執筆 郭貴云
咸丰二年二月立租字人郭賓七笔

清咸豐二年二月郭貴雲租碓屋約

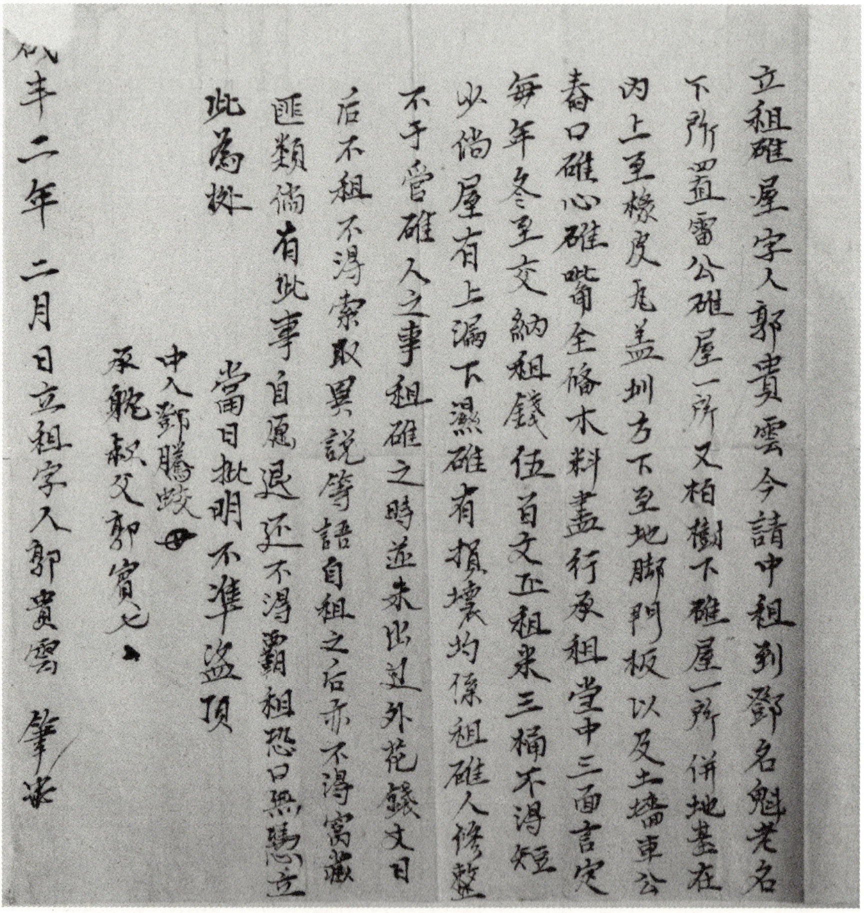
立租碓屋字人郭貴雲今請中租到鄧名魁老名
下所置雷公碓屋一所又柏樹下碓屋一所併地基在
內上至椽皮瓦蓋圳方下至地脚門板以及土墻車公
舂口碓心碓嘴全條木料盡行承租當中三面言定
每年冬至交納租錢伍百文正租米三桶不得短
少倘屋有上漏下濕碓有損壞均係租碓人修整
不干管碓人之事租碓之時並未出過外花錢文日
后不租不得索取異説等語自租之后亦不得窩藏
匪類倘有此事自愿退还不得霸租恐口無憑立
此爲据
當日批明不準盜頂
中人鄧騰蛟
承叔父郭賓之
咸丰二年二月日立租字人郭貴雲筆

清咸豐二年十二月胡周旋承耕約

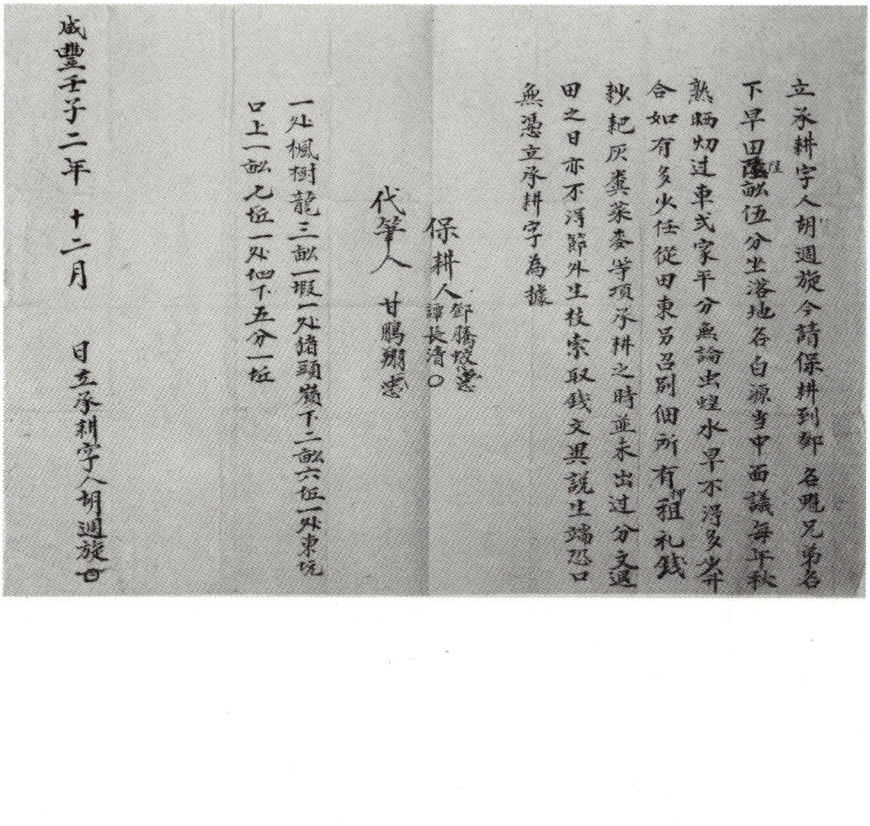

立承耕字人胡週旋今請保耕到鄧名琨兄弟名下早田壹畝伍分坐落地名白源当中面議每年秋熟晒燥过車弍家平分無論出蝗水旱不得多少并合如有多少任從田東另召別佃所有租礼钱鈔耙灰糞菜麥等項承耕之時並未出过分文退田之日亦不得節外生枝索取錢文異説生端恐口無憑立承耕字為據

保耕人 鄧騰蛟 譚長清

代筆人 甘鵬翔

一处楓樹龍三畝一坵一处猪頭嶺下二畝六坵一处東坑口上一畝乙坵一处佃下五分一坵

咸豐壬子二年 十二月 日立承耕字人胡週旋

爲借款事與鄧名魁書

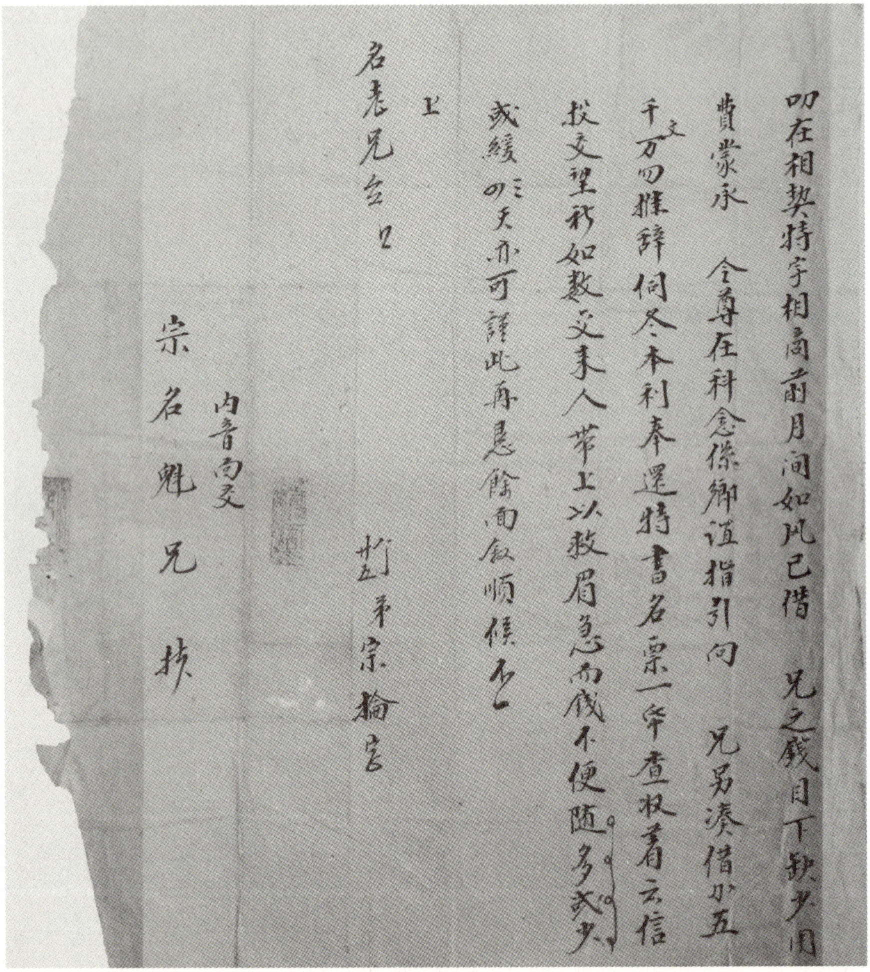

叨在相契特字相商前月间如风已借　兄之钱目下缺少用
费蒙承　令尊在科念係鄉谊指引向　兄另凑借小五
千文万勿推辭伺冬本利奉還特書名票一帋查收着云信
拔文望祈如數交来人带上以救眉急而钱不便随多或少
或緩吖三叨天亦可謹此再恳餘面叙順候不一
上
名老兄台旦
杪弟宗掄字
内音向交
宗名魁兄　拆

訴狀抄本(殘片)

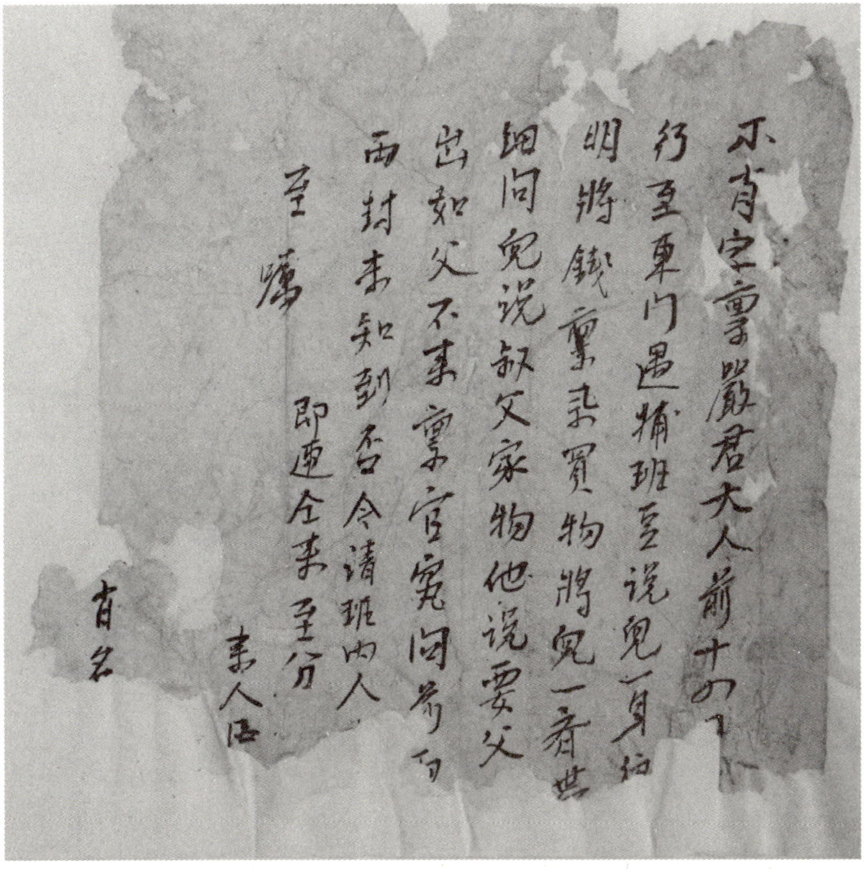
不肖字稟嚴君大人前十四日
行至東門遇捕班至説兒一身拘
明將錢稟去買物將兒一齊世
細問兒説叔父家物他説要父
出知父不來稟官冤問若何
兩封來知到否令請班內人
即速全來至分
來人伍
至囑
肖名

鄧名魁等租店約(殘片)

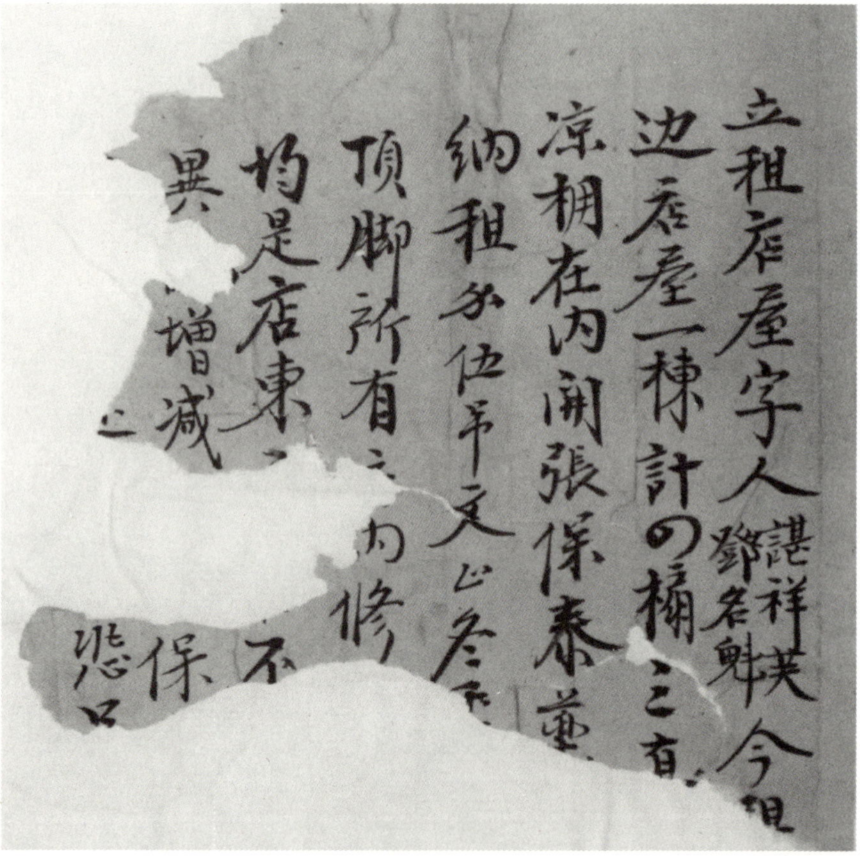
立租店屋字人諶祥英
鄧名魁今租
边店屋一棟計の桶三有
凉棚在内開張保泰萬
納租分伍干文正冬
頂脚所有之内修
均是店東不
異增減保
之恐口

票據簿記(28 件)

明隆慶二年至清順治三年宜春白源鄧氏某房謄契簿

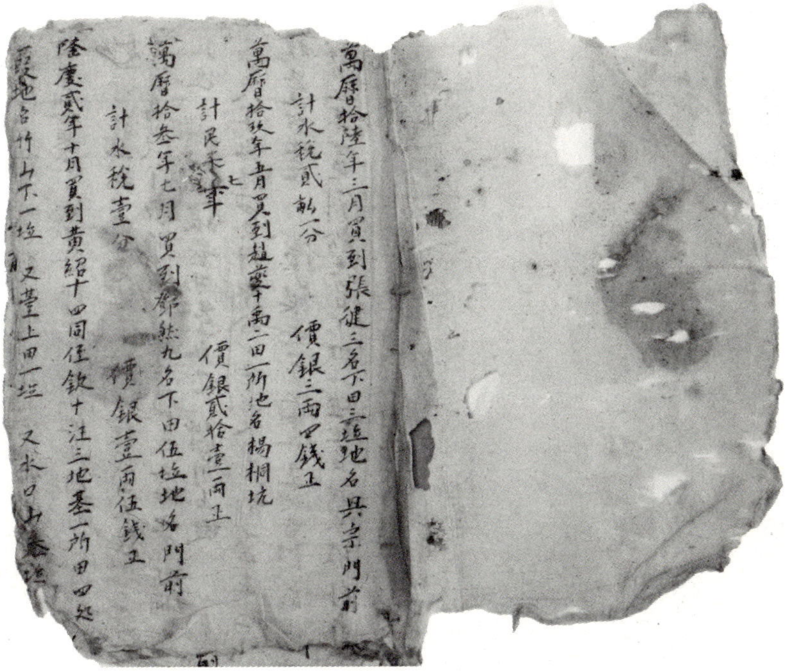
萬曆拾陸年三月買到張健三名下田三坵地名吳宗門前
計水稅貳畝一分　價銀二兩四錢正
萬曆拾玖年十二月買到趙臺十名下田一所地名楊桐坑
計民米七斗　價銀貳拾壹兩正
萬曆拾叁年七月買到鄧然九名下田伍坵地名門前
計水稅壹分　價銀壹兩伍錢正
隆慶貳年十月買到黃紹十四同侄欽十江三地基一所田四坵
[illegible]段地名竹山下一坵　又荳上田一坵　又水口山叁坵

1

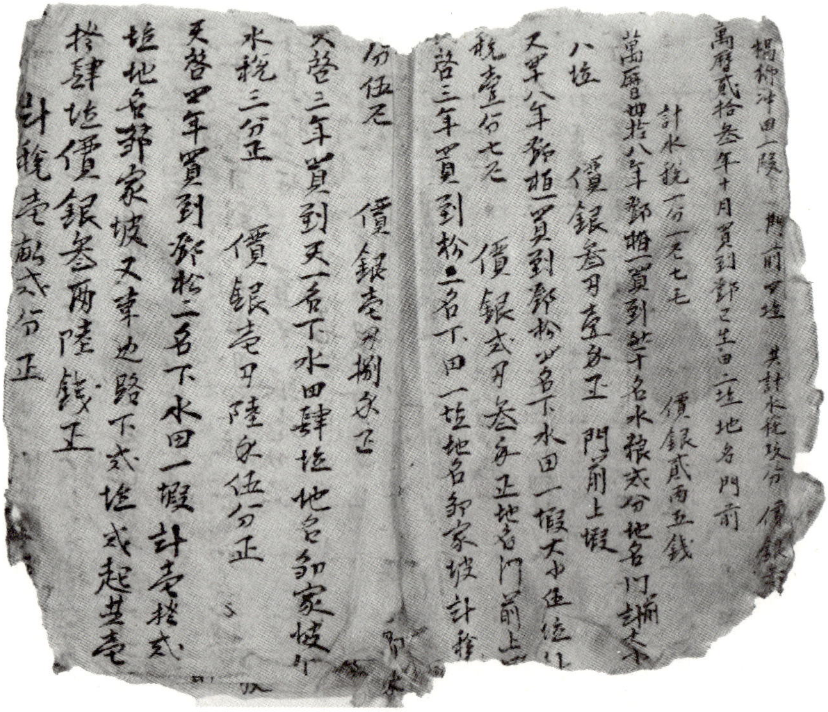
楊柳沖田一段 門前四坵 共計水稅玖分 價銀貳
萬曆貳拾叁年十月買到鄧乙生田二坵地名門前
計水稅一分一厘七毛 價銀貳兩五錢
萬曆四拾八年鄧栢一買到鄧十名水粮六分地名門前
八坵 價銀叁兩壹錢正 門前上段
天罡八年鄧栢一買到鄧松山名下水田一段大中伍坵
稅壹分七厘 價銀貳兩叁錢正地名門前上
啓三年買到松二名下田一坵地名鄧家坡計稅
分伍厘 價銀壹兩捌錢正
天啓三年買到天一名下水田肆坵地名鄧家坡
水稅三分正 價銀壹兩陸錢伍分正
天啓四年買到鄧松二名下水田一段 計壹拾式
坵地名鄧家坡又東邊路下式坵 式起共壹
拾肆坵價銀叁兩陸錢正
計稅壹畝式分正

2

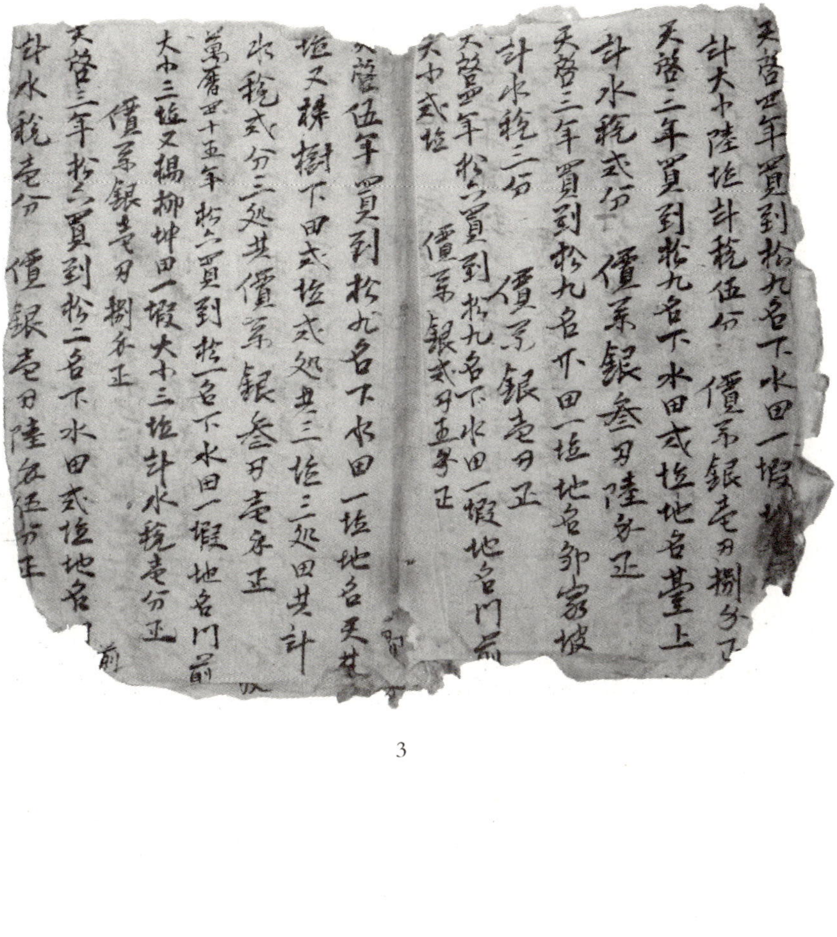

天啓四年買到㭍九名下水田一塅地名……
計大小陸坵　計稅伍分　價系銀壹兩捌分正
天啓二年買到㭍九名下水田式坵地名臺上
計水稅式分　價系銀叁兩陸分正
天啓三年買到㭍九名下田一坵地名鄧家坡
計水稅二分　價系銀壹兩正
天啓四年㭍六買到㭍九名下水田一塅地名門前
價系銀式兩五分正
大小式坵
天啓伍年買到㭍九名下水田一坵地名天井
坵又株樹下田式坵式処共三坵三処田共計
水稅式分三処共價系銀叁兩壹分正
萬曆四十五年㭍六買到㭍一名下水田一塅地名門前
大小三坵又楊柳坤田一塅大小三坵計水稅壹分正
價系銀壹兩捌分正
天啓三年㭍六買到㭍二名下水田式坵地名□前
計水稅壹分　價銀壹兩陸分伍分正

3

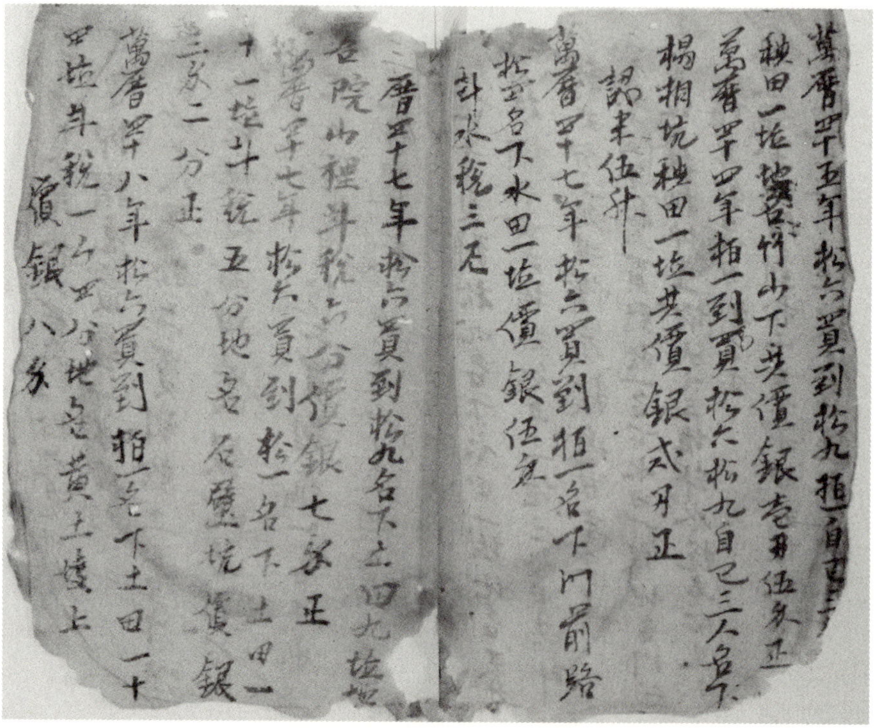

萬曆四十五年松六買到松九稻一自己土
秧田一坵土名竹山下共價銀壹兩伍錢正
萬曆四十四年稻一到買松六松九自己三人名下
楊梢坑秧田一坵共價銀弍兩正
認米伍升
萬曆四十七年松六買到稻一名下門前路
松四名下水田一坵價銀伍錢
計米稅三石

曆四十七年松六買到松九名下土田九坵地
名院山裡米稅六分價銀七錢正
萬曆四十七年松六買到松一名下土田一
十一坵米稅五分地名石壁坑價銀
三錢二分正
萬曆四十八年松六買到稻一名下土田一十
四坵米稅一石四分地名黃土坡上
價銀八錢

4

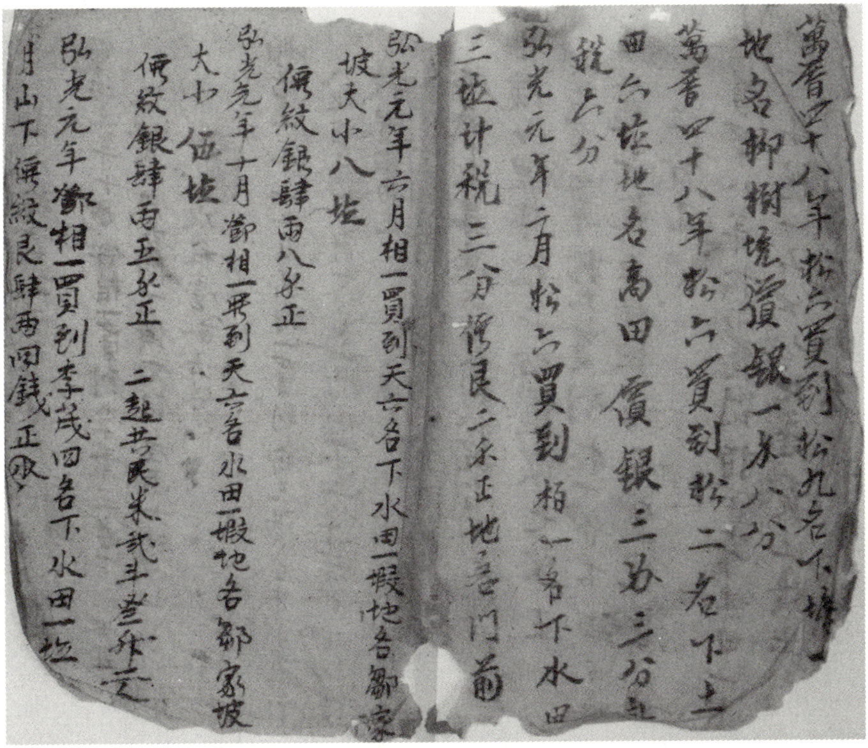
萬曆四十八年鄧六買到鄧九名下塘一
地名鄉樹境價銀一兩八分
萬曆四十八年鄧六買到鄧二名下土
田六坵地名高田 價銀三兩三分正
錢六分
弘光元年六月鄧六買到柏一名下水田
三坵計稅三分價艮二兩正地名門前
弘光元年六月相一買到天六名下水田一段地名鄧家
坡大小八坵
價紋銀肆兩八分正
弘光元年十月鄧相一買到天六名下水田一段地名鄧家坡
大小伍坵
價紋銀肆兩五分正　　二起共民米貳斗叁升一合
弘光元年鄧相一買到李茂四名下水田一坵
月山下價紋艮肆兩四錢正

5

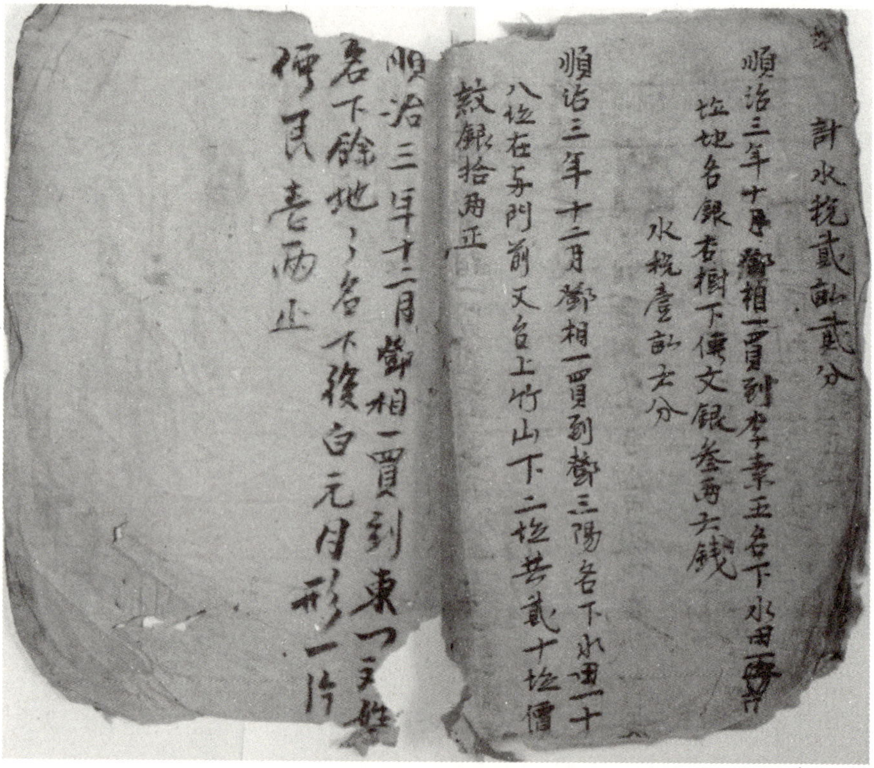

計水稅貳畝貳分
順治三年十月鄧相一買到李章玉名下水田壹片
坵地名銀杏樹下價文銀叁兩六錢
水稅壹畝六分
順治三年十二月鄧相一買到鄧三陽名下水田一十
八坵在屋門前又台上竹山下二坵共貳十坵價
紋銀拾兩正
順治三年十二月鄧相一買到東口王姓
名下餘地一一名下後白元日形一片
價艮壹兩正

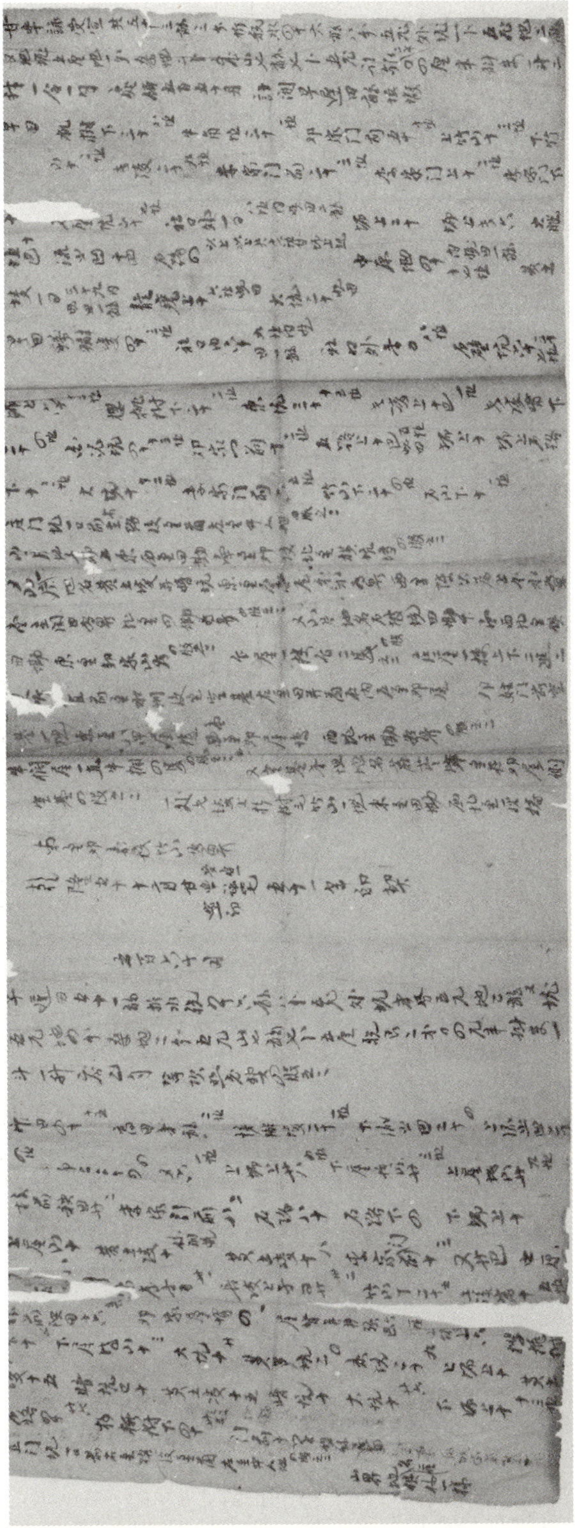

1

清乾隆五十年十二月廿率咏等謄契單

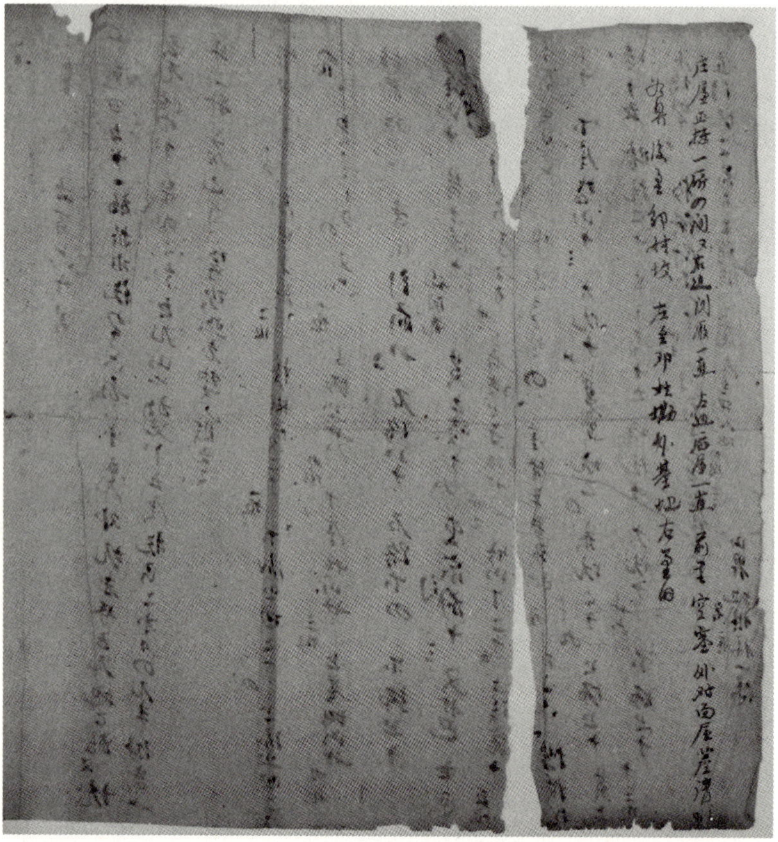

2

清乾隆五十一年十二月張餘宗借據

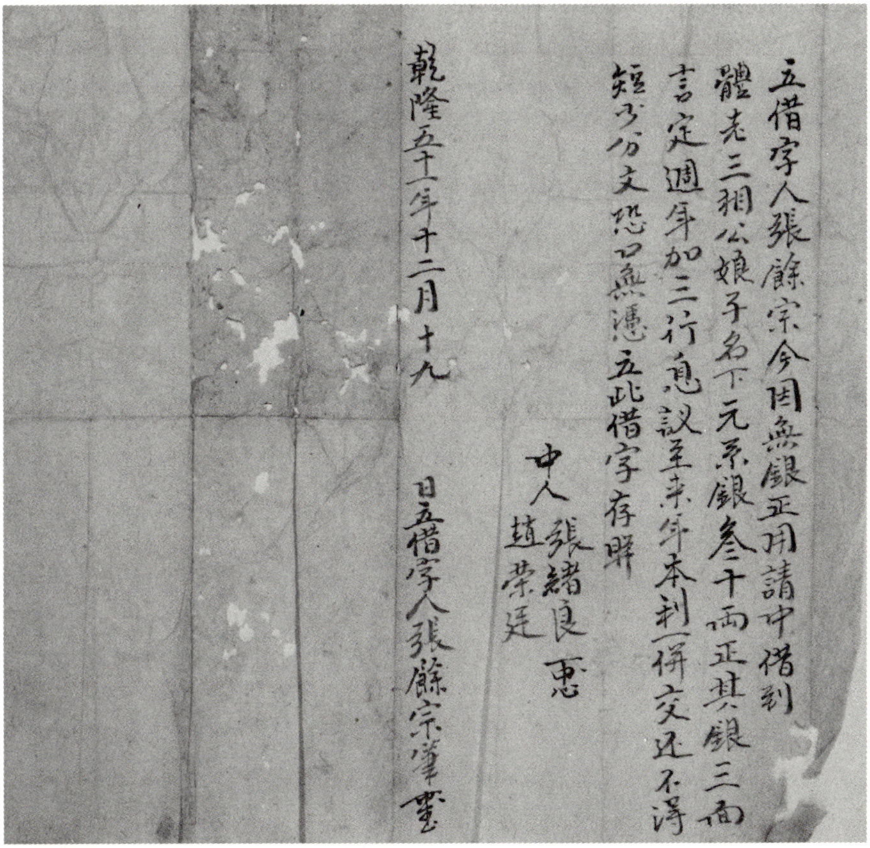
立借字人張餘宗今因無銀正用請中借到
體老三翔公娘子名下元絲銀叁十兩正其銀三兩
言定週年加三行息議至來年本利一併交还不得
短少分文恐口無憑立此借字存照
中人 張緒良 惠
趙榮廷
乾隆五十一年十二月十九日立借字人張餘宗筆 押

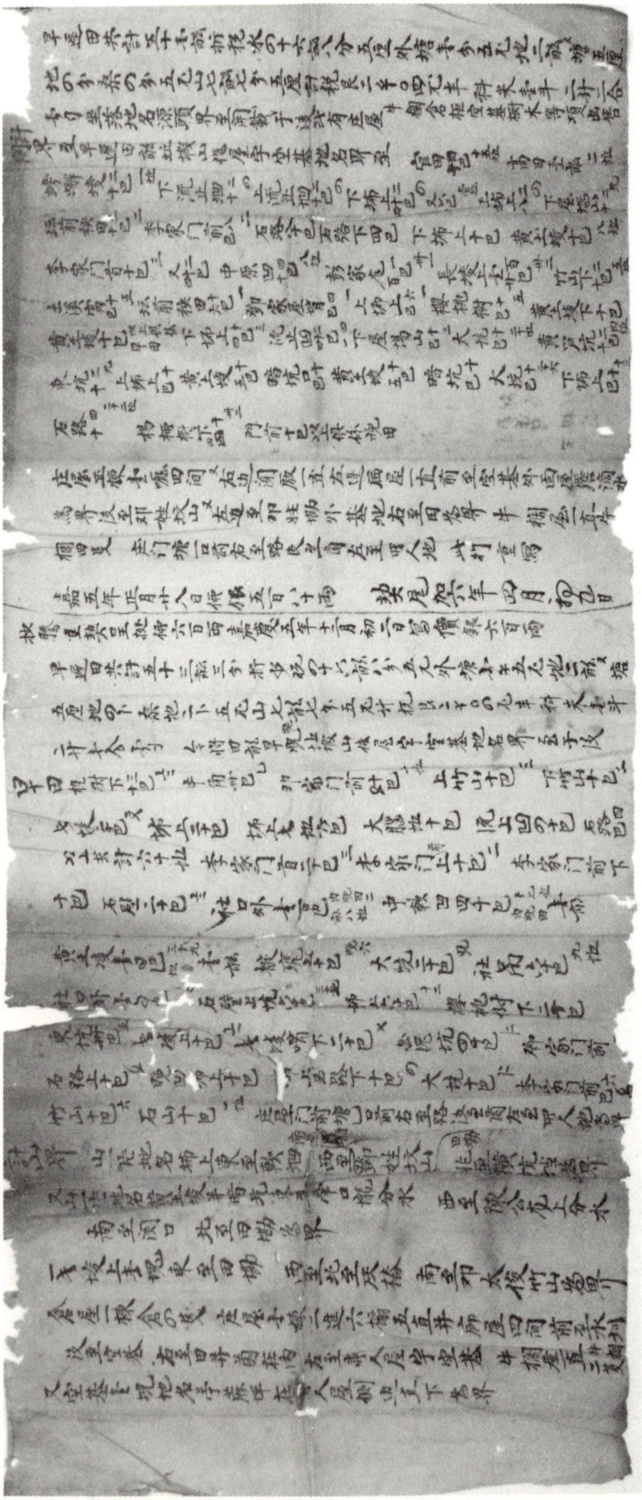

清嘉慶五年宜春白源某户謄契單

清嘉慶九年十二月鄧門二借據

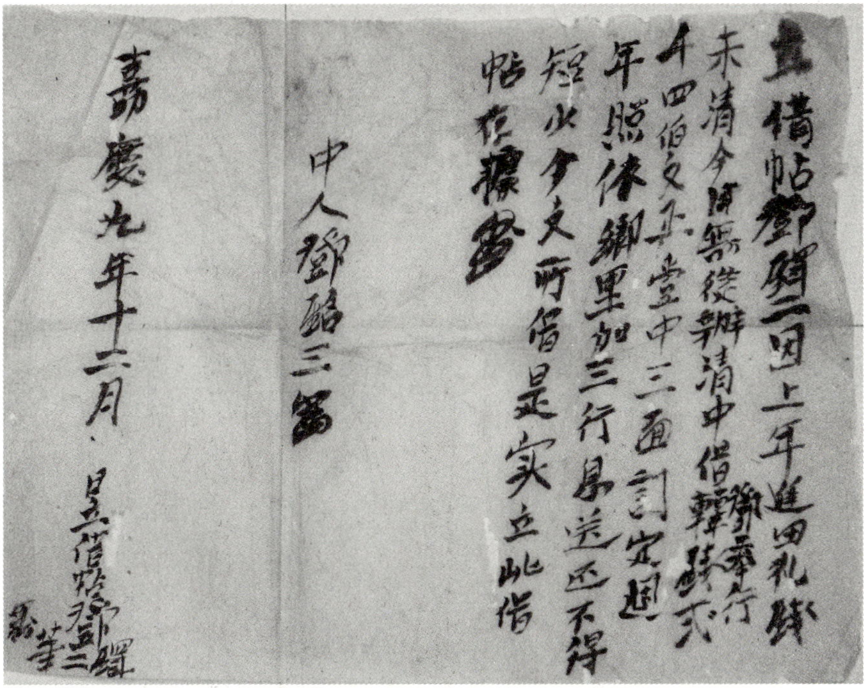
立借帖鄧錫二因上年進田礼錢
未清今問鄧從辦清中借轉鄧華行錢弍
千四佰文正其錢當中三面訂定週
年照依鄉里加三行息送还不得
短少分文所借是实立此借
帖存據
中人鄧駱三
嘉慶九年十二月　日立借帖鄧錫二親筆

清嘉慶十二年易梗八借據

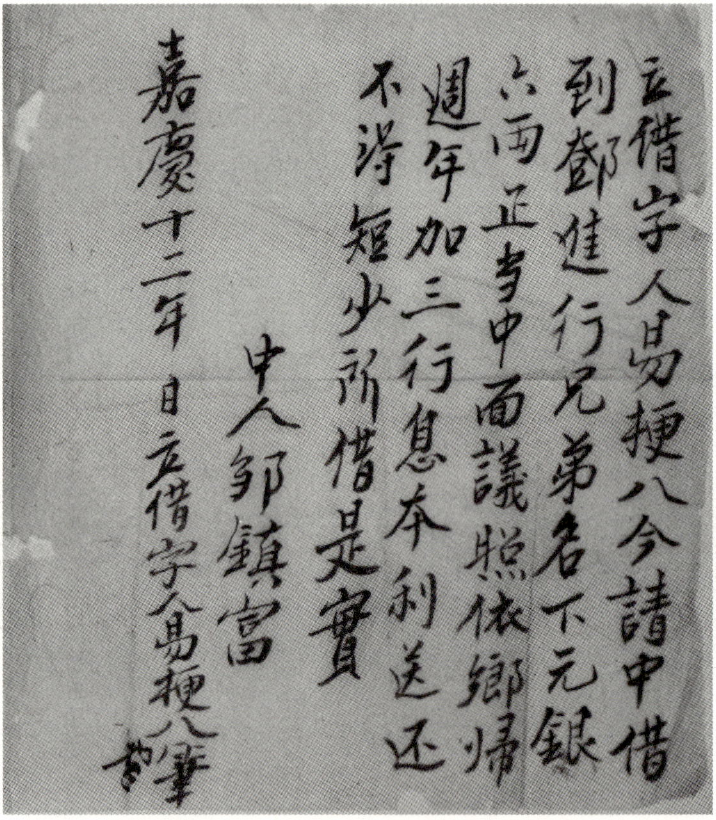

立借字人易梗八今請中借
到鄧進行兄弟名下元銀
六兩正当中面議照依鄉歸
週年加三行息本利送还
不得短少所借是實
中人鄧鎮富
嘉慶十二年 月 日立借字人易梗八筆

清嘉慶二十一年九月鄧國珍借據

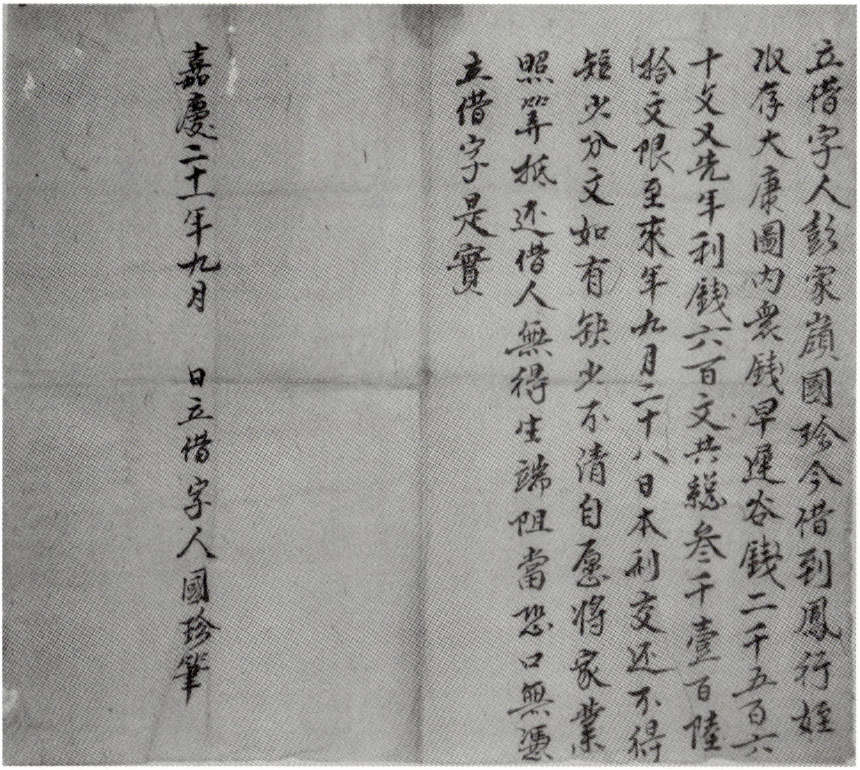
立借字人彭家嶺國珍今借到鳳行姪
收存大康圖內衆錢早遲谷錢二千五百六
十文又先年利錢六百文共總叁千壹百陸
拾文限至來年九月二十八日本利交还不得
短少分文如有缺少不清自愿將家業
照算抵还借人無得生端阻當恐口無憑
立借字是實
嘉慶二十一年九月　日立借字人國珍筆

清道光元年十二月李和斥借據

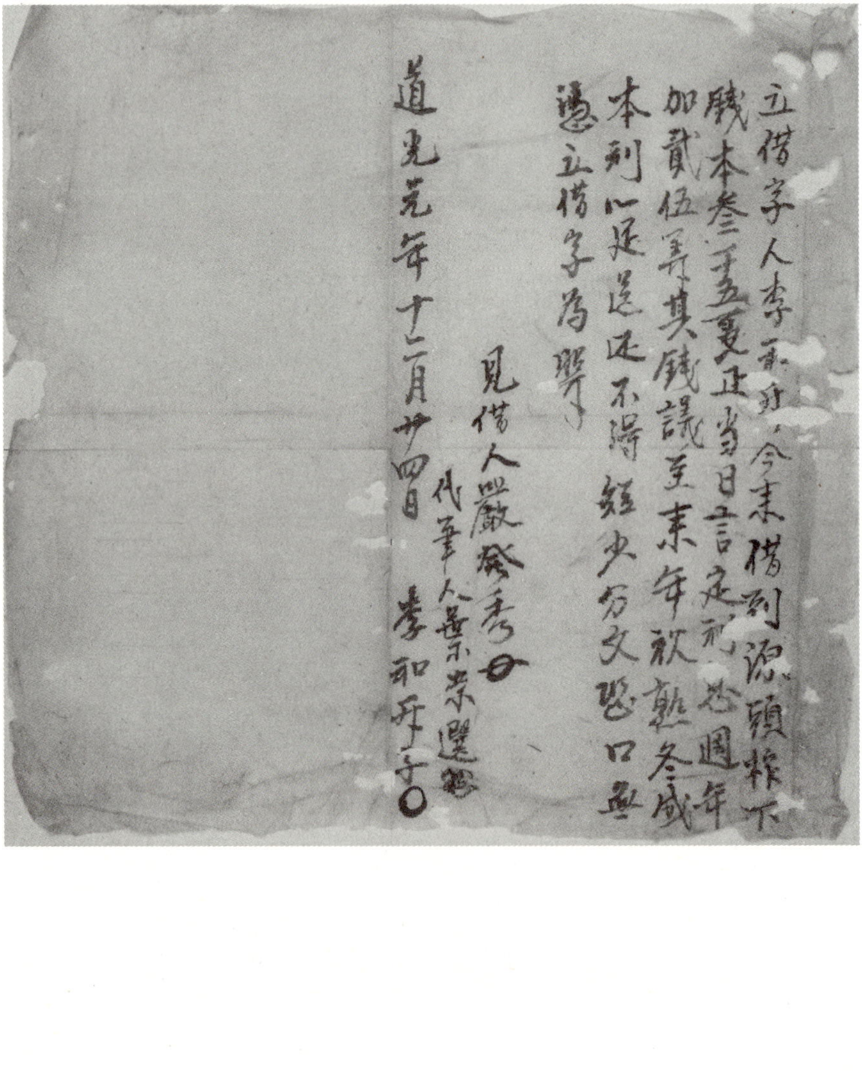

立借字人李和斥，今來借到源頭粮下錢本叁千五百文正，當日言定利息照週年加貳伍算，其錢議至來年秋熟冬成本利一足送还，不得短少分文。恐口無憑，立借字為照。

見借人嚴癸秀（押）

代筆人葉宗選（押）

道光元年十二月廿四日　李和斥（押）

清道光四年十二月彭元一借據

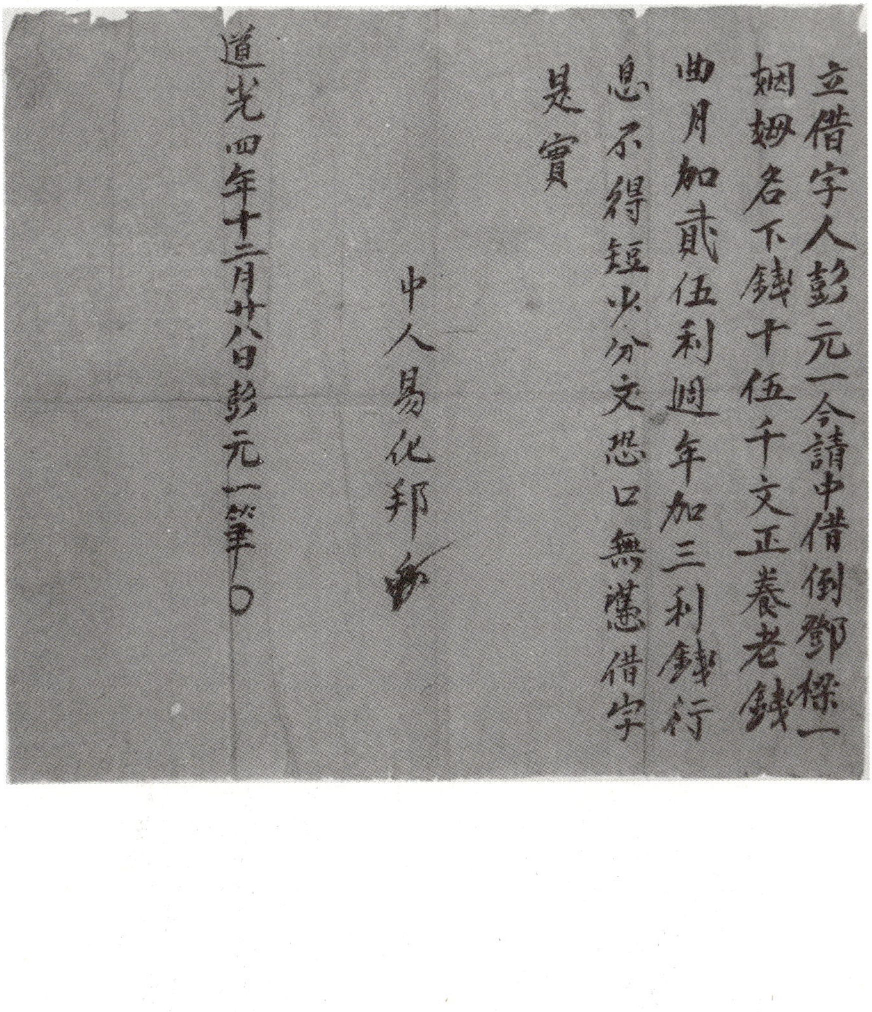

立借字人彭元一今請中借倒鄧椽一
姻婭名下錢十伍千文正養老錢
每月加貳伍利週年加三利錢行
息不得短少分文恐口無憑借字
是實

中人易化邦押

道光四年十二月廿八日彭元一親筆

清道光八年十一月鄧國珍收據

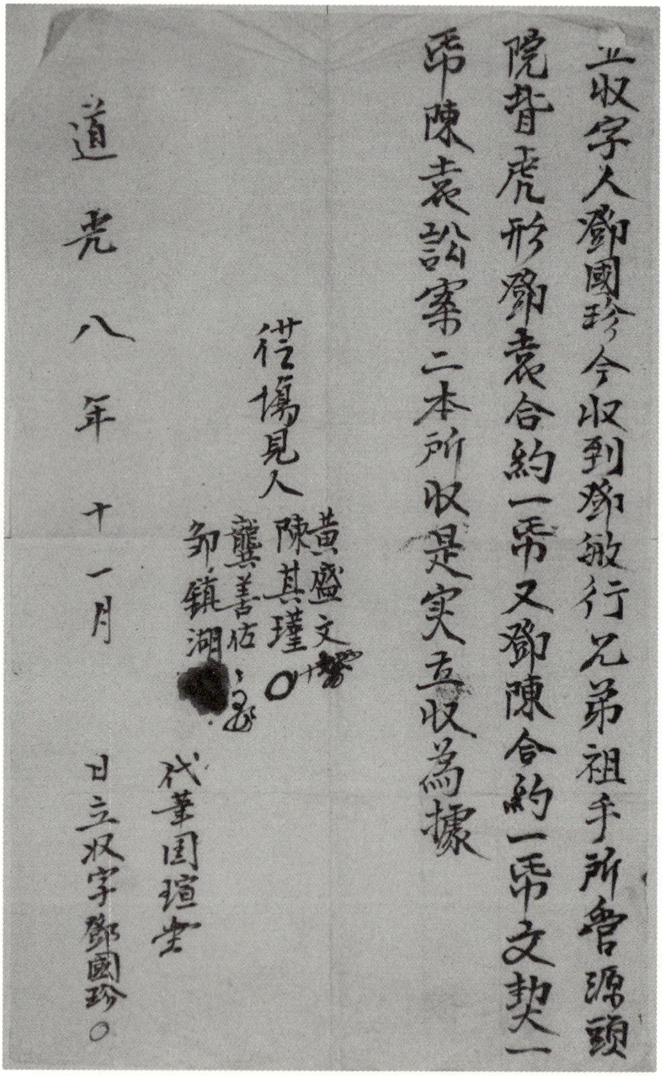

立收字人鄧國珍今收到鄧敏行兄弟祖手所會源頭院背虎形鄧袁合約一帋又鄧陳合約一帋文契一帋陳袁訟案二本所收是實立收爲據

從場見人　黄盛文　陳其瑾〇　龔善佑　鄧鎮湖

代筆国瑄

道光八年十一月　日立收字鄧國珍〇

清道光十二年正月謝鑒一借據

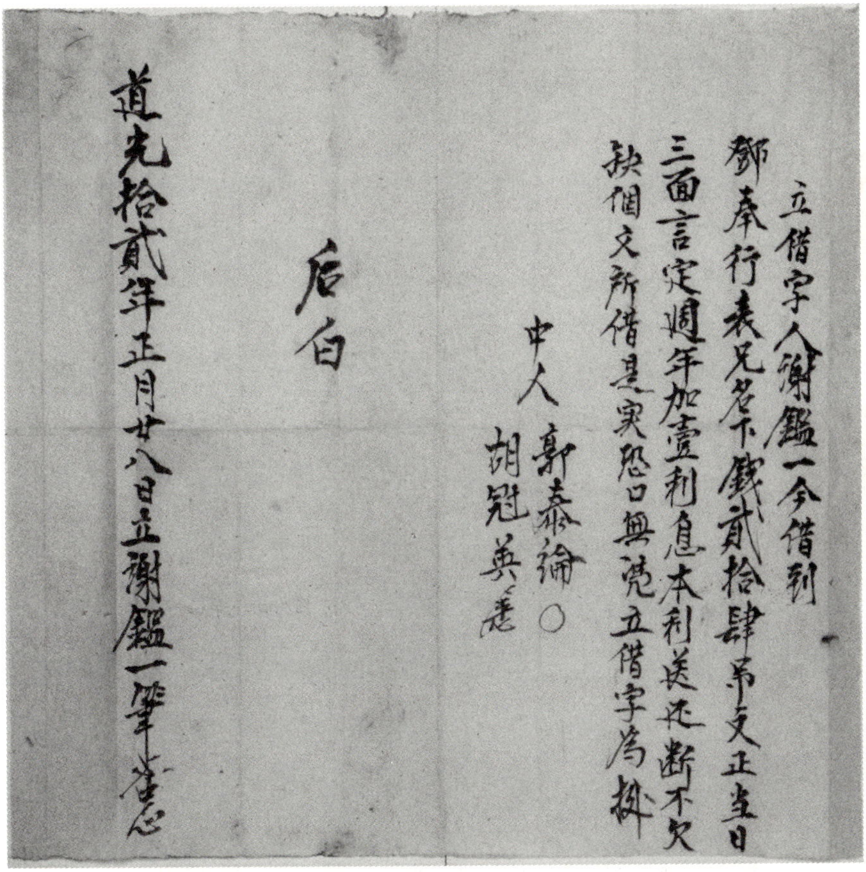
立借字人謝鑑一今借到
鄧奉行表兄名下錢貳拾肆吊文正當日
三面言定週年加壹利息本利送還斷不欠
缺個文所借是實恐口無憑立借字為據
中人 郭泰綸 ○
胡冠英筆
后白
道光拾貳年正月廿八日立謝鑑一筆

清道光十二年十二月鄧敏行收據

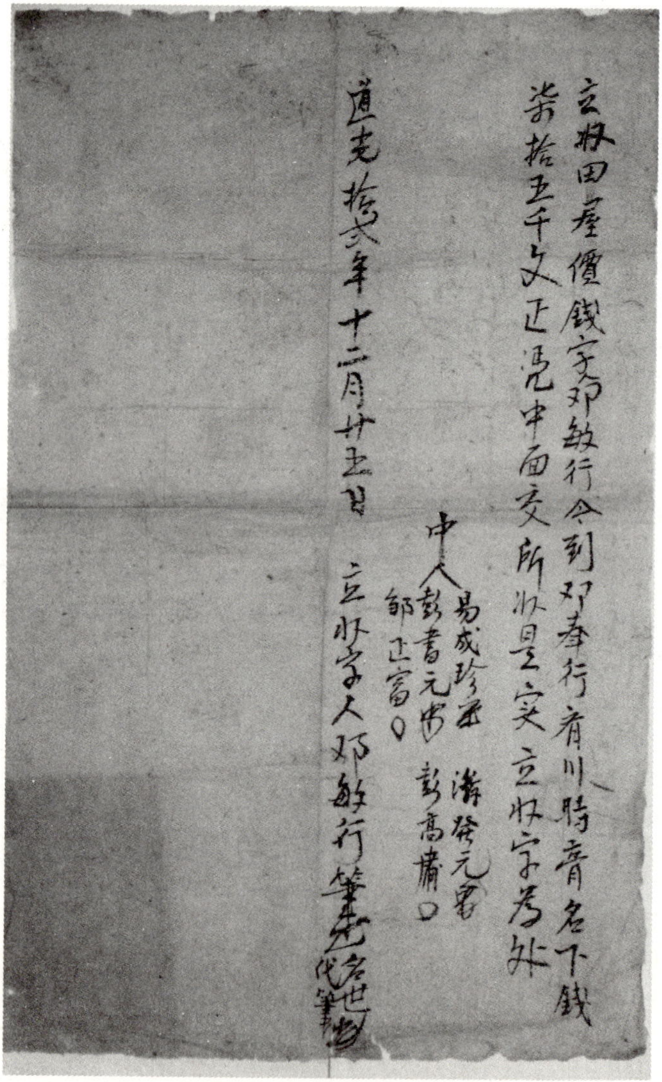

立收田產價錢字邓敏行今到邓春行有川時育名下錢
柒拾五千文正憑中面交所收是实 立收字為照

中人 易成珍押 潘癸元押
彭書元押 彭高庸○
邹正富○

道光拾弍年十二月廿五日

立收字人邓敏行筆 名世代筆

清道光十二年十二月鄧敏行收據

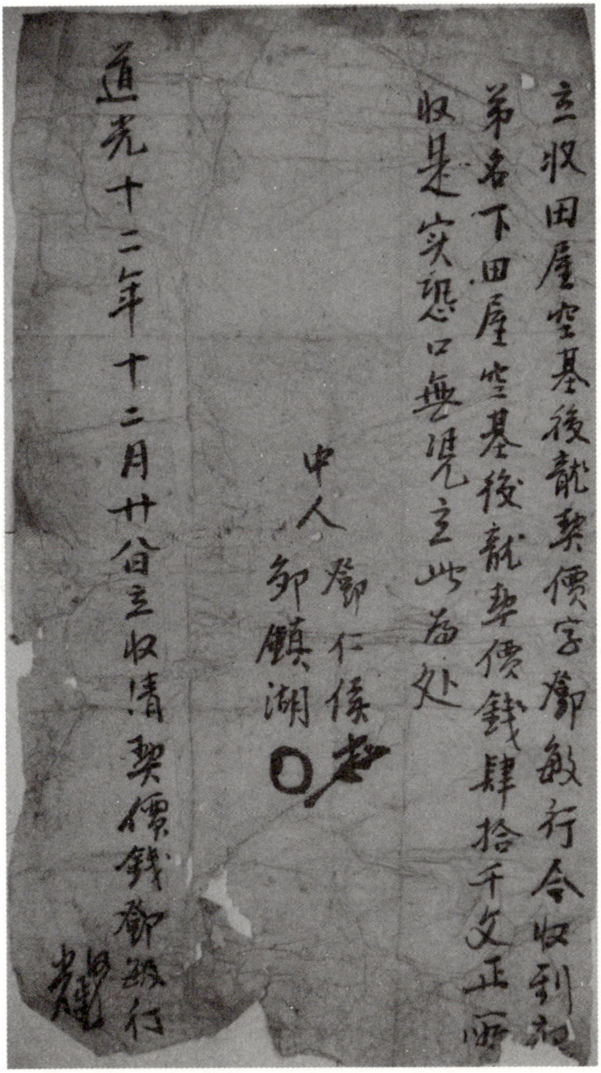

立收田屋空基後龍契價字鄧敏行今收到祖
弟名下田屋空基後龍契價錢肆拾千文正所
收是實恐口無憑立此爲據

中人 鄧仁係 押
鄧鎮湖 ○

道光十二年十二月廿八日立收清契價錢鄧敏行 親筆

清道光十六年十一月萬學元借據

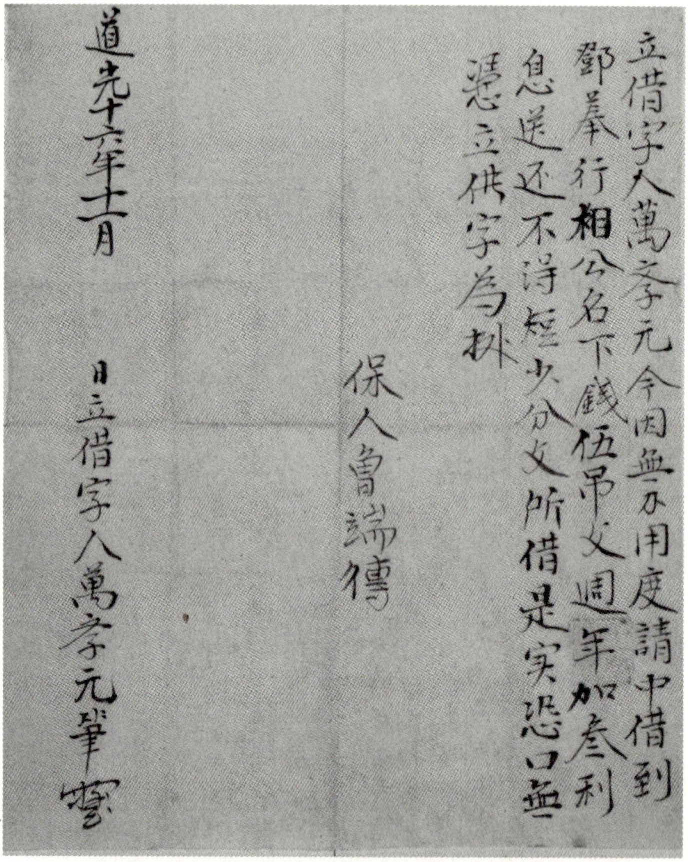
立借字人萬孝元今因無乃用度請中借到
鄧奉行相公名下錢伍吊文週年加叁利
息送还不得短少分文所借是实恐口無
憑立借字為拠
保人曾端傳
道光十六年十一月　日立借字人萬孝元筆

清道光十七年至二十三年鄧奉行付領會款簿記

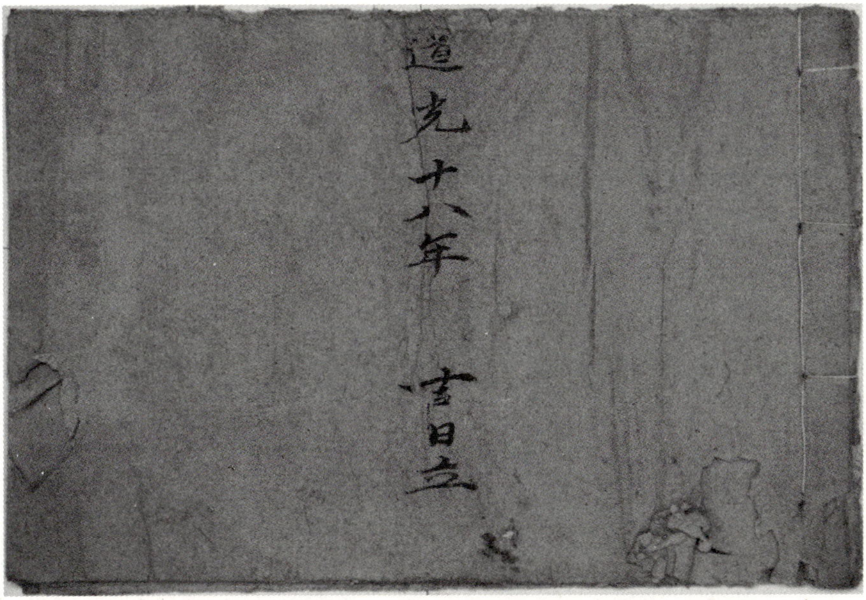

1

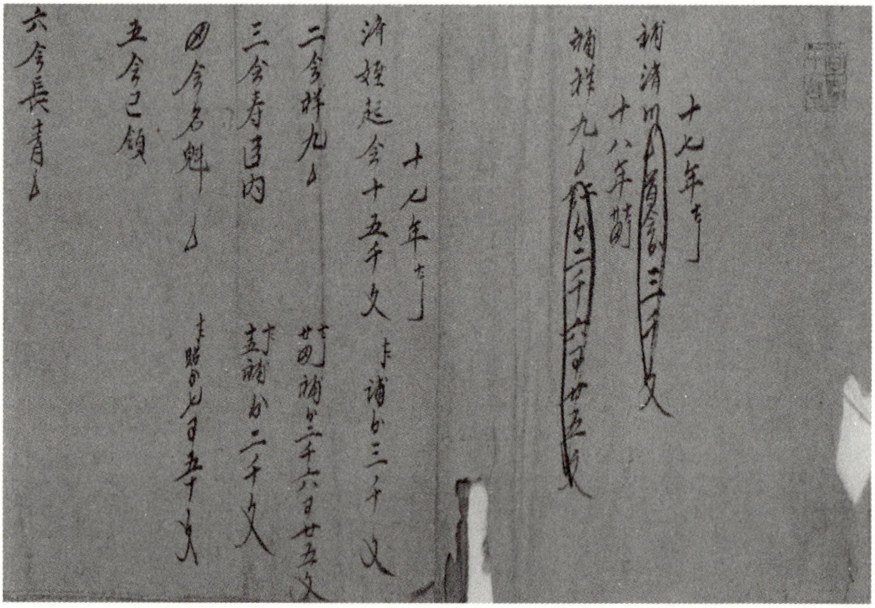

2

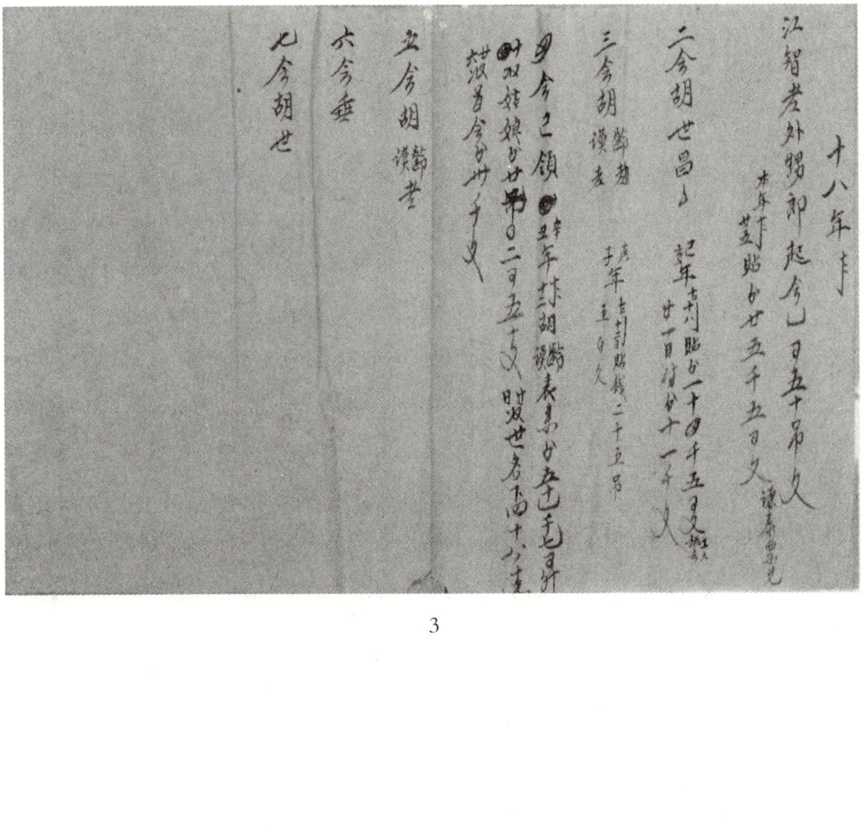

十八年十

江智考外甥郭起会

二会胡世昌

三会胡鄧讃表

四会已領

五会胡鄧讃壽

六会垂

七会胡世

3

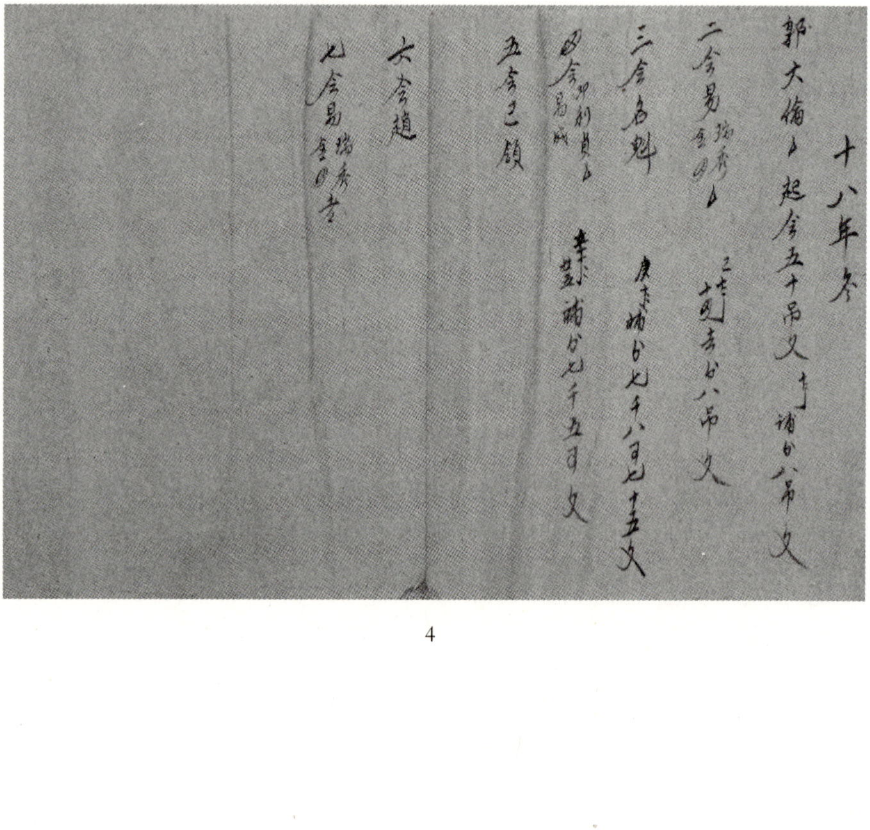
十八年冬
郭大備 起会五十吊文 補分八吊文
二会易瑞秀 去分八吊文
三会名魁 補分七千八百七十五文
四会 補分七千五百文
五会已領
六会趙
七会易瑞秀

4

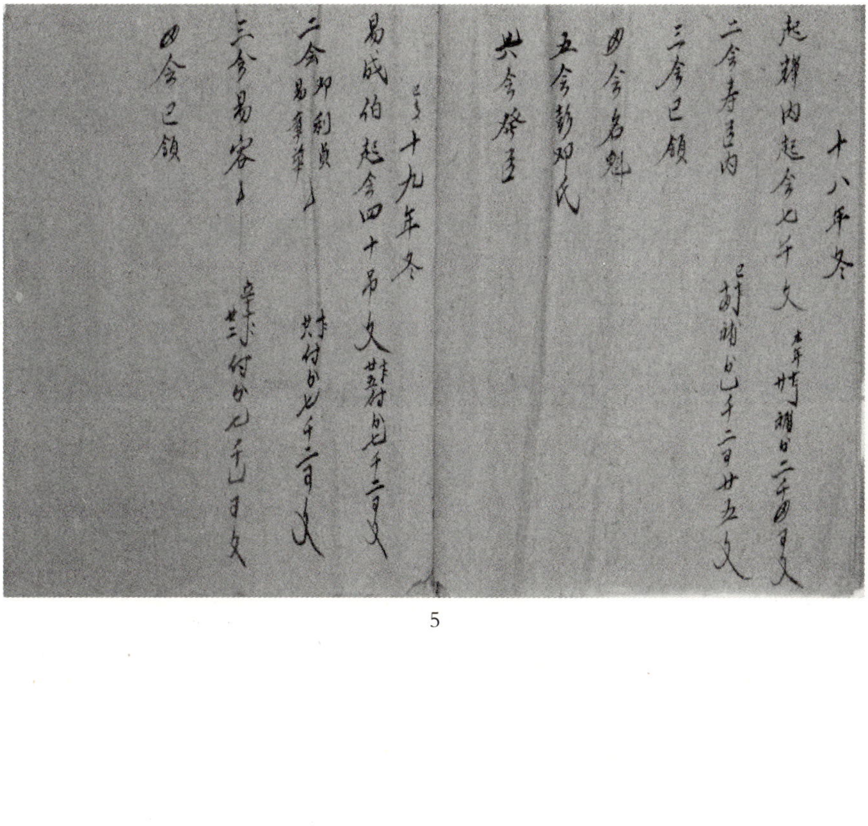

十八年冬
起耕内起会七千文　本年廿七補出二千四百文
二会春生内　廿八補出[illegible]千二百廿五文
三会已領
四会名魁
五会彭邓氏
六会癸生
十九年冬
易成伯起会四十吊文　廿九補出七千二百文
二会邓剩贞 易事华　廿七付出七千二百文
三会易容生　廿三付出七千[illegible]百文
四会已領

5

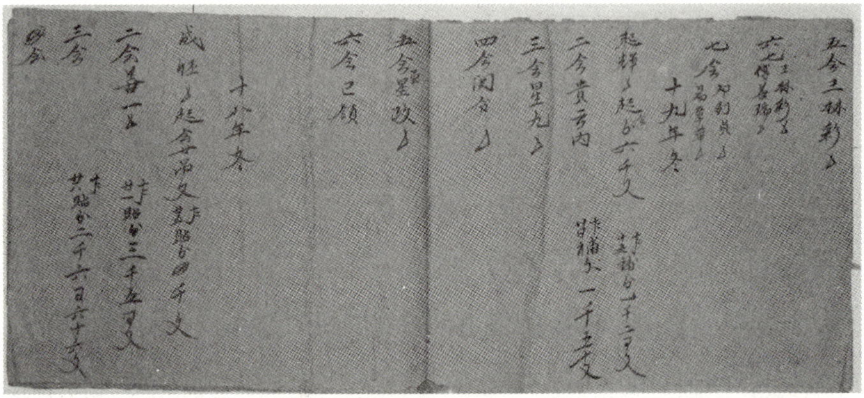

6

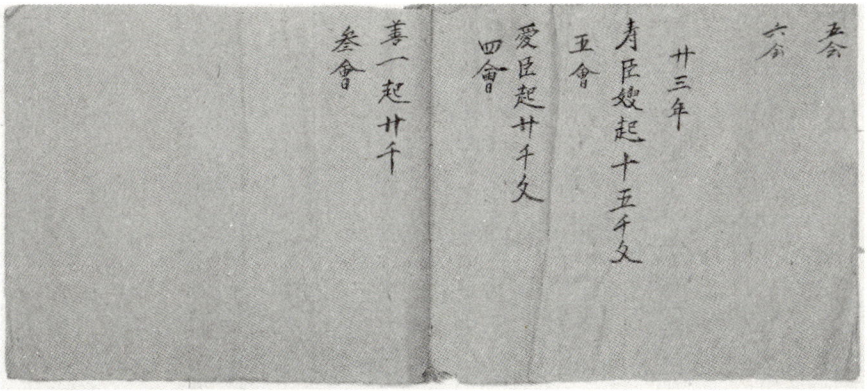
五会
六会
廿三年
青臣嫂起十五千文
五會
愛臣起廿千文
四會
善一起廿千
叁會

7

清道光二十六年十二月劉華安收據

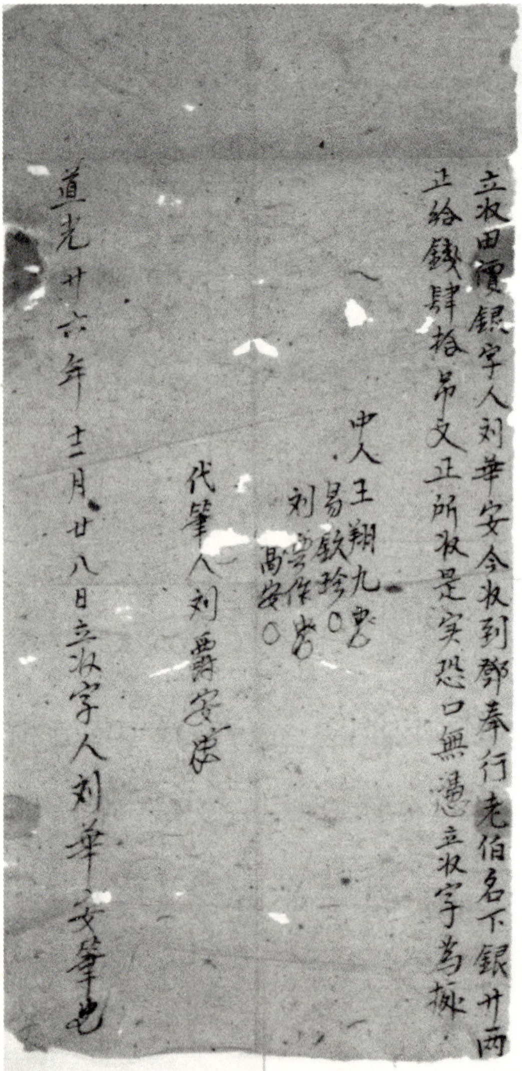
立收田價銀字人刘華安今收到鄧奉行老伯名下銀廿兩
正給錢肆拾吊文正所收是實恐口無憑立收字為據
中人王翔九
易欽珍○
刘[illegible]保
高安○
代筆人刘[illegible]安
道光廿六年十二月廿八日立收字人刘華安

清道光二十七年鄧奉行家用收支簿記

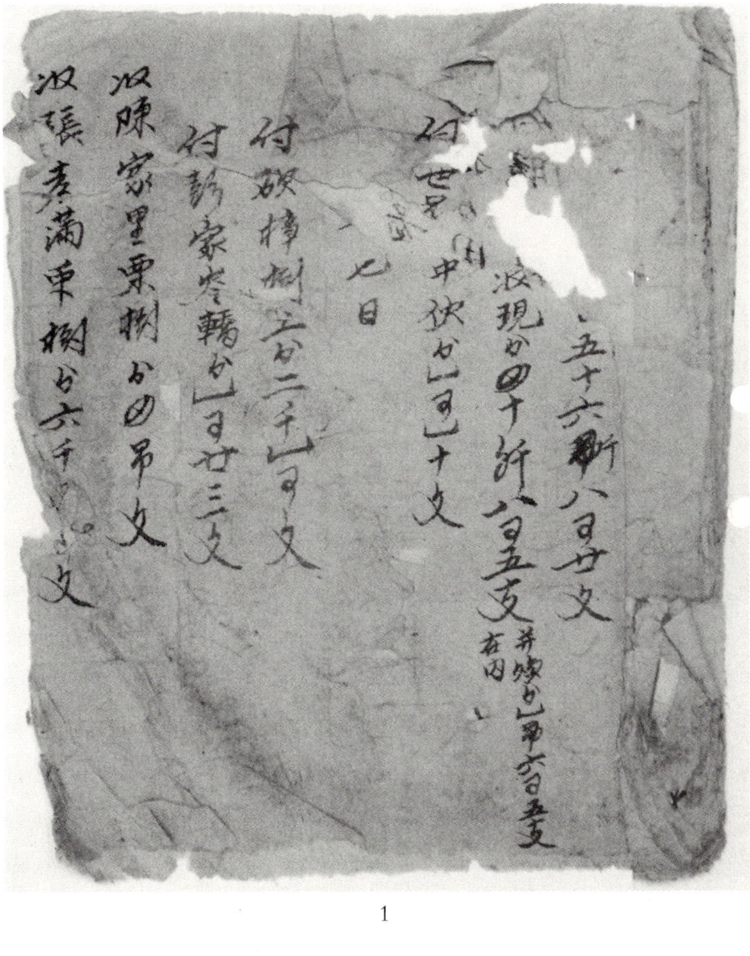

1

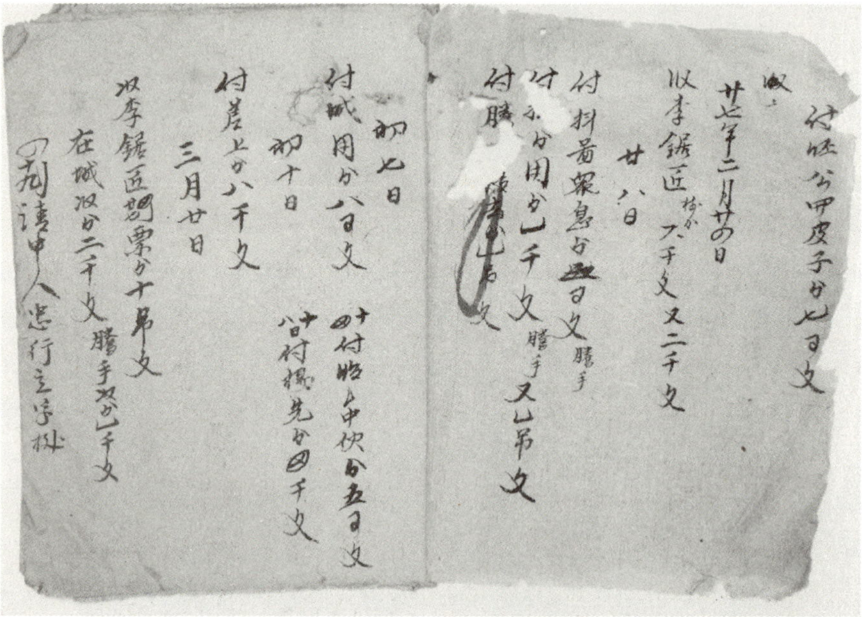

付侄公甲皮子⺈七百文
收
廿七年二月廿四日
收李鋸匠 [illegible] 廿千文 又二千文
廿八日
付抖茴架息占五百文 賸手
付[illegible]⺈用⺈一千文 賸手 又[illegible]吊文
付賸[illegible]文
初七日
付城用⺈八百文
十四付[illegible]五百文
初十日
十八日付[illegible]先⺈四千文
付差上⺈八千文
三月廿日
收李鋸匠[illegible]票⺈十吊文
在城收⺈二千文 賸手收⺈一千文
[illegible]請中人忠行之字批

2

店貨の○百廿二文

米○升○□百○七文

塍米前　七十五文

美二前　○山百九十八

出□

絲六豈去か七十○文

廿日请餽匹

□　去心○文

店貨不　八十七文

米　去水　廿十文

廿二百中八去下甫会低秀

米　廿六文　大付十文　江十文

廿九日

汩分差理搁佛会二吊文
才郊手壳会低秀廿分寸○五文

汩怀秀搁分卅千文

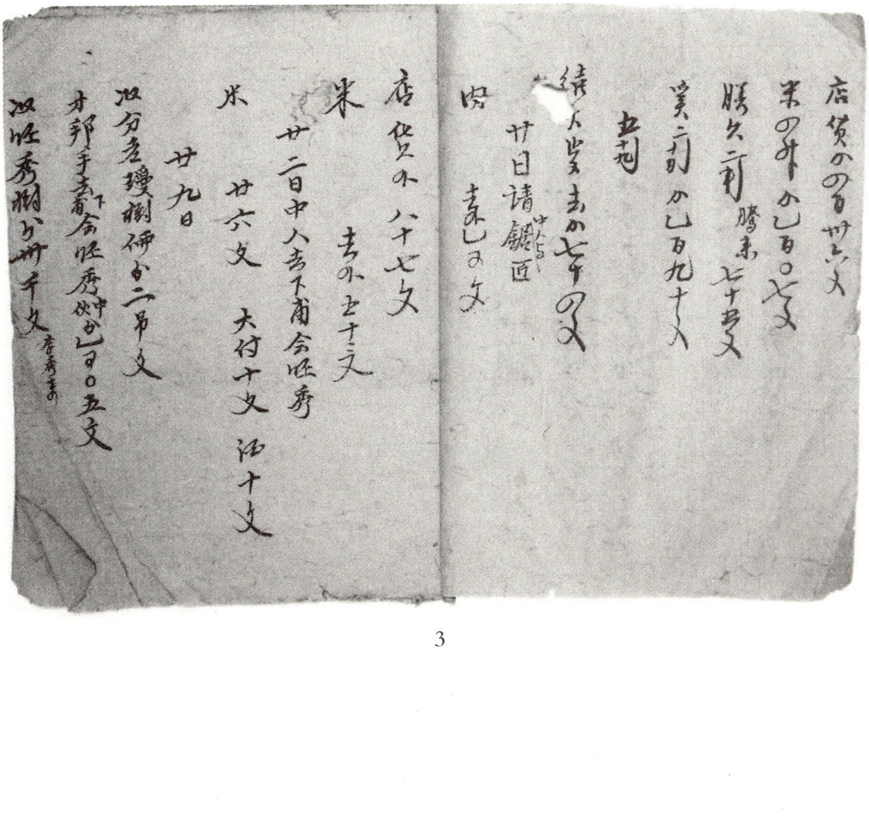

3

錢□□中伏去四百四十四文

六月初五日

收菊保□捌佰□廿千文

十一至十三日 試新月□穀□□十□文

游表弟去米三斗十二斤□□ 廿六天

十四日

去廿二百文

廿八日文 謝□□用

廿一日

上城買補土雜貨等項共去貳千□百□文

肉□二千六百□□文

道士醮□三千六百文 科儀去貳百文

□□□□百□□三文 付錦板石□

粘物米廿□□千九百□□文

零用去叁百七十三文

雜□去□四十五文

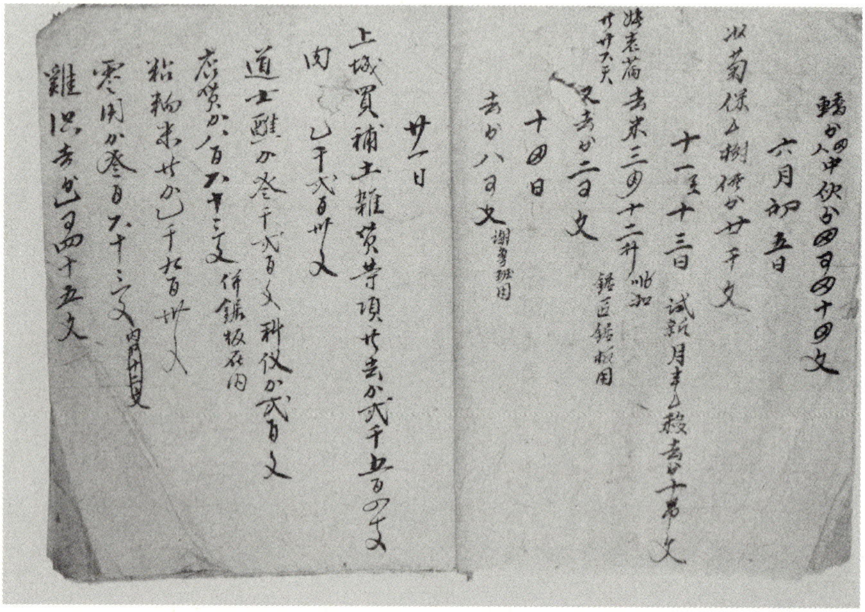

收秀方桐油八廿吊文

江辛鋸匠桐油票八廿吊文

得茅伏分一十九百文

付羊皮八九百文

青布十六尺八一十二文

怡東石庚八戊百〇文

膳羊伏分八五十文

收拢鋸匠樹很八五千文
十月

一
八月

共用錢壹千〇
九百〇
文

七月十三日燒帘
九百〇
文

塔碗
〇十文

鋸匠賣茅〇百九十三文
〇十〇又四十二文

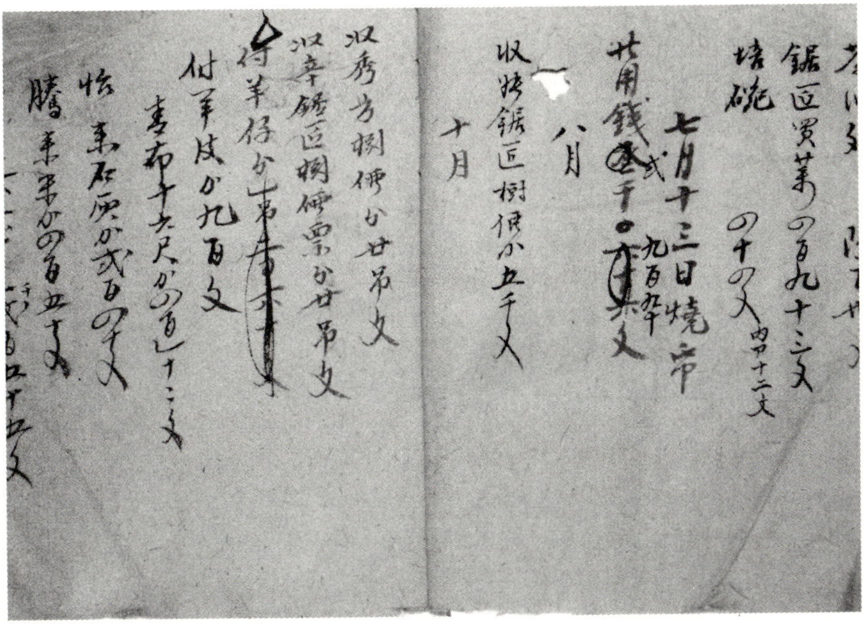

5

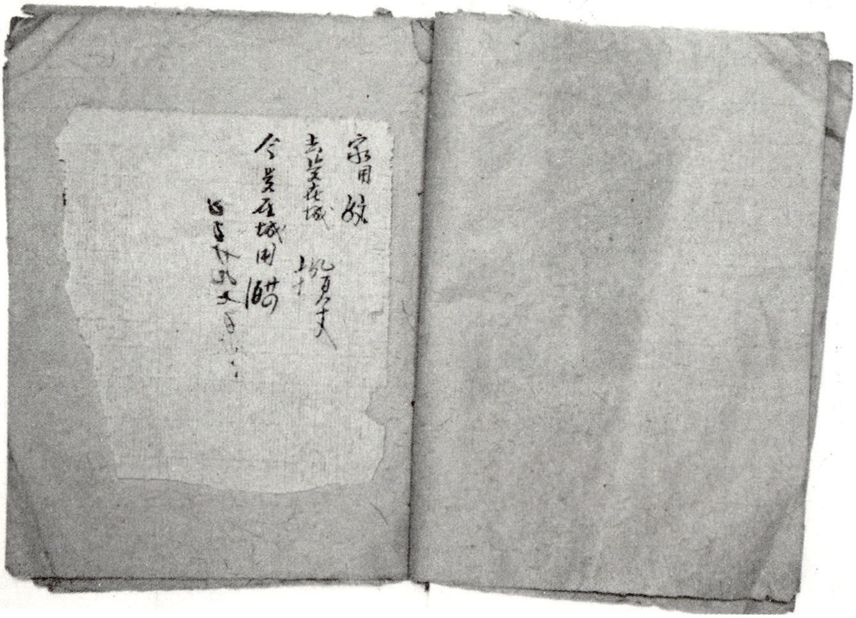

6

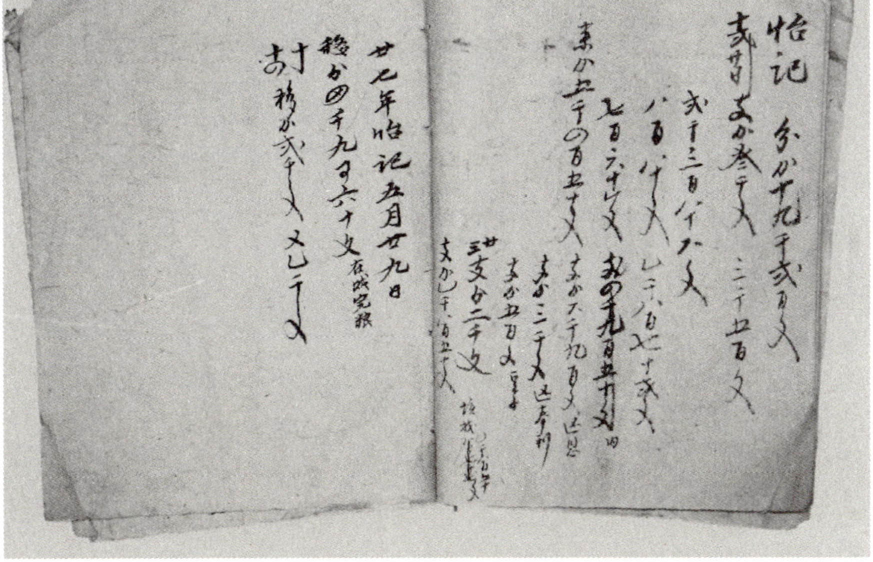

7

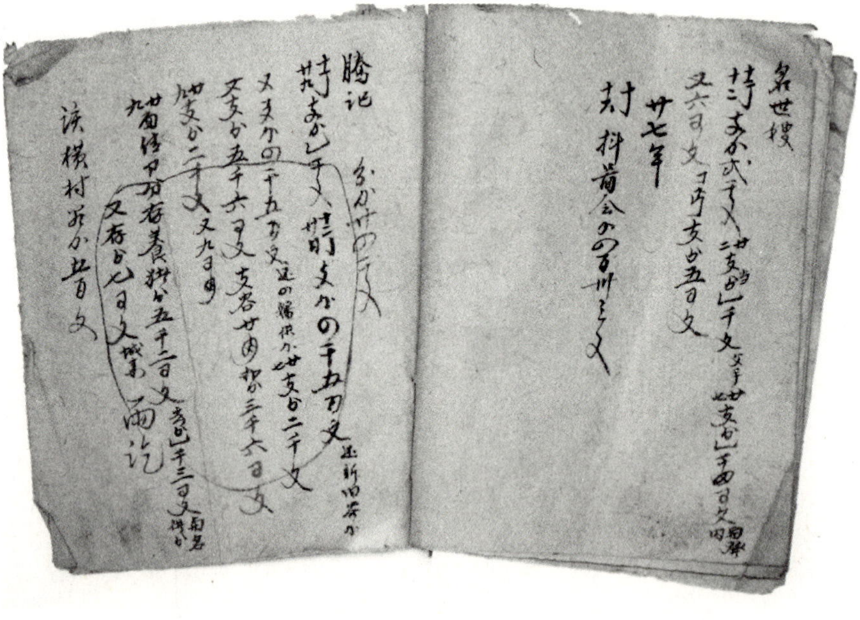

8

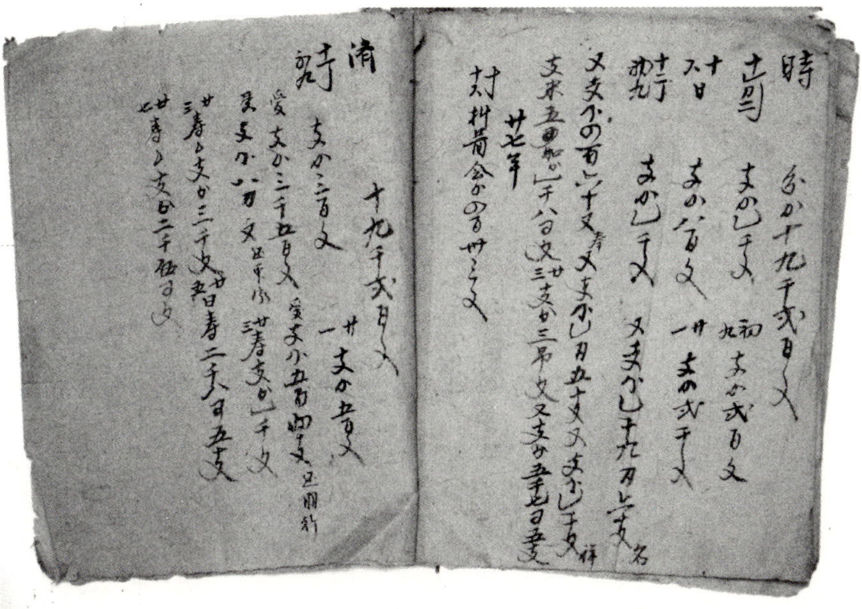

9

清道光二十八年六月吴逢源收據

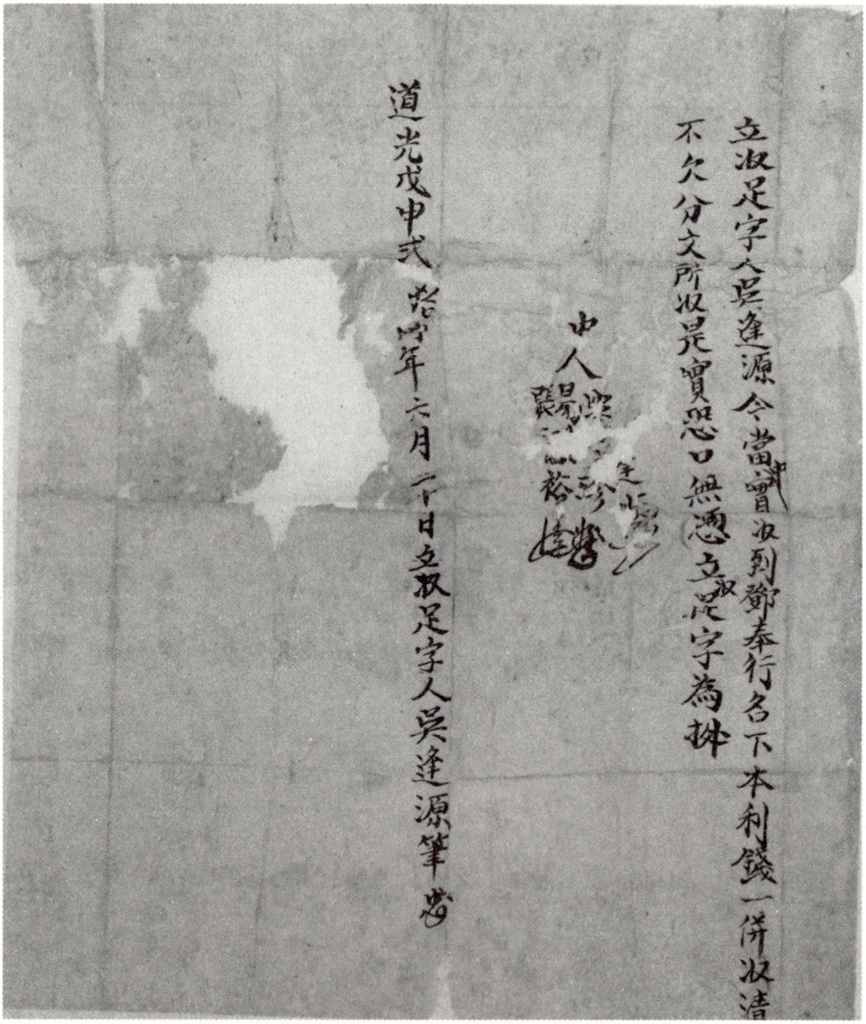

立收足字人吴逢源今當收到鄧奉行名下本利錢一併收清不欠分文所收是實恐口無憑立收足字為據

中人 吴[illegible]

道光戊申弍拾八年六月二十日立收足字人吴逢源筆 押

清咸豐四年十月譚長清信票

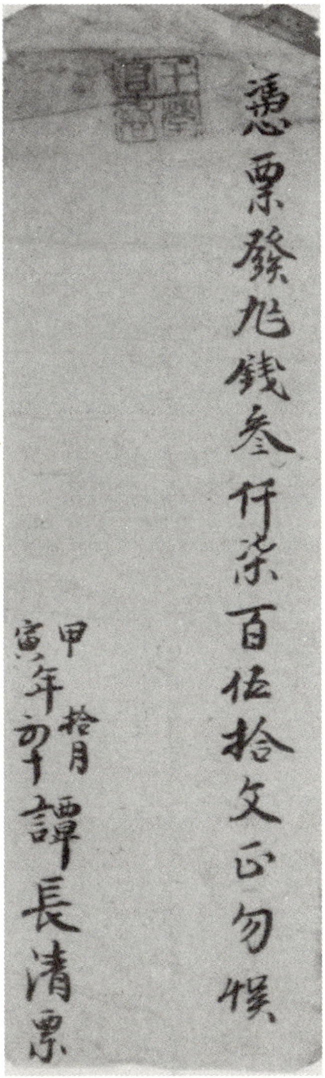
憑票發九錢叁仟柒百伍拾文正勿悮
甲寅年拾月初十譚長清票

某榨坊某年收油茶子記録

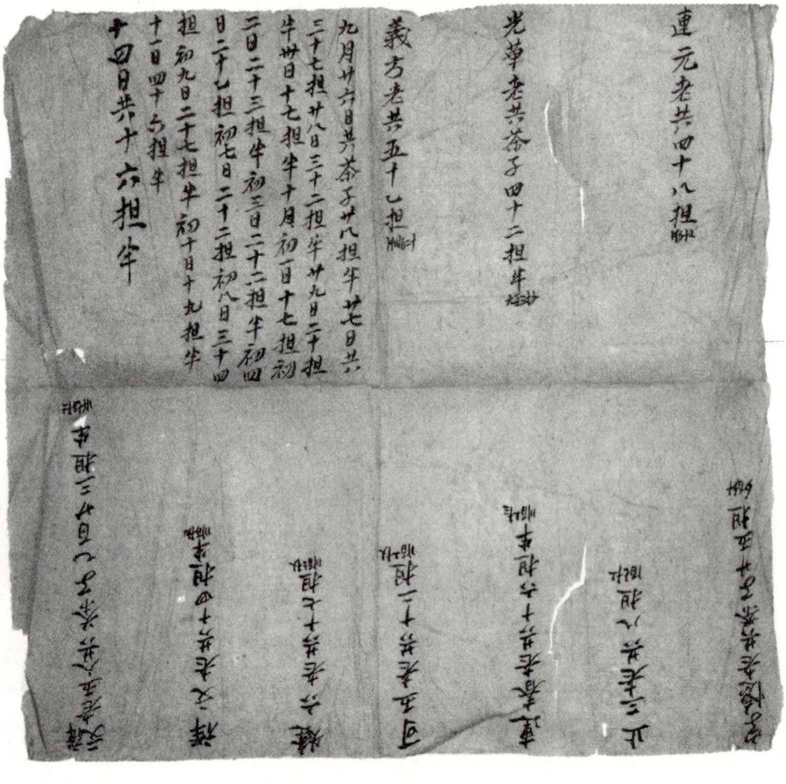

連元老共四十八担

光華老共茶子四十二担半

義方老共五十[illegible]担

九月廿六日共茶子廿八担半 廿七日共三十七担 廿八日三十二担半 廿九日二十担半 卅日十七担半 十月初一日十七担 初二日二十三担半 初三日二十二担半 初四日二十[illegible]担 初七日二十二担 初八日三十担 初九日二十七担半 初十日十九担半 十一日四十六担半

十四日共十六担半

袁城張成順字號結賬單

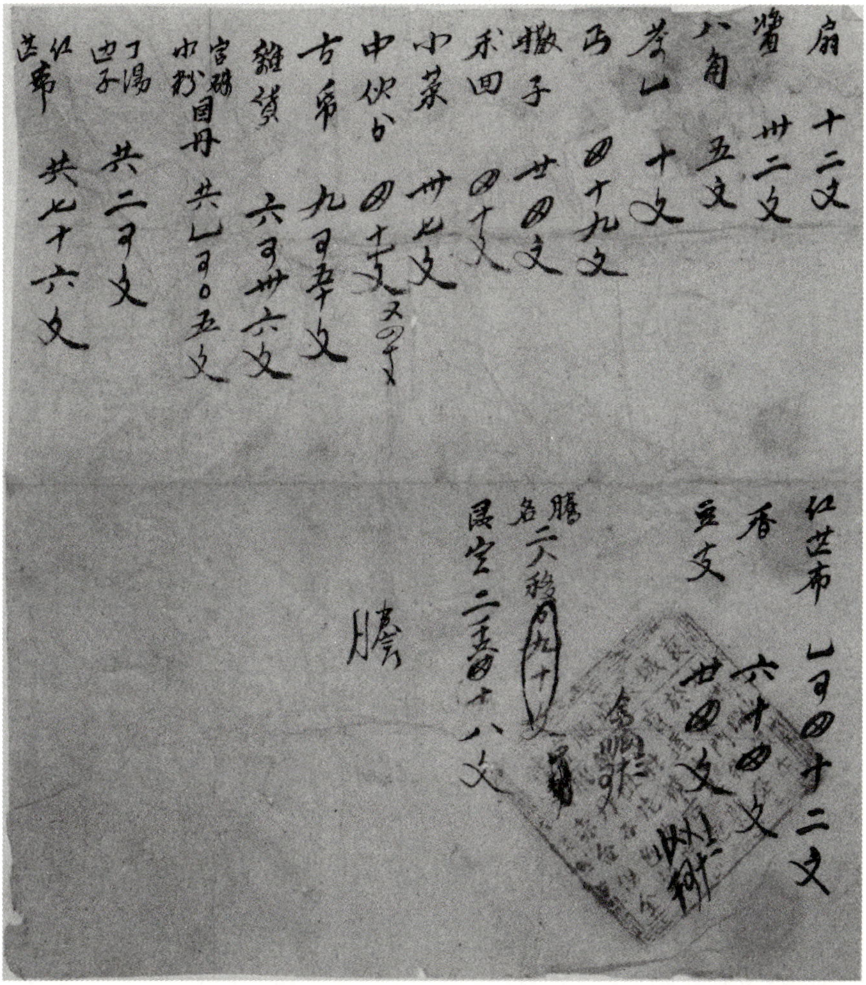
扇 十二文
醬 卅二文
八角 五文
茶山 十文
瓦 四十九文
撒子 廿四文
禾田 四十文
小菜 卅七文
中伙分 四十文 又四十文
古布 九百卅文
雜貨 六百卅六文
宮研 小粉 回丹 共一百〇五文
丁湯 山子 共二百文
紅 芷布 共七十六文

紅芷布 一百四十二文
香 六十四文
豆文 廿四文
膳 各 六人移 九十文
昆宮 二千四十八文
膳
[illegible]

天字號奉

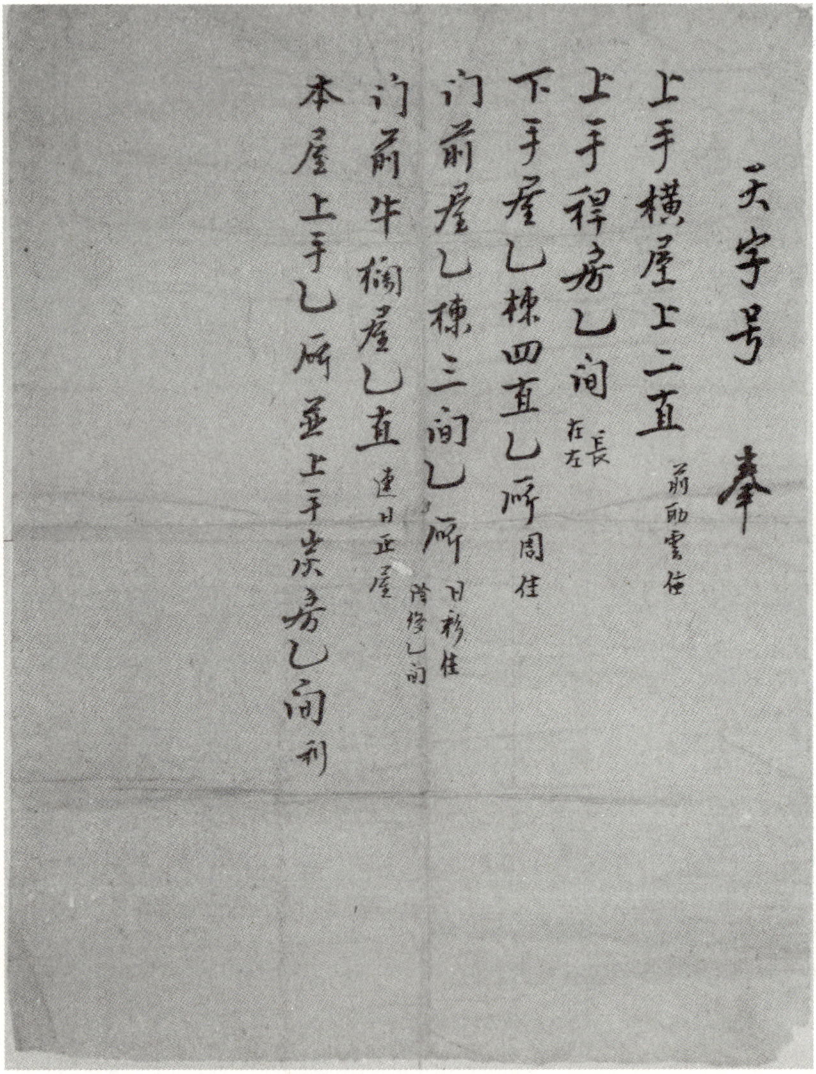
天字号 奉
上手横屋上二直 前面雲住
上手程房乙间 長在左
下手屋乙棟四直乙所 周住
门前屋乙棟三间乙所 日彩住 隆修乙间
门前牛欄屋乙直 連日正屋
本屋上手乙所並上手炭房乙间 利

租田田畝、租額單

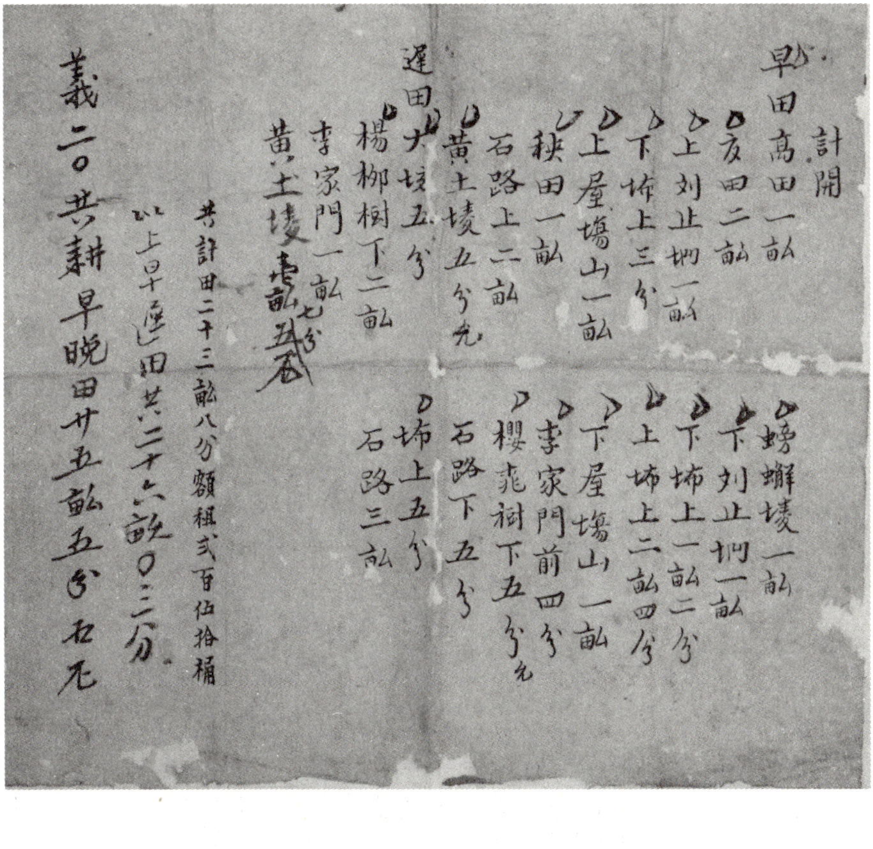
計開
早田 高田一畝
○度田二畝
○上刘止坳一畝
○下垴上三分
○上屋塲山一畝
○秧田一畝
石路上二畝
○黃土墶五分九
遲田 ○大垴五分
○楊柳树下二畝
李家門一畝七分
黃土墶壹畝五分
○螃蠏墶一畝
○下刘止坳一畝
○下垴上一畝二分
○上垴上二畝四分
○下屋塲山一畝
○李家門前四分
○櫻桃树下五分九
石路下五分
○垴上五分
石路三畝
共計田二十三畝八分額租弍百伍拾桶
以上早遲田共二十六畝○二分
義二○共耕早晚田廿五畝五分石乜

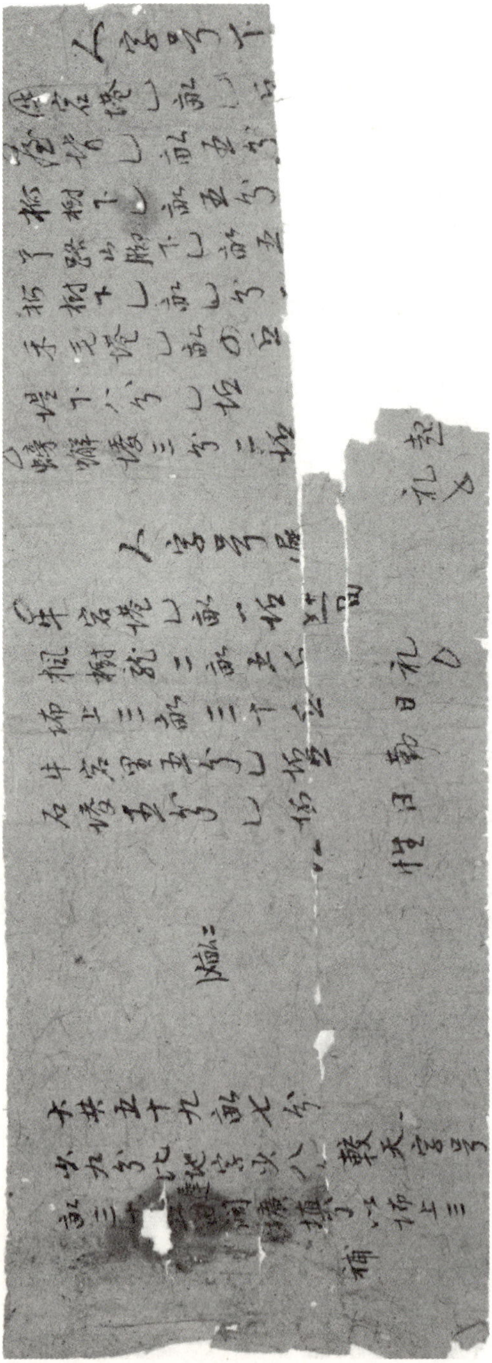

"人字號"田單

"奉"（殘片）

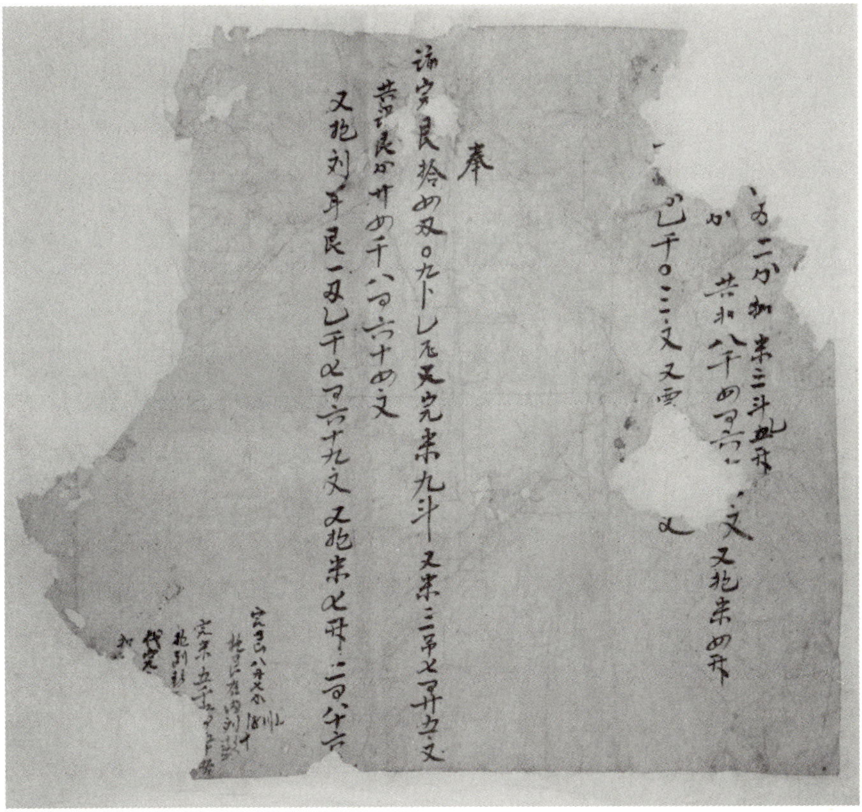

賬單(殘片)

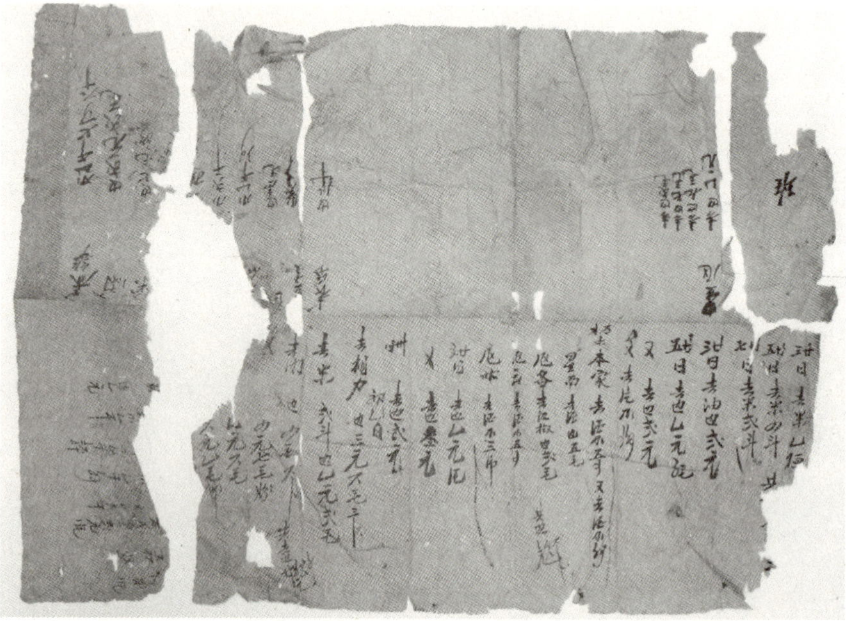

賬簿殘頁

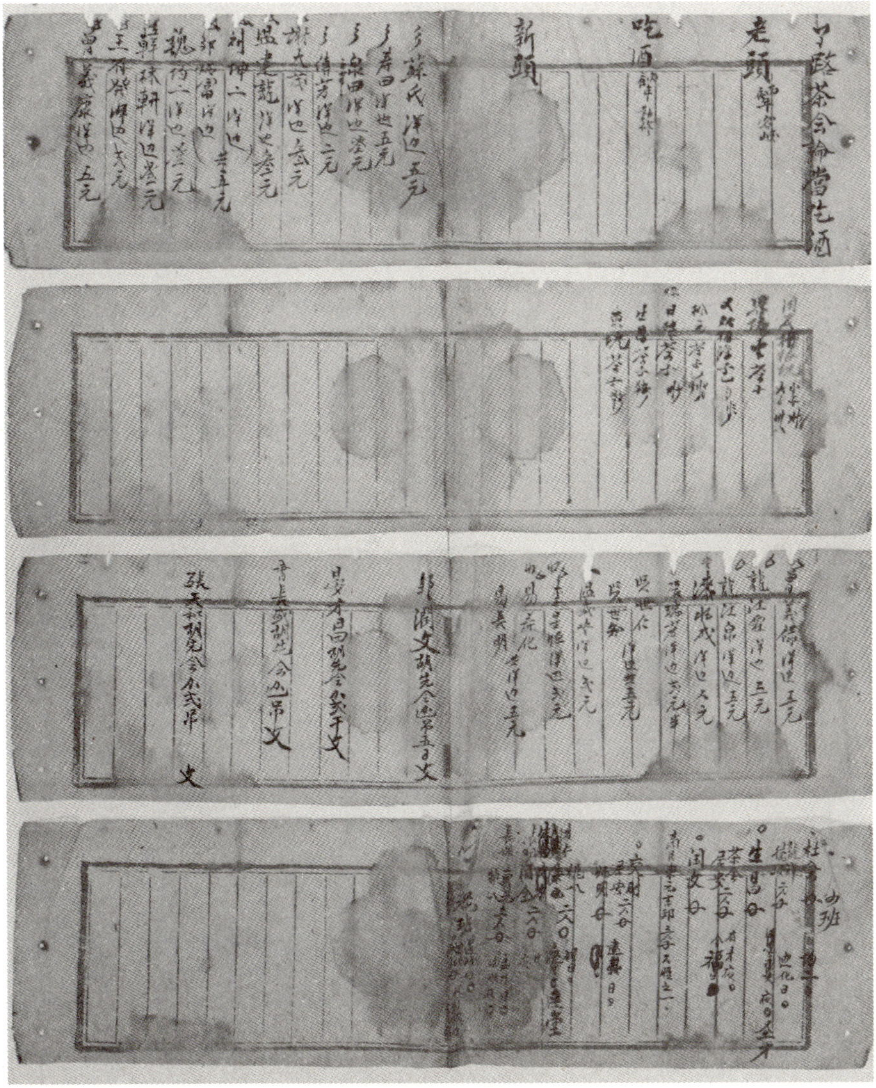

民國四年一月鄧商臣預徵訟費收條

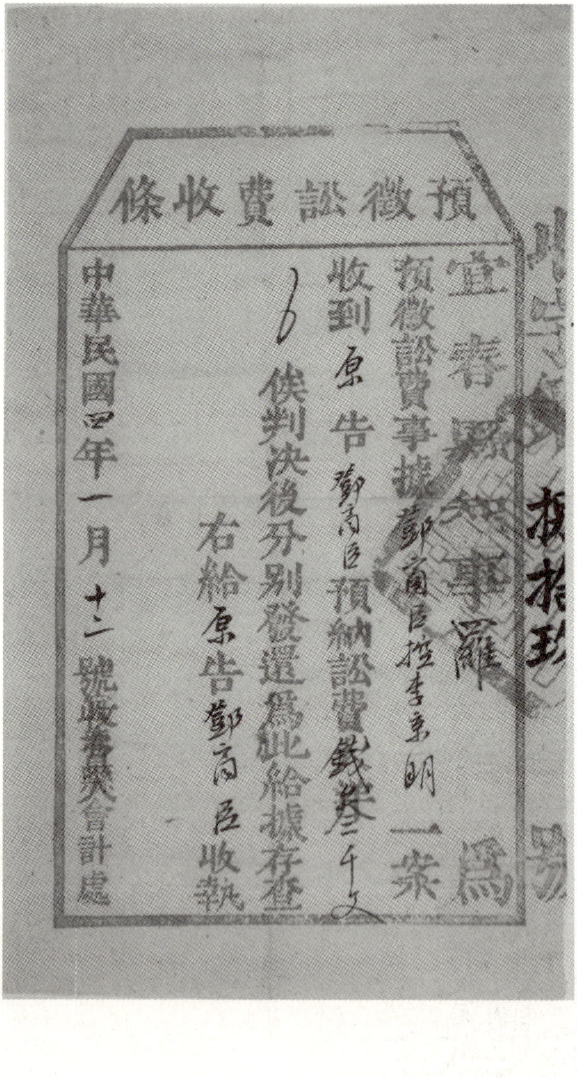

預徵訟費收條

宜春縣知事羅　為
預徵訟費事據鄧商臣控李秉明一案
收到原告鄧商臣預納訟費錢叁千文
俟判決後分別發還爲此給據存查
右給原告鄧商臣收執
中華民國四年一月十二號收費員交會計處

江西地方珍稀文獻叢刊

郭家敏佛山信稿

萬載商人信稿中的戰亂與生意

公元2000年前後，我在宜春舊書市場購得兩册寫于20世紀20年代的信稿本，是當時江西萬載"豫新德"商號一位叫郭家敏(字美士)的商人兩次駐廣東佛山銷售花炮期間，與親友、商號、生意伙伴通信時所留存的信函底稿，共計183通，約8萬餘字。兩册信稿本中，一册時間爲1920年5月至1921年5月，留存信稿111通；另一册爲1928年6月至1929年9月，有信稿70通。信稿本爲横式綫裝專用簿册，毛筆書寫，篇幅長短不一，短者數十字，長者逾千言。内容主要是記録當時的生意情況和社會見聞，保存了大量的經濟、社會信息，是研究20世紀初贛西地區與珠三角地區交往的重要史料。

20世紀20年代，中國社會處于劇烈的變革、動蕩之中，戰亂不斷，民衆苦難深重，社會矛盾尖鋭復雜。郭氏是這段歷史的親歷者，飽受了戰亂之苦。他以普通商人的眼光去觀察時局，在信稿中真實地記録了這段歷史，訴説了戰亂帶給廣大民衆的銘心之痛。信稿記録了許多在當時影響較大的歷史事件，有1920年湖南驅張運動和陳炯明進軍廣東驅逐桂系軍閥的粤桂戰争；1921年孫中山在廣州就任非常大總統；1928年的濟南慘案、廣東印花税糾紛、贛西大瘟疫；1929年第二次粤桂戰争。這些事件，有的是郭氏親身所歷，有的發生在他的家鄉，與他的家人生命財産密切相關，有的直接或間接影響着他的生意。在記述上雖然有詳有略，但都是在距事件發生最短時間内的記録，具有難得的可靠性。

信稿中記述最詳細、最具體的事件是1920年8月開始的陳炯明驅逐桂系軍閥的粵桂戰争。這場導致廣東成爲北伐戰争策源地和根據地的戰争,在郭氏眼中衹是陳炯明與莫榮新(當時桂系軍閥委任的廣東督軍)的粵督之争。相持數月的戰争,極大地破壞了市場,這對于初到佛山經商的郭氏無疑是當頭一棒。于是,他對這場涉及自身利益的戰争給予了極大的關注,并頻繁向自己的商號和親友函告戰争的進展和時局的變化, 信稿中有 23 通函涉及這次事件。

孫中山在第一次護法運動失敗後,退居上海,一面潛心著述,一面繼續策劃革命。當時南方軍政府實際上爲桂系軍閥岑春煊、陸榮廷、莫榮新所掌握。孫中山爲了繼續“護法”,推翻北洋軍閥的統治,决心首先打倒桂系軍閥,奪回廣東革命根據地,再圖統一中國。1920 年 8 月,孫中山命令援閩粵軍總司令陳炯明回師廣東。8 月 12 日粵軍在福建漳州誓師,分兵三路向粵邊挺進。粵軍入粵後勢如破竹,很快克復潮梅,後又占領惠州,乘勝向廣州進逼,于 10 月 29 日攻克廣州。

郭氏信稿中最早記述粵桂戰争的信函, 是 1920 年 8 月 24 日《致本棧》,曰:“廣東督軍莫榮新與陳炯明發生戰事,頗覺激烈之象,似此若以和平解决,實爲萬幸;若以武力解决,于市局糜爛萬難保全,于吾亦有窒礙耳。匯水一層竟步步提漲,今日合百六十兩左右,亦因戰事影響,因之富户及政界買存西幣太多之故。遇此市局,衹望戰事從早和平解决,生意發動,洋莊暢達,看吾業可撞機會否。若生意仍如是,加之戰事决烈,恐市局定會變呆。”可見,郭氏對時局的關心,很大程度是出自對市場的擔憂,這是商人的本能。

以後的信函提及戰事, 均表現出一種惶惶之憂。如 9 月 30 日《致本棧》:“佛近局因李福林、魏邦平二司令一致行動獨立,布告所雲勸令莫督退讓,粵事以粵人布置。于十六日辰刻廣三鐵路停開,渡艇均不能行動,電報不通,迄今數日戒嚴甚緊,可謂水泄不通。據雲此會影響,莫督若懇(肯)退讓,粵事由粵人布置,以和平解决,市局看可無大幹礙;若堅執不退,倘以武力解决，于市局糜爛真不堪設想之勢。"10 月 6 日《致本棧》:"然佛地現在情形自福軍獨立後，渡艇、火車、電報致（至）今仍不能行動，商民愈形驚恐。廣州方面耳聞兩軍相持頗戴激烈，似有備戰之説。"

不久，時局似乎又出現了轉機，郭氏的信函語言也顯露出一點樂觀，10 月 9 日《致本棧》:"昨今兩日粵局調和可有效驗，雖莫督不懇交代，亦因需款二百萬，以好收束桂軍完全返桂。莫對代表態度甚爲和藹，似有誠意去粵，毫無意外舉動。然粵人另刊督印，已舉海軍次長湯廷光于今十二點鐘在舊元帥接印視事，頒發安民告示，宣布舊印作廢，對于莫氏條件擔任直接調和。是以各界放炮竹慶賀，甚是熱鬧。"

但是，時局并不如人們所期望的那樣一帆風順，而是反復無常。和平久久不見來臨，郭氏才現一絲樂觀的心，又沉重起來，變得焦慮不安了。"粵局糾紛延長時日，調和畏首畏尾，以致反復。各懷黨見，有由此解决者，有由彼結束者，各執一訴，均無解决善策，以致市局愈現危象，各業愈形寂寞，人民愈形恐慌。據兩軍相持仍生節節進行，深溝高壘，頗有備戰之勢，若稍激烈逼成舉動，真非地方之福，亦各業之大不幸也。"（10 月 16 日《致本棧》）"現在粵局因之莫督仍然守而不讓，調和反復，仍無善策。似此情形，戰又不戰，和又不和，竟將大局弄成不生不死之勢，將來真不知何日結局也。佛地風聲鶴泣，日受數驚，種種言語不知何爲事實。"（10 月 27 日《致本棧》）"近今兩日粵局風潮頗形激烈，據雲惠州、石龍、東莞等處，粵軍均已次第占領，省城亦有戰事發生。省長楊永泰及岑春煊等確已離粵往香港、上海等處，莫督有無離粵尚未可知。……現在渡艇、火車仍然阻滯，不能通行，生意仍然清静無人問津。"（10 月 30 日《致本棧》）

陳炯明率領的粵軍于 10 月 29 日占領廣州，桂系殘部逃回廣西，桂系軍閥結束了在廣東的統治。郭氏終于見到了和平的光明，心情非常高興，11 月 3 日在《致本棧》中，他喜滋滋地告訴同事:"陳炯明于昨日抵省，各界歡迎情狀以達極點，人心頗覺安静，均各居樂業，粵人治粵目的現在可謂達到八分。佛山火車、渡艇于二十一日(農歷,公歷爲 11 月 1 日)仍照常通行,來往已無阻滯。”

郭氏衹是一位普通商人,他的許多信息均來源于報紙和街談巷論,他也衹可能就事論事,不可能總攬大局,更不可能預見未來,他對政局的見解,有時是非常幼稚的。但是他對歷史所作的細致記録,并保存至今,應該是非常難得的。

萬載是著名的花炮之鄉,郭氏到佛山主要任務是銷售花炮,信稿中記載最多、最詳細的自然是花炮銷售情況,以及與花炮銷售有關的市場、物流、金融等方面的信息。這兩册信稿,也可以當成 20 世紀初贛西地區與株三角地區的經濟交往史來讀。

在許多信稿中,郭氏幾乎是不厭其煩地叙述當時廣東佛山商埠花炮到貨、存貨、銷售、價格等方面的情况,詳細到了每個商幫、商號、花炮品種的具體數據,甚至還有許多商業談判、交易、競争的細節,其中尤以 1920 年的信稿最爲詳細。如 6 月 2 日《致本棧》:“本日下午至匯源、公源二號售定,元計有七百九十二箱,價六兩一五扣;元計予三百零一箱,價五兩九五扣;元計九二箱,價五兩九五扣;以些價劃算,輸虧效大。本欲攀價不賣,奈存佛貨數大多,現在市面無甚起色。”8 月 4 日《致本棧》:“聞南幫近數日逐步到有邊炮二千數百箱,内鼎和源有千二百箱,荆州五彩五十頭亦有千箱之普,以致行家心事稍覺軟點,模想意見七兩之普會買點,七兩以外似覺大不意欲。前函所詳存縣邊炮從速裝晋,現在不知裝晋與否,倘系未裝,緩緩裝來也可;如已付來,不若暫存九江更好,恐佛地見貨多到,行家心事更會軟下來之故。”9 月 24 日《致本棧》:“李春來、高四來二船運晋六幫元計有二百七二全紅二百卅一箱、元計豫二百七二全紅一百四十九箱、元計久七二全紅十二箱,又致遠大六十莊引綫四十五箱、豫新德六十莊引綫五箱,總共引、炮四百四十二箱,已由吴轉九運佛”。

最爲珍貴的是,信稿中還有許多關于花炮期貨(妄盤)和花炮外貿(洋莊)的記録。1920年6月28日《致本棧》:"現在并無洋莊交易,若有洋莊發動,忖想此業看六七月可撞機會否,此乃希望未來之事,然市面朝令夕改,非仙難料,不過忖之詞。"7月14日《致本棧》:"引綫聞香港硝價稍漲,亦會攀上六十兩,再行觀市售賣。"可見外貿與市場有很大的關聯,客商們對于外貿帶動市場是寄有很大希望的。期貨交易也在生意中占有一定比例,如1920年7月29日《致本棧》:"今日上午在匯源行售定途中妄盤邊炮四百箱,有計價六兩九五,二三片六兩七五扣。"8月24日《致本棧》:"今日在匯源、公源二行售定途中邊炮四百箱,頭片價七兩二,二三片均是七兩扣。又售與匯源行致遠大六十莊二十五箱,價六十五兩扣;豫新德六十莊引綫五箱,價六十四兩扣;後又在該行售定致遠大六十莊引綫二十箱,價六十六兩扣。此會存九江之引已如數售脱,已拍電九江萬安泰從速報關運進。"一招一式,一起一落,一輸一贏,一悲一喜,信稿都記録得詳詳細細。生意個中的苦衷,唯有商人自知。

據信稿,郭氏所在的"豫新德"商號每年銷往佛山的花炮達1萬餘箱,約占當時萬載外銷花炮的五分之一,是個規模較大的商號。但是,兵荒馬亂之中商人處境十分艱難,一方面商路經常阻絶,物流不暢,商品難以如期到達;另一方面戰亂導致市場走疲,銷售趨冷,商品大量積壓。郭氏對戰局對生意影響記録,在信稿中比比皆是。1920年9月24日《致五哥函》中寫道:"佛地戰事影響仍相持不下,報載頗形激烈,兼之黨匪四起,居民大受驚恐,以致生意逐步變淡,匯水逐步提漲,此事若遷延日久,吾業定難獲利,不免輸虧。"1928年6月郭氏再次抵佛山後,正遇市場疲軟和印花税糾紛,竟有6個月之久未啓動銷售,他在《復六哥函》中訴説:"承詢弟手生意,乏善可告。弟到佛迄今六月之久,善狀毫無,如生意不但陳貨無着,新貨亦乏受手,并未賣過一箱半箱,大局如此,亦命運不無所關。回思自經手以來,未曾時過遇此市局,頗覺焦燥。"如此陳述,在信稿中比比皆是,可見戰亂時期經商之艱難。

信稿中還保留了大量的其他方面的經濟信息，如虛實銀兑换匯水行情、貨幣回籠渠道、商品物流路徑、信托業務辦理等方面的情況，爲我們研究當時贛西地區與株三角地區的經濟交往，提供了非常難得的第一手資料。

民國初期，幣制仍如晚清一樣混亂，各地實銀種類繁多，成色、天平標準各异，而且銀兩、銀元、銅元、紙鈔并行，交换、换算非常復雜。做買賣收的是實銀，實銀存入錢莊，錢莊先要根據當地的實銀標準算出其升水或貼水，然後按當地使用的虛銀標準計算出應記數額才能入帳，其計算方法十分繁瑣。虛銀是爲了適應市場交换、克服實銀流通地域性限制而産生的，雖其衹有虛名，但在賬務處理上却有重要意義。當時在全國影響較大的虛銀有上海的九八規元（也稱申票）、天津的行化銀、漢口的洋例銀等三種，郭氏信稿中提到的均是上海九八規元，這是當時使用很廣泛的一種虛銀，一直到1933年廢兩改元後才停用。升水和貼水統稱匯水，匯水行情隨着時局的變化驟漲驟跌，給從事長途販銷的商家帶來極大的金融風險。因此，像郭氏這樣從事長途販銷的商家對匯水行情極爲關注，并把它作爲决策生意的重要依據。郭氏信稿中所稱匯水均是貼水，也就是當地實銀换算成上海九八規元每千兩所要補貼的數額。他在1920年5月至1921年5月間共給所在商號發了64通業務信函，每次都詳細報告了當時佛山最新的匯水行情。由于局勢極度動蕩，匯水行情漲跌幅度非常之大，1920年5月至1921年5月的一年時間内，最低時每千兩貼水50餘兩，最高時達到180多兩，懸殊高達三倍多。郭氏1920年5月4日《致本棧》，是他抵佛後寫給商號的第一封信，“今日匯水外補每千兩約五十四五兩。”5月29日《致本棧》：“今日匯水外補八十七八。”6月2日《致本棧》：“匯水漲至百兩之普。”1920年8月粵桂戰争爆發後，匯水步步提升，郭氏在9月16日《致本棧》中説：“今本欲尊信匯歸一萬兩解申，無奈匯水仍站百六百之普，劃算輸虧不淺。據銀號雲此會之漲并非正漲，因之戰事影響之所致，若戰事平息，匯水定會跌下。”郭氏應該是個很有主見的商人，但是時局動亂，匯水漲落無常，他常常發出“市面漲落不定，全無把握”之類的感嘆。

二十世紀20年代，錢莊在中國金融市場上仍有較大勢力，多數商號仍是仍是依靠錢莊辦理貨幣存、兑、匯業務。郭氏在佛山銷售花炮所得的貨款回籠，全都是通過錢莊來完成的，信稿中保留了大量這方面的記録，也有許多有關錢莊的業務信稿。1920年6月5日，郭氏辦理了到達佛山後第一筆匯款，同日他在《致本棧》中匯報説：“今日訂定匯水八十五兩，由誠安移定匯來五月初三申江板期九八規元二千兩，交柳伯勛代收其款，祈收入弟手來數。另有函托三源興售元，信至之日請即調用無誤。”6月7日又發了兩通業務信函，一通至上海柳伯勛，請求入帳；另一通至南昌三興源銀號，委托兑匯。像這種一次三通業務信函的情況在信稿中出現頻率很高，從這些業務信函，我們可以大致了解當時郭氏的貨款回籠路徑：首先，郭氏銷售花炮的貨款在佛山誠安銀號折算爲虚銀，并辦理存款業務，需匯款時將虚銀匯至上海；其次，款項匯至上海柳伯勛的柳餘記，柳餘記衹存款不辦理實銀兑换業務；最後，是將虚銀兑换成實銀，這個業務是由萬載“豫新德”商號委托南昌三源興銀號完成的，郭氏信函將有關業務要求交代得非常清楚，三源興將虚銀兑换成實銀後，便將銀票交豫新德繼續做生意。我們可以將貨款回籠路徑作一簡單歸納：佛山郭氏貨款（實銀）—佛山誠安銀號存款（虚銀）—上海柳餘記存款（虚銀）—南昌三源興銀號銀票（實銀）—萬載豫德新商號貨款回籠（實銀）。

郭氏在佛山銷售花炮所得的貨款，經過虚虚實實的周折，最後回籠到了萬載豫新德商號。但是，萬載的花炮又是通過什麽路徑抵達佛山的呢？從信稿内來看，主要是通過水路船運至佛山。整個物流過程分成兩個階段完成：第一階段，從萬載啓程，通過錦江、贛江、長江水路，將花炮運抵九江，倉儲于九江萬安泰商號，等待下階段發運；第二階段，由郭氏根據市場情況，信函（有時是電報）委托萬安泰商號報關、發運，由長江進入海路，最後進入珠江水路運抵佛山。1920年8月24日《致萬安泰函》曰:“敬啓此,前小計所存尊處六十莊引五十件,懇請從速報關運晋,是以特拍一電,計電底:九江萬安泰豫新引速裝郭。是電諒早達臺端,該引已運在途來矣。叠接小計信報,已運來三四幫二五、七二全紅共一千零七十箱,該炮到埠亦請隨到隨即報關運晋,切勿延擱爲盼。”這是典型的信托函,説明當時的信托業務已經相當普遍,商人們運用起來也非常得心應手。

(作者爲文書收藏人王瑩)

民國九年（1920 年）

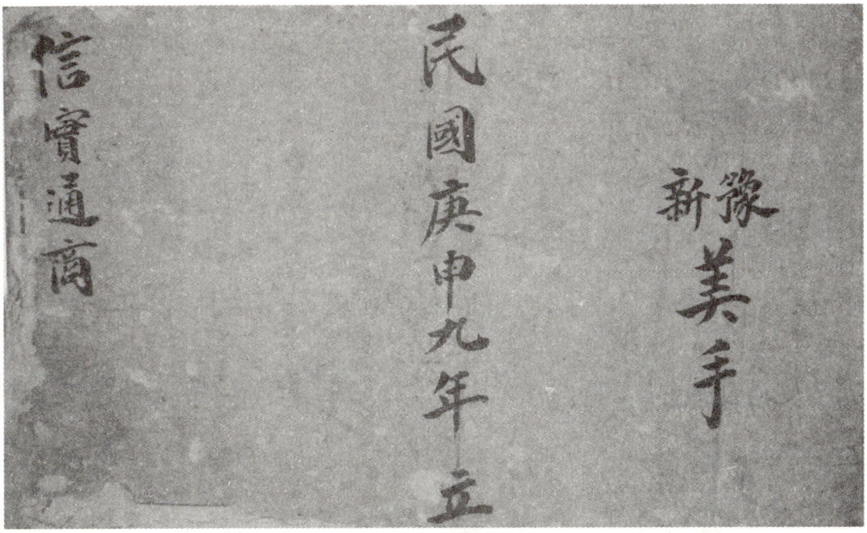

信稿封面

二月初五日致五哥(年份不詳)

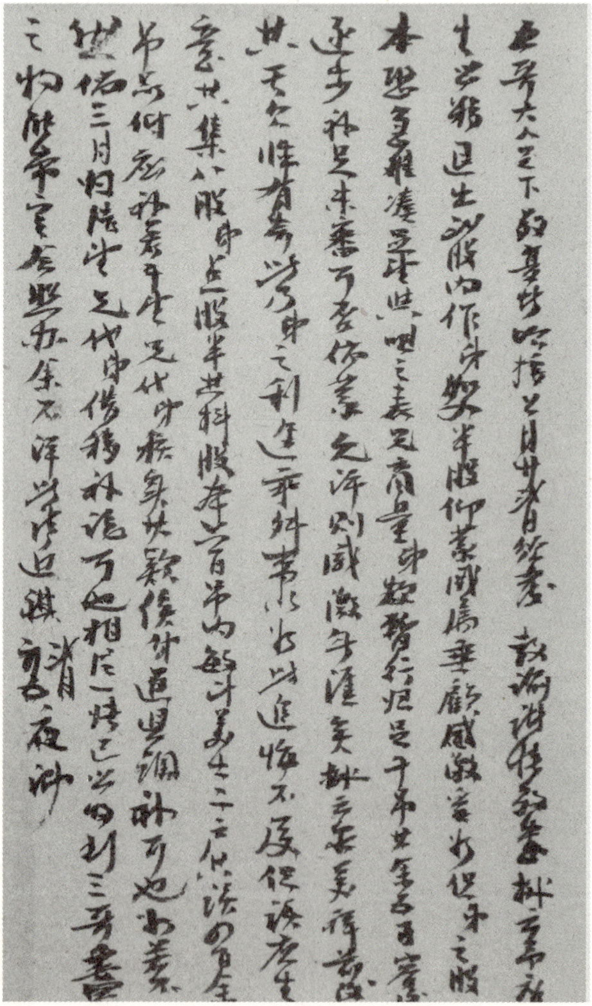

三月初八日致五哥（年份不詳）

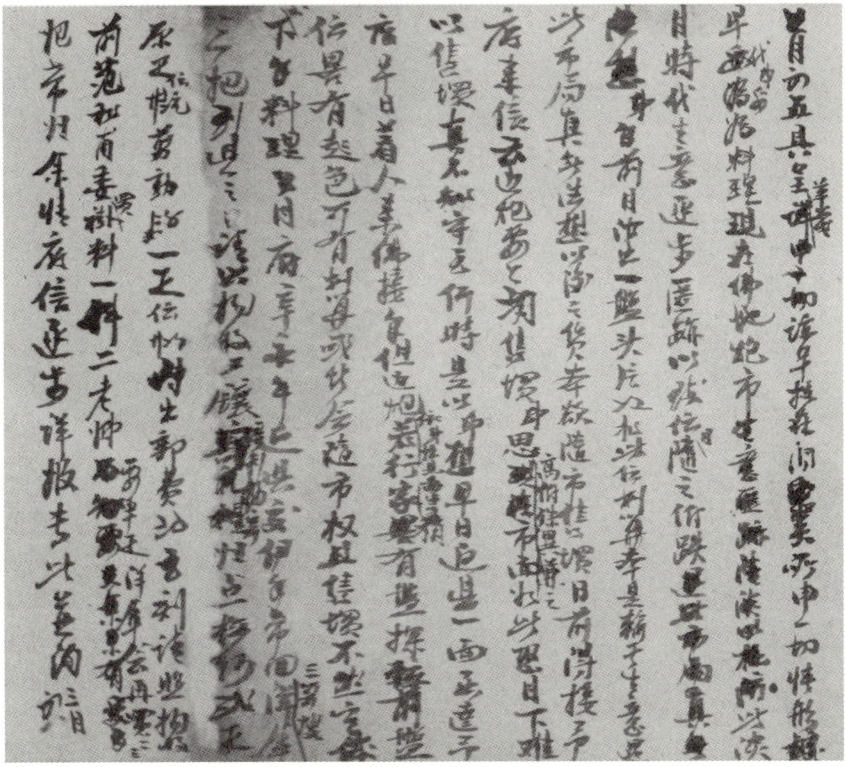

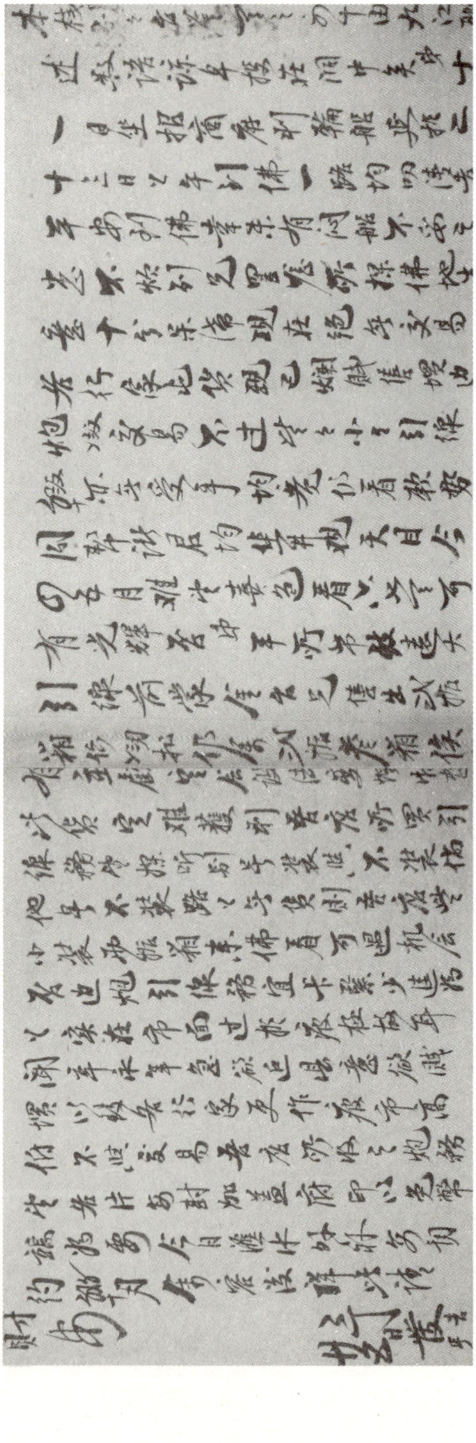

三月廿五日(5月13日)致本棧

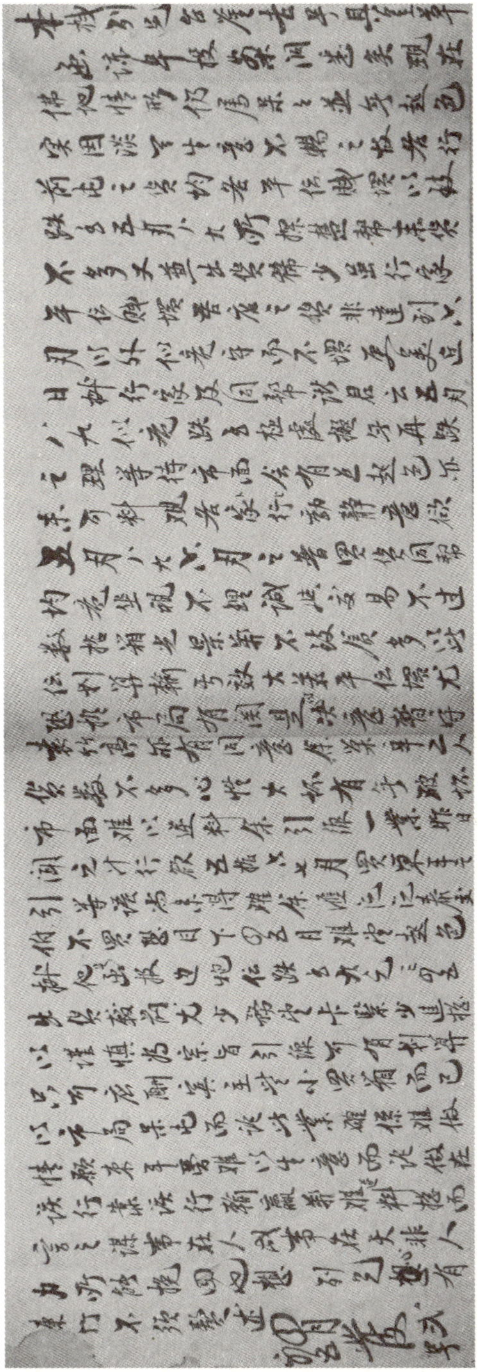

四月初五日(5月22日)致本楼

四月十二日(5月29日)致本栈

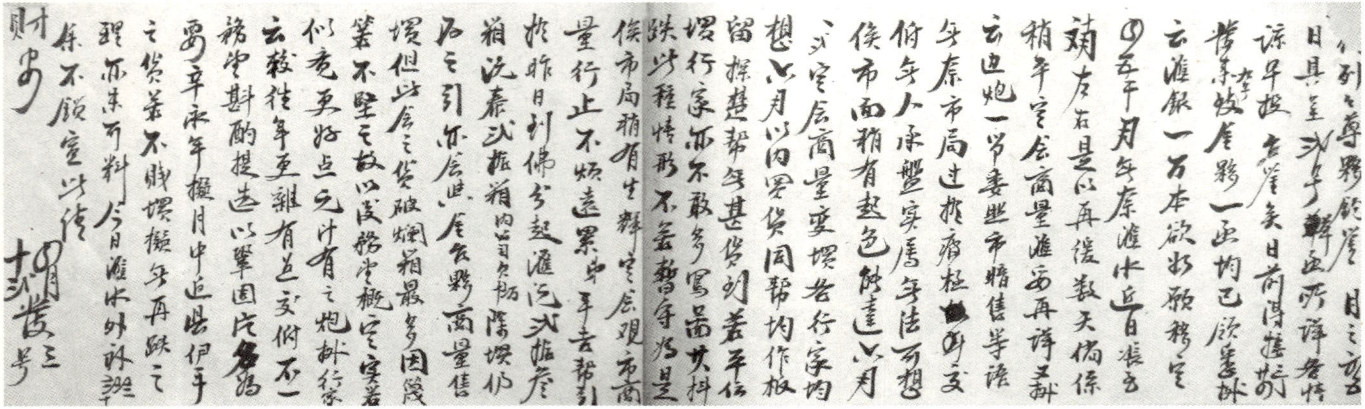

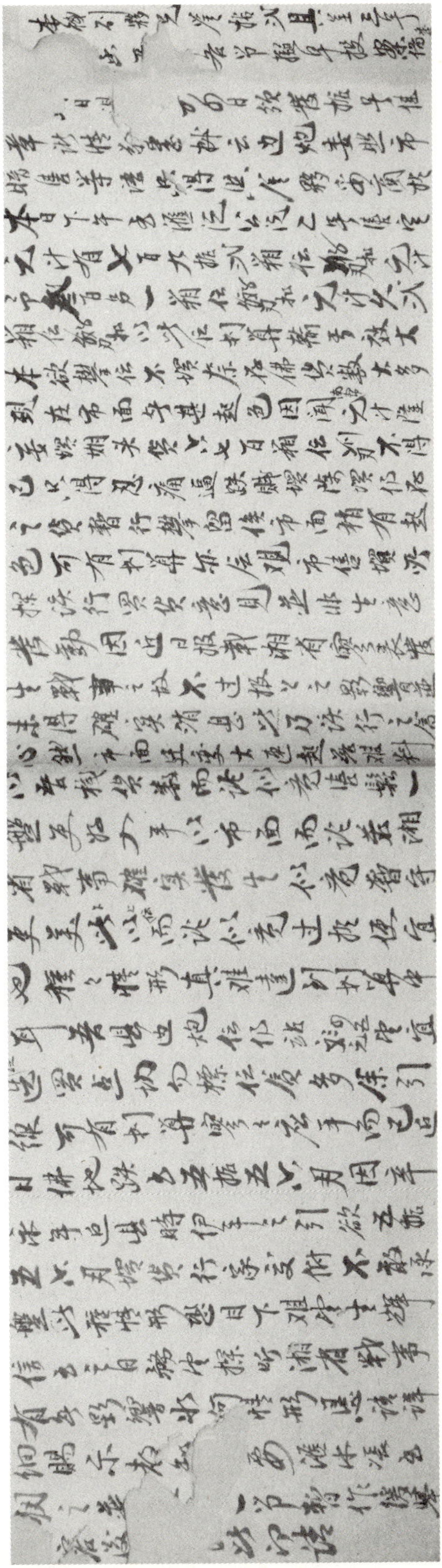

四月十六日(6月2日)致本棧

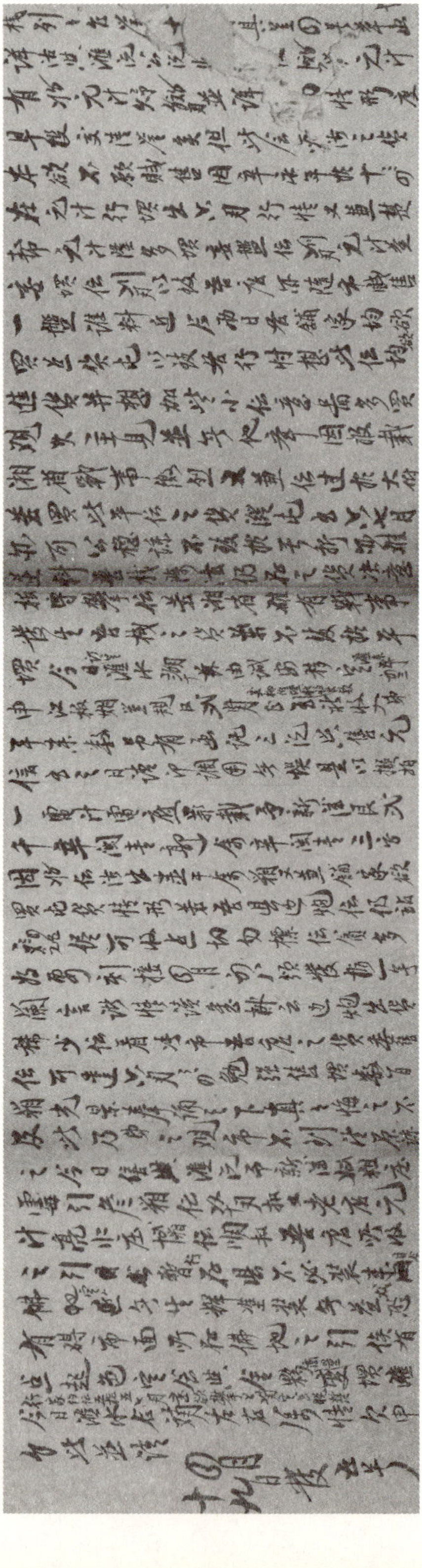

四月十九日(6月5日)致本樓

四月廿一日(6月7日)致伯勋先生

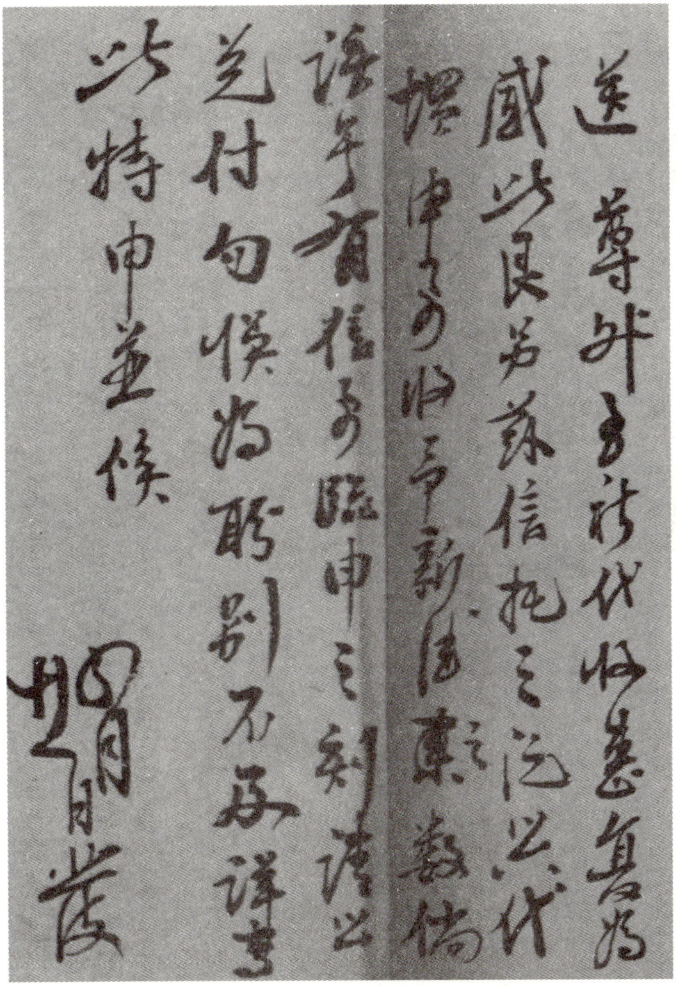

四月廿一日(6 月 7 日)致三源興號

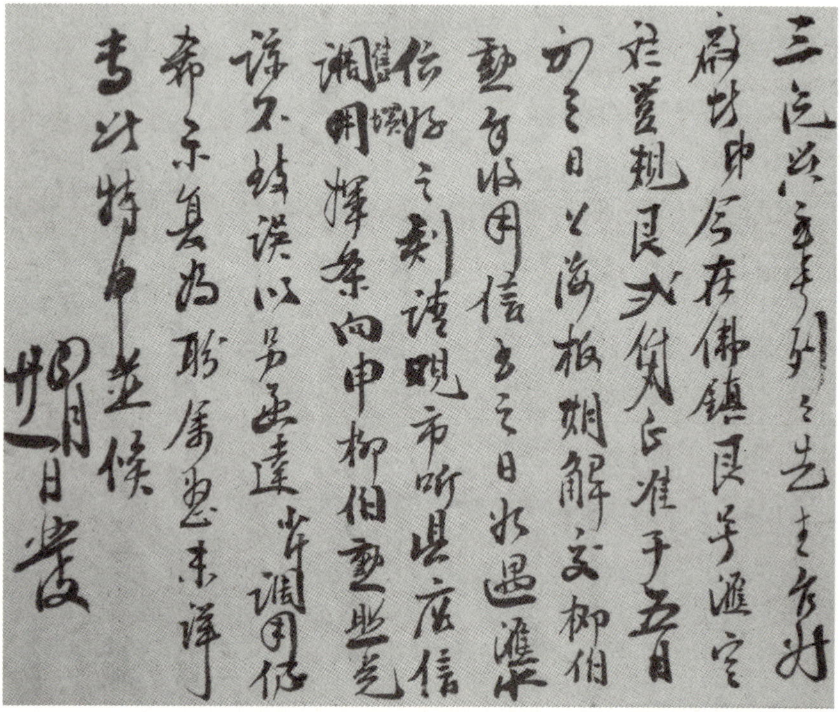

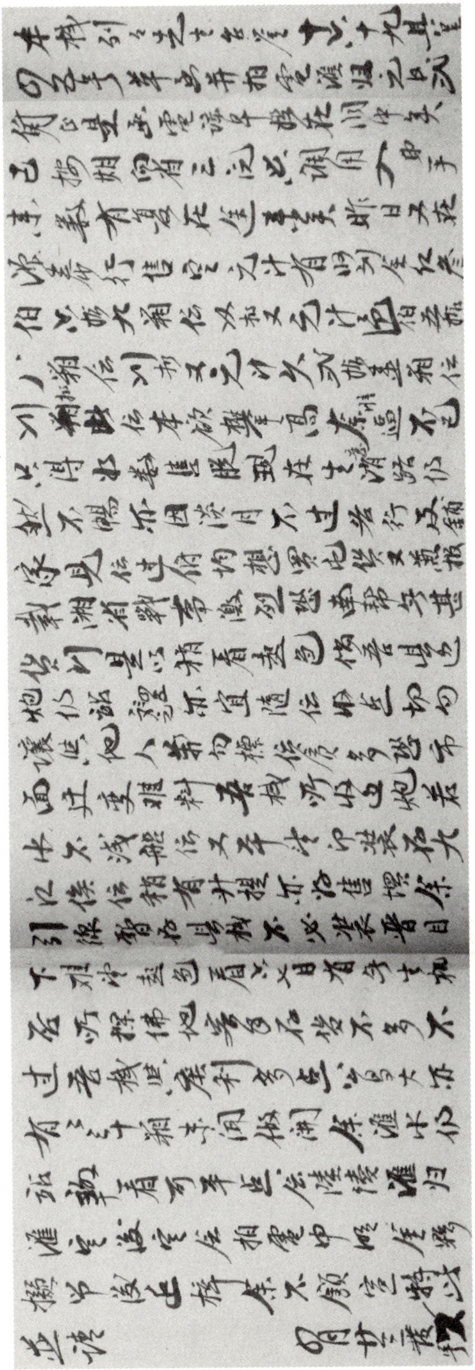

四月廿三日(6月9日)致本楼

四月廿五日(6 月 11 日)致伯勋先生

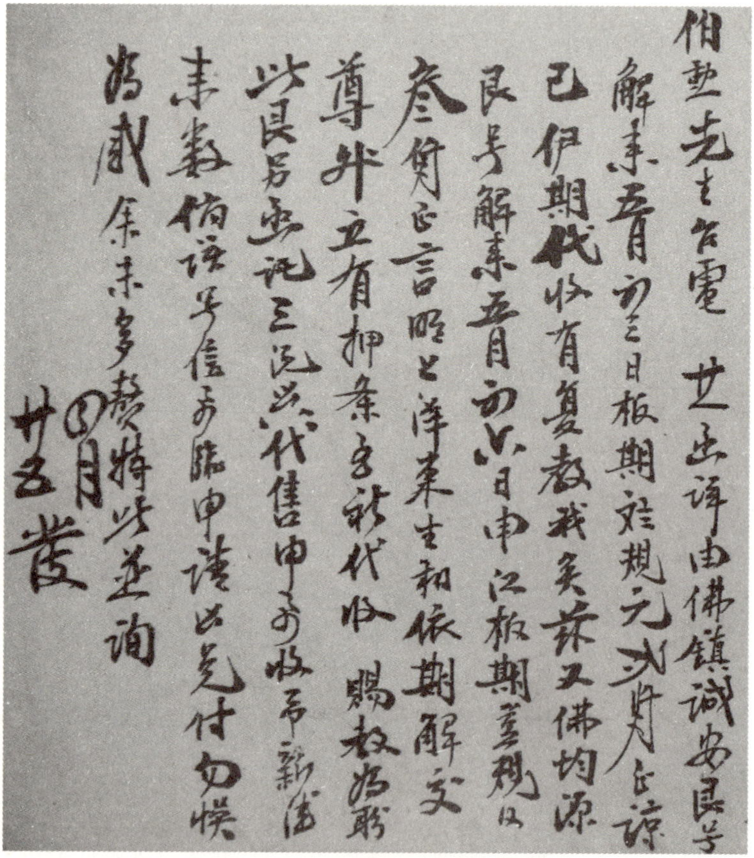

伯勋先生台電 廿三讯由佛镇识安昌号
解来五月初三日板期注规元六十两正，谅
已伊期代收有复教。我兄苏又佛均源
良号解来五月初六日申江板期，差规以
参贺正言，照上洋来生和依期解交
尊处，立有押条，可称代收。赐教为盼。
此良号要讯三泛出，代售申子，可收字新伟
来款，倘该号信来，临申请照兑付，勿误
为感。余未多叙，特此并询
四月廿五发

四月廿五日(6 月 11 日)致三源興號

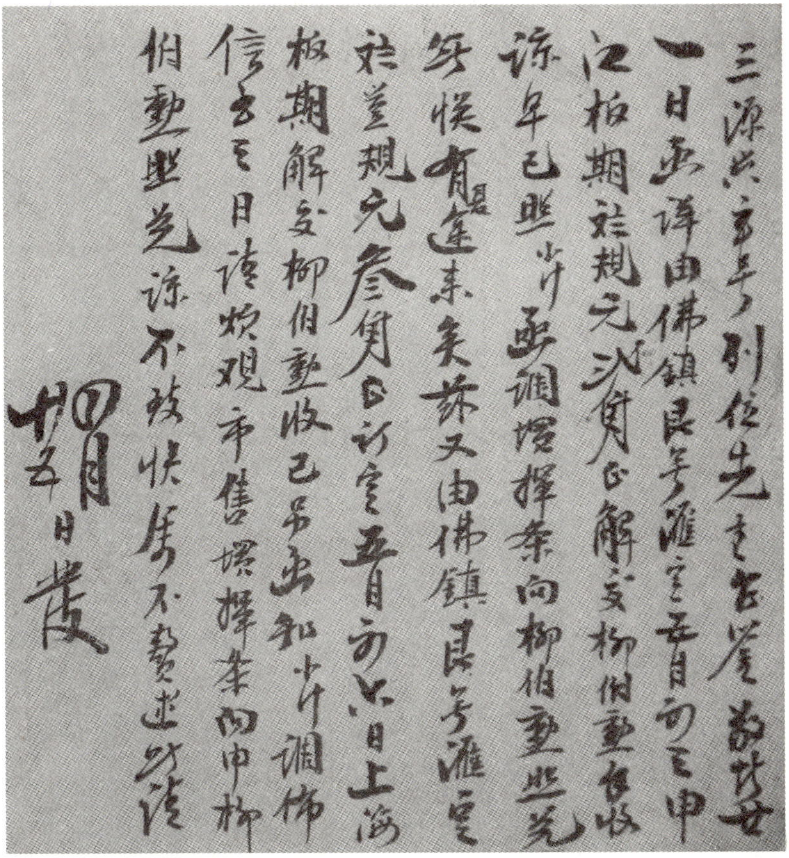
三源興寶號列位先生台鑒 敬啟者 前
一日函詳由佛鎮長安灘寄吾省前已申
江柏期註規元弍仟兩正解交柳伯勳收
諒早已照收 函調壇擇秦向柳伯勳照兌
等候 有(君)達來矣 茲又由佛鎮長安灘寄
註蘆規元叁仟兩正 計吾省前六日上海
板期解交柳伯勳收 已另函知 小什調佛
信去之日請煩觀市售壇擇秦向申柳
伯勳照兌 諒不致快 專不贅述 此請
四月廿五日發

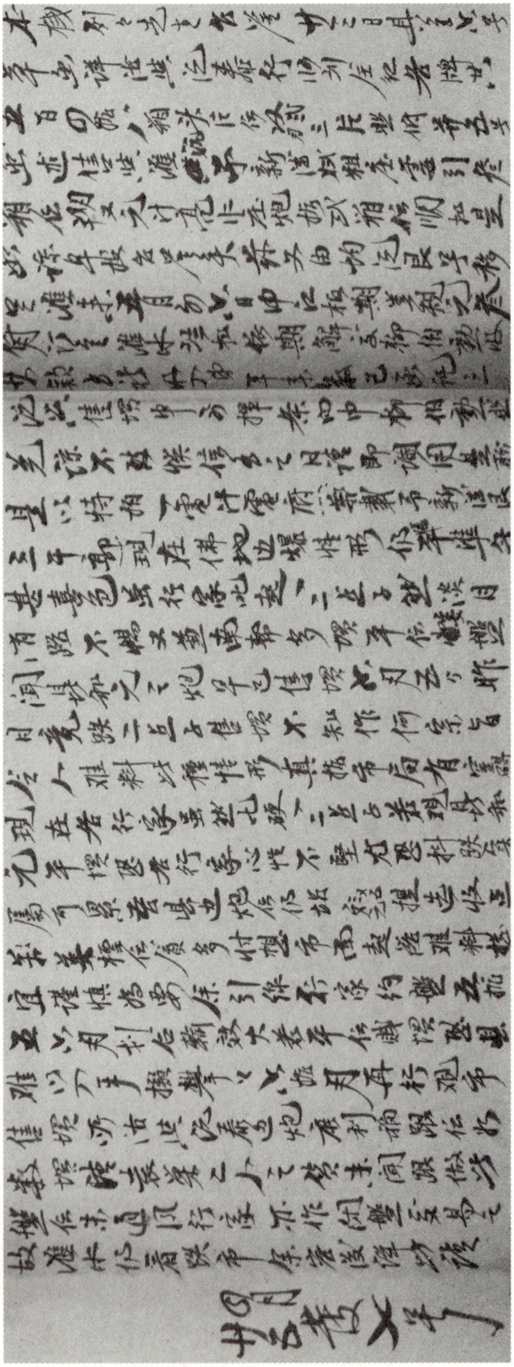

四月廿五日(6月11日)致本樸

四月廿八日(6 月 14 日)致五哥

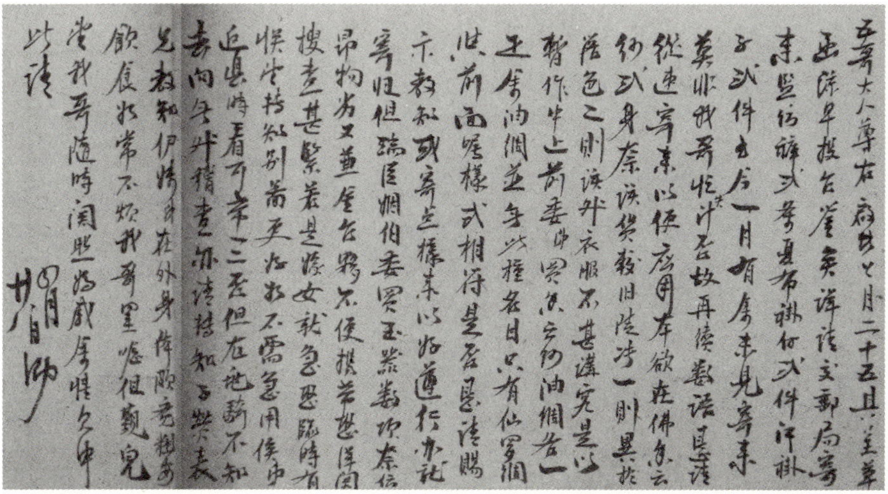

五月初三日(6 月 18 日)致岳父

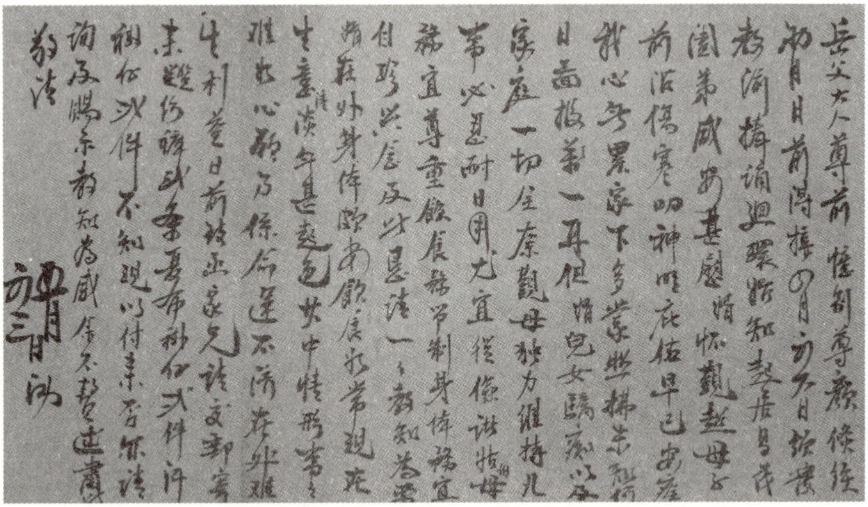

岳父大人尊前 膝别尊颜 倏经
旬日前得接四月初六日钧谕
教谕捧诵迴环欣知岳母大
阃范咸安甚慰 婿怀 觐越 母々
前沾伤寒叨 神明庇佑早已安痊
我心劳累家下多叶悉赖操持
日画报第一身但 婿儿女[illegible]以[illegible]
家庭一切全赖 岳母独力维持儿
辈必益耐日用尤宜从俭诸惟 岳母
务宜尊重饮食务节制身体务宜
自珍兴居及时是祷一々[illegible]知为要
婿在外身体颇安饮食亦常现在
生意淡年甚艰其中情形实々
难以心头乃系命运不济在外难
生利益日前接丞宋兄讲定郭窑
来[illegible]作[illegible]或条票布料[illegible]式件许
[illegible]二件不知现以付来否祈请
询及偶示为知为感余不赘述肃
敬请

婿 五月初三日 [illegible]

五月初五日(6月20日)致本棱

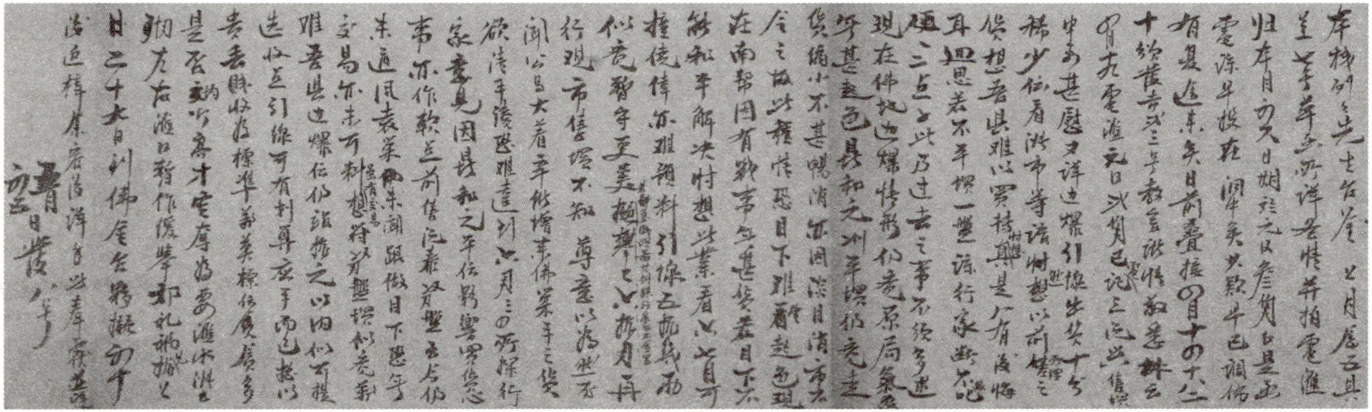

五月十三日(6月28日)致本楼

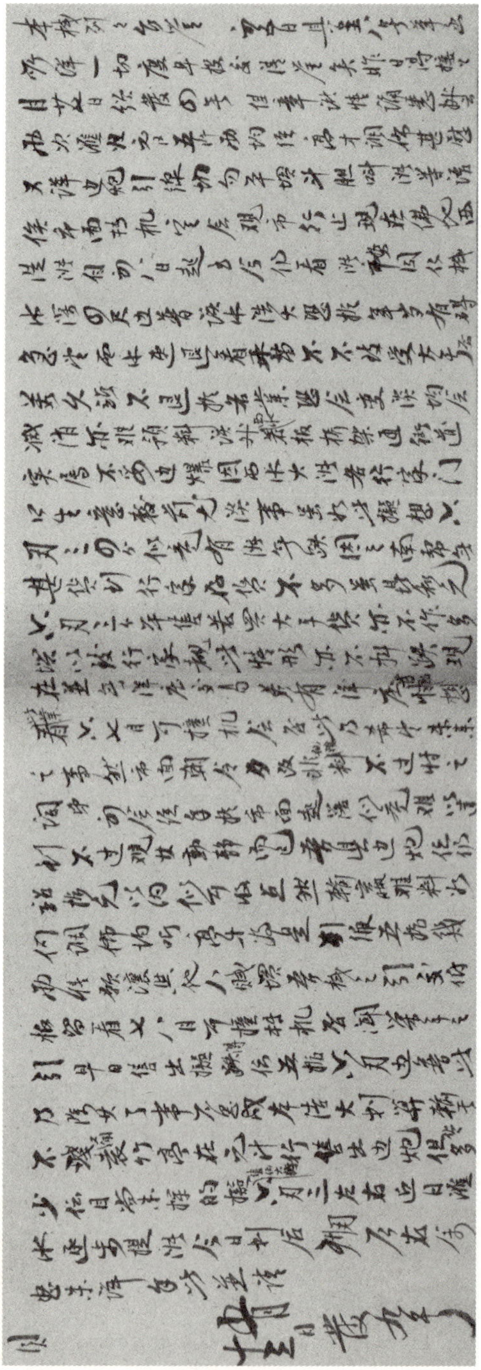

五月十七日(7月2日)致石泉、祥開

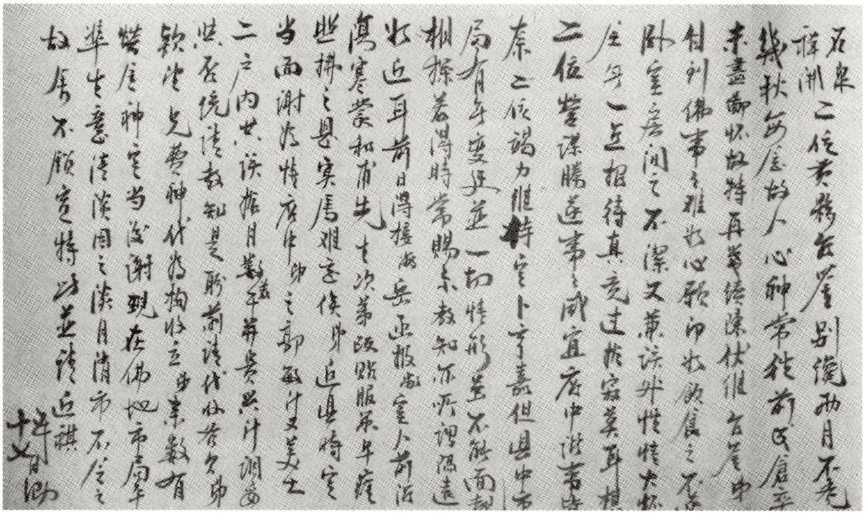

五月廿日（7月5日）致本棧

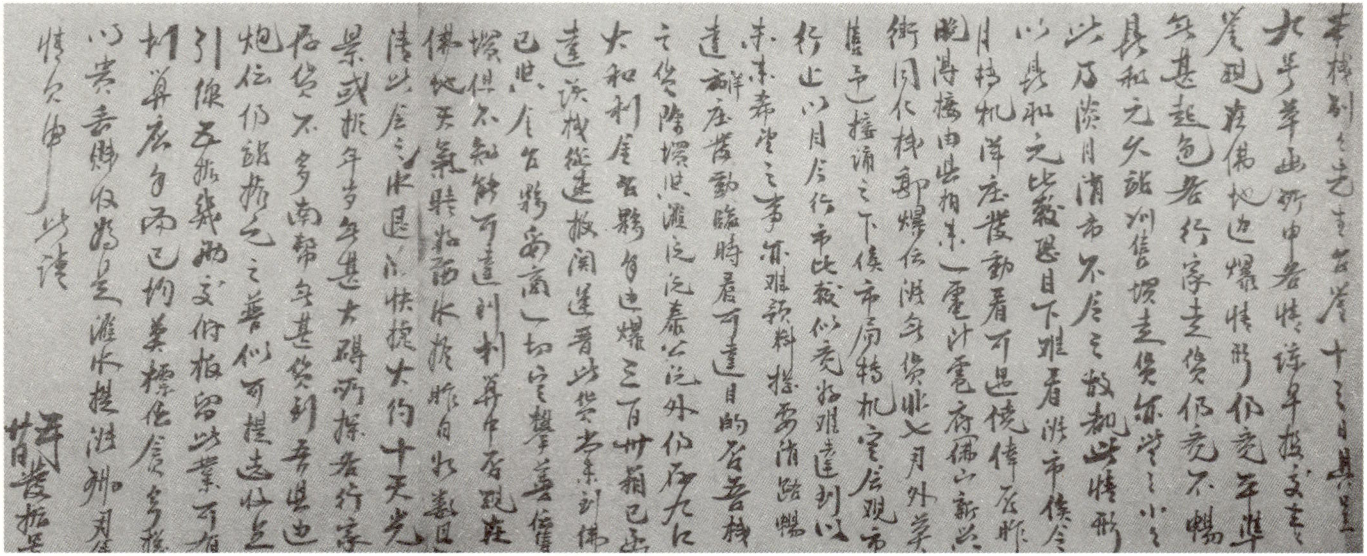

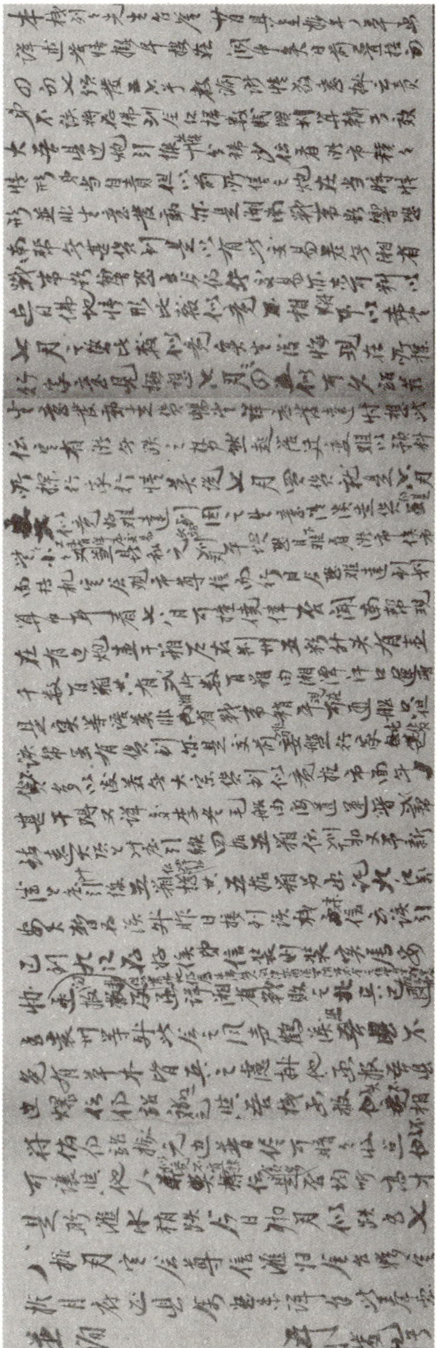

五月廿三日(7月8日)致本樓

五月廿九日(7月14日)致本楼

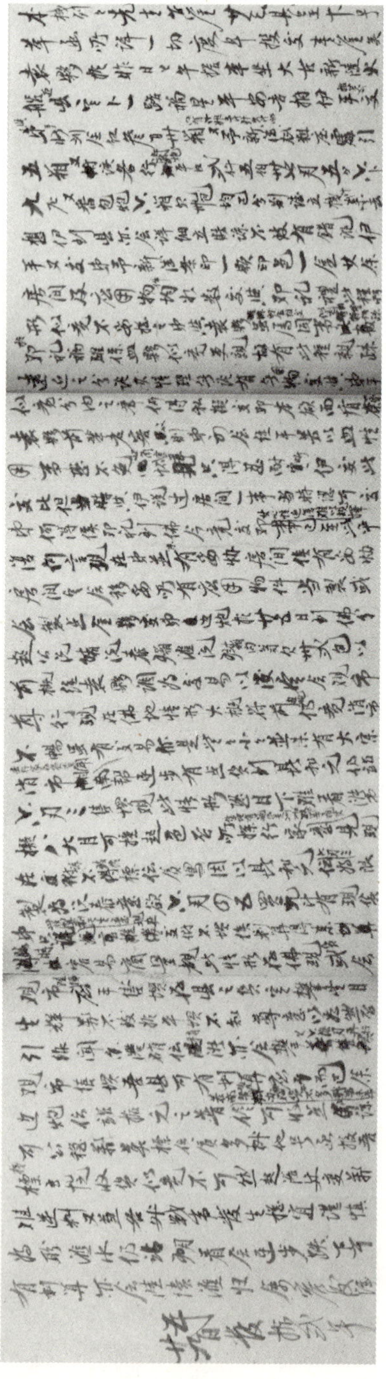

五月廿九日(7 月 14 日)致五哥

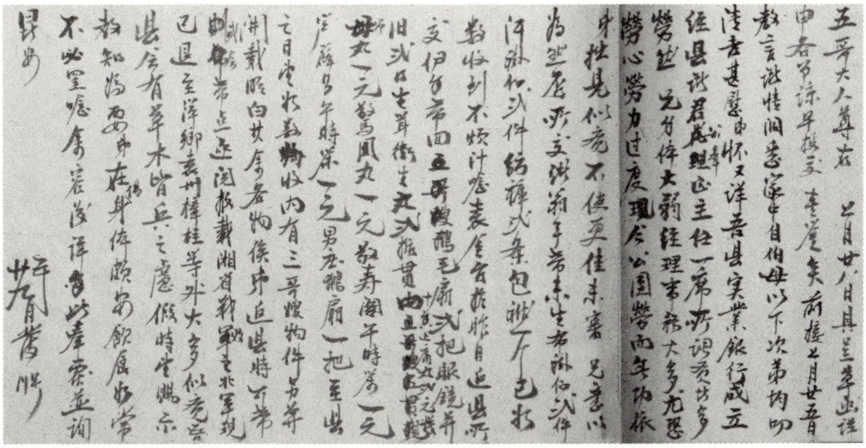

六月初四日(7月19日)致岳父

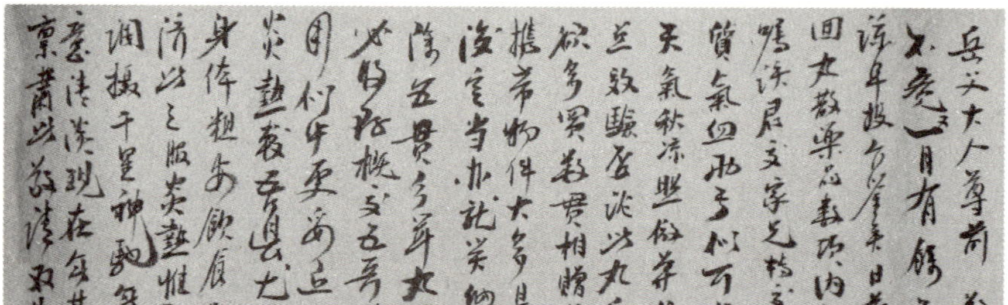

六月初八日(7 月 23 日)致本栈

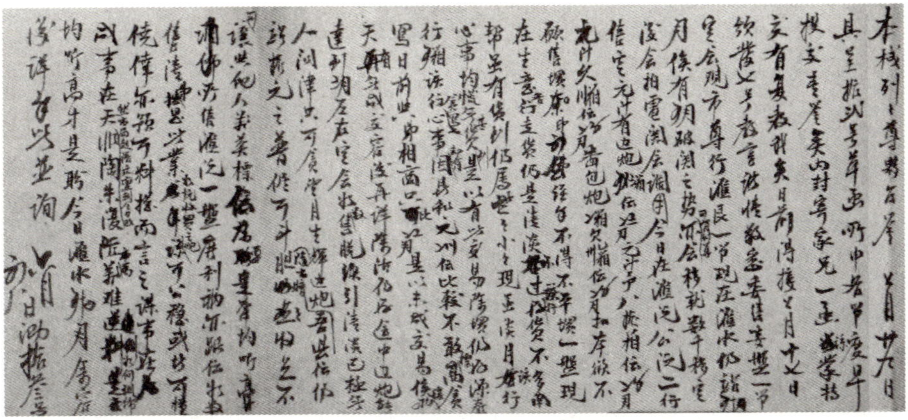

六月初十日(7月25日)致本栈

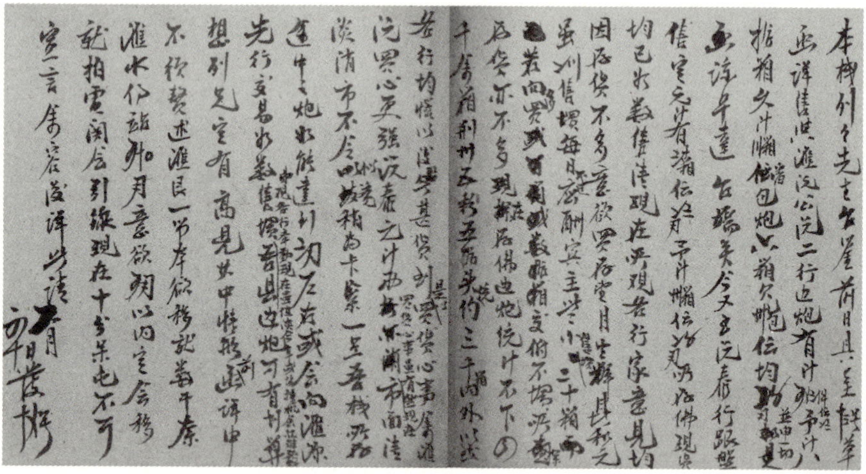

六月初十日(7月25日)致初儒

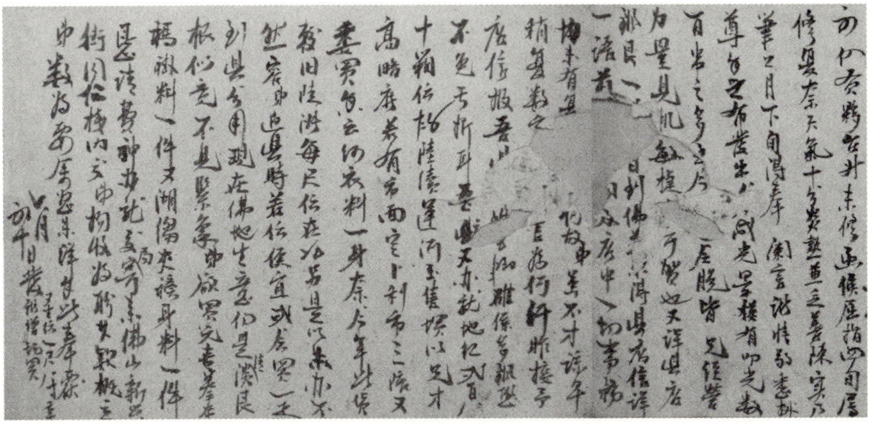

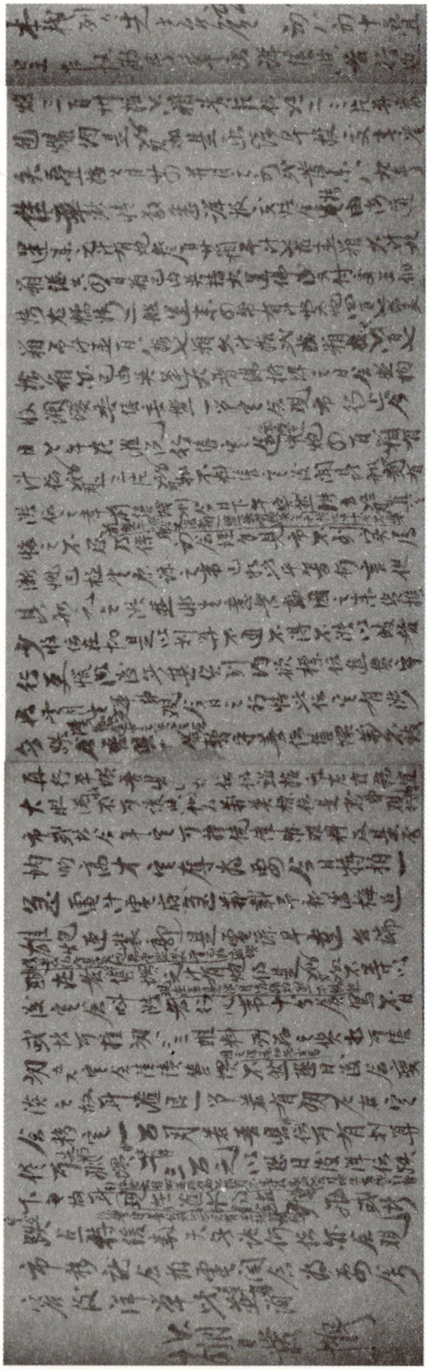

六月十四日(7月29日)致本楼

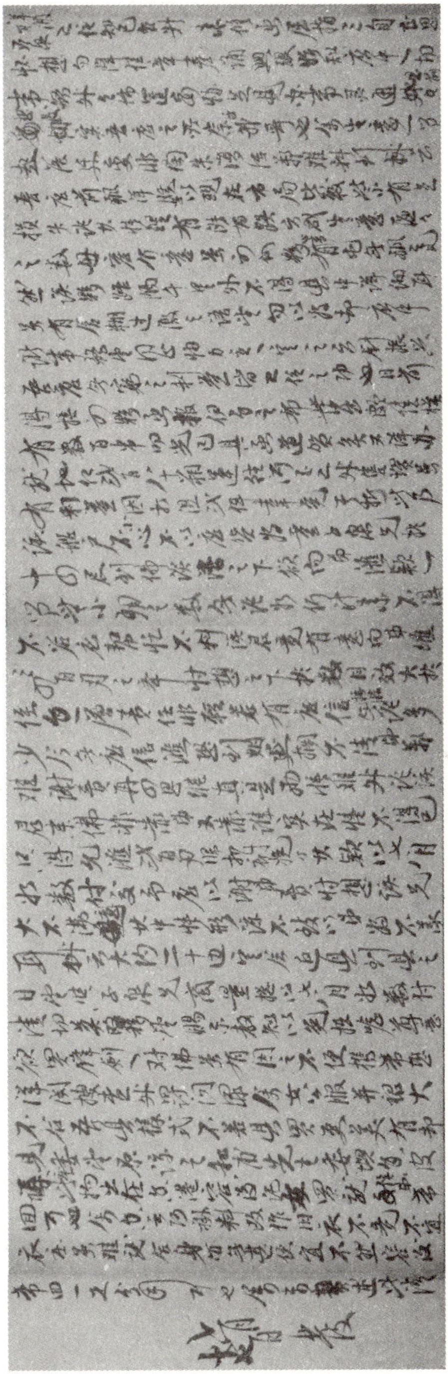

六月十七日(8月1日)致祥開、石泉

六月廿日(8月4日)致本楼

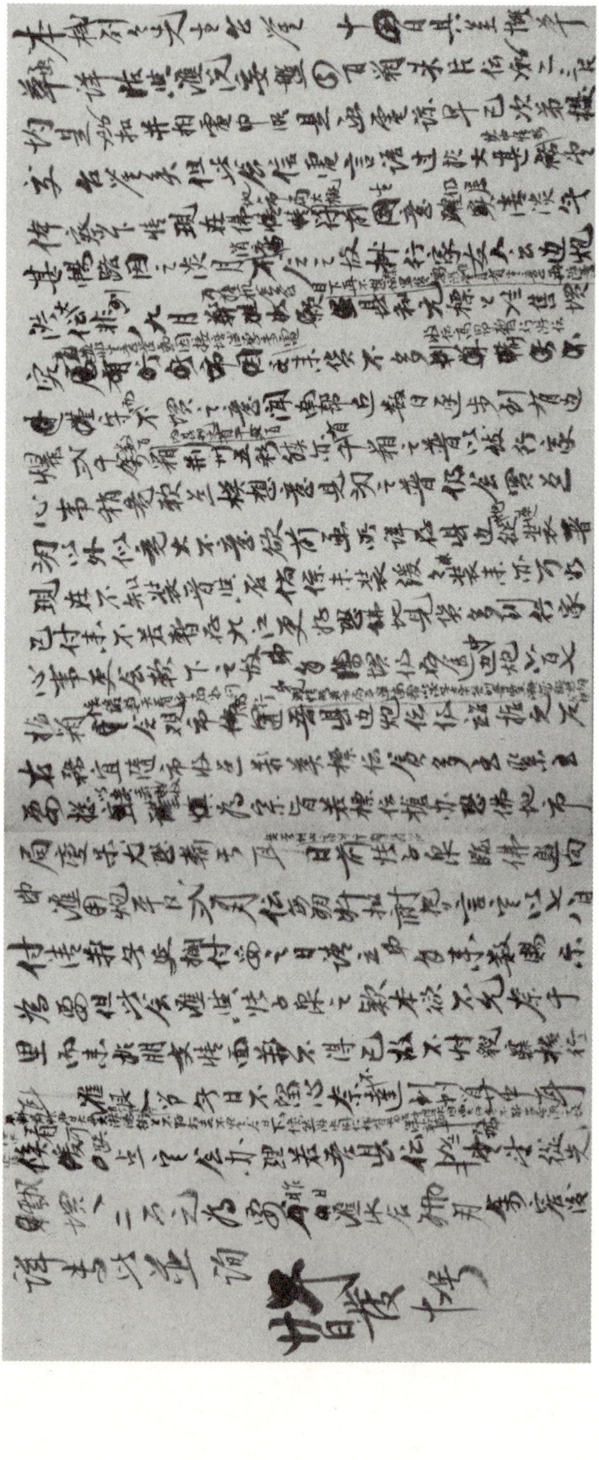

六月廿七日(8月11日)致本栈

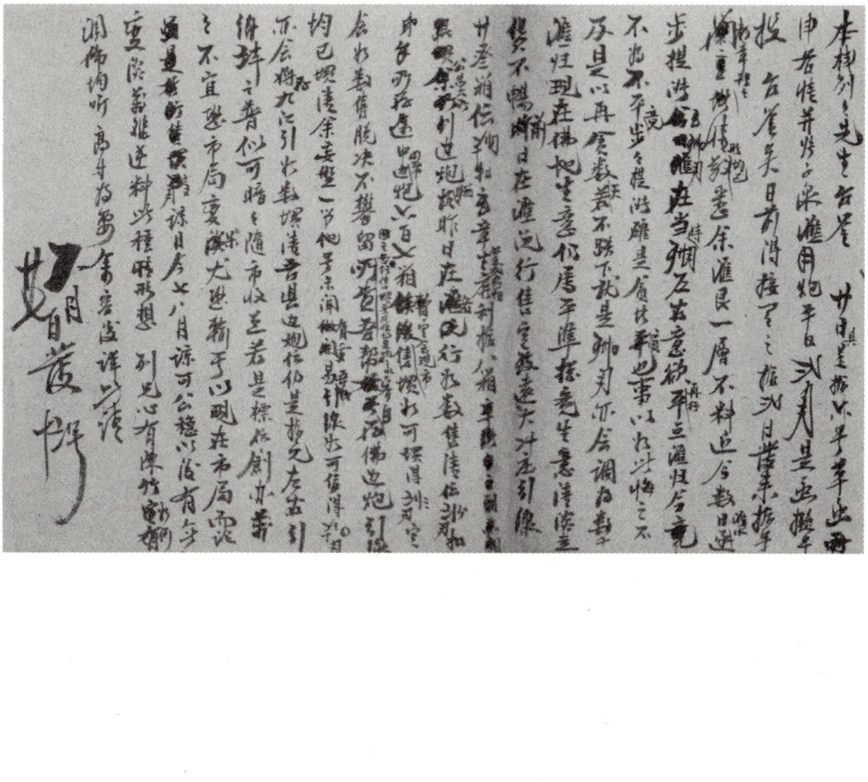

七月初三日(8 月 16 日)致本棧

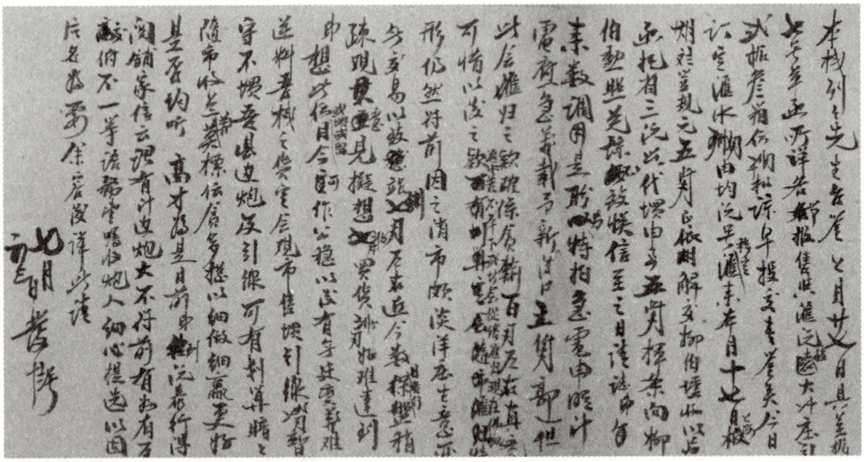

七月初三日(8 月 16 日)致五哥

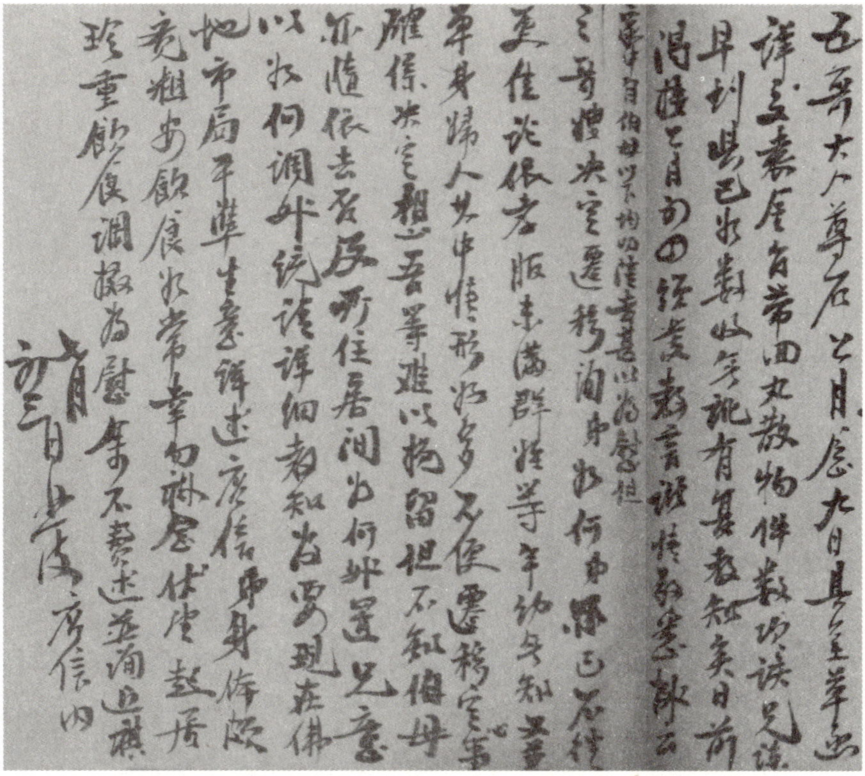

七月初四日(8 月 17 日)致伯勛

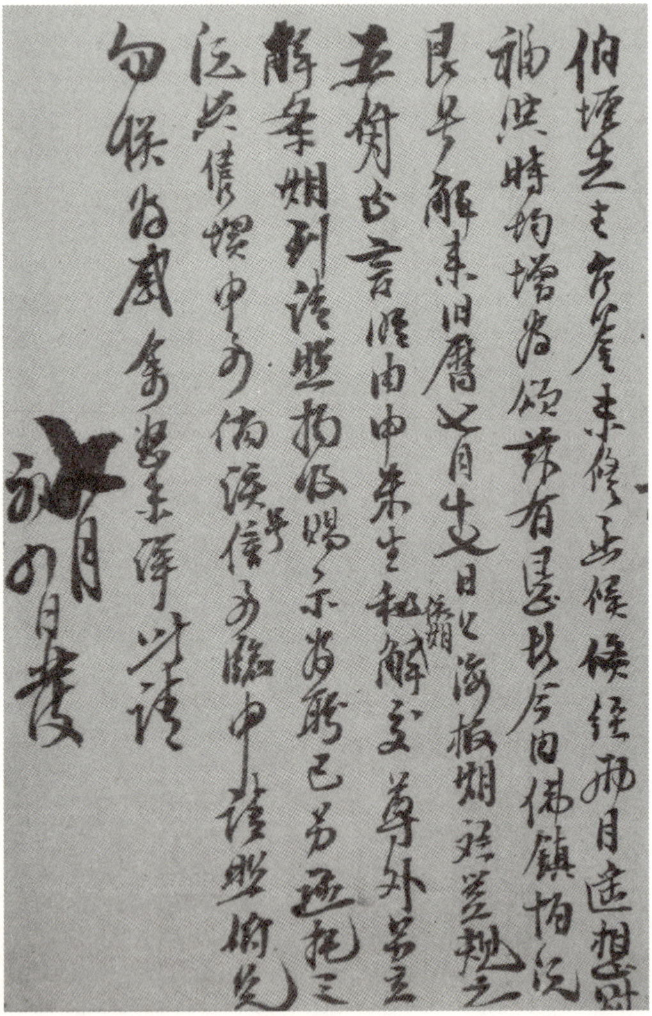

七月初四日(8 月 17 日)致三源興號

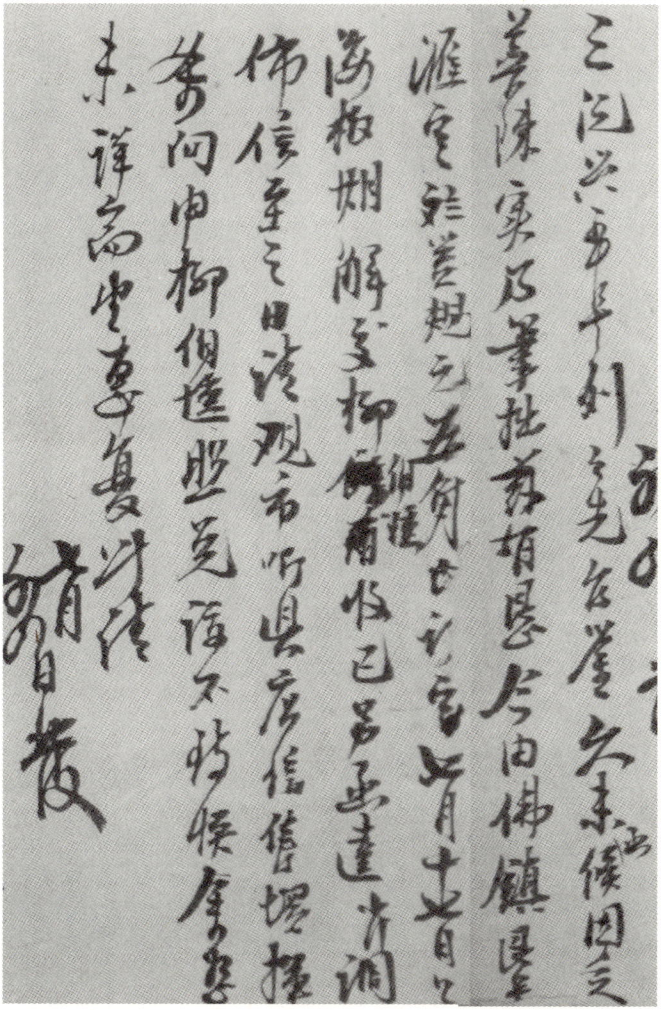

七月初一日(8月14日)致萬興行號

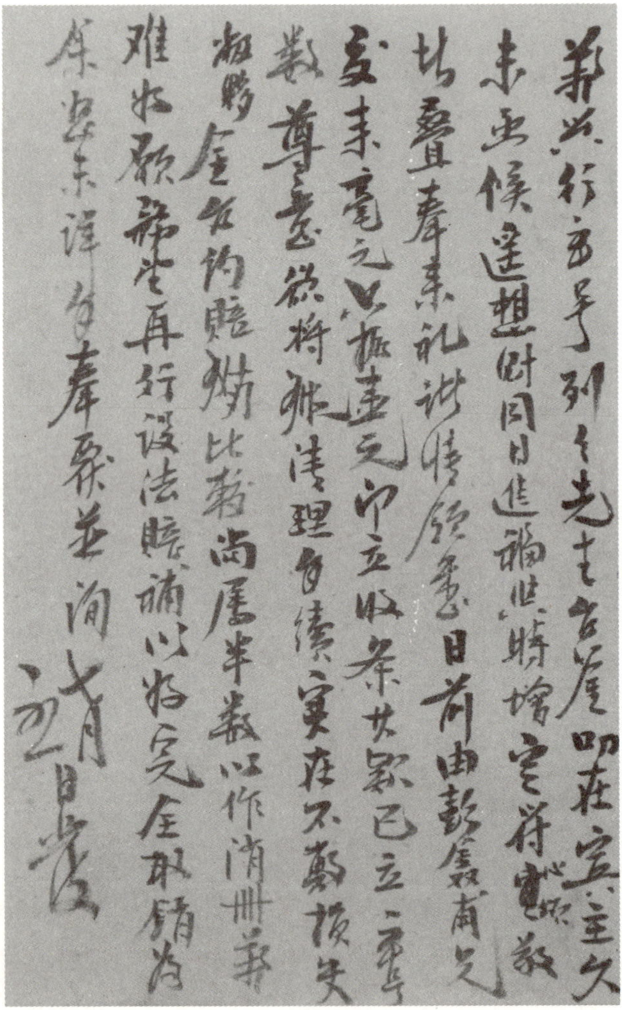

七月初七日(8月20日)致岳父

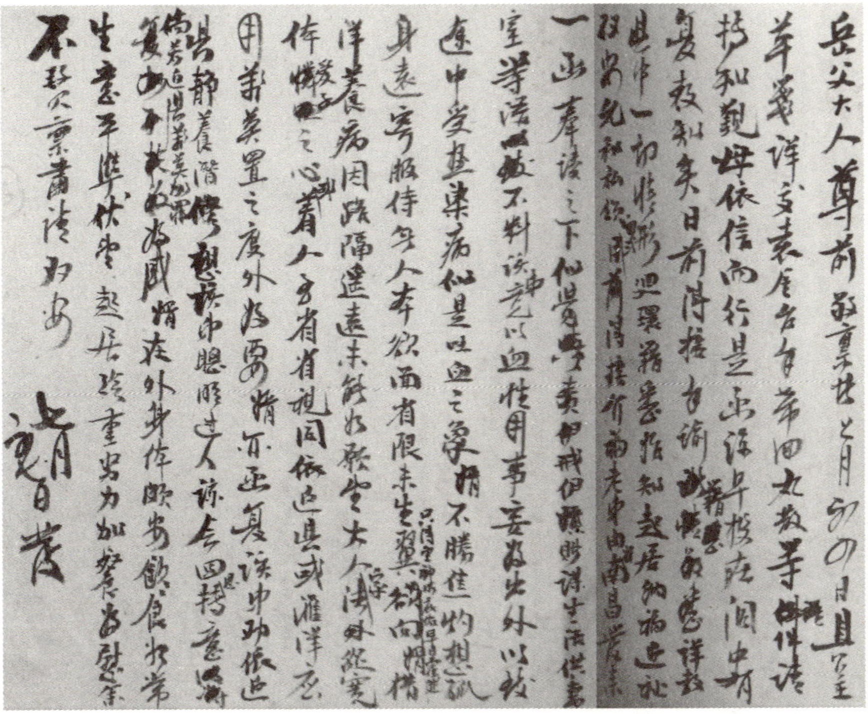

七月十一日(8月24日)致萬安泰號

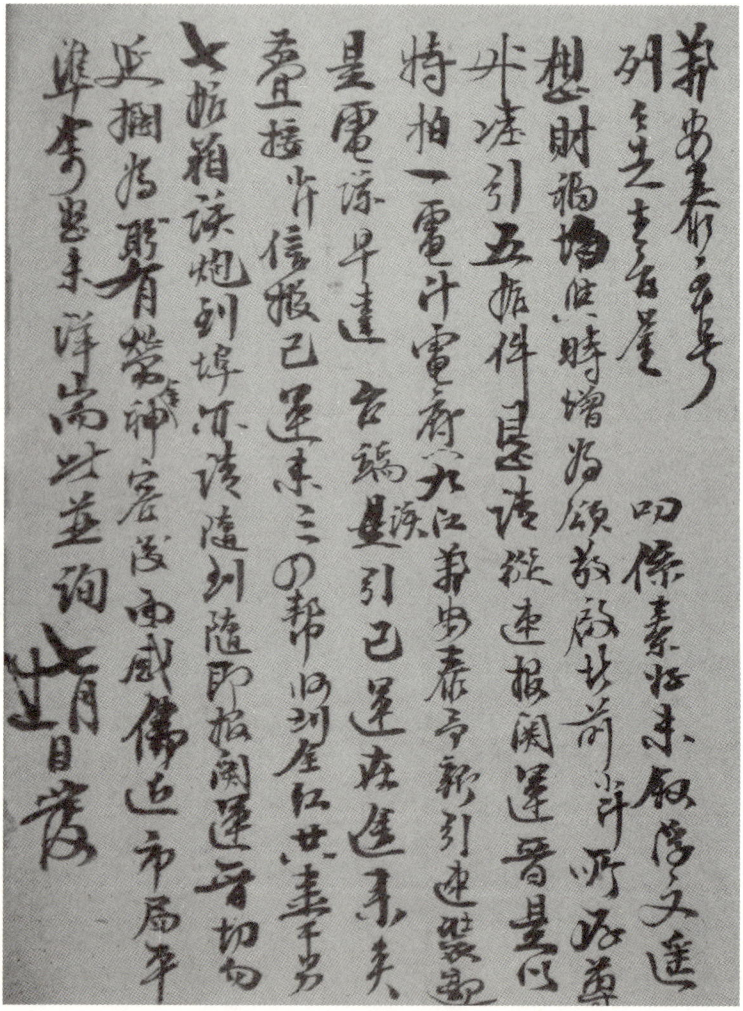
萬安泰寶號

列位先生台鑒　叩係素[illegible]未敘[illegible]文達

想財福增[illegible]，時增為頌。敬啟者：前小行所存尊

處外洋引五號件，已請從速報關運晉。是以

特怕一電斗電府，九江萬安泰寶號引速裝運。

是電諒早達。今鎬[illegible]引已運在途來矣。

惠[illegible]接小行信報已運來三[illegible]郵[illegible]到達江[illegible]

七號箱該[illegible]到埠，[illegible]請[illegible]到，隨即報關運晉，切切

延擱為[illegible]。有[illegible]神[illegible]後函感[illegible]此[illegible]

準[illegible]洋商此並詢

七月[illegible]日發

七月十一日(8月24日)致本楼

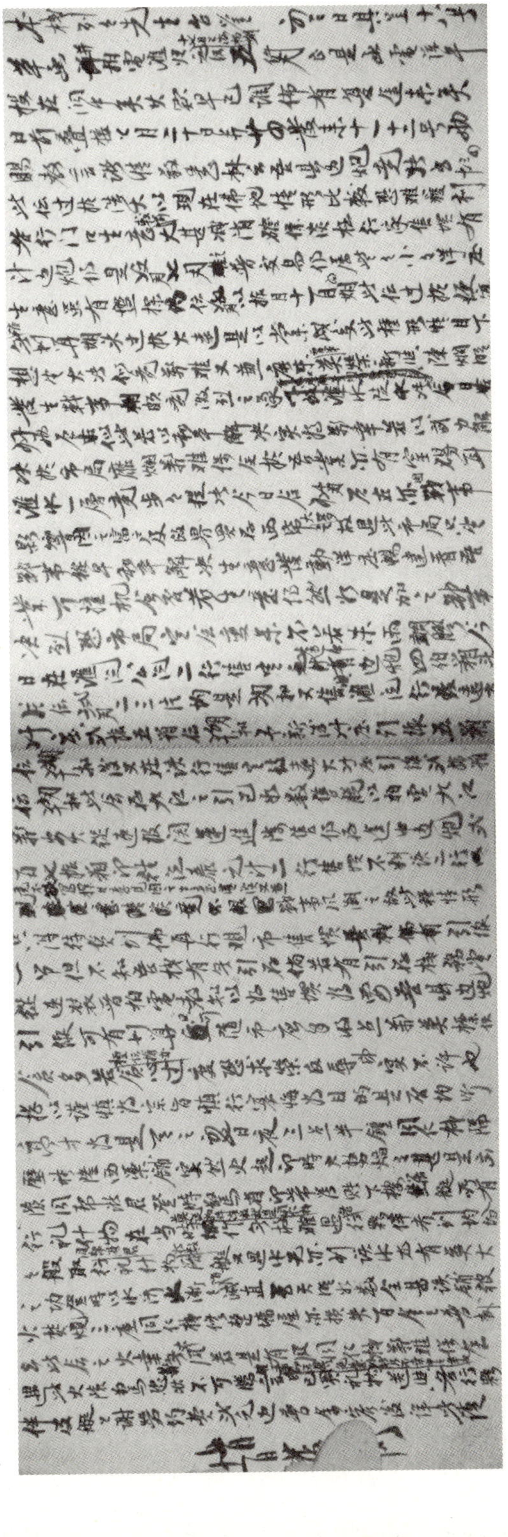

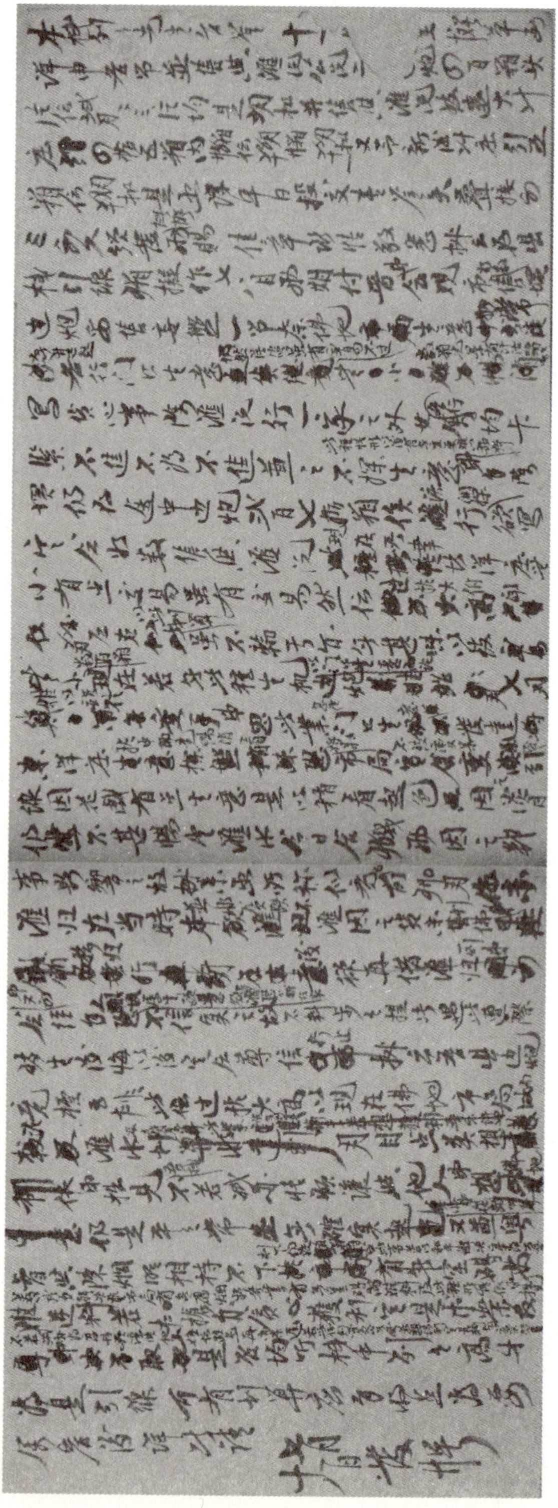

七月十八日(8月31日)致本楼

七月廿四日(9 月 6 日)致介福

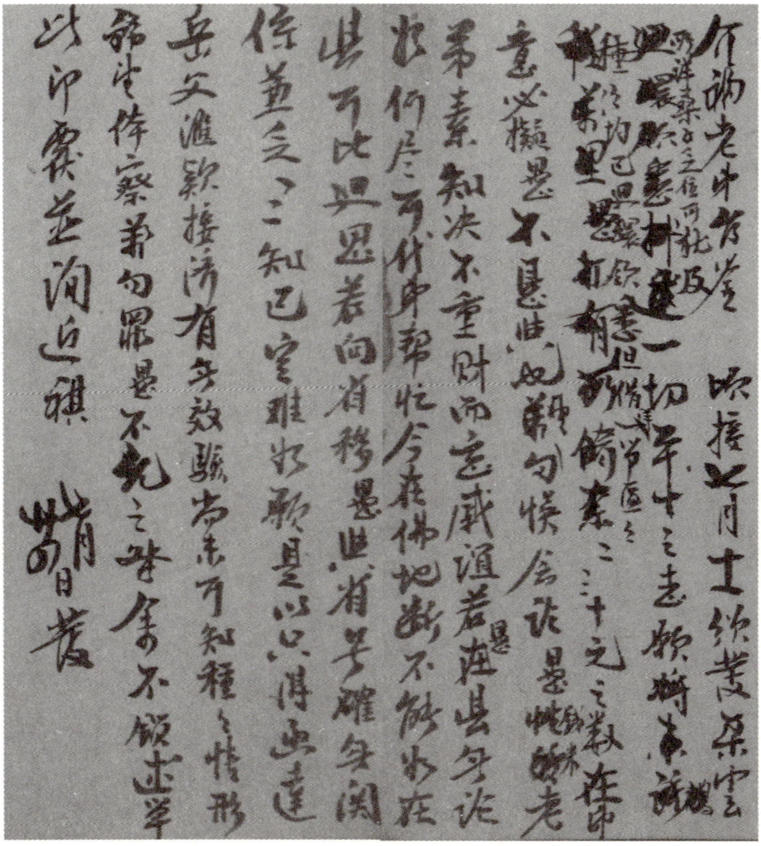

七月廿六日(9月8日)致萬安泰號

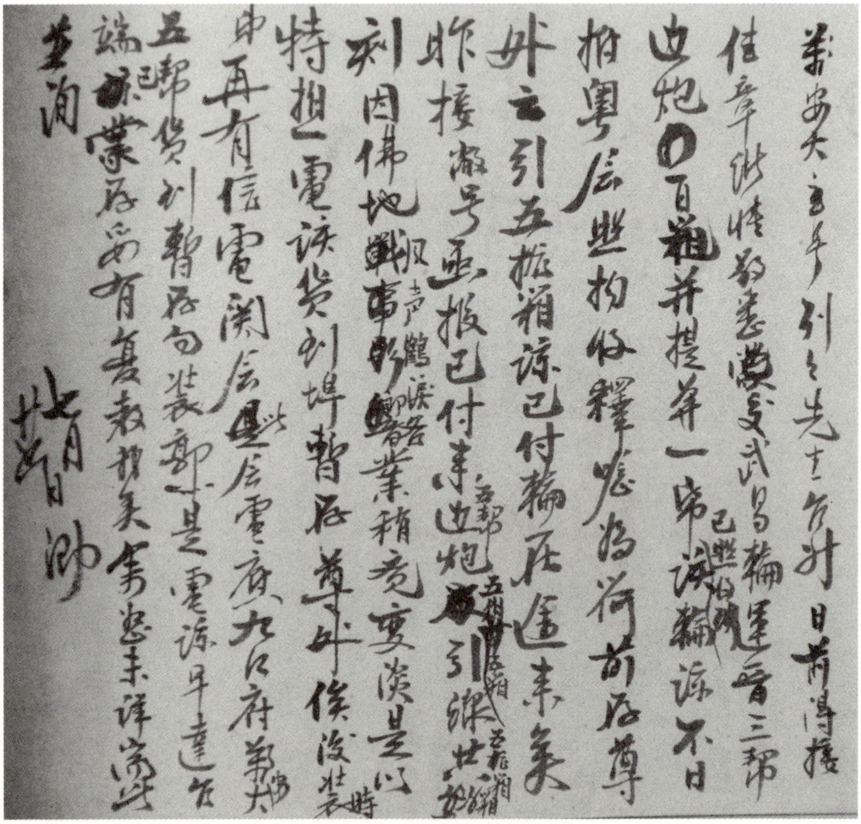

七月廿七日(9月9日)致本棧

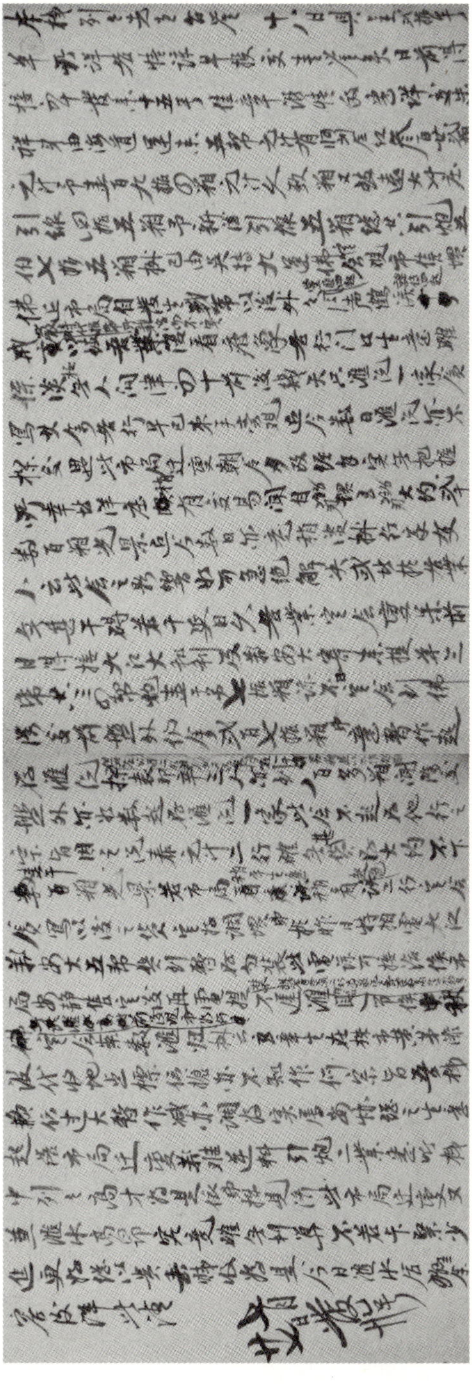

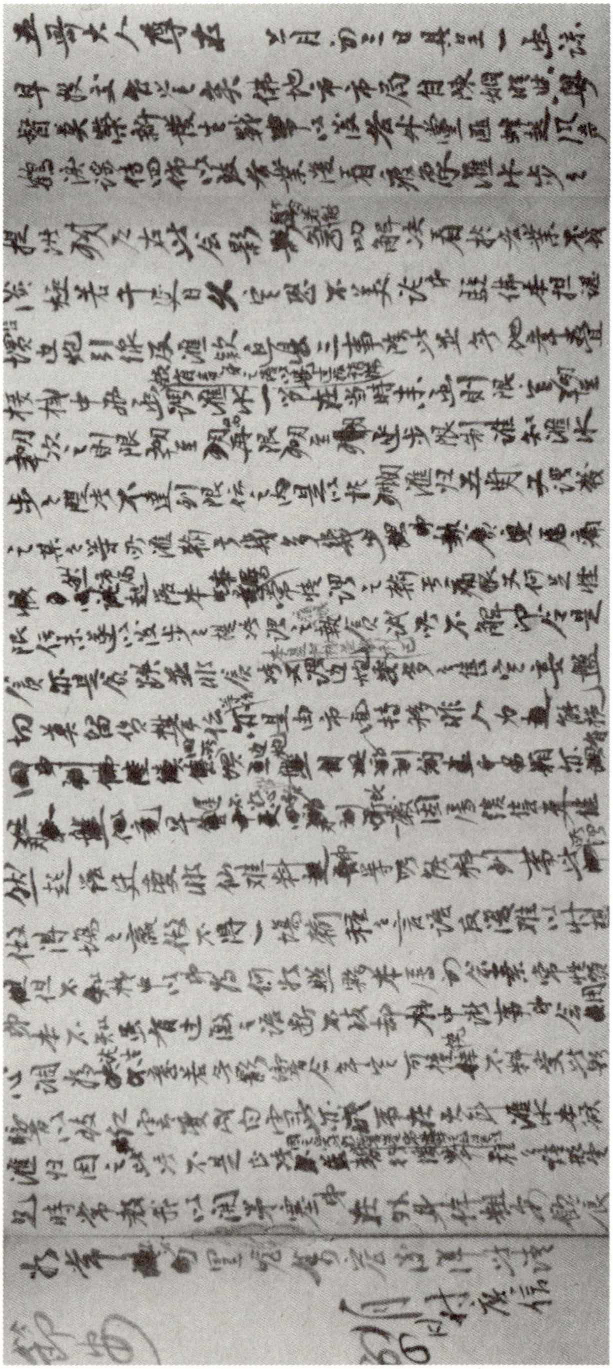

八月初四日(9月15日)致五哥

八月初五日（9月16日）致本栈

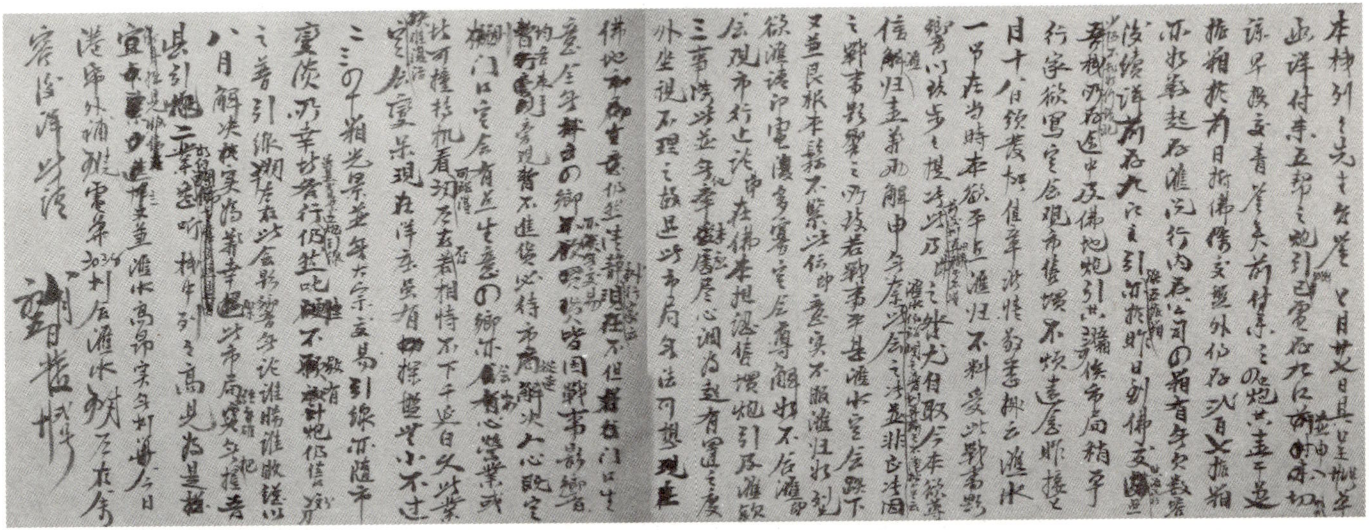

八月十一日(9 月 22 日)致祥開

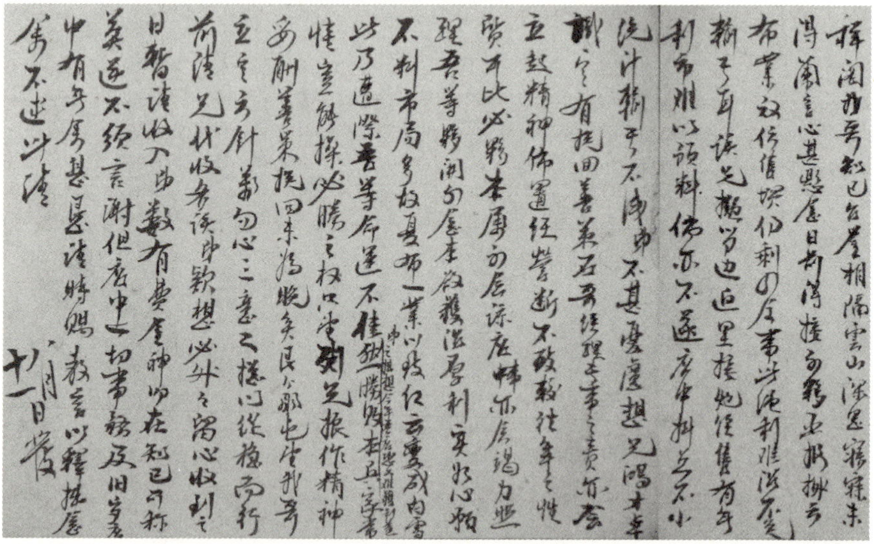

八月十三日(9月24日)致本棧

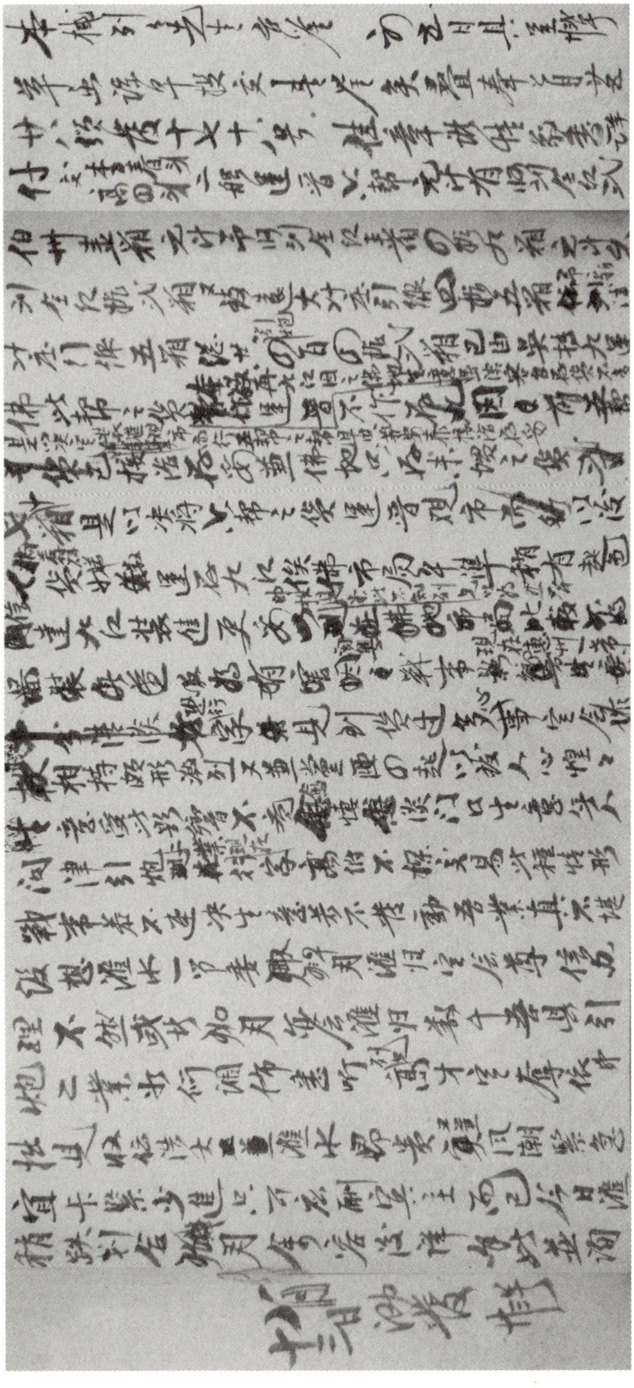

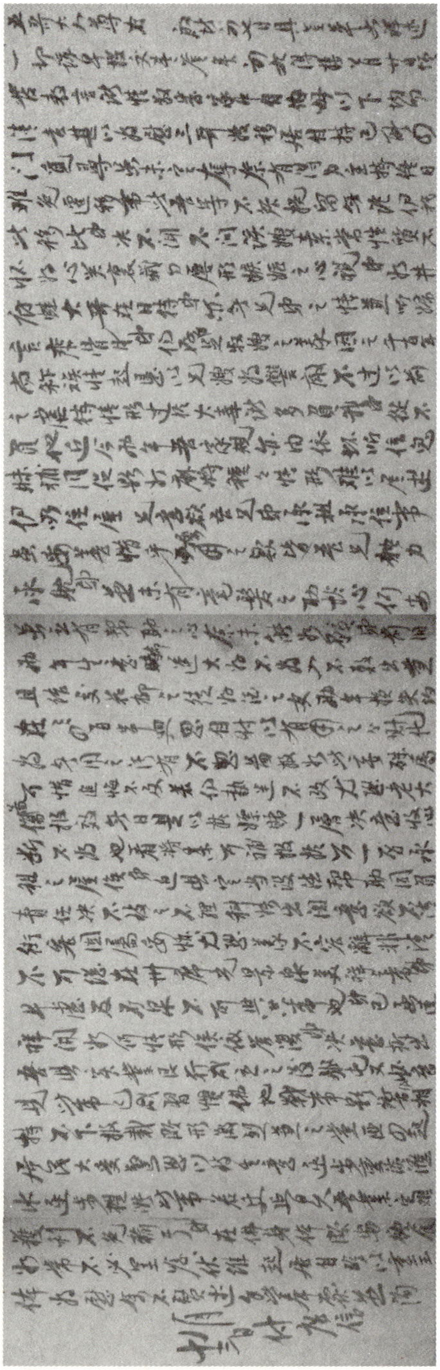

八月十三日(9月24日)致五哥

八月十九日(9月30日)致本棧

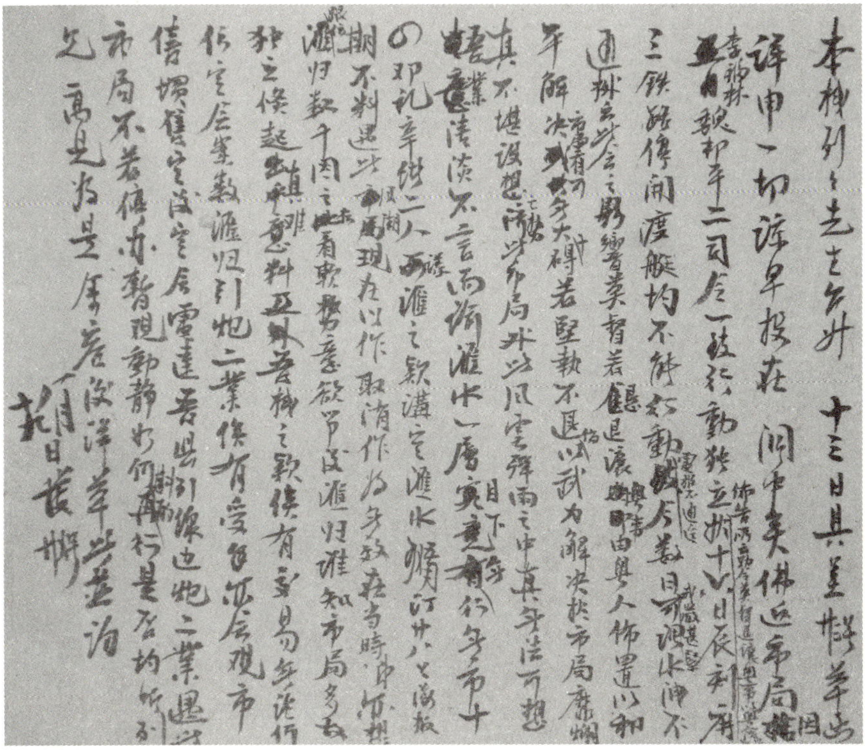

八月廿五日(10月6日)致本栈

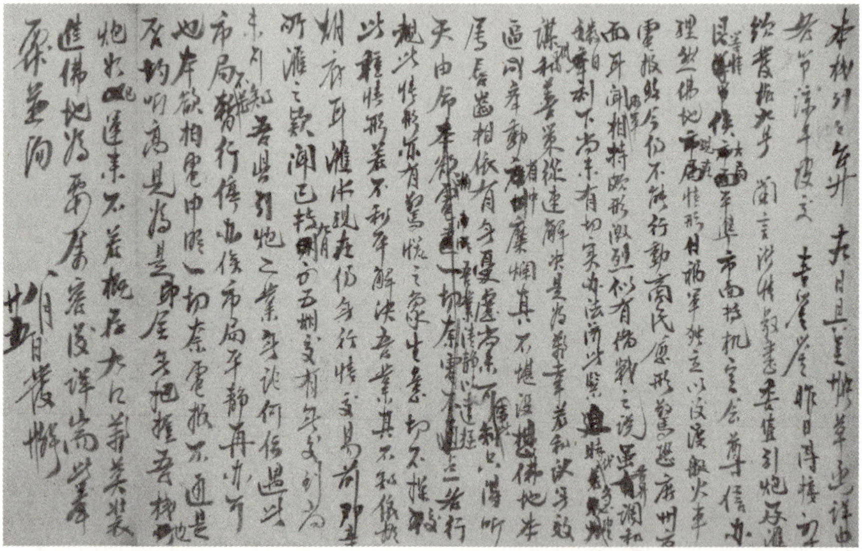

八月廿五日(10月6日)致萬安泰號

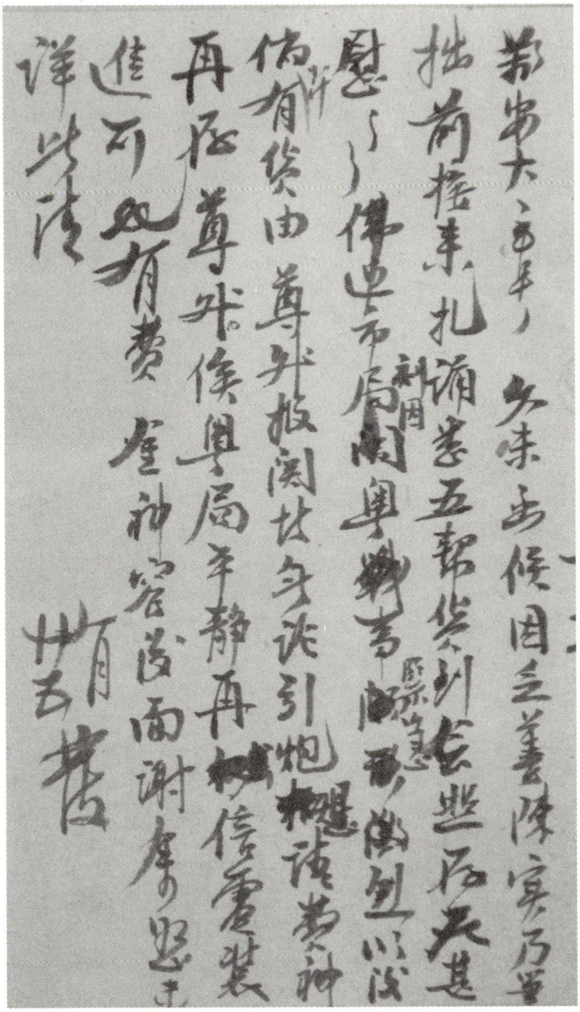

八月廿五日(10月6日)致大和利號

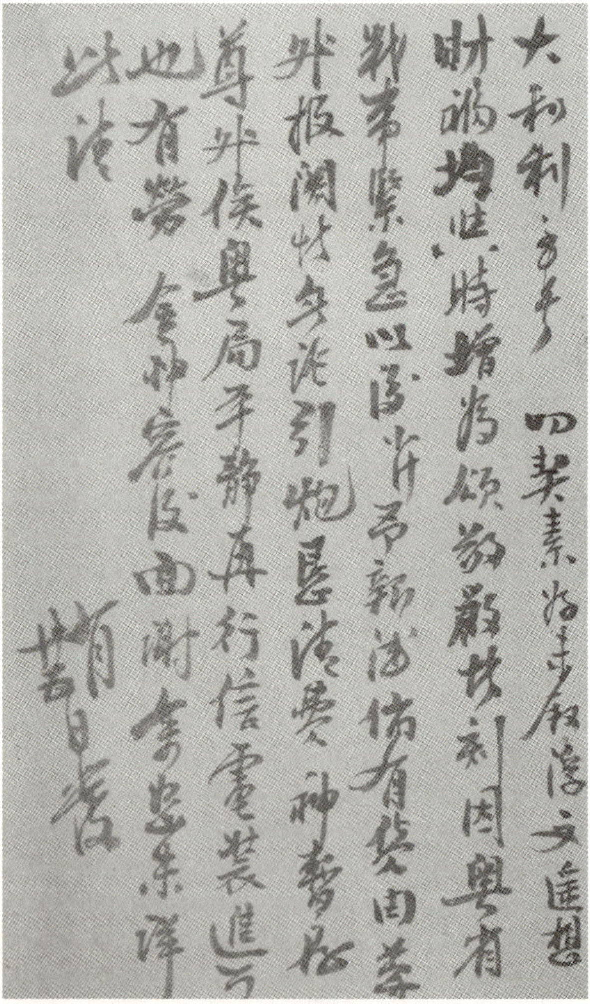

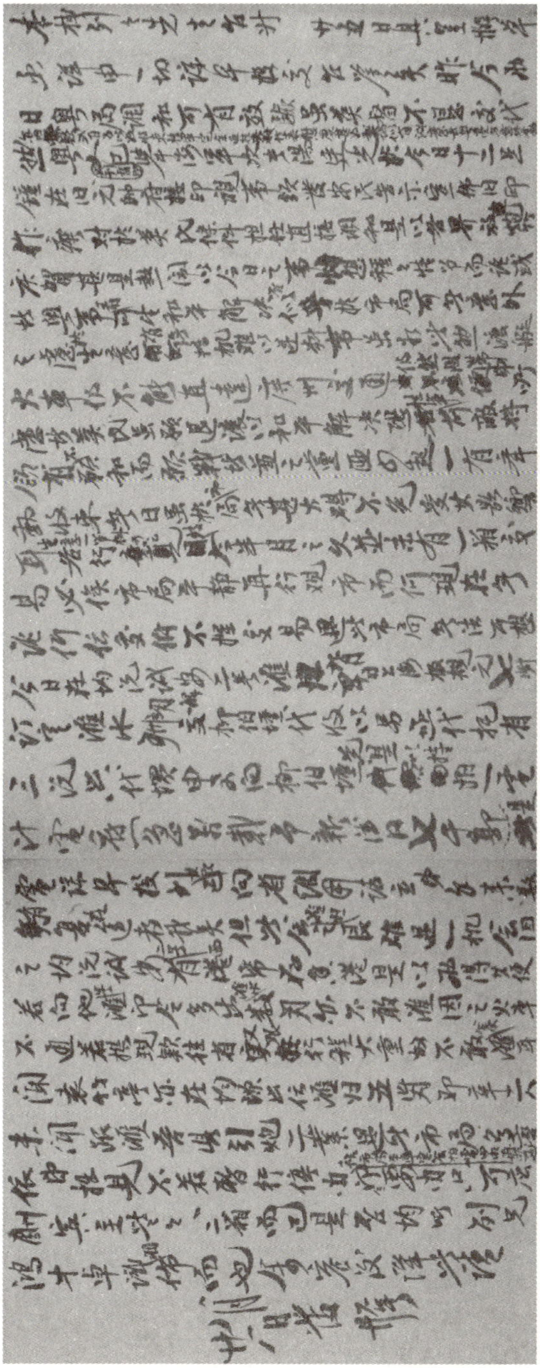

八月廿八日(10月9日)致本楼

八月廿八日(10月9日)致三源興號

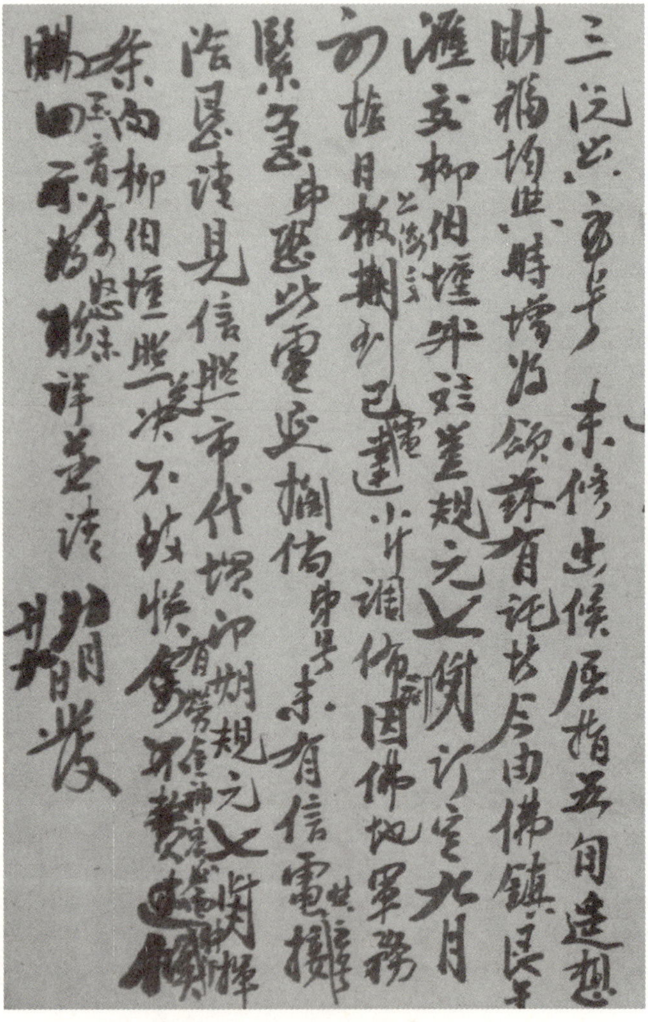

八月廿九日(10 月 10 日)致伯勳

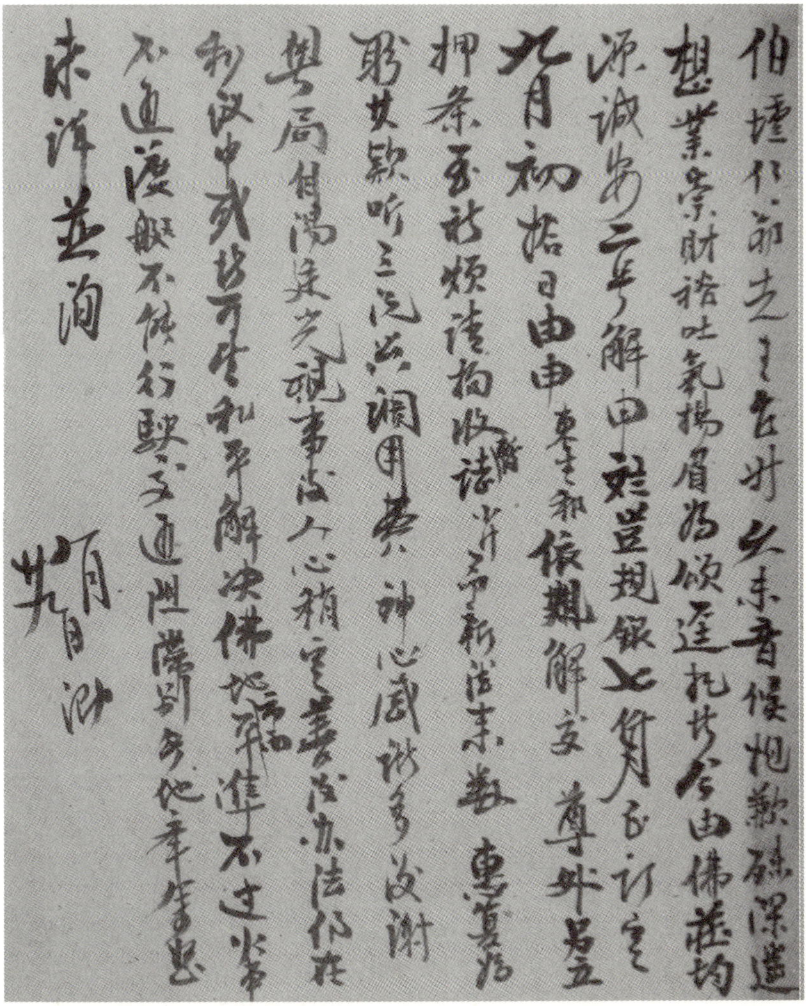

九月初五日（10月16日）致本棧

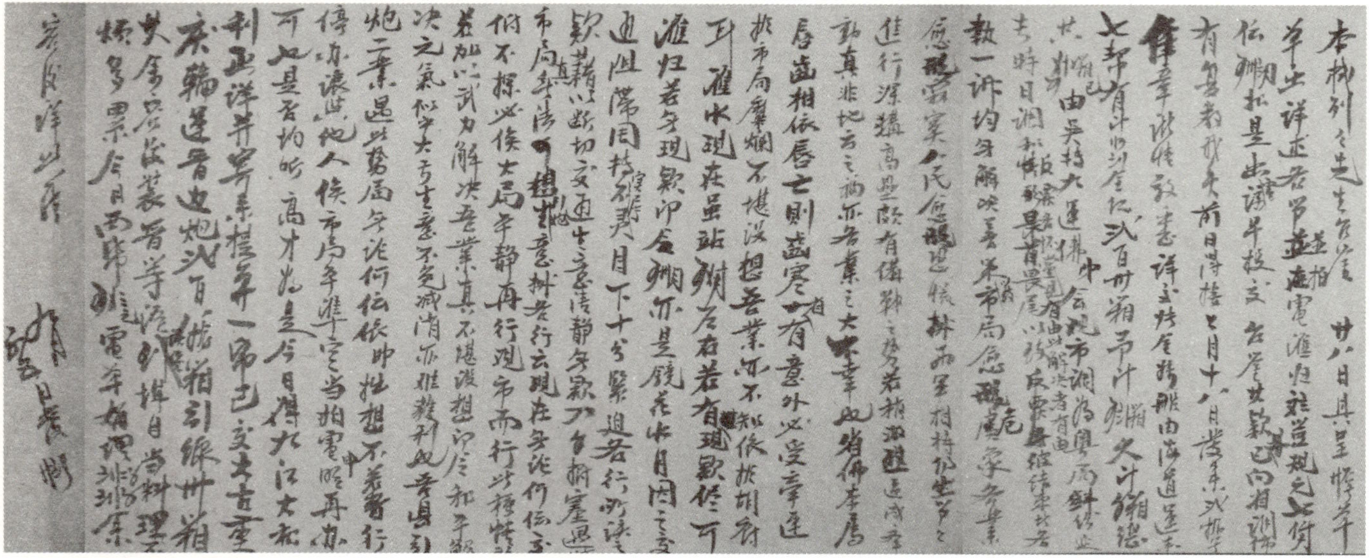

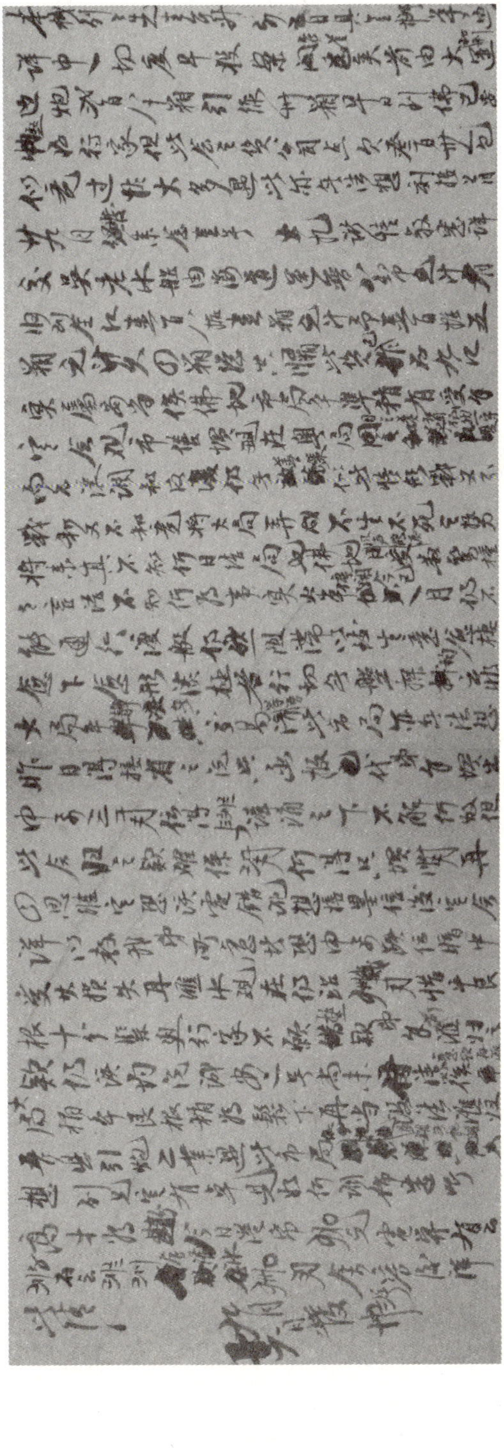

九月十六日(10月27日)致本楼

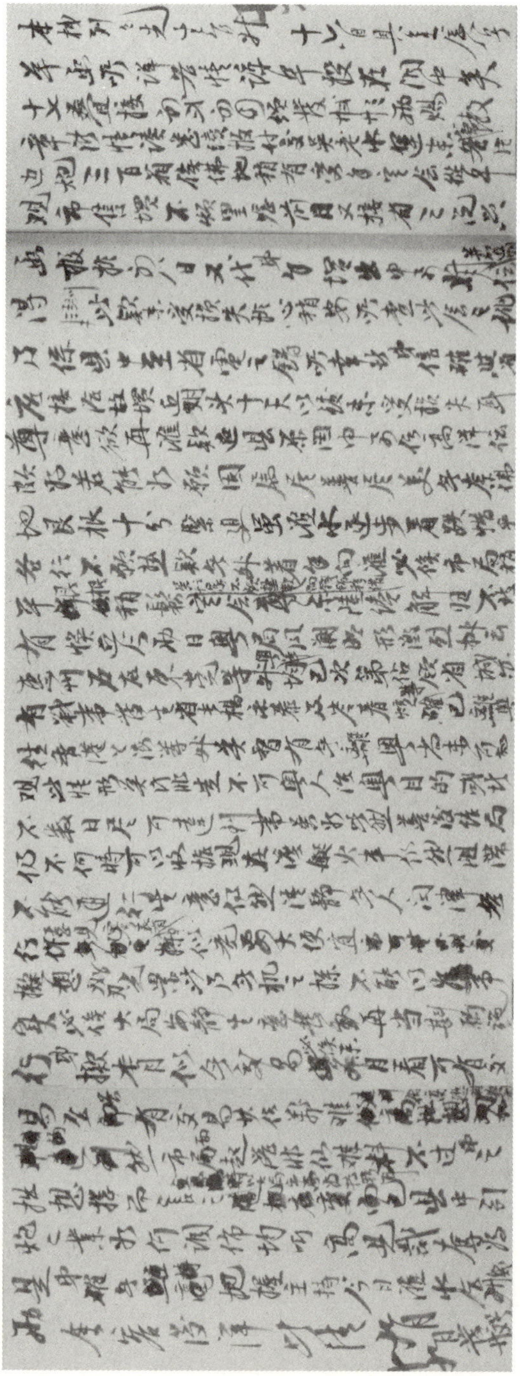

九月十九日(10月30日)致本棧

九月廿日（10 月 31 日）致三源興號

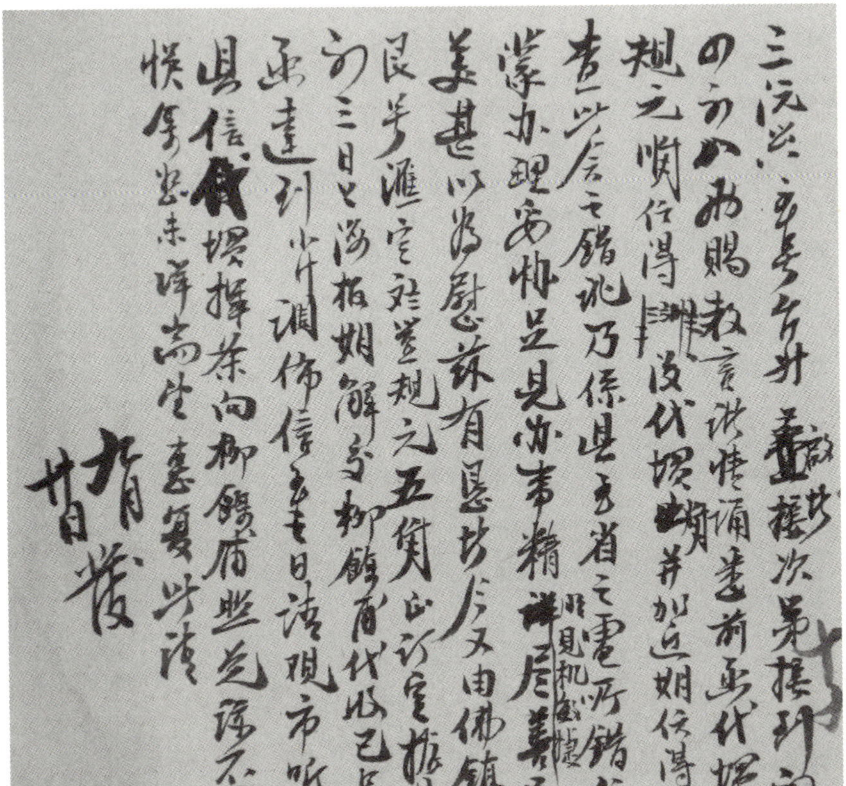

九月廿日(10 月 31 日)致本棧

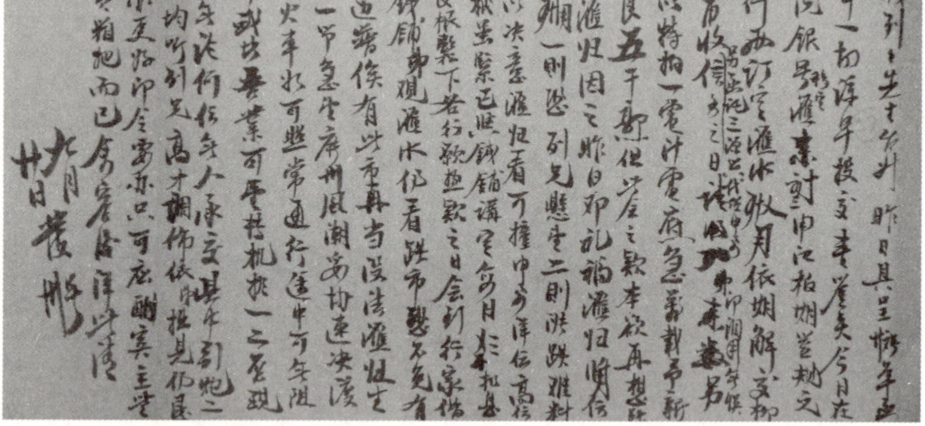

九月廿一日(11 月 1 日)致餘甫

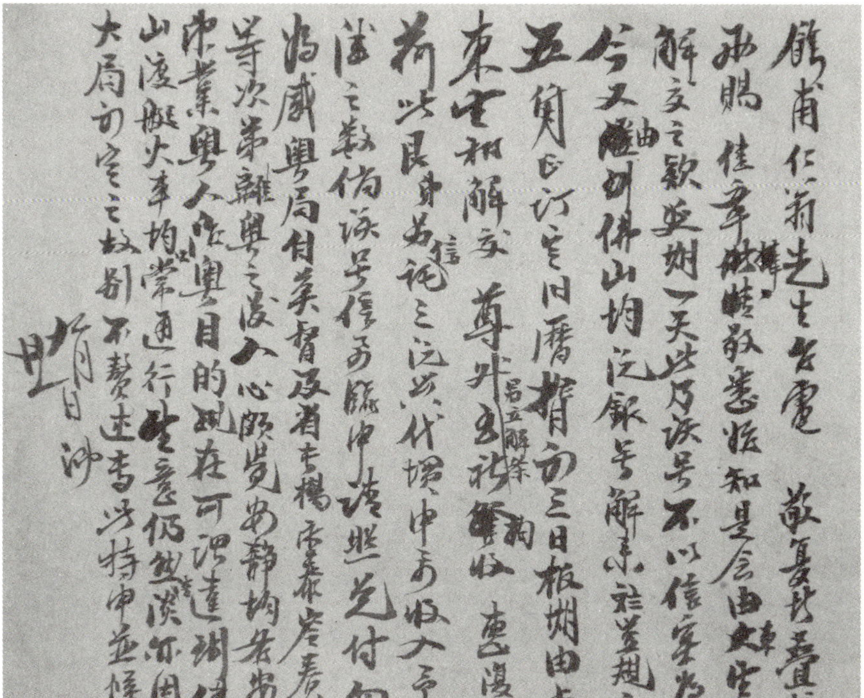

九月廿三日(11月3日)致本棧

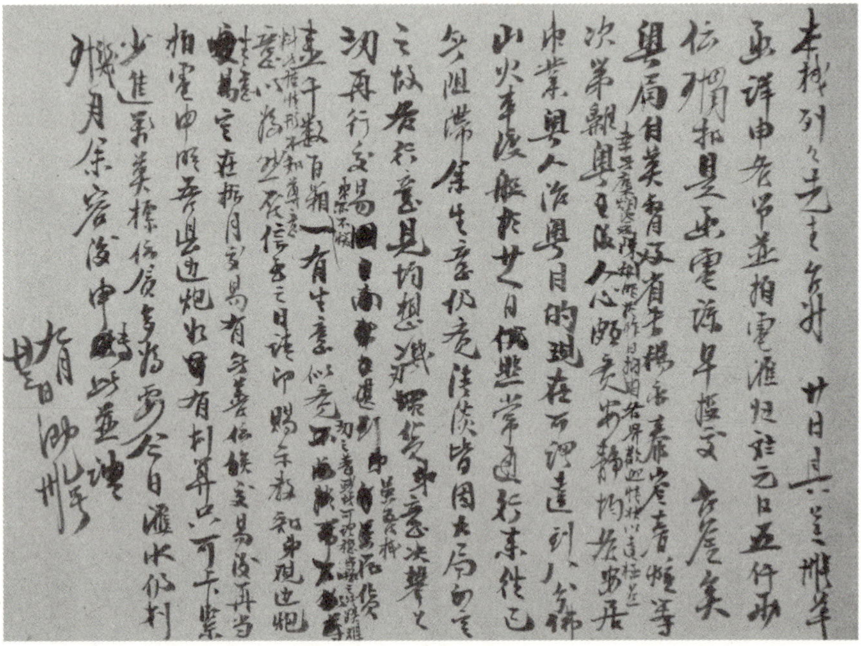

九月廿三日(11 月 3 日)致岳父

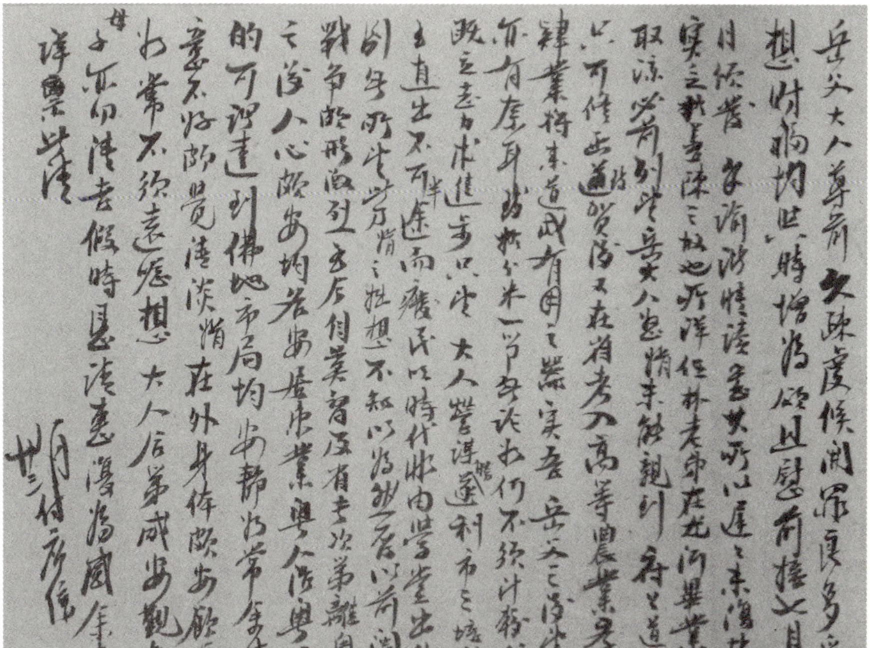

岳父大人尊前 久疏定候 闊別良多 遥
想時祺納吉 時增為頌 此啟前接七月廿
日信嘗 家渝[illegible]情[illegible]又所以遲遲未復者
實之[illegible]三叔也 此次[illegible]在龍河畢業[illegible]
取消 必需到此岳父大人處 未能觀到 特[illegible]
以可借函道[illegible]又在省考入高等農業學校
肄業 將來道成有用之器 實[illegible] 岳父之[illegible]
你[illegible]有虔身[illegible]於[illegible]未一節 無論如何不欲計較 今
改之意[illegible]求進步 只[illegible] 大人鑒諒 遂利[illegible]
直達生不可半途而廢 民以時代非由學堂出身
則無所[illegible]想 不知以為然否 以前[illegible]
戰爭於形勢[illegible]
之後人心[illegible]安 均若安[illegible]
的可理達到 佛地市局均安靜[illegible]常[illegible]
毫不好[illegible]覺清淡[illegible] 在外身體[illegible]安[illegible]
為常不欲遠[illegible]想 大人居第咸安 觀越
母子亦即清吉 假時[illegible]清[illegible]為國[illegible]
禔禮 此請
[illegible]月廿三付[illegible]信

九月廿六日(11月6日)致萬安泰號

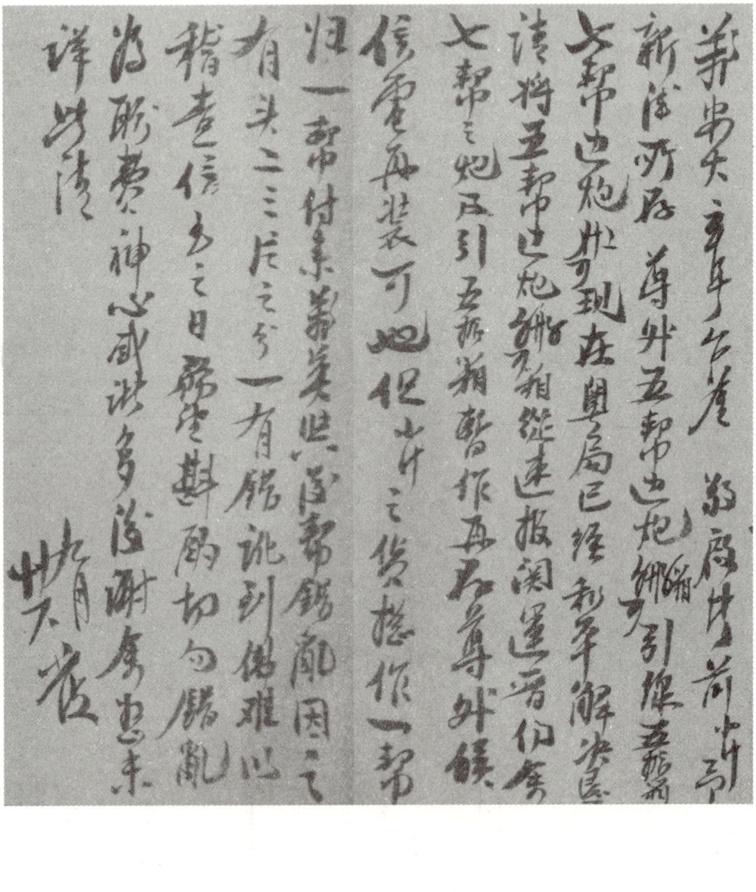

九月廿六日(11 月 6 日)致大和利號

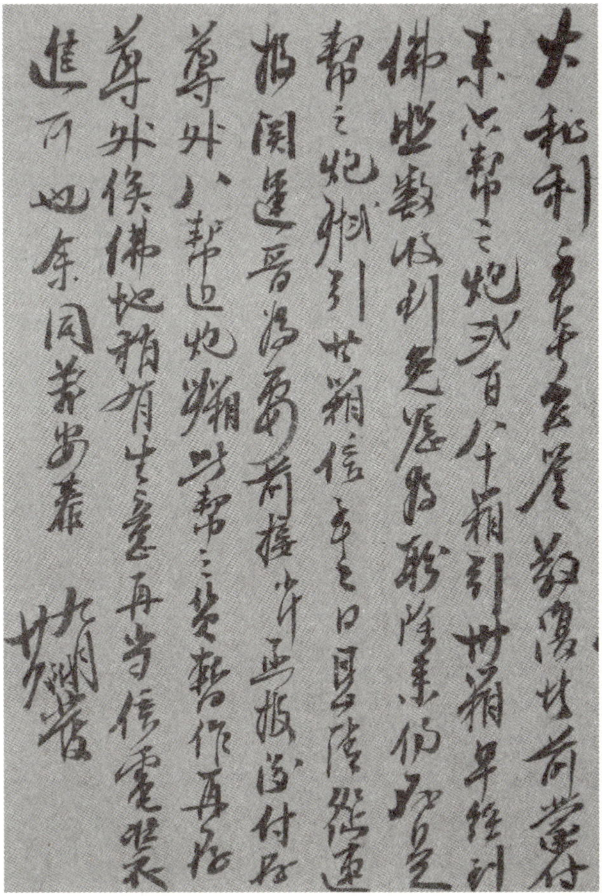

九月廿七日(11月7日)致本棧

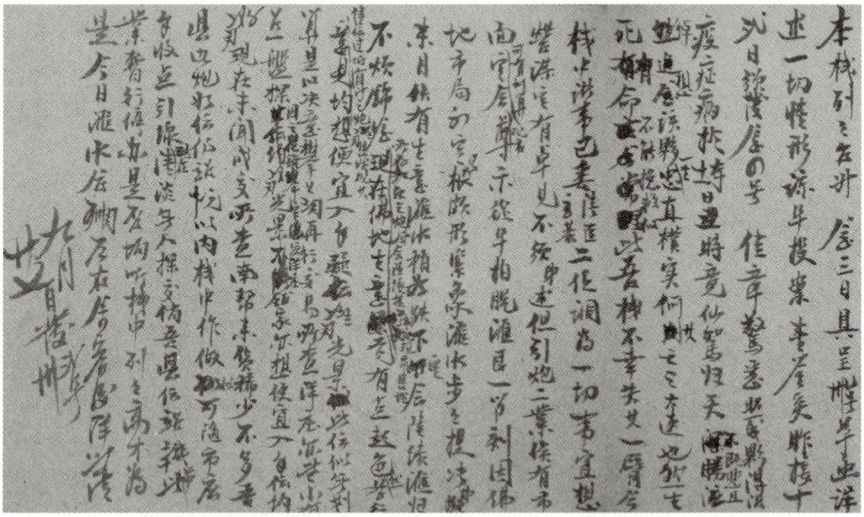

十月十二日（11月21日）致本栈

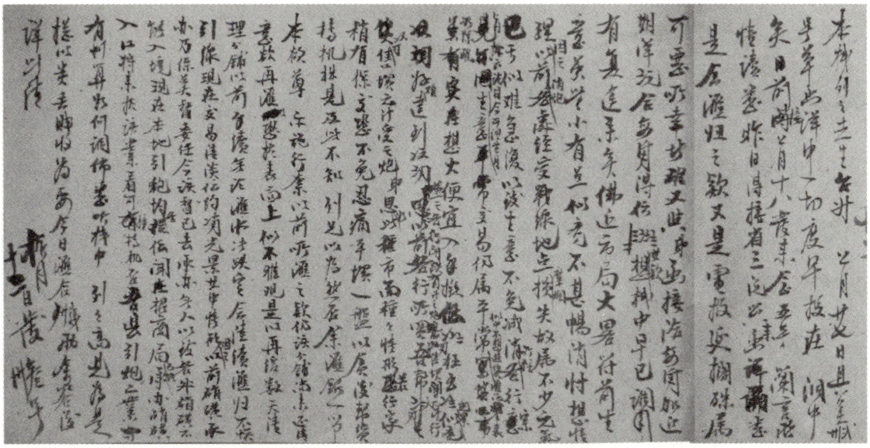

十月十八日(11 月 27 日)致本栈

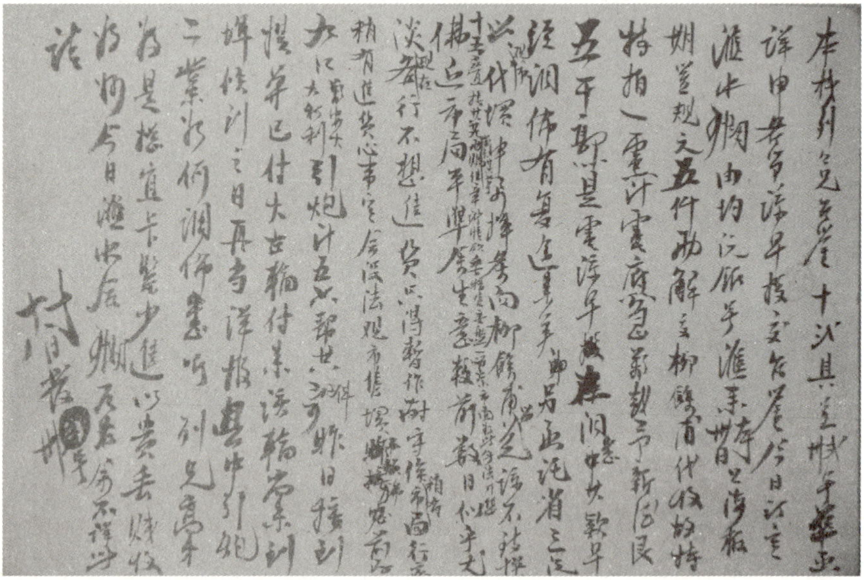

十月十八日(11 月 27 日)致三源興號

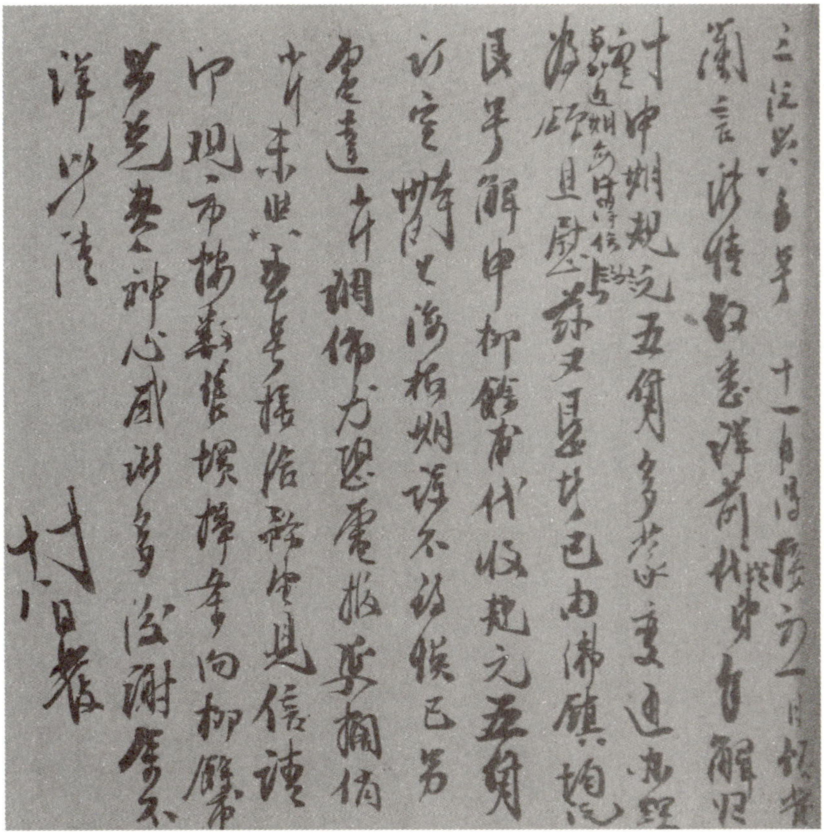

十月廿九日(12月8日)致本棧

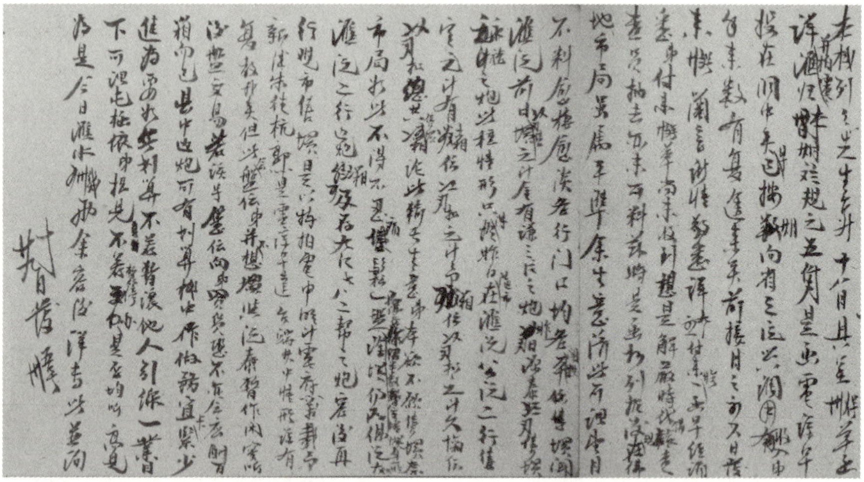

十月廿九日(12 月 8 日)致五哥

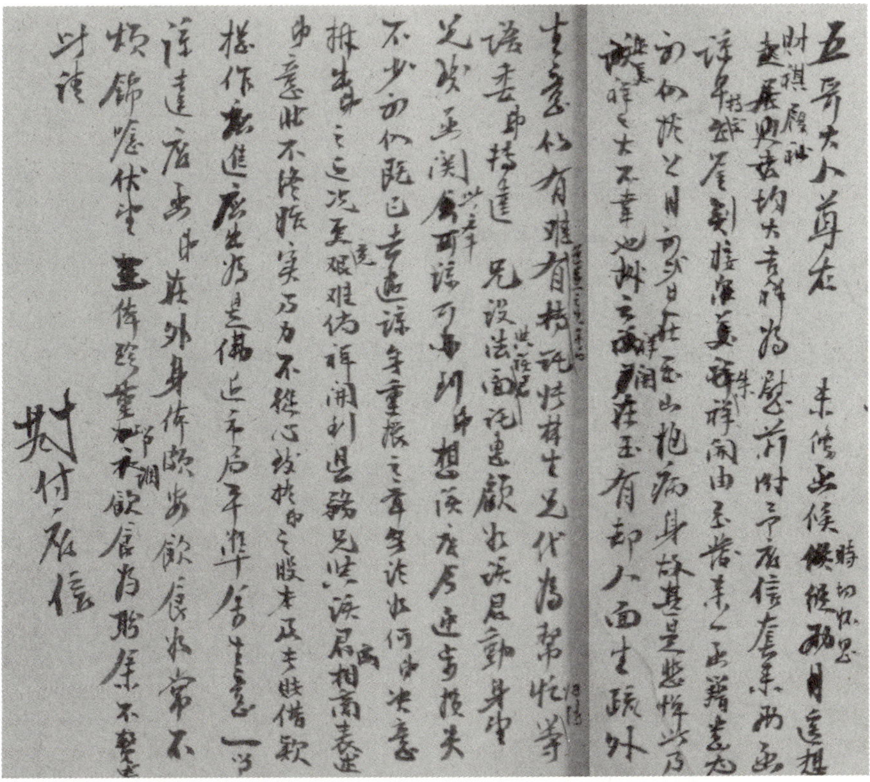

十一月初三日(12 月 12 日)致本棧

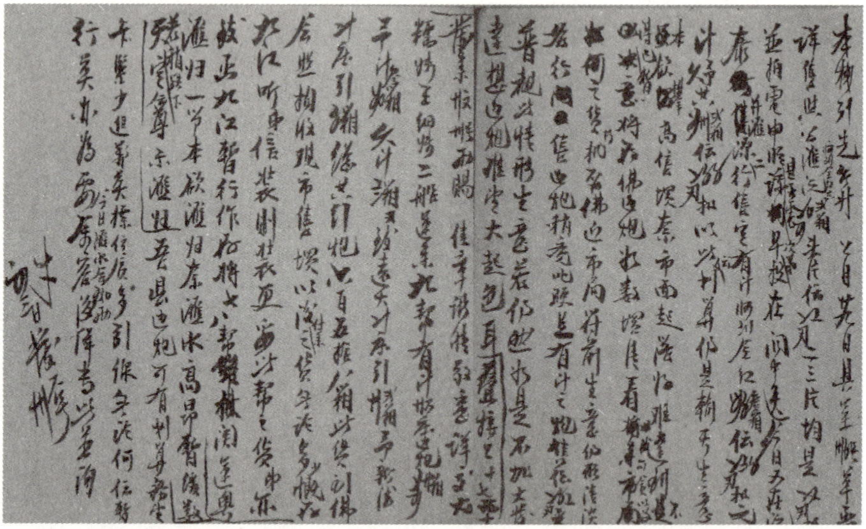

十一月初五日（12 月 14 日）致五哥

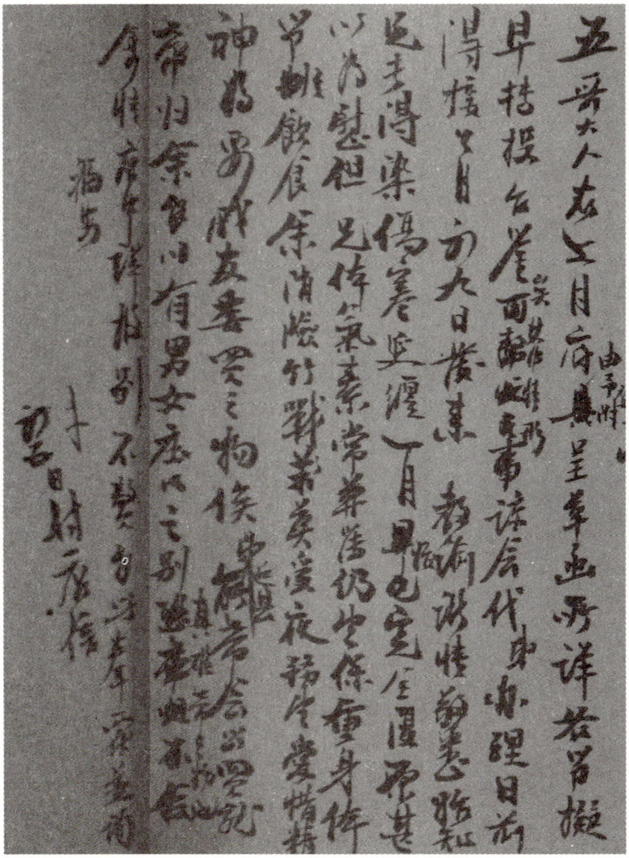

十一月初八日(12月17日)致本棧

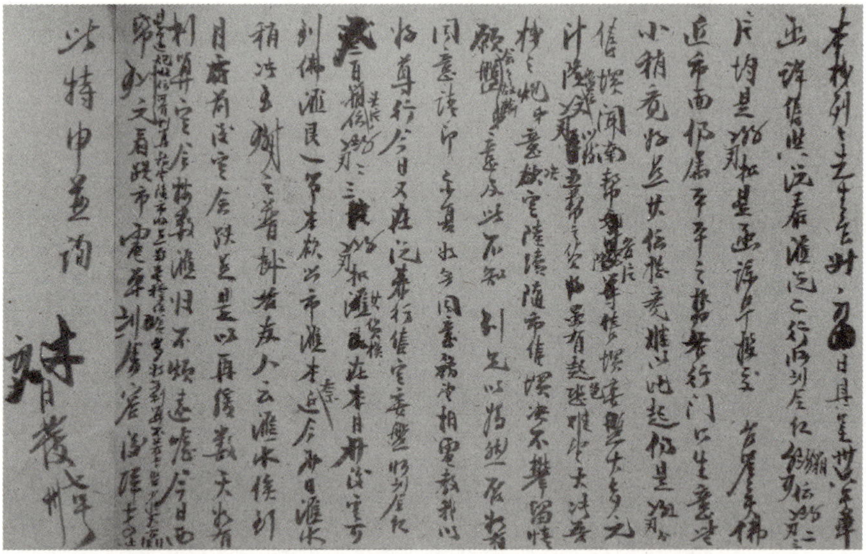

十一月十一日(12 月 20 日)致三源興號

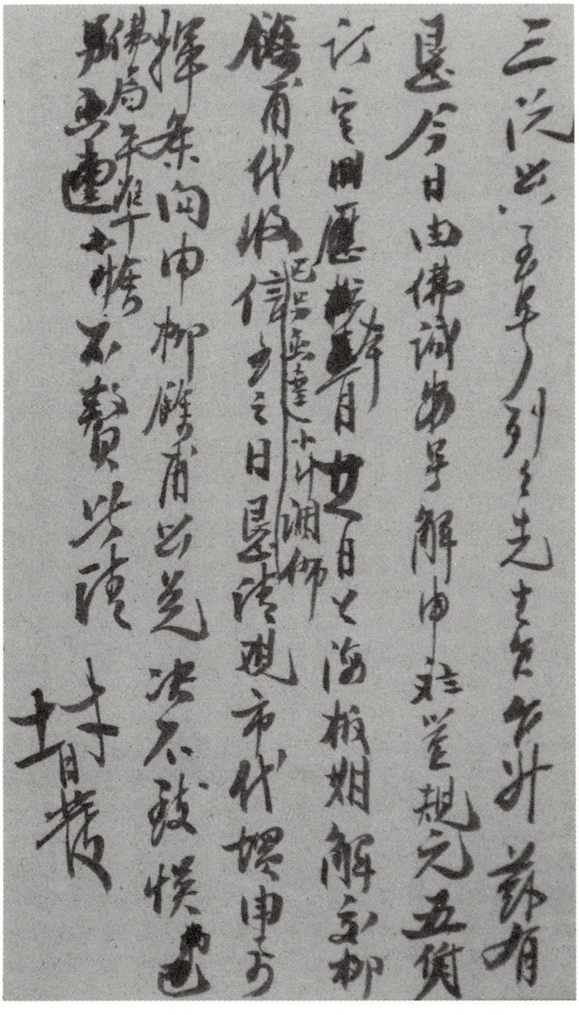

十一月十一日(12月20日)致餘甫

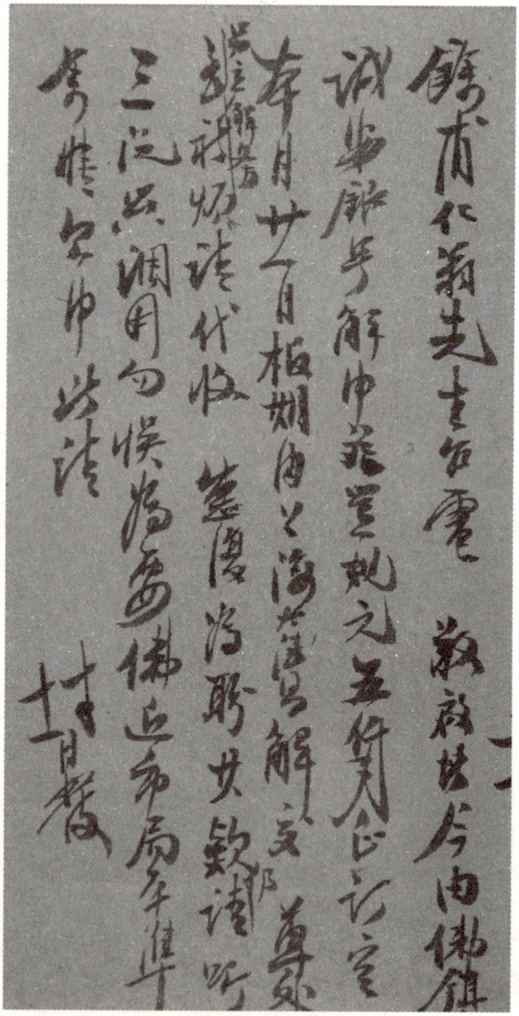

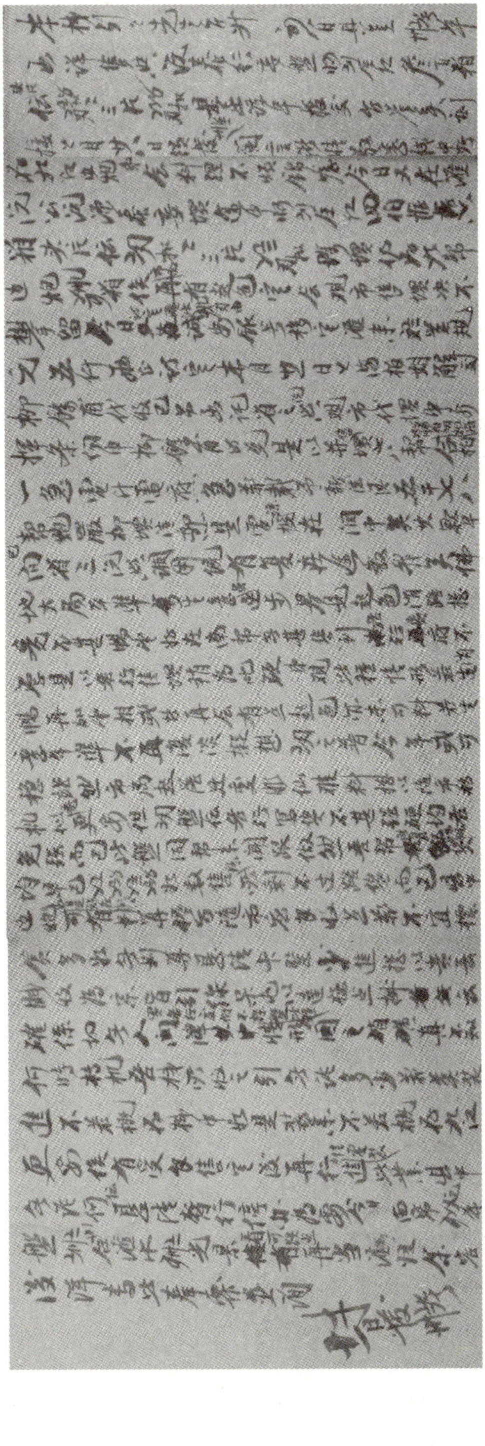

十一月十一日(12月20日)致本楼

十一月十五日(12 月 24 日)致本棧

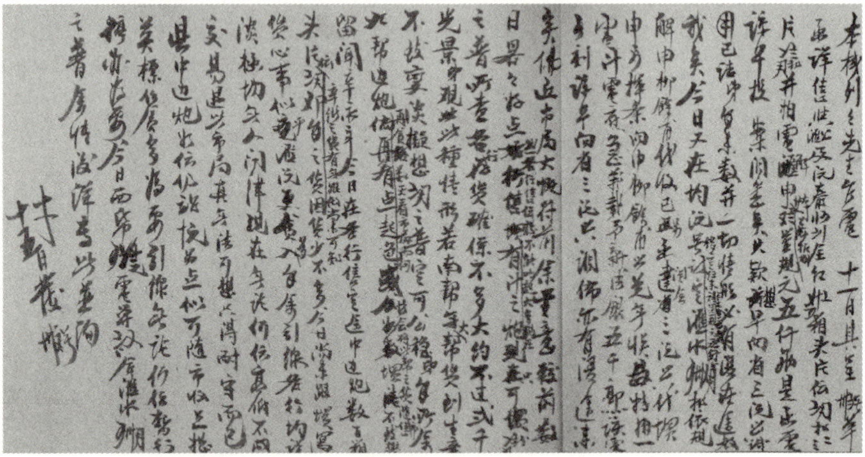

十一月十五日(12 月 24 日)致三源興號

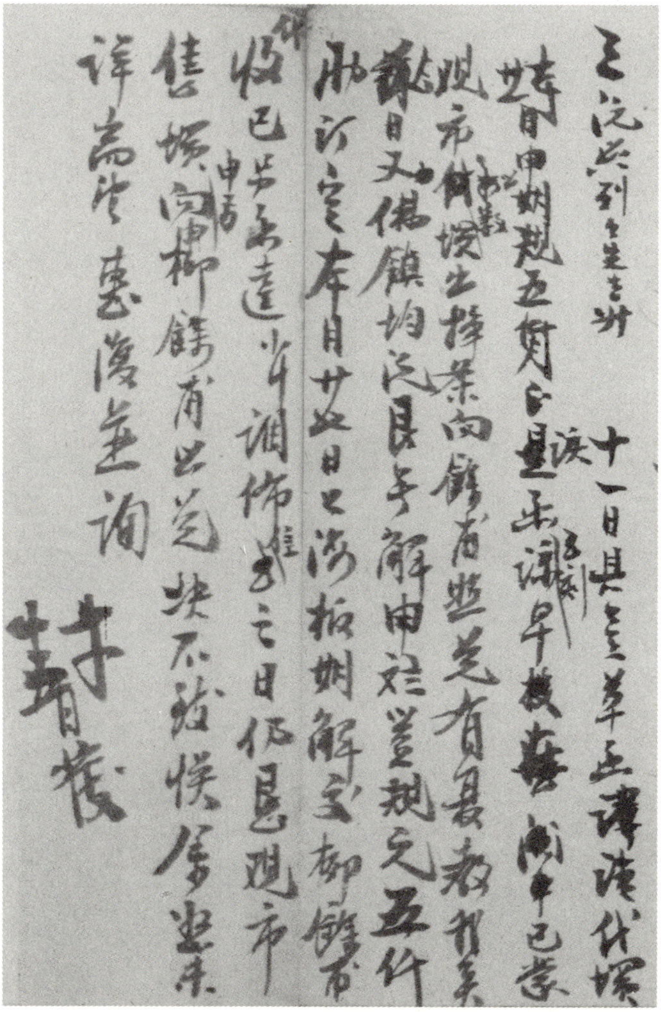

十一月十七日(12 月 26 日)致餘甫

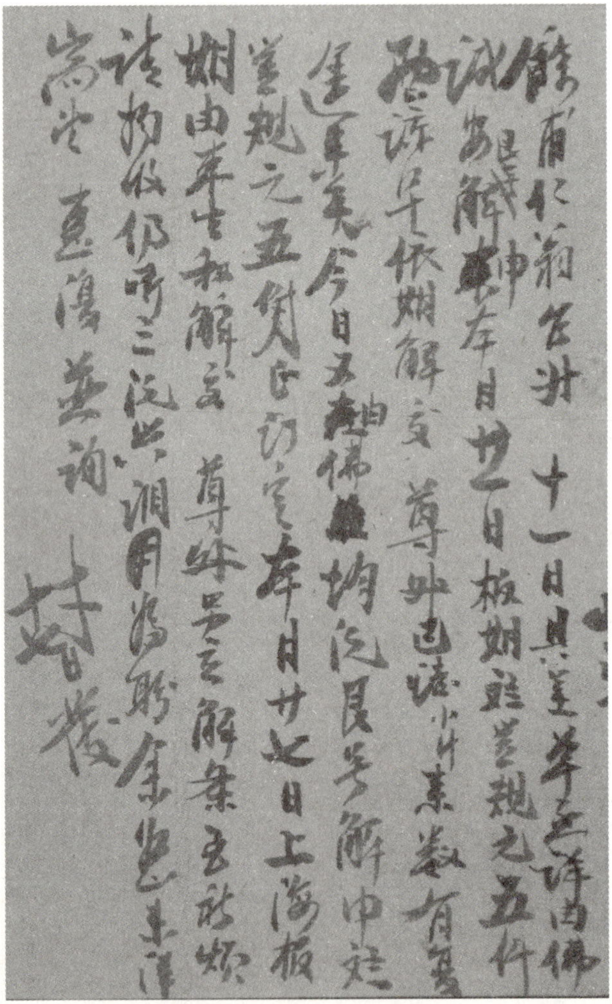

十一月十七日(12 月 26 日)致萬安泰、大和利號

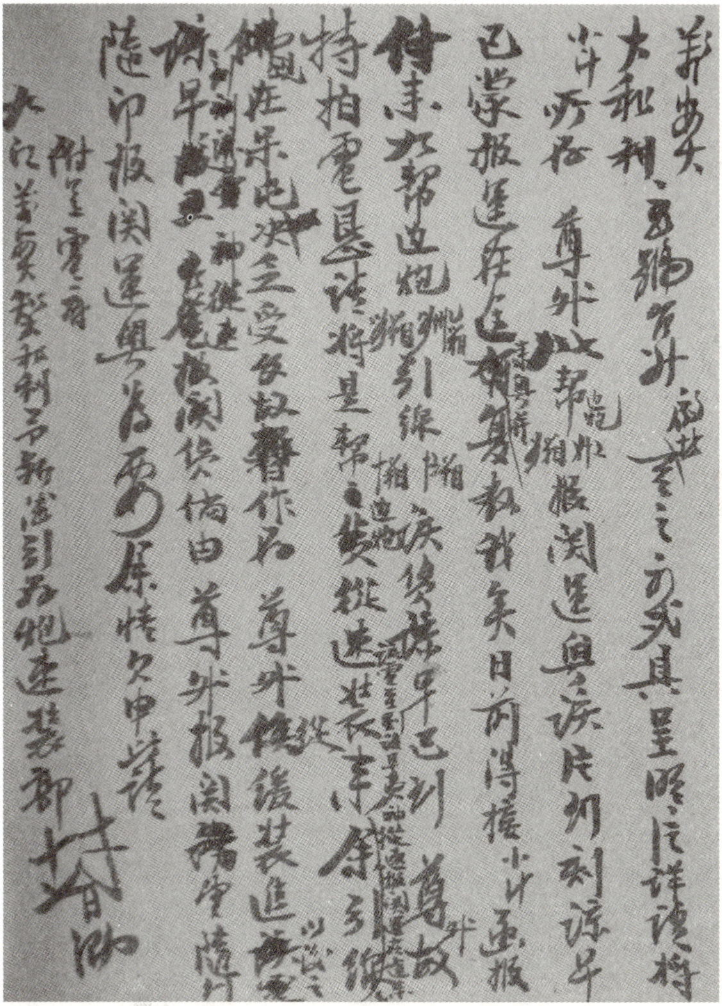

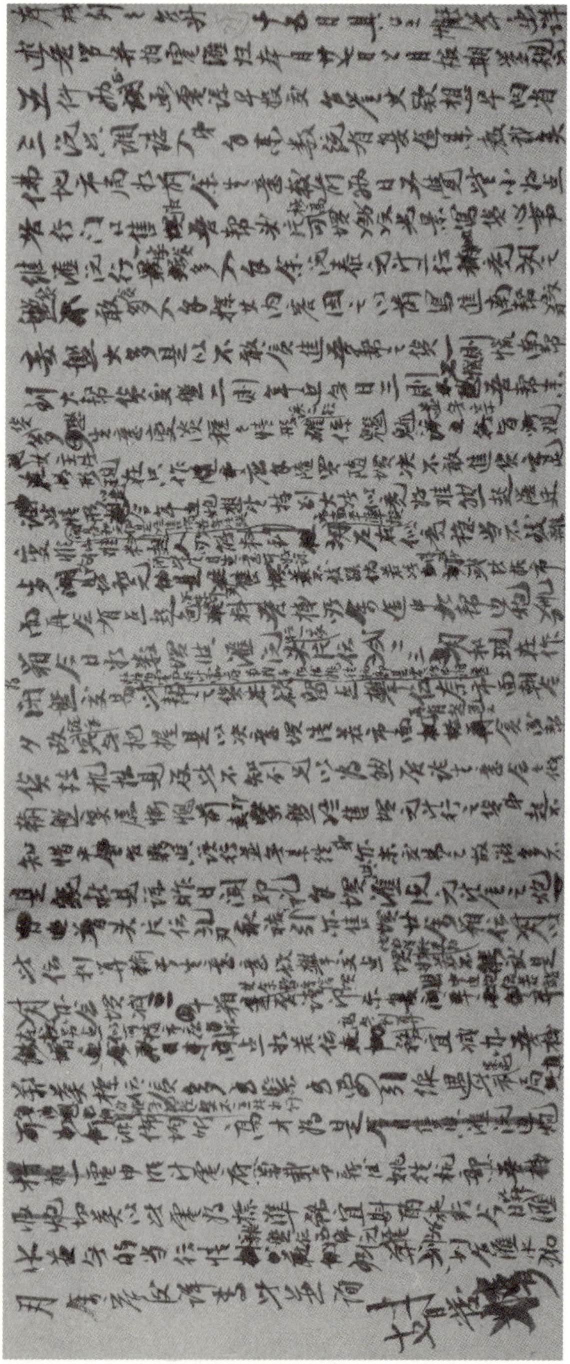

十一月十七日(12月26日)致本棧

民國十年（1921年）

十一月廿四日（1月2日）致本棧

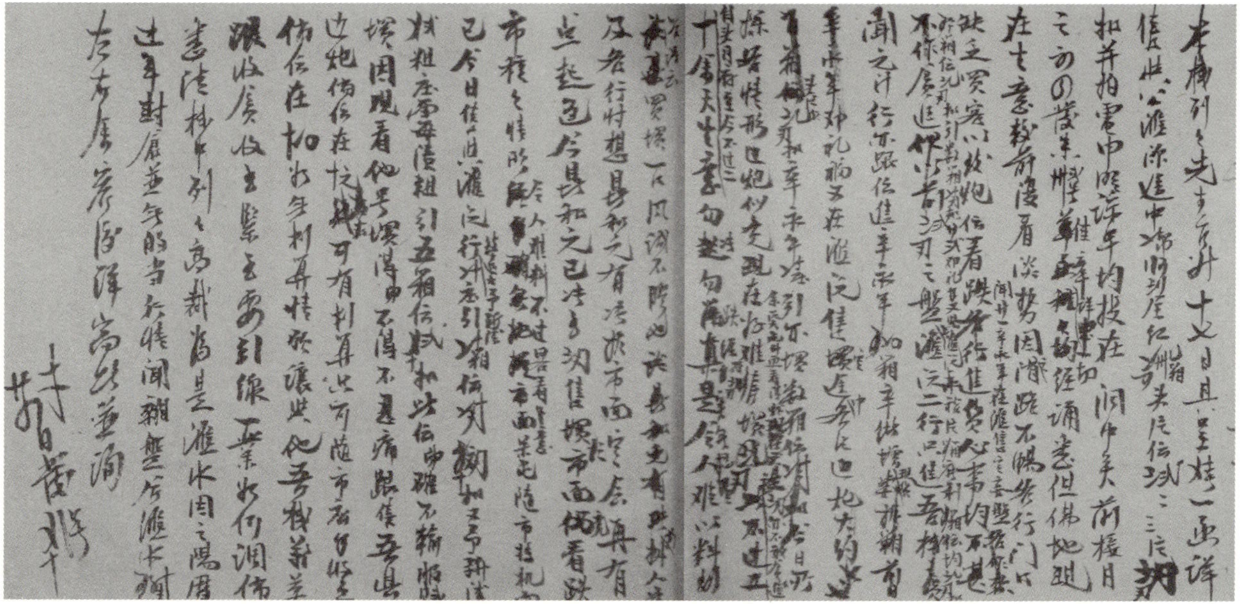

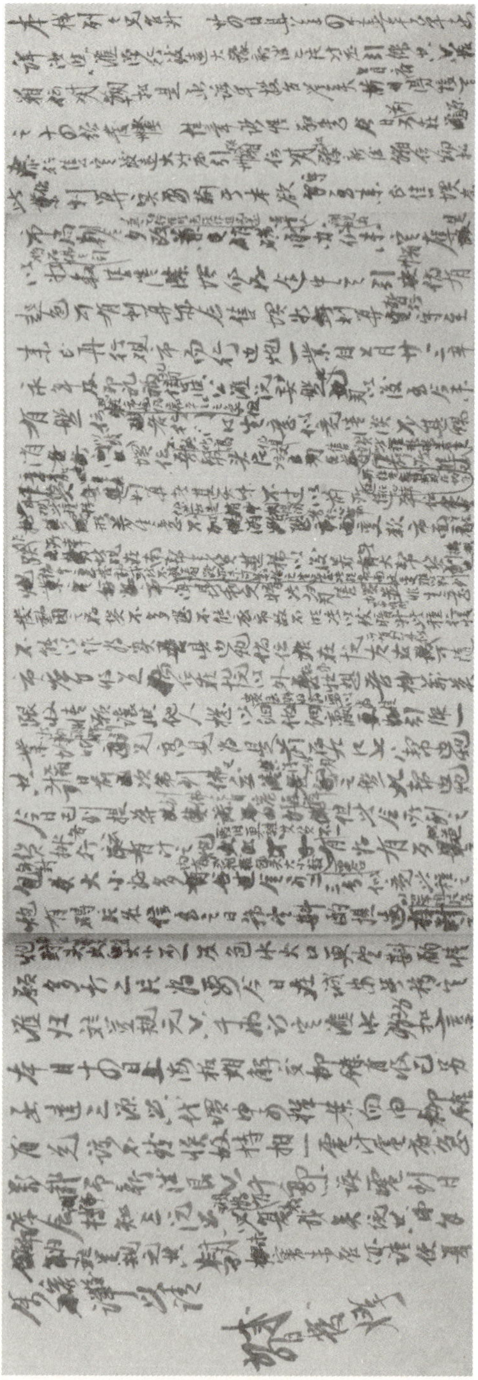

十二月初四日（1月12日）致本楼

十二月初八日(1 月 16 日)致本栈

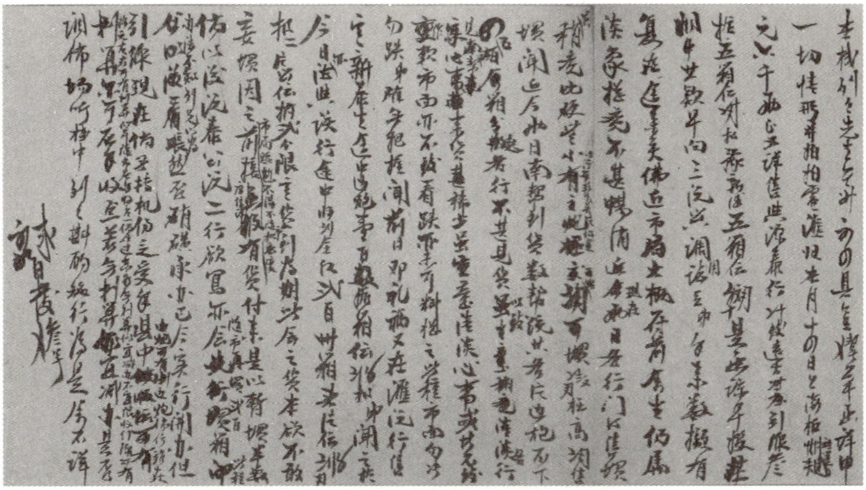

十二月十三日(1月21日)致本楼

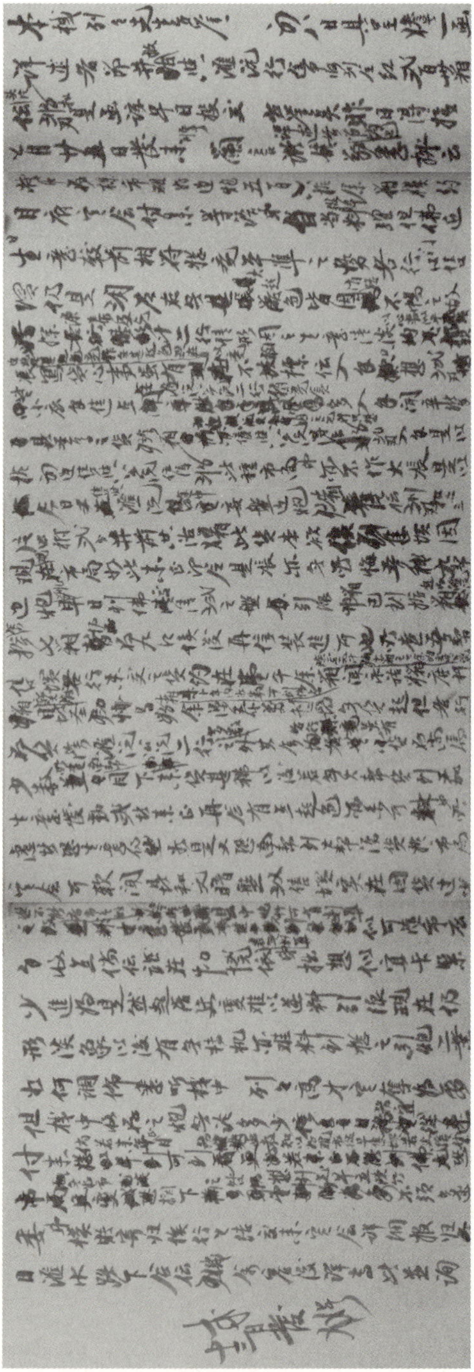

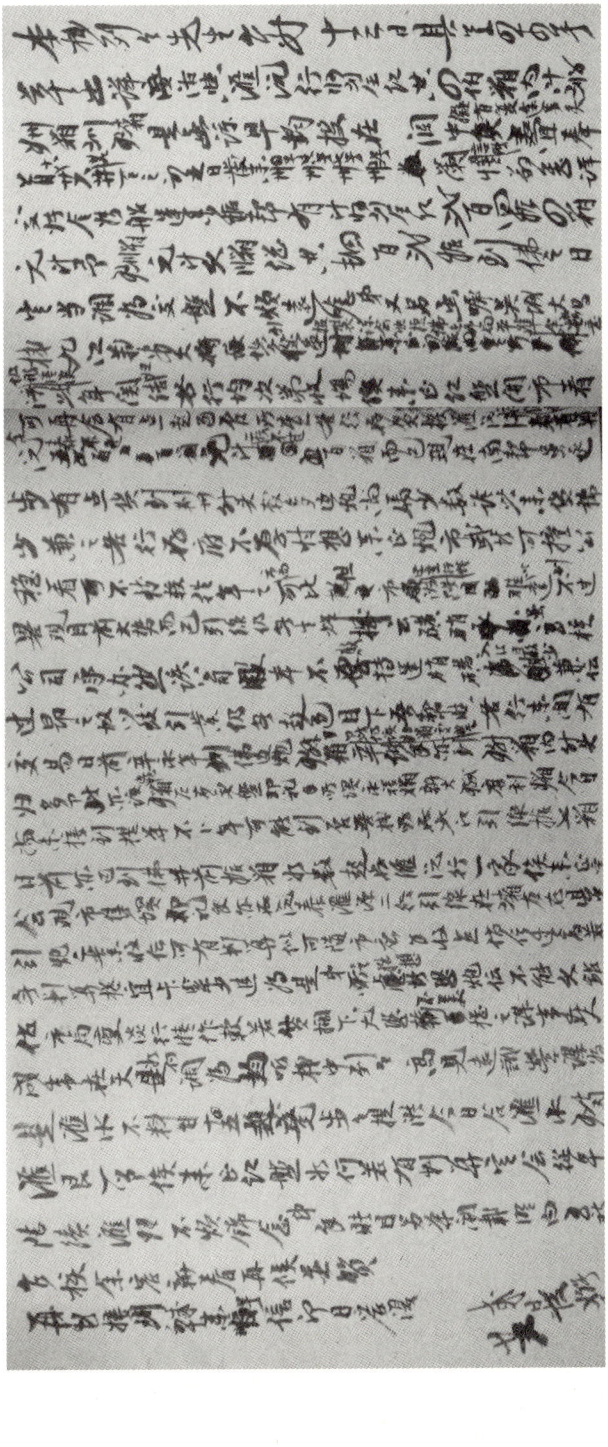

十二月廿六日(2月3日)致本栈

正月初十日(2月17日)致本栈

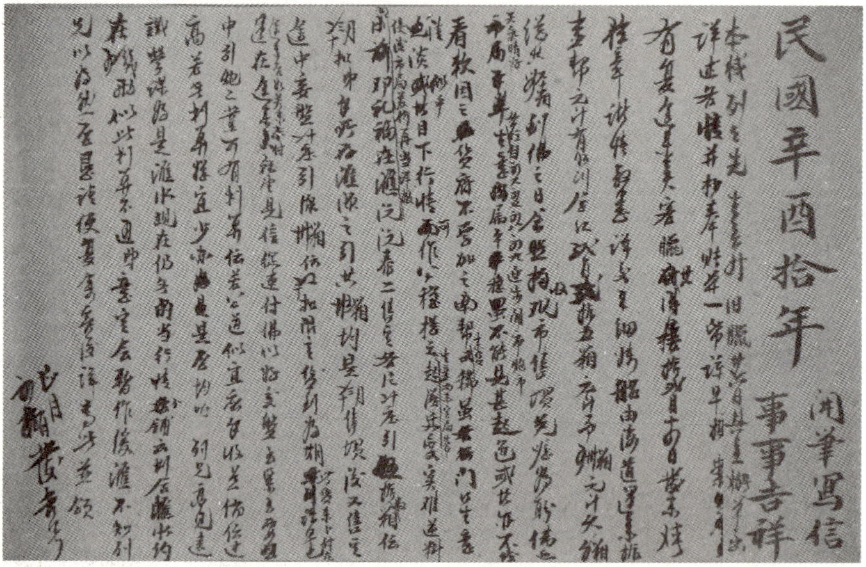
民國辛酉拾年
開筆寫信
事事吉祥

正月十九日(2月26日)致本栈

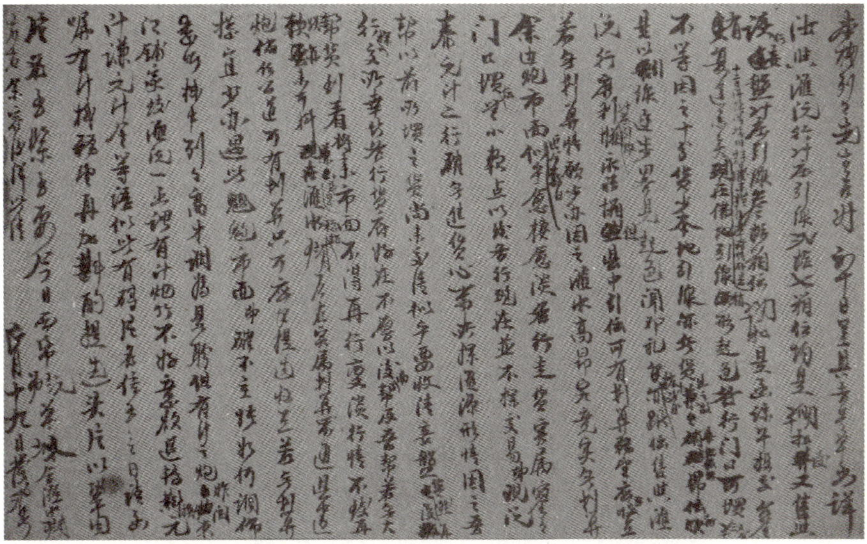

正月廿五日(3月4日)致三源興號

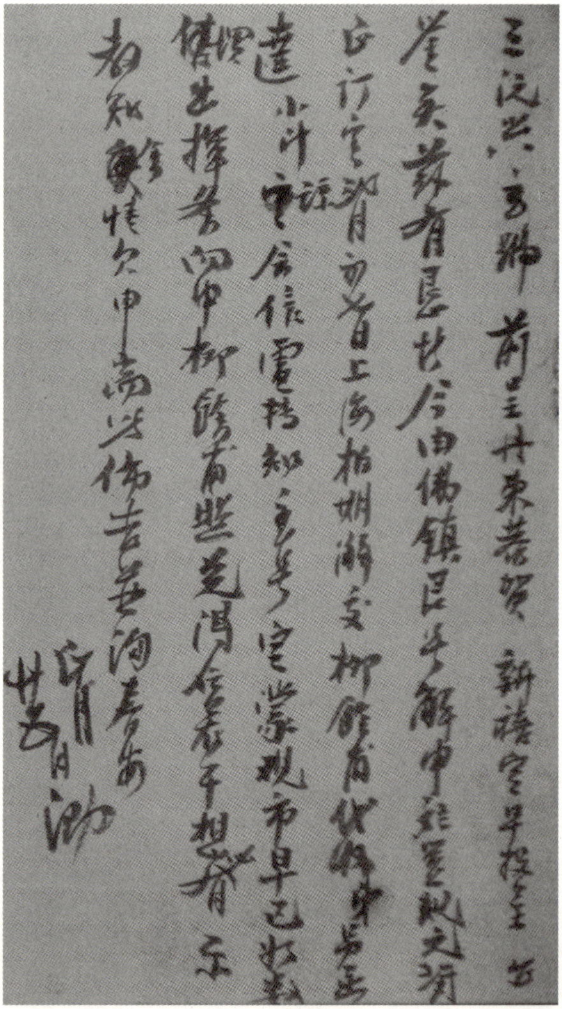

正月廿五日(3月4日)致本栈

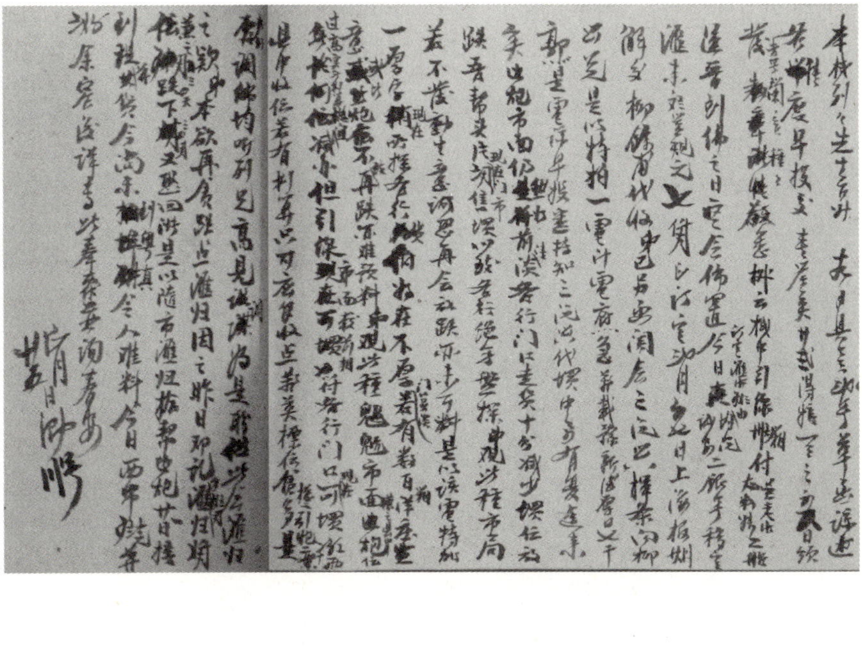

正月廿七日(3月6日)致餘甫

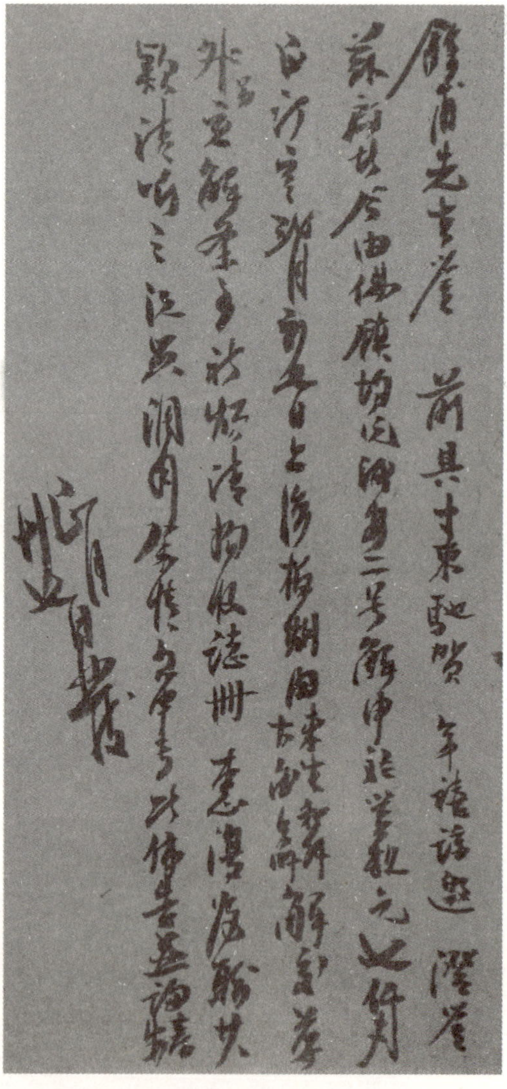

二月初一日(3 月 10 日)致三源興號

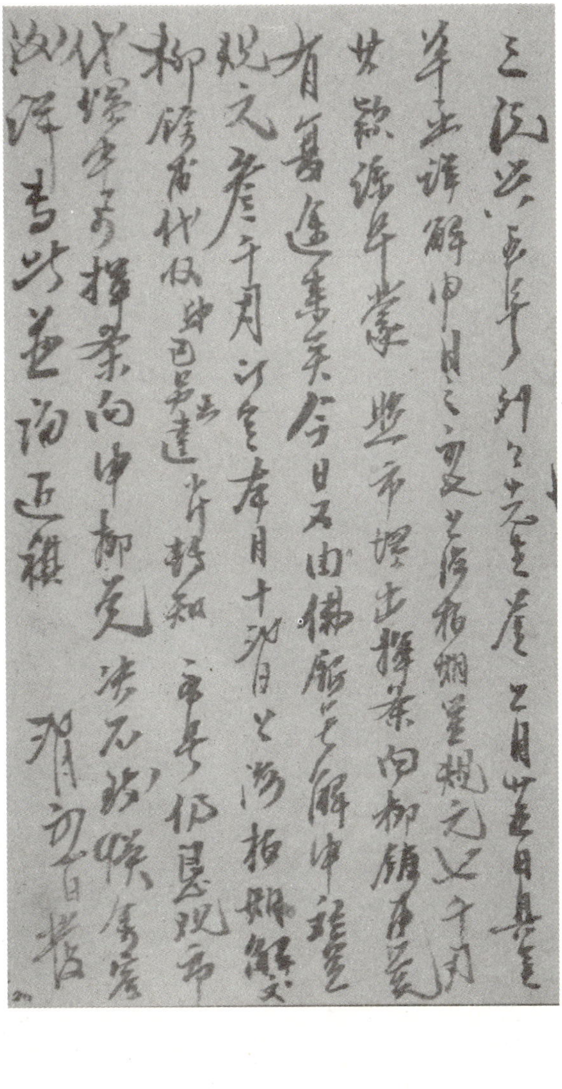

二月初二日(3月11日)致餘甫

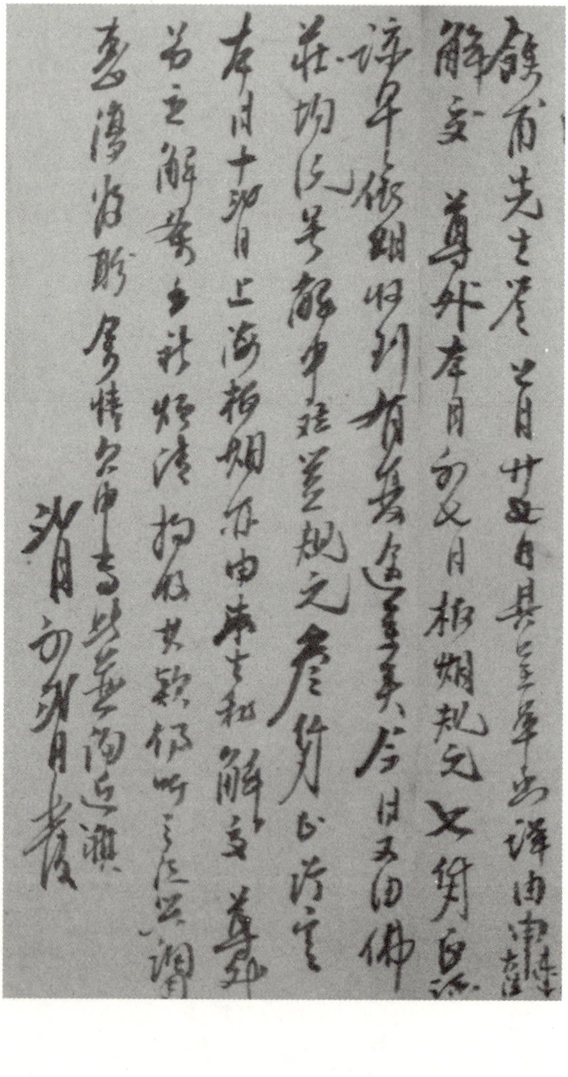

二月初一日(3月10日)致本栈

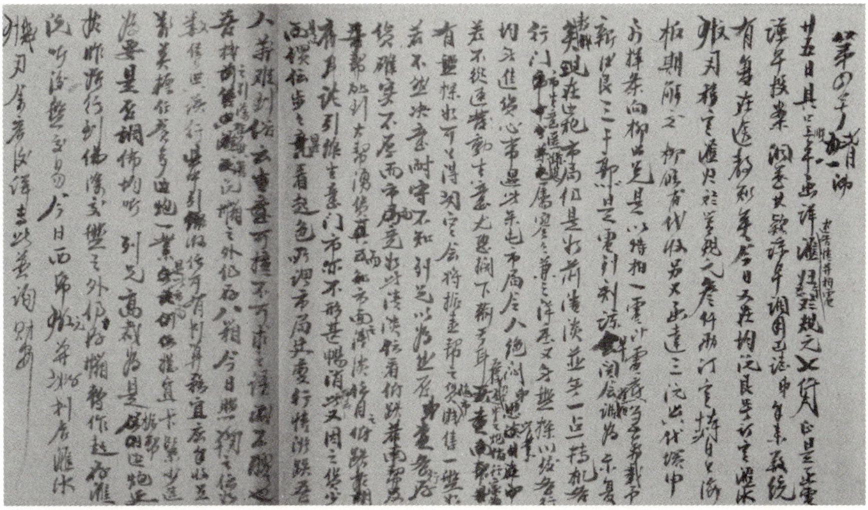

二月初十日(3月19日)致本栈

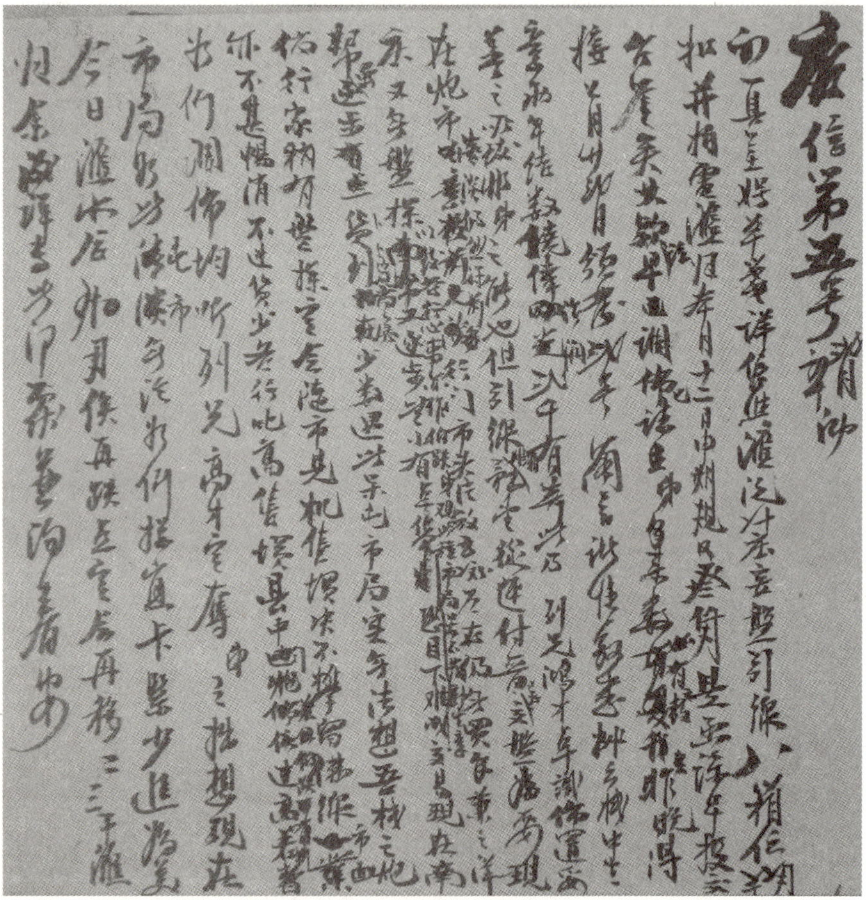

二月十六日(3 月 25 日)致本棧

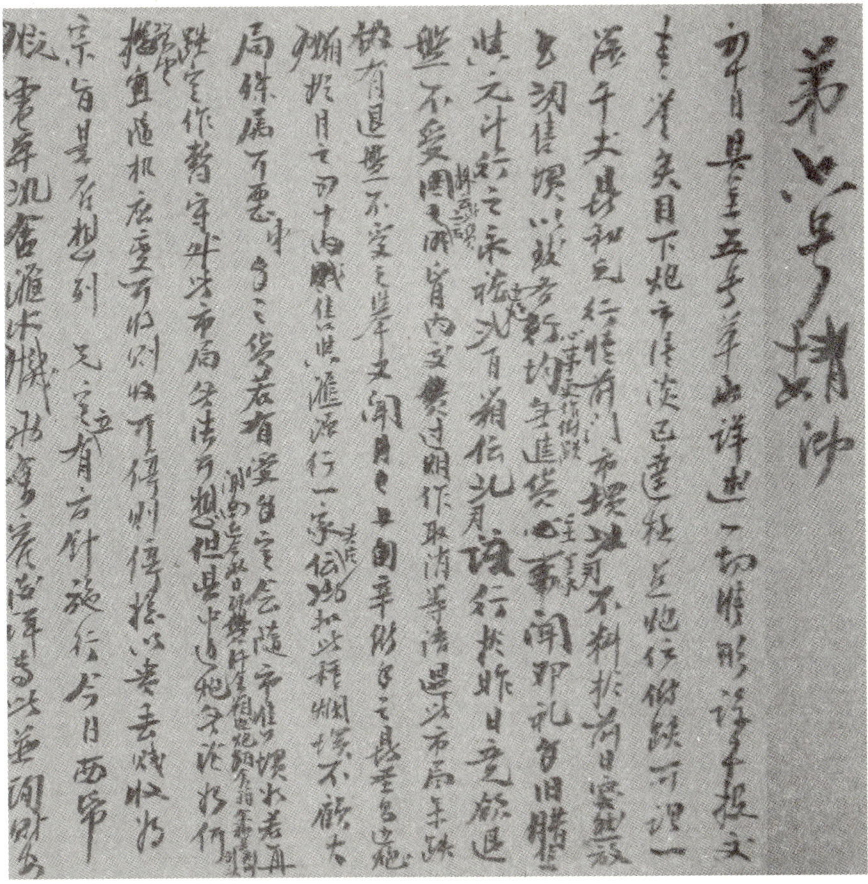

二月廿日(3月29日)致本栈

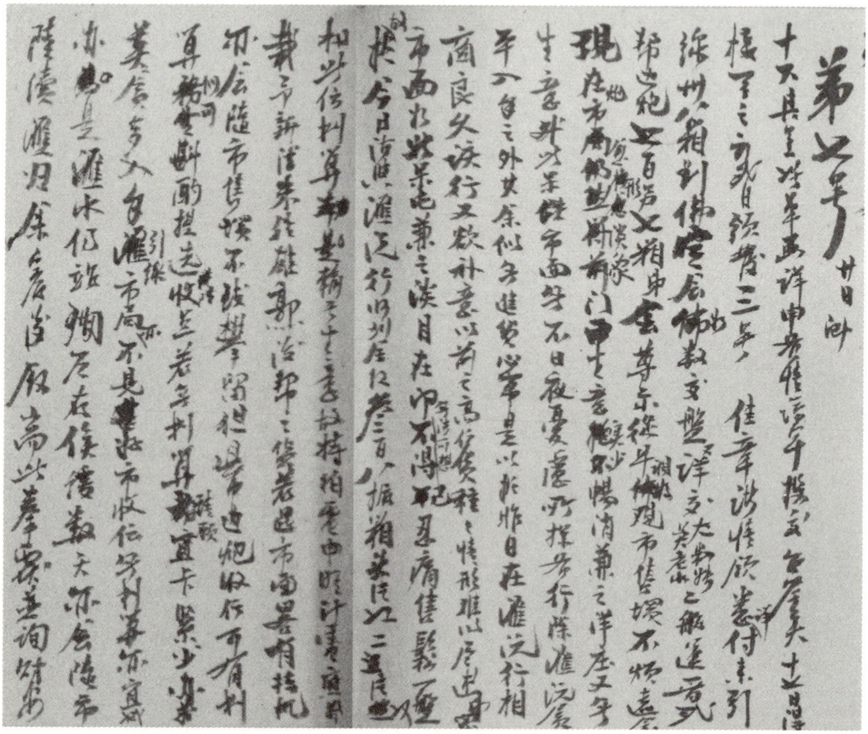

二月廿二日（3 月 31 日）致本栈

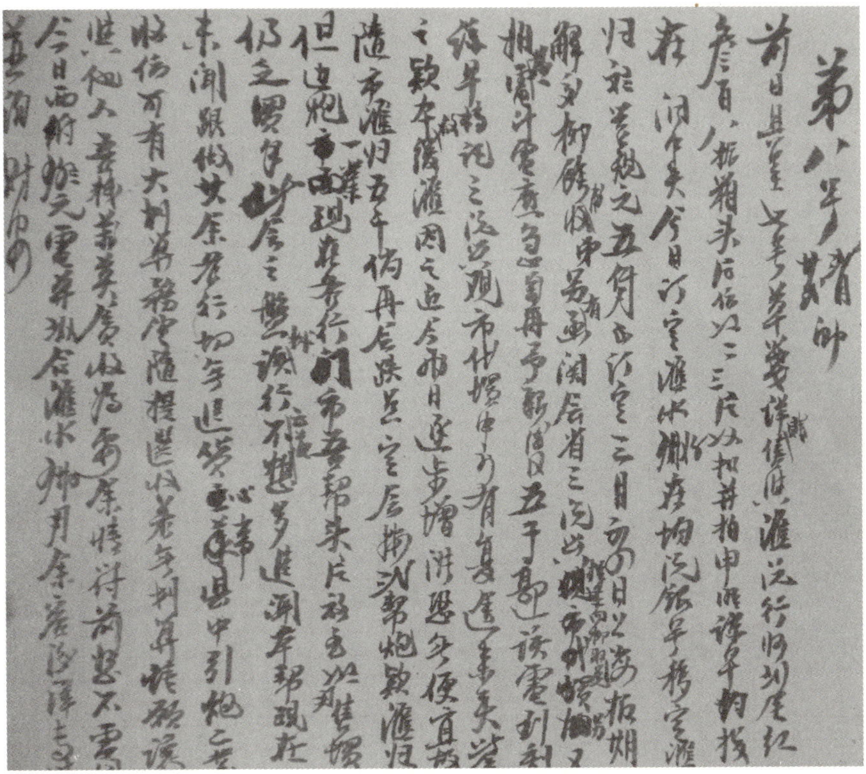

三月初二日(4月9日)致本棧

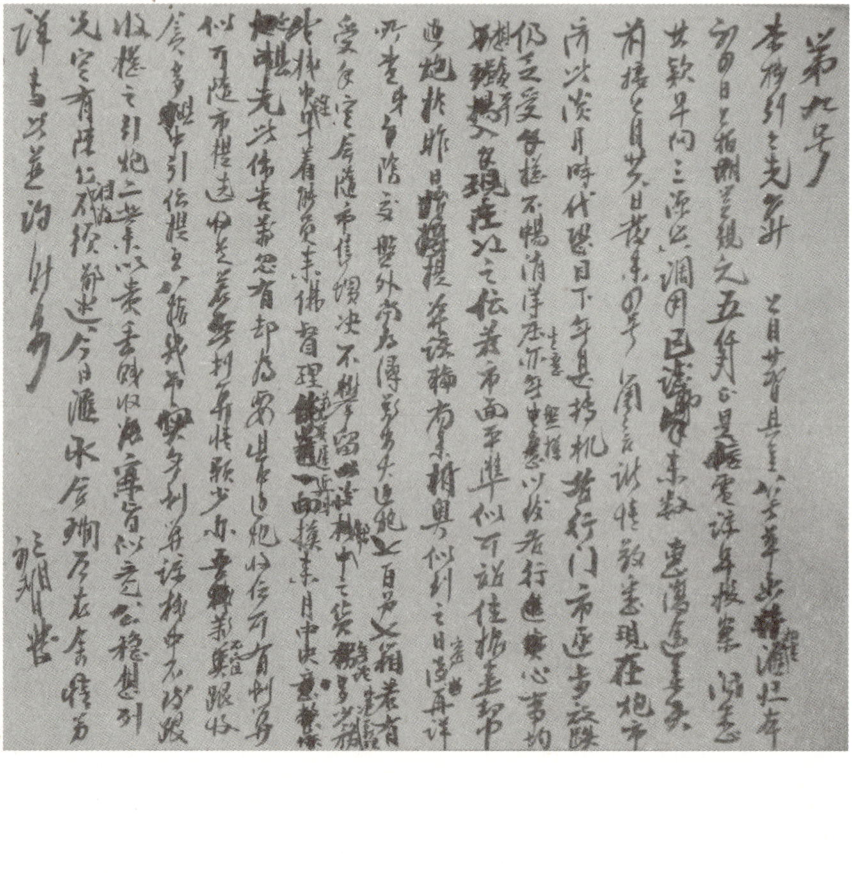

三月初八日(4月15日)致本栈

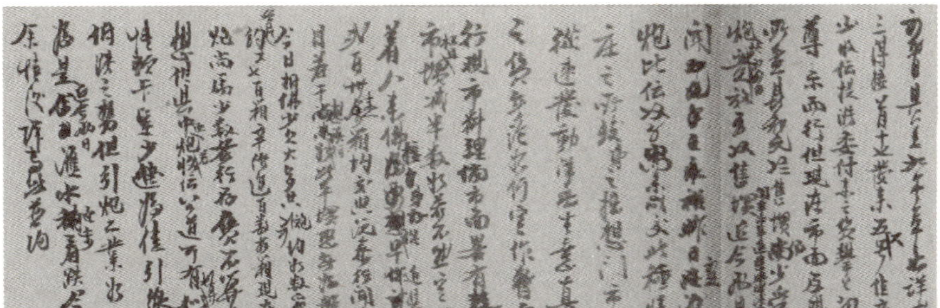

三月十八日(4 月 25 日)致本棧

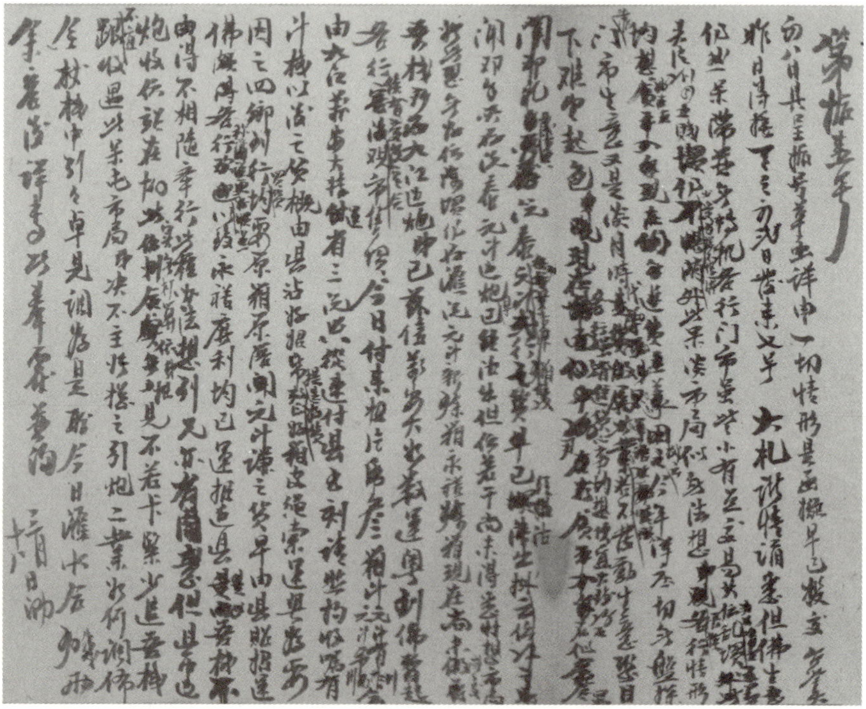

三月廿四日(5月1日)致萬安泰號

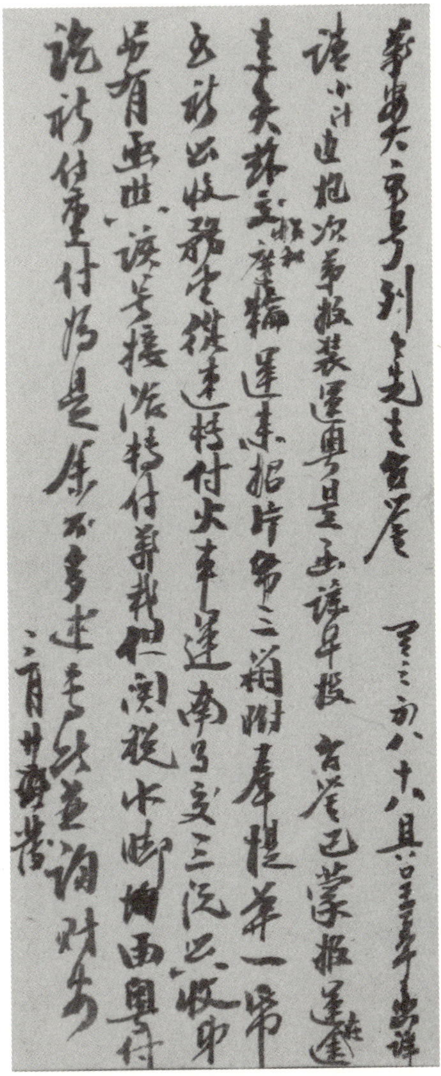

三月廿四日(5月1日)致三源興號

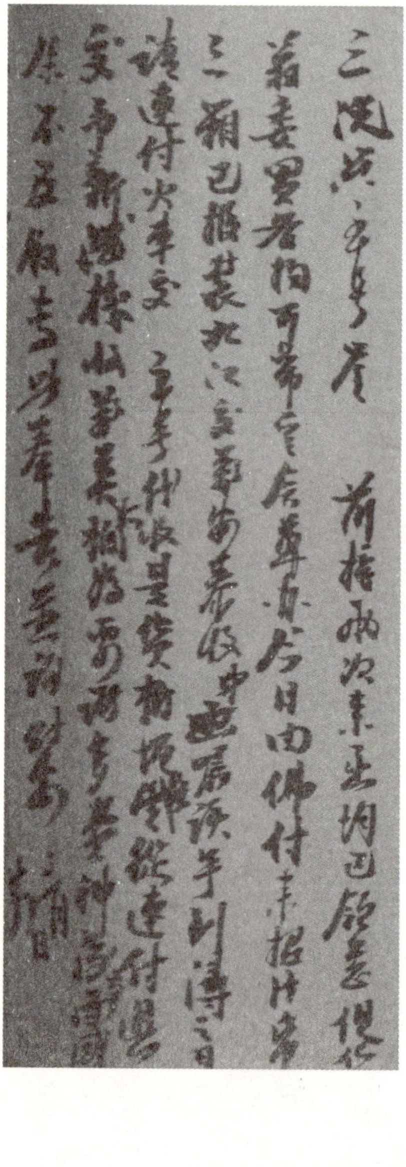

三月廿二日(4 月 29 日)致本栈

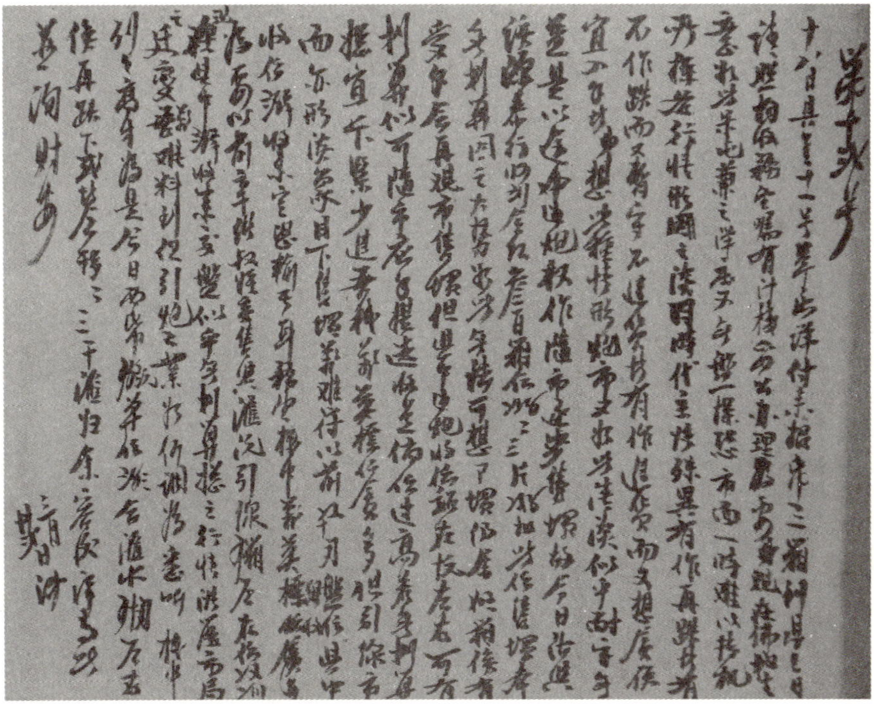

三月廿六日(5月3日)致本棧

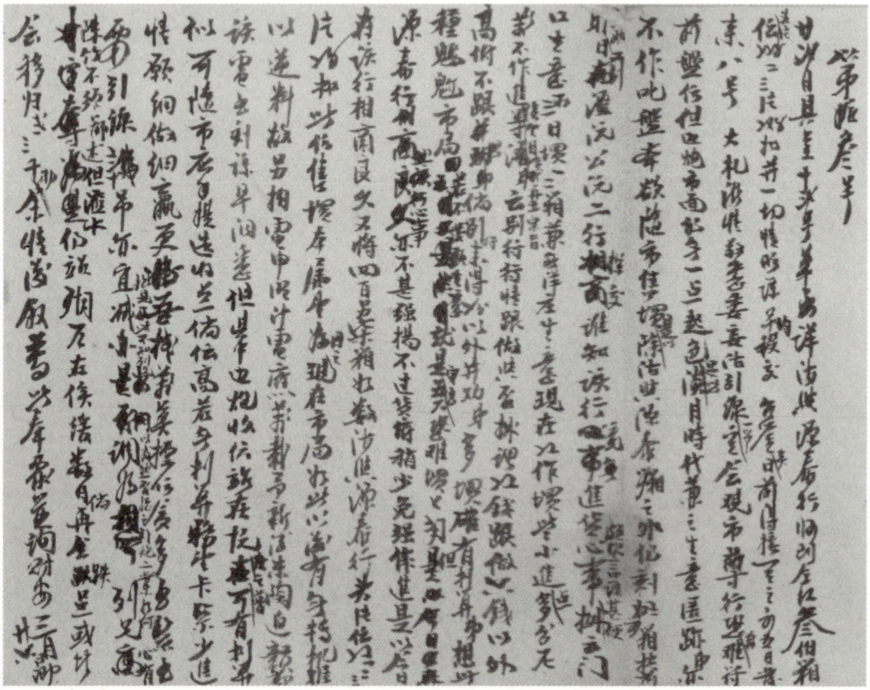

四月初二日(5月9日)致本栈

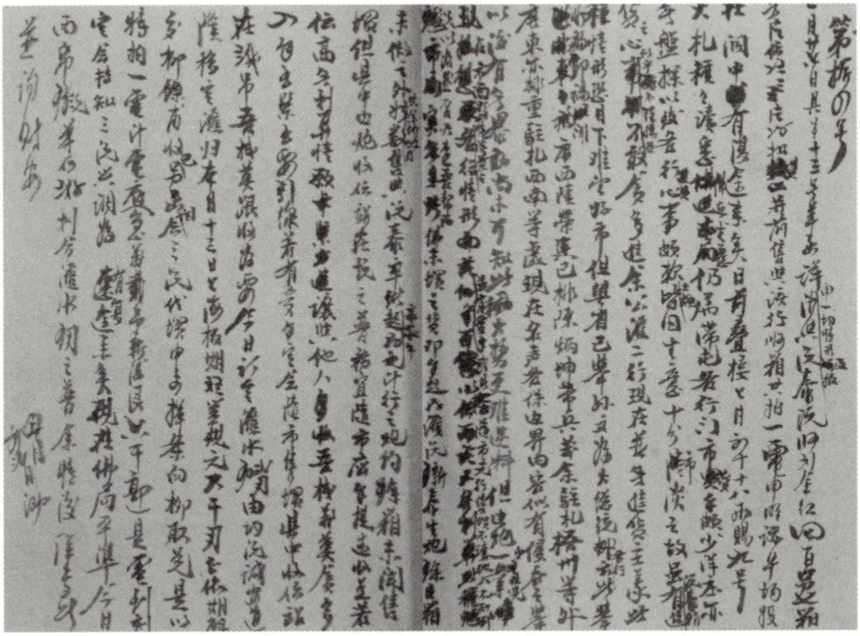

四月初七日(5月14日)致本棧

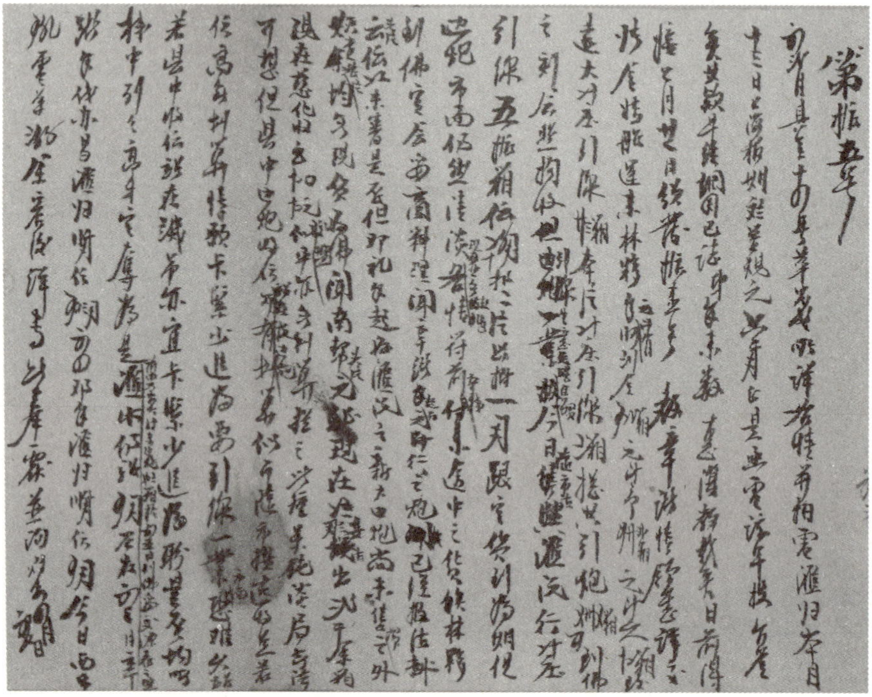

四月十二日(5月19日)致本栈

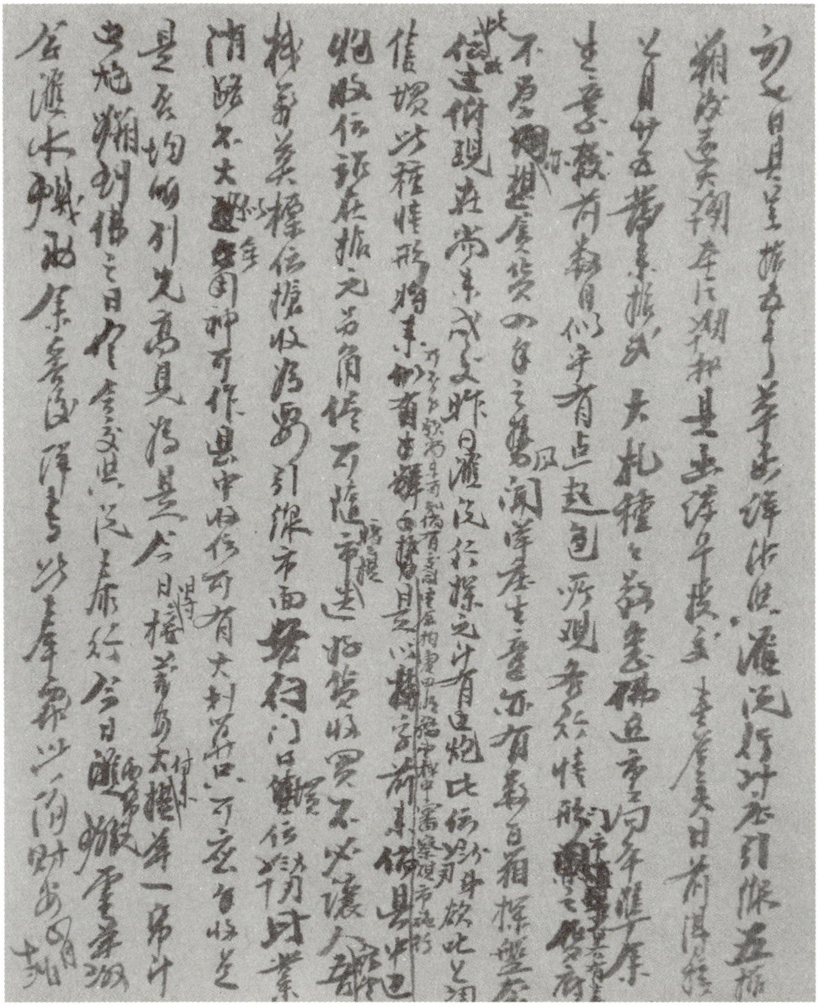

四月十三日(5月20日)致本栈

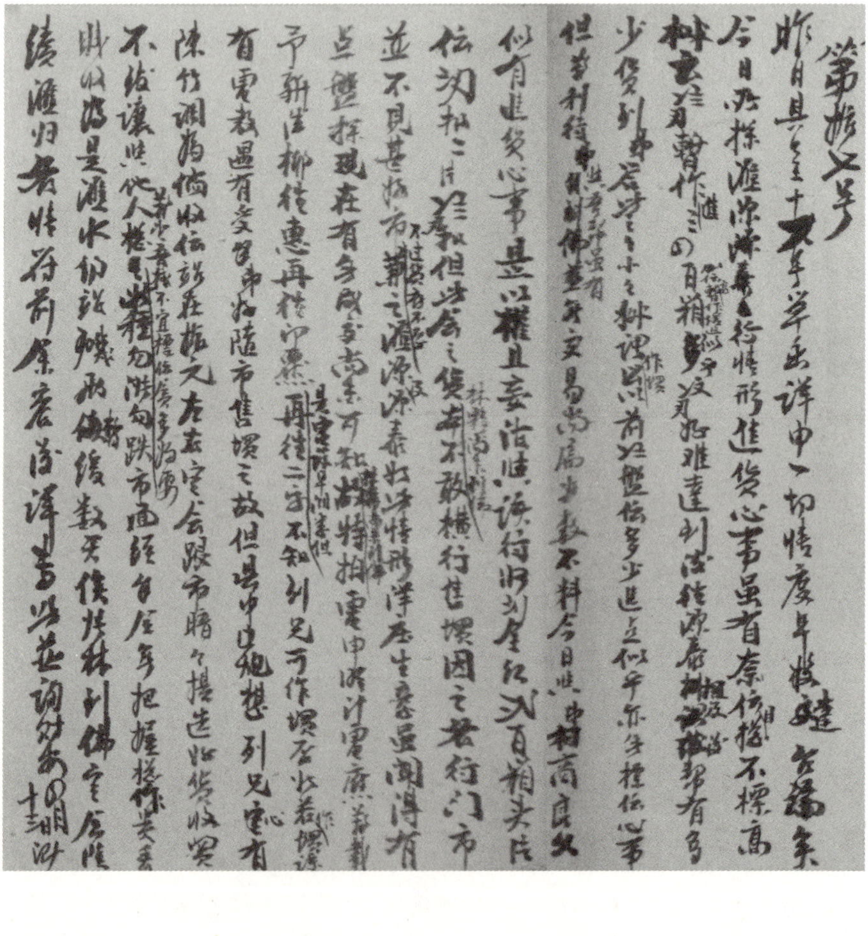

四月十六日(5月23日)致本栈

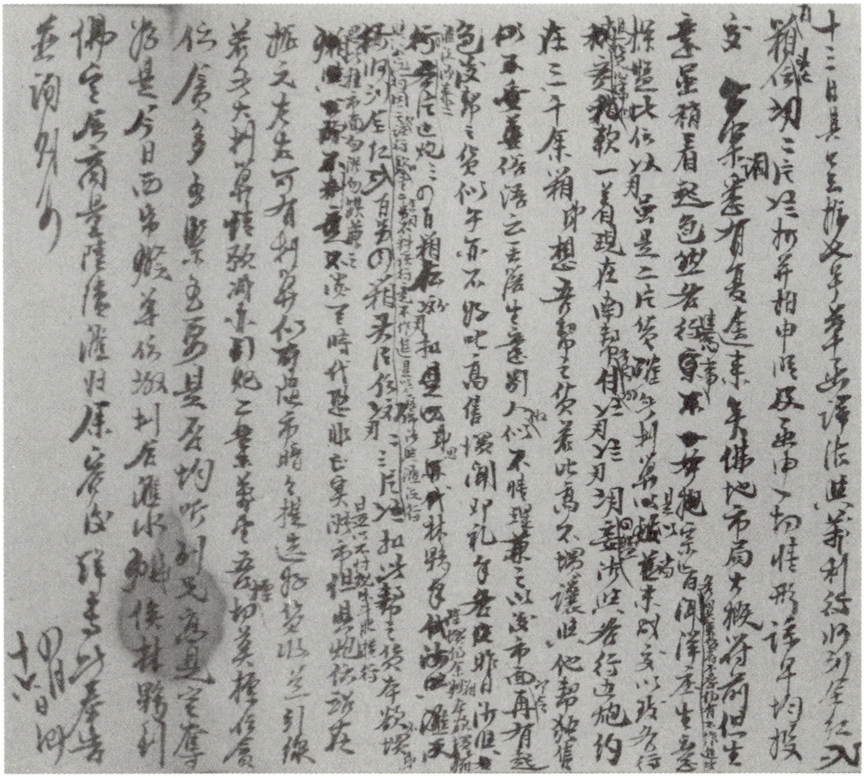

四月廿二日(5 月 29 日)致本棧

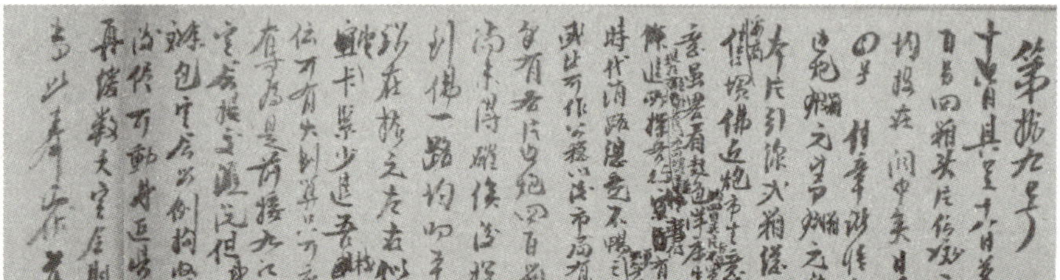

民國十七年（1928年）

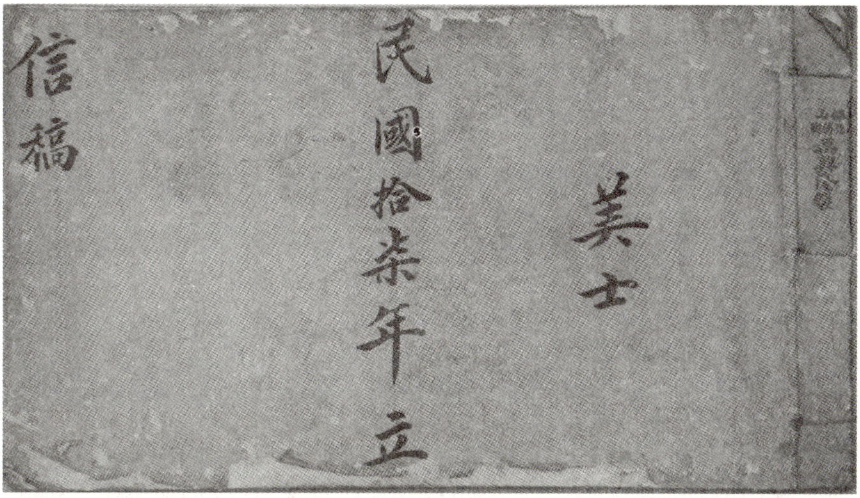

封面

扉頁

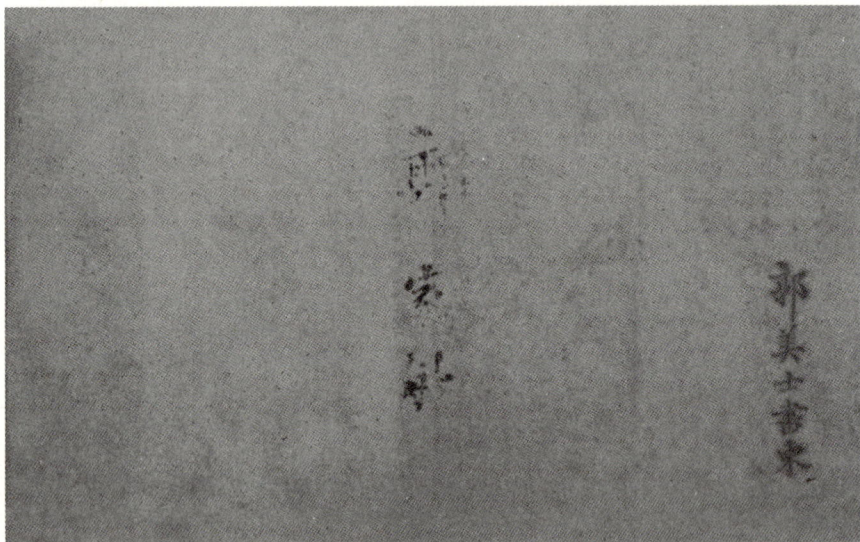

四月廿八日(6 月 15 日)致伯軒先生

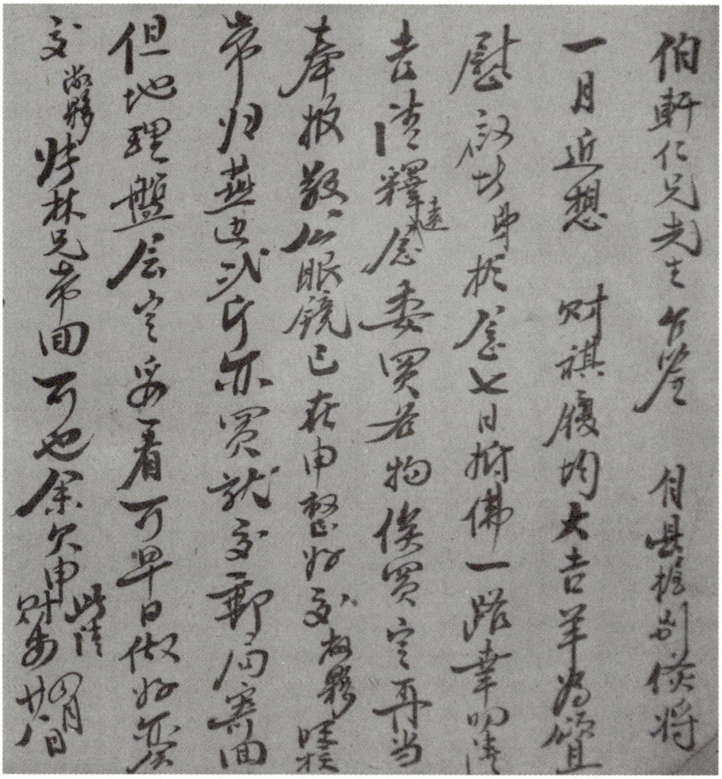

四月廿八日(6月15日)致家信

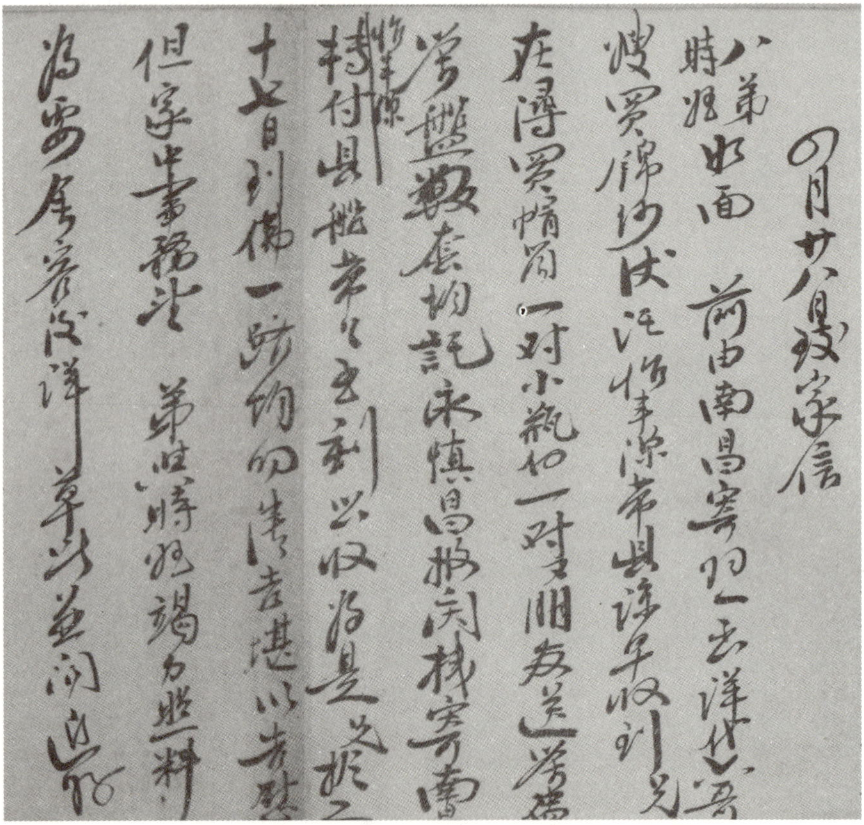

四月廿九日(6 月 16 日)致九江永慎昌函

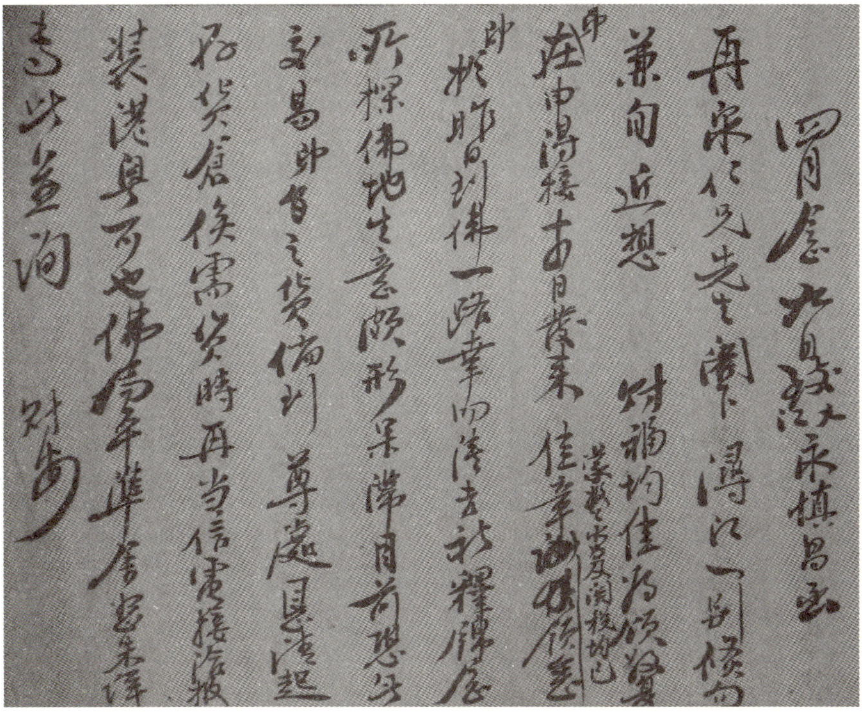

五月初二日(6月19日)致國柱函

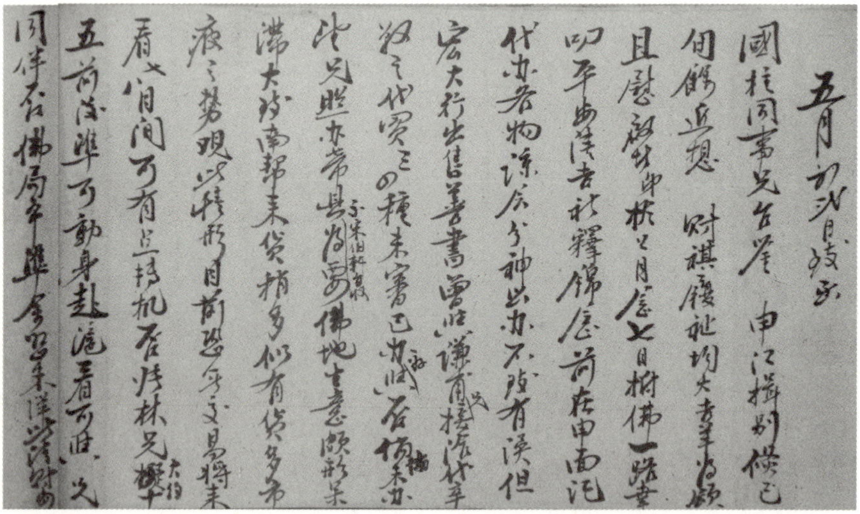

五月十二日(6 月 29 日)致家信

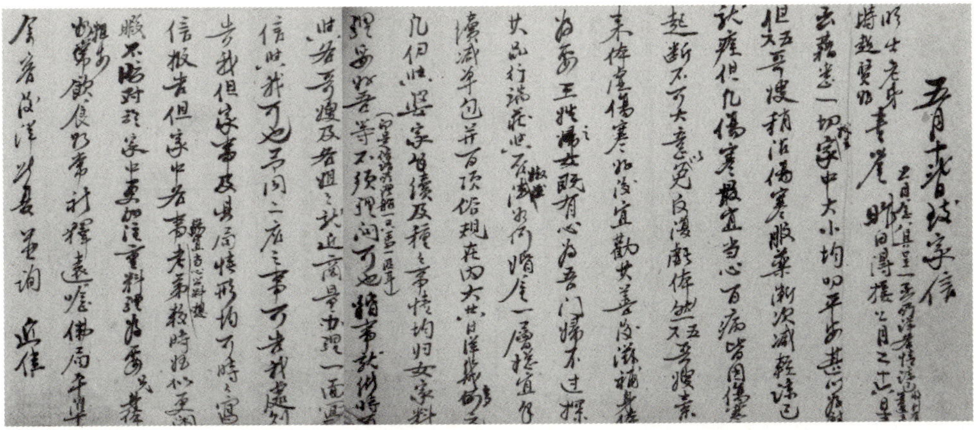

五月十二日(6月29日)致辛雨峰函

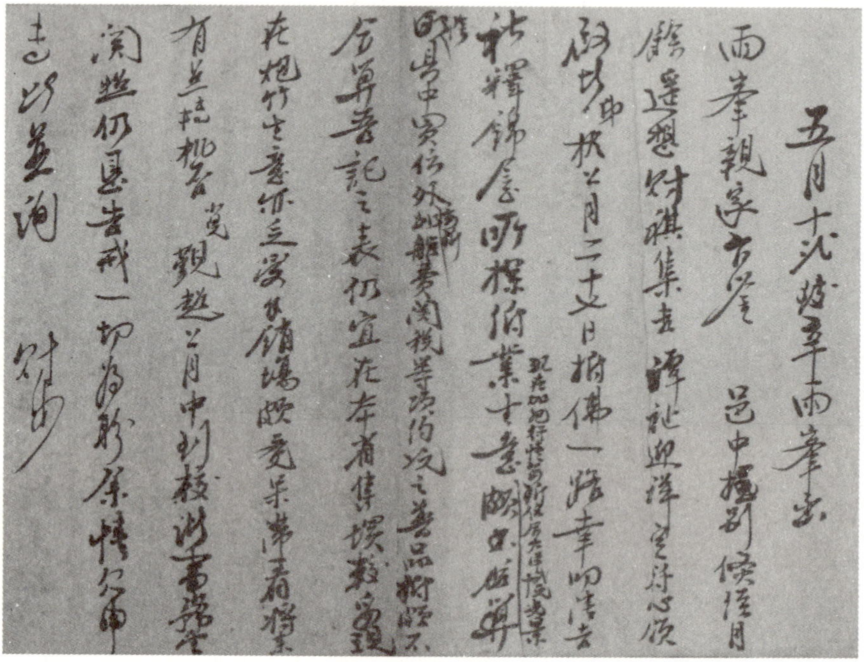

五月廿八日(7月15日)致謙甫函

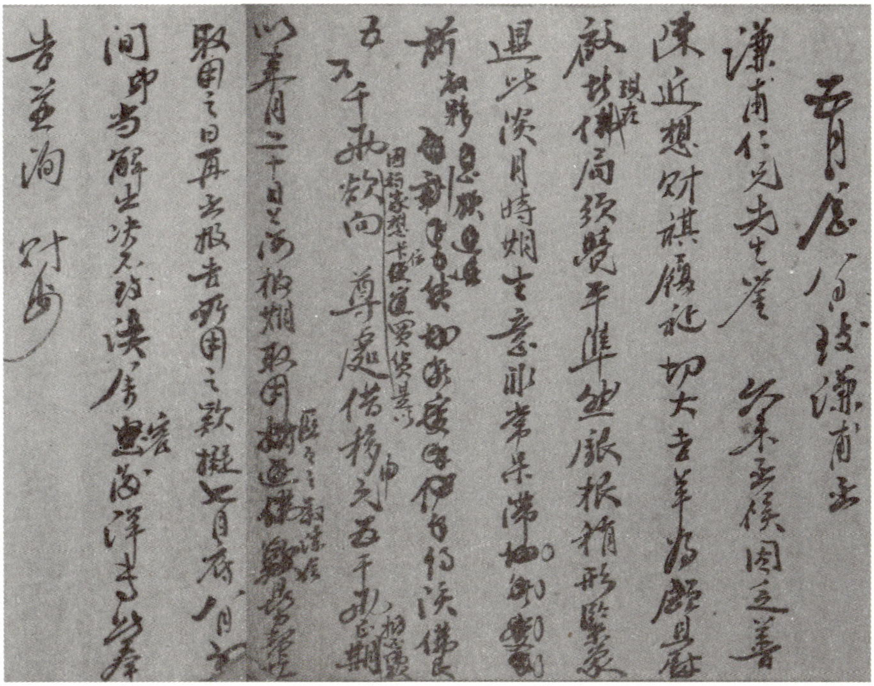

六月初三日(7 月 19 日)致謙甫函

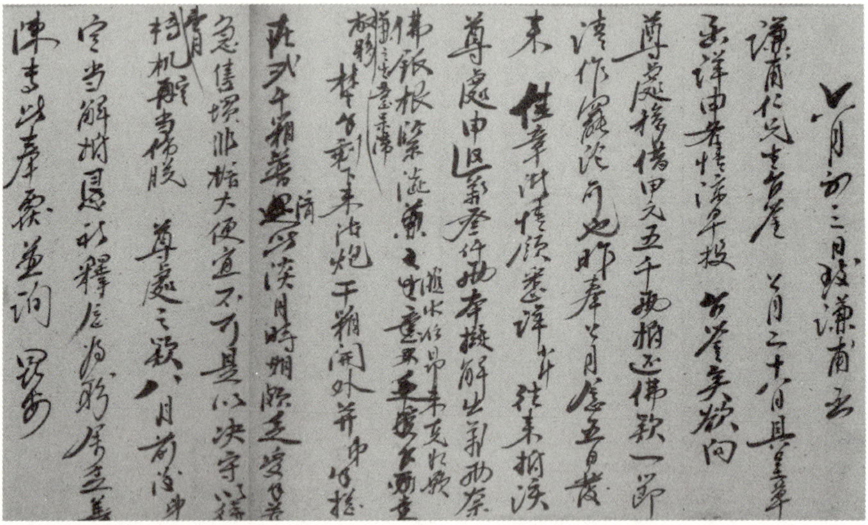

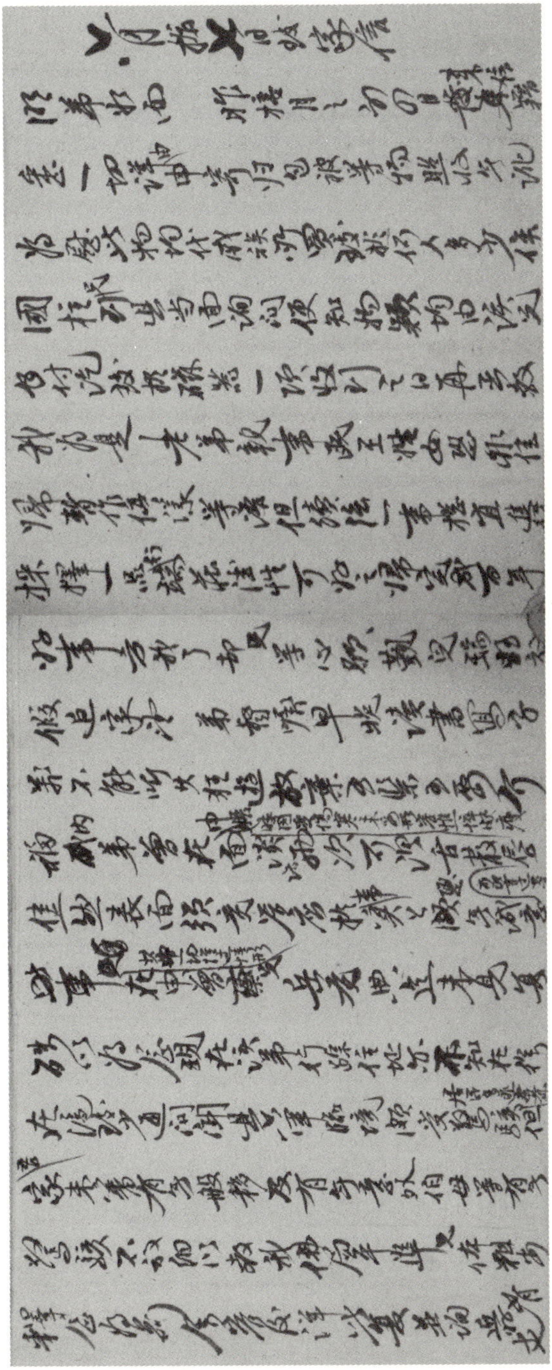

六月十七日(8月2日)致家信

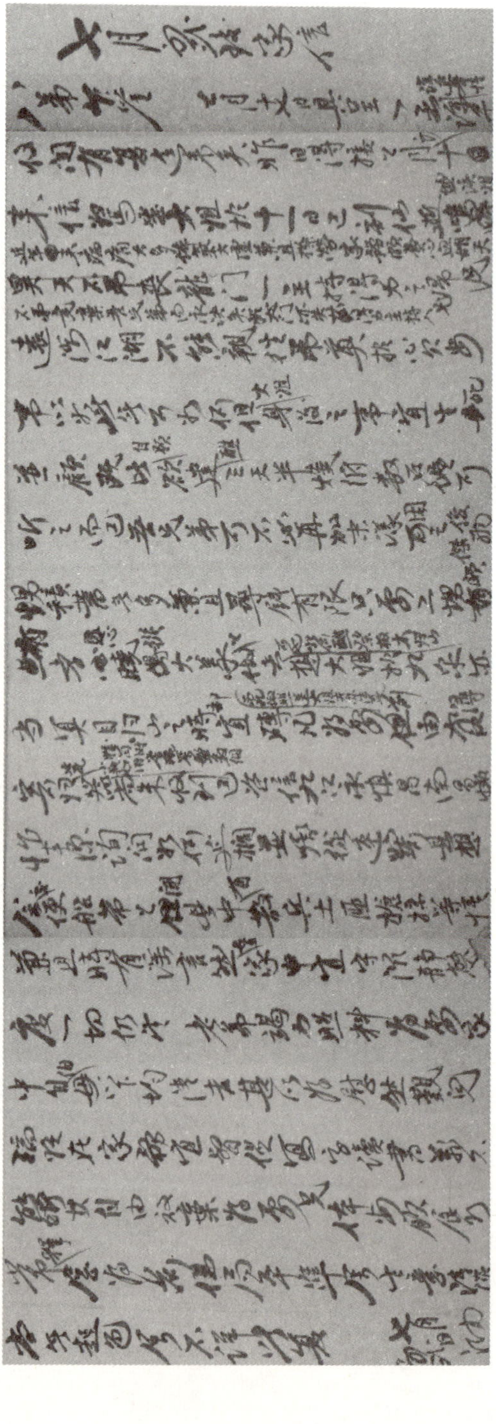

七月初二日(8月16日)致家信

七月初六日(8月20日)致九江再泉信

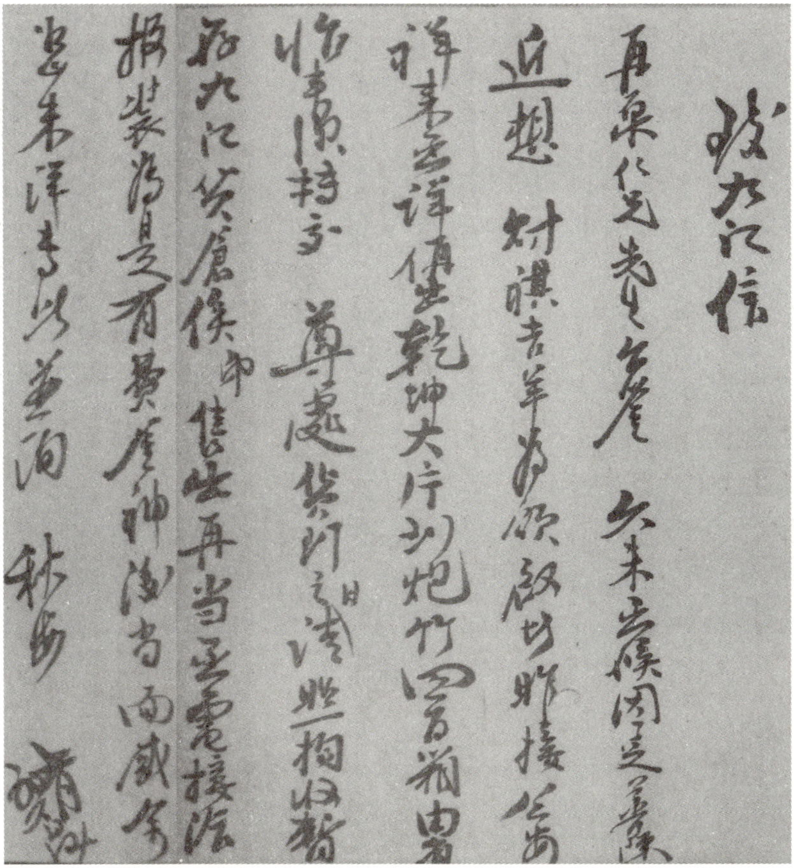

七月十一日(8月25日)致申謙甫函

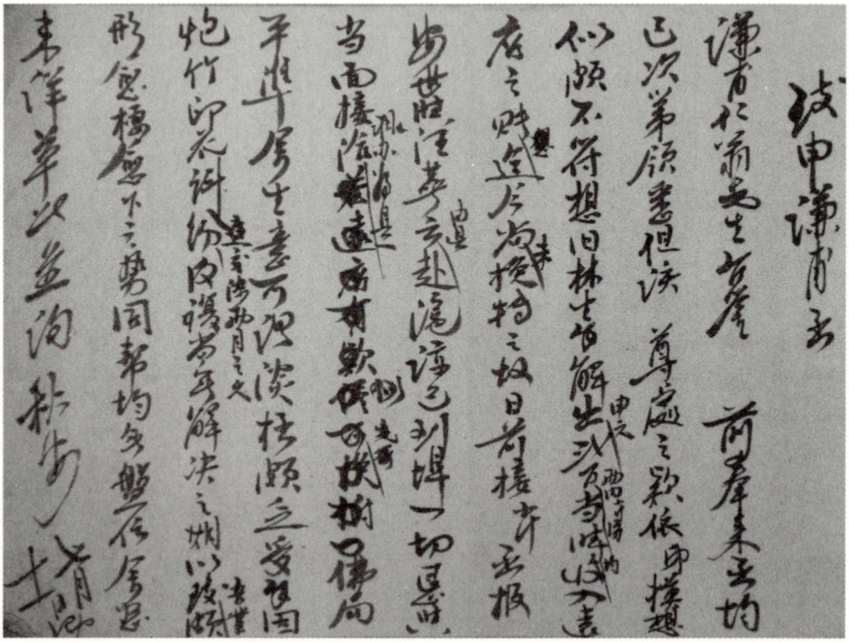

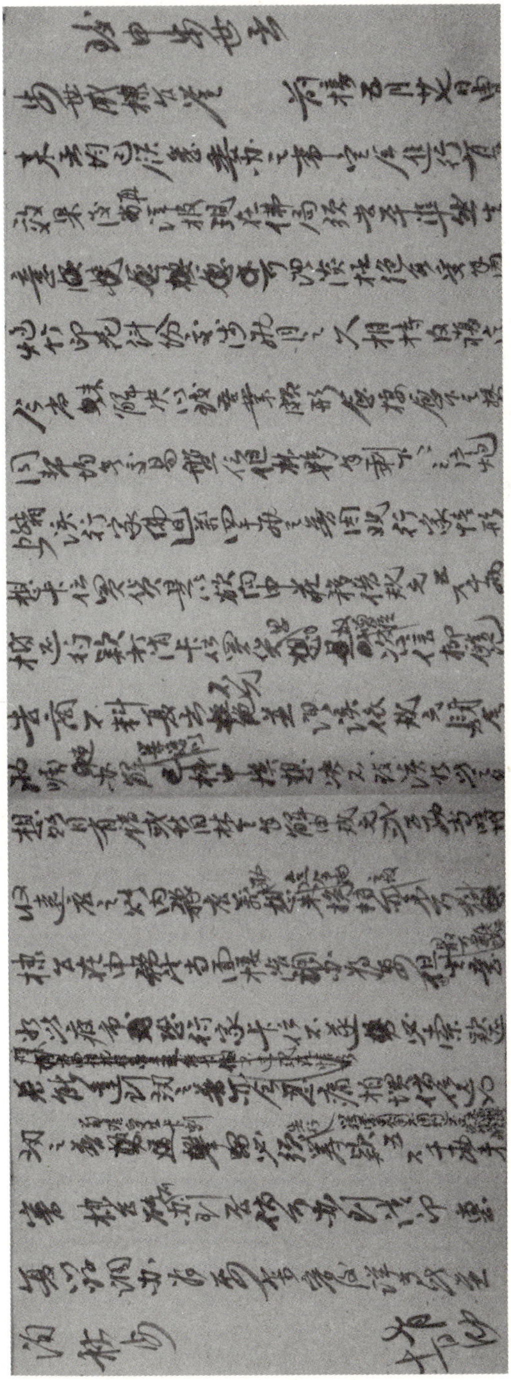

七月十一日(8月25日)致申安世函

七月十七日(8月31日)致雨峰函

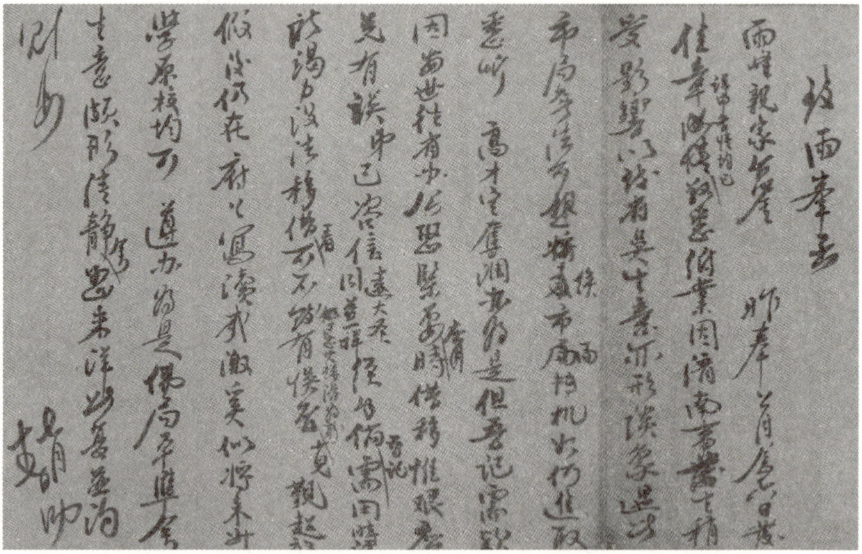

七月十七日(8 月 31 日)致洪庚、德慈函

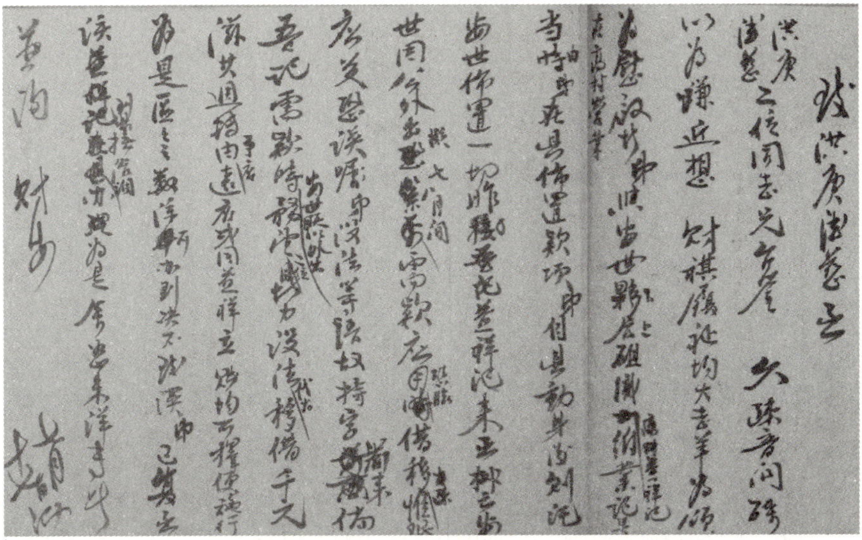

七月廿六日(9月9日)致萬安泰函

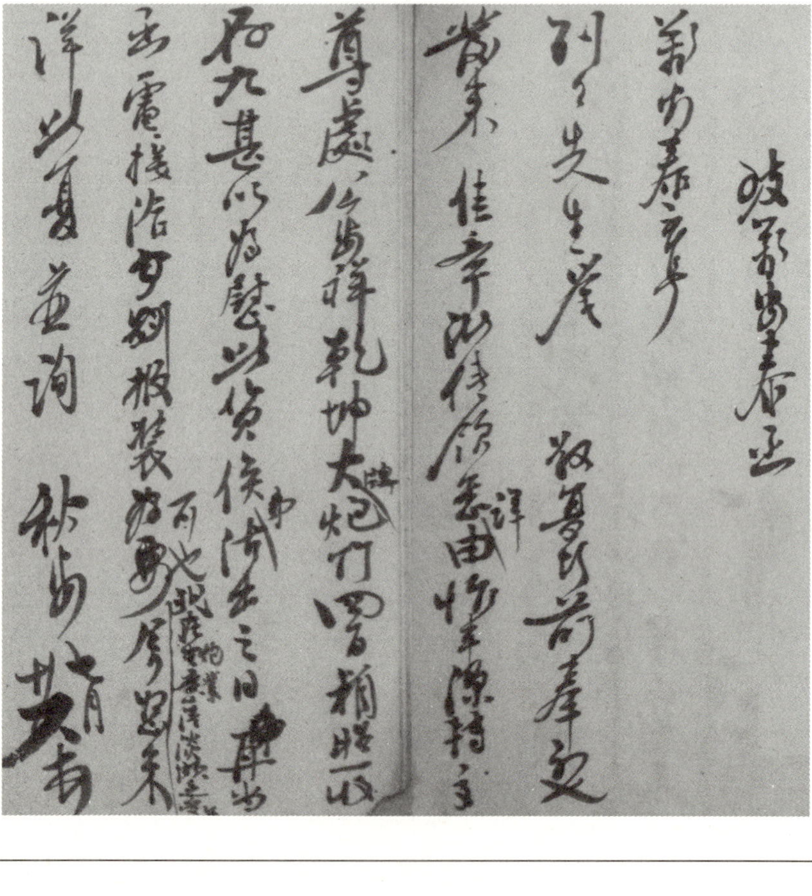

七月廿六日（9月9日）致南昌周毅生函

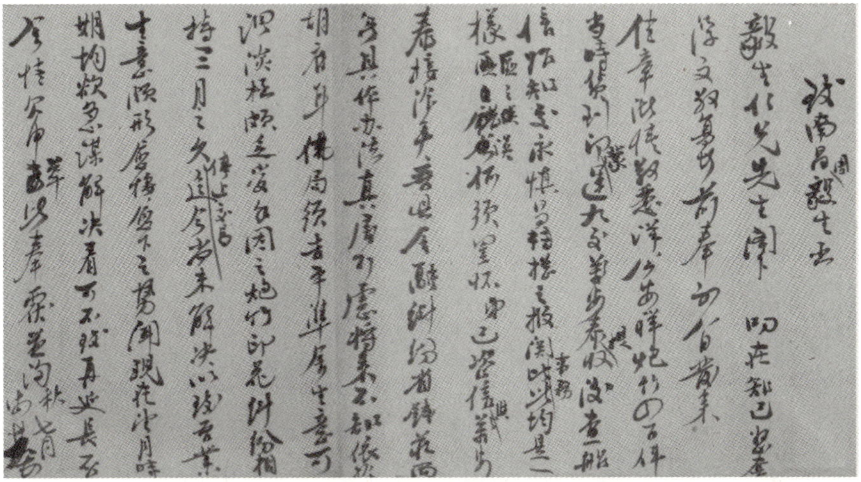

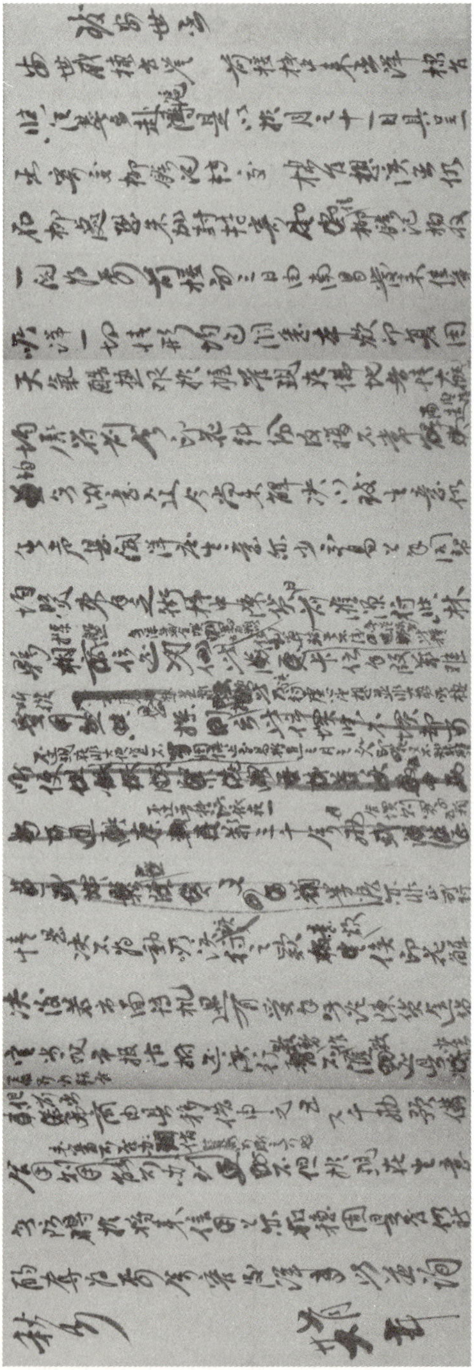

七月廿六日(9月9日)致安世函

七月廿九日(9 月 12 日)致覲兒

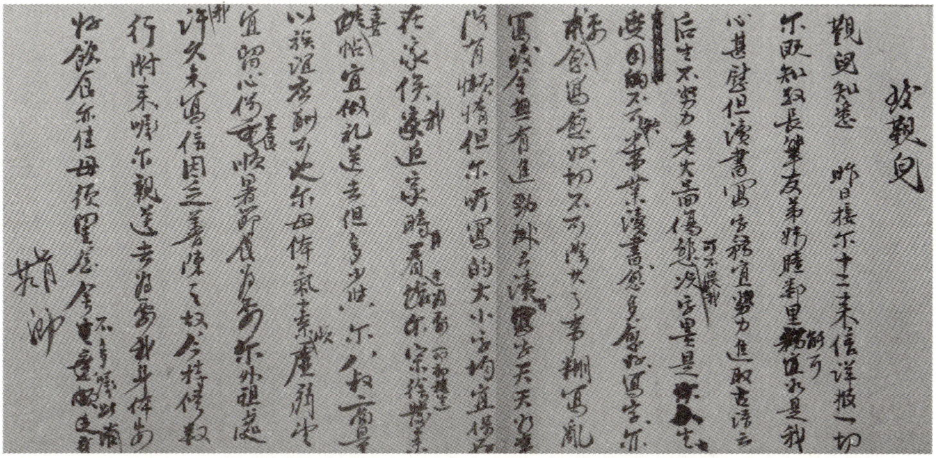

七月廿九日(9月12日)致瑞侄

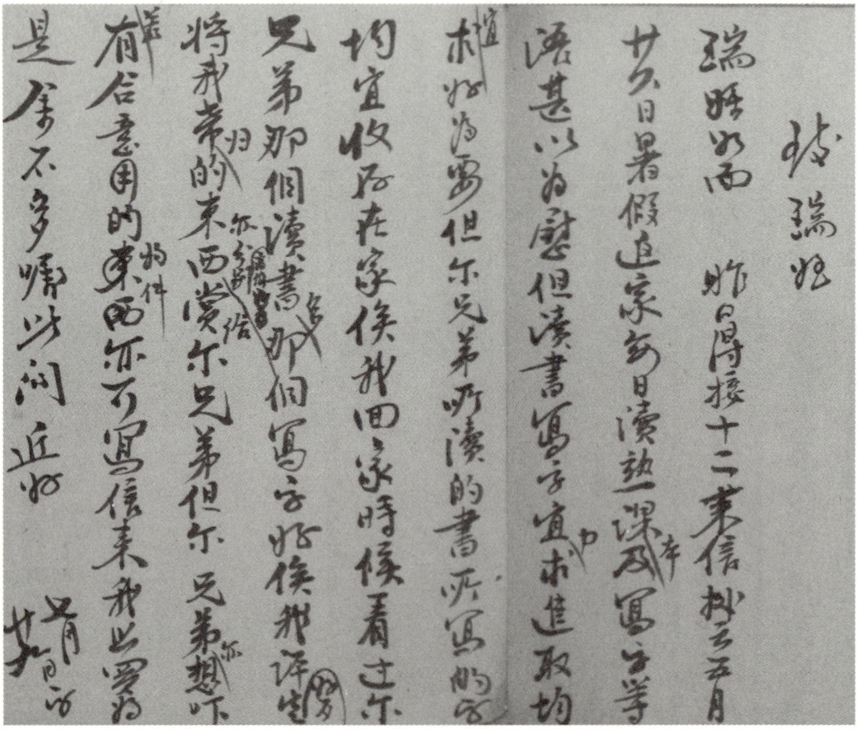

致瑞姪

瑞姪如面　昨日得接十二來信知本五月廿六日暑假返家每日讀熟一課及寫字等語甚以為慰但讀書寫字宜求進取均加未到為要但尔兄弟所讀的書所寫的字均宜收存在家俟我回家時候看过尔兄弟那個讀書那個寫字好俟我評定將我帶归的東西賞尔兄弟但尔兄弟想吓並有合意用的東西尔可寫信來我必買為是余不多嘱此問近好

七月廿九日

七月廿九日(9月12日)致岳父函

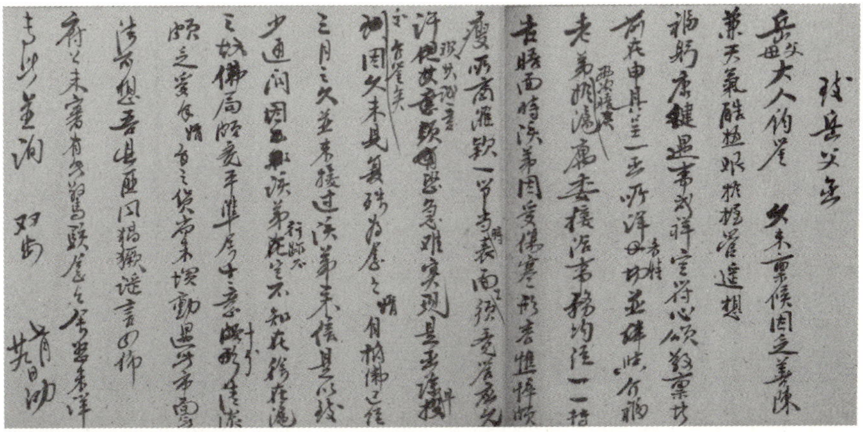

八月十八日(10月1日)致柳餘記復函

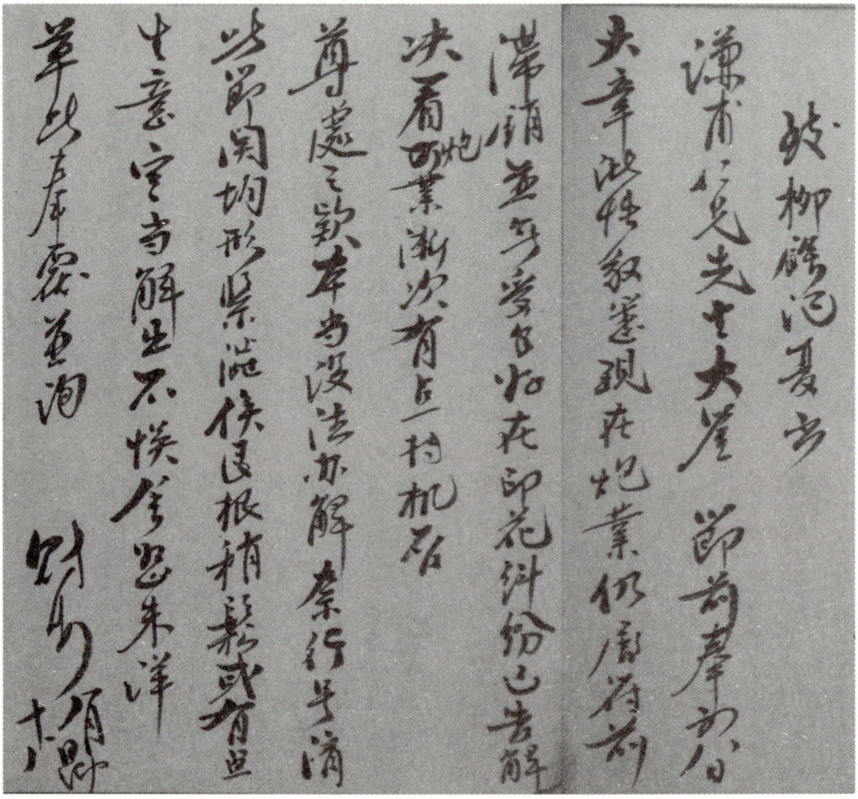

八月廿二日(10月5日)致安世函

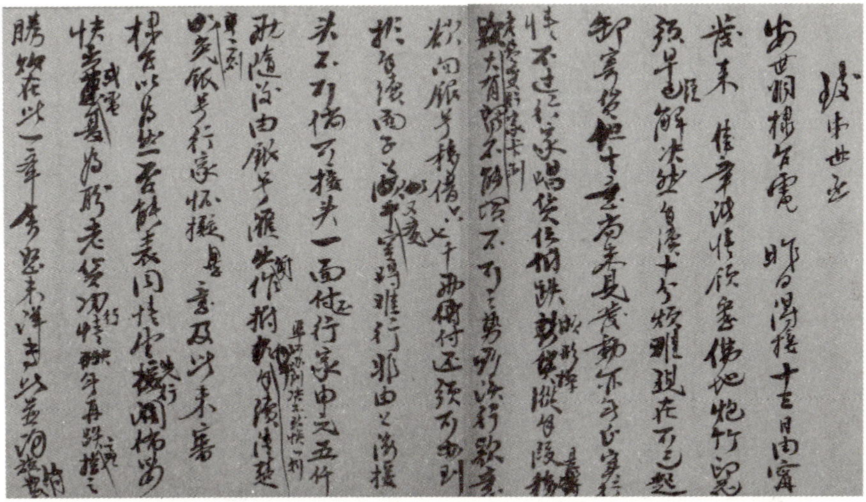

九月初九日(10月21日)致復時侄

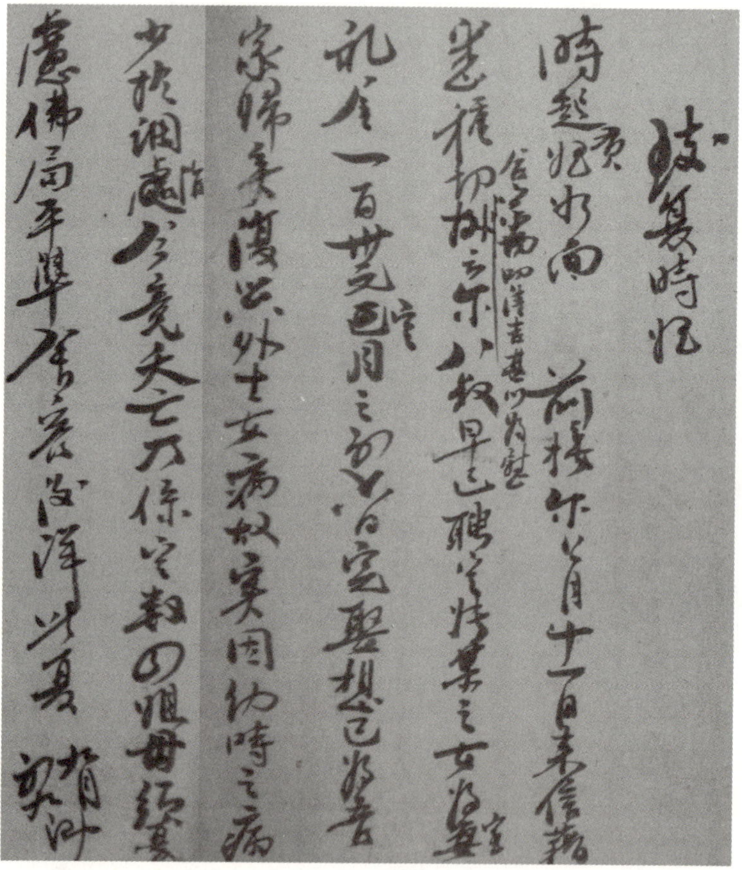

九月初八日（10 月 20 日）致八弟

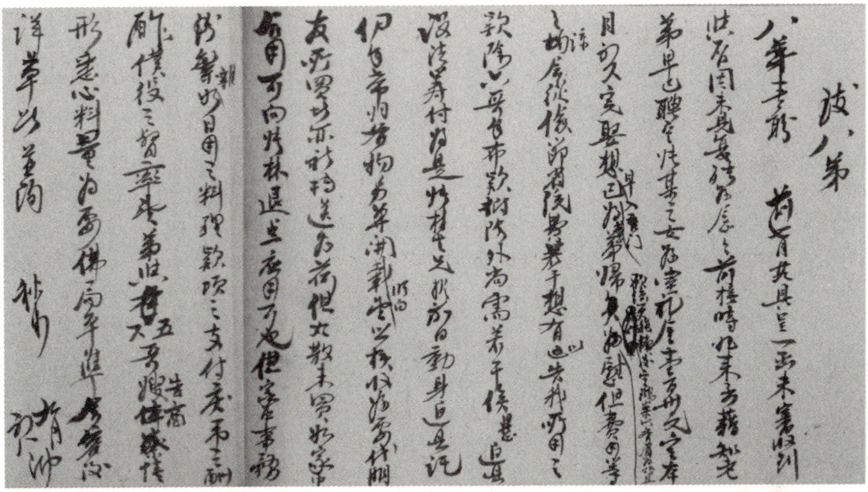

九月初八日(10 月 20 日)復辛國柱函

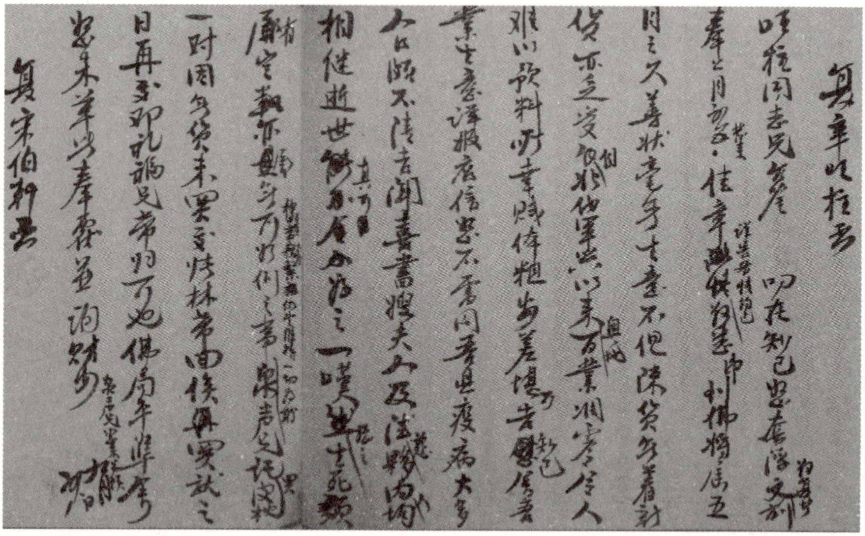

九月初十日（10月22日）復宋伯軒函

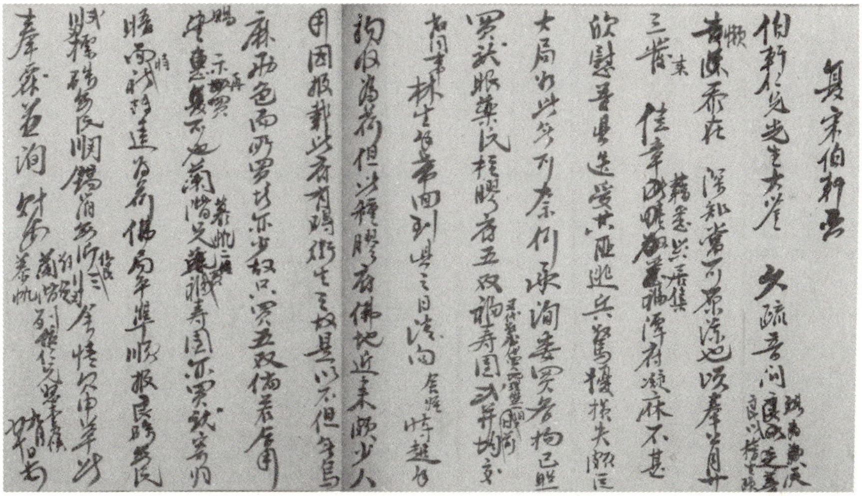

九月十六日(10月28日)復周毅生函

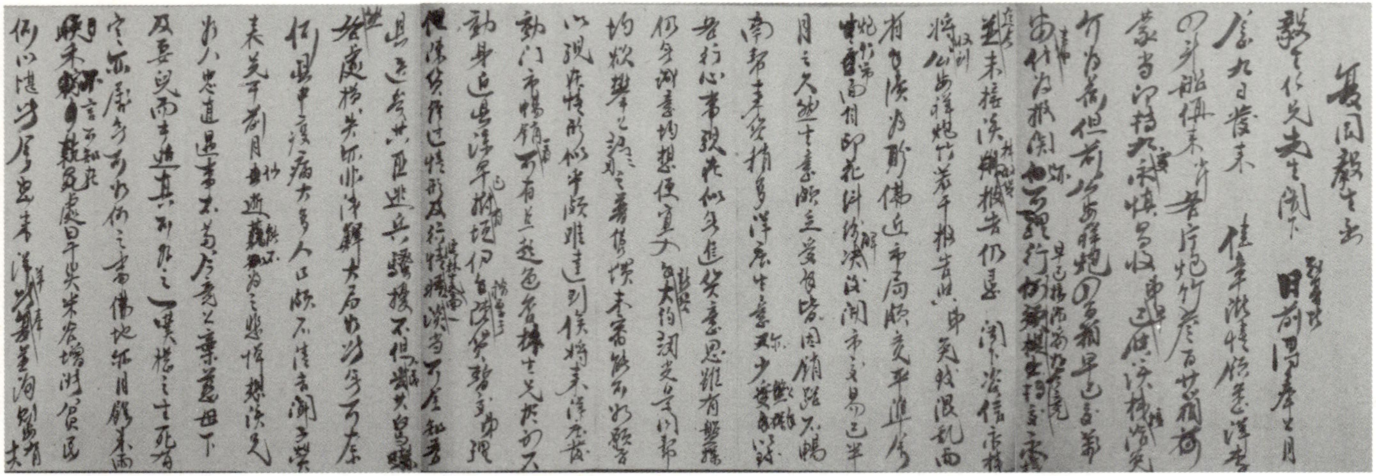

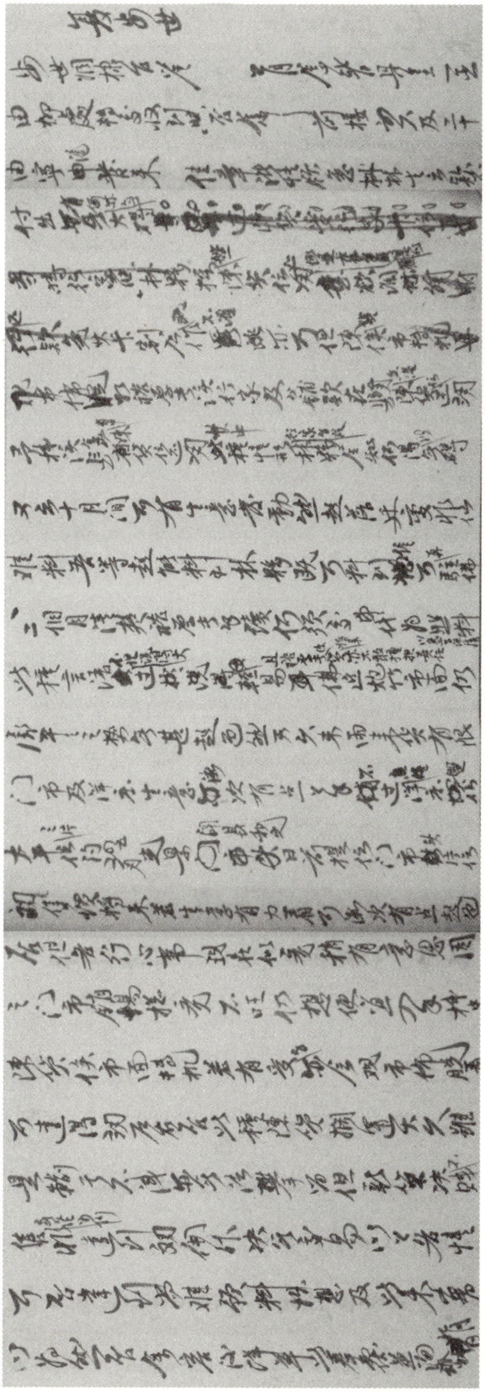

九月卅日(11月11日)復世安

九月卅日（11月11日）復周毅生函

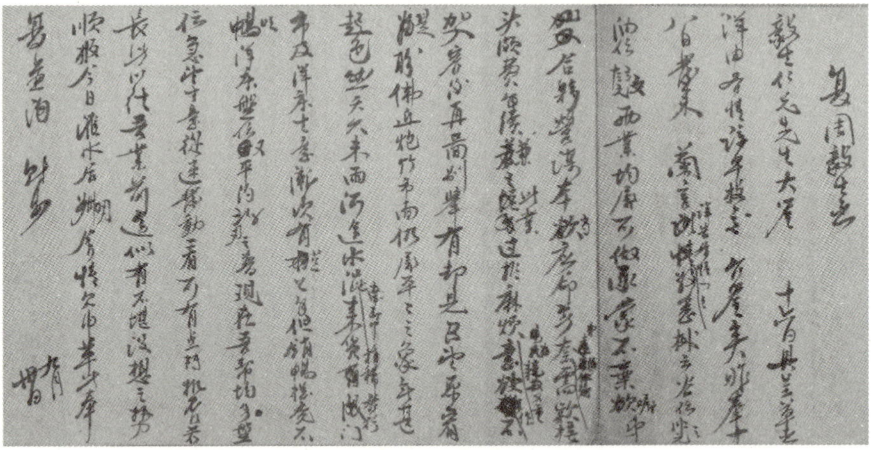

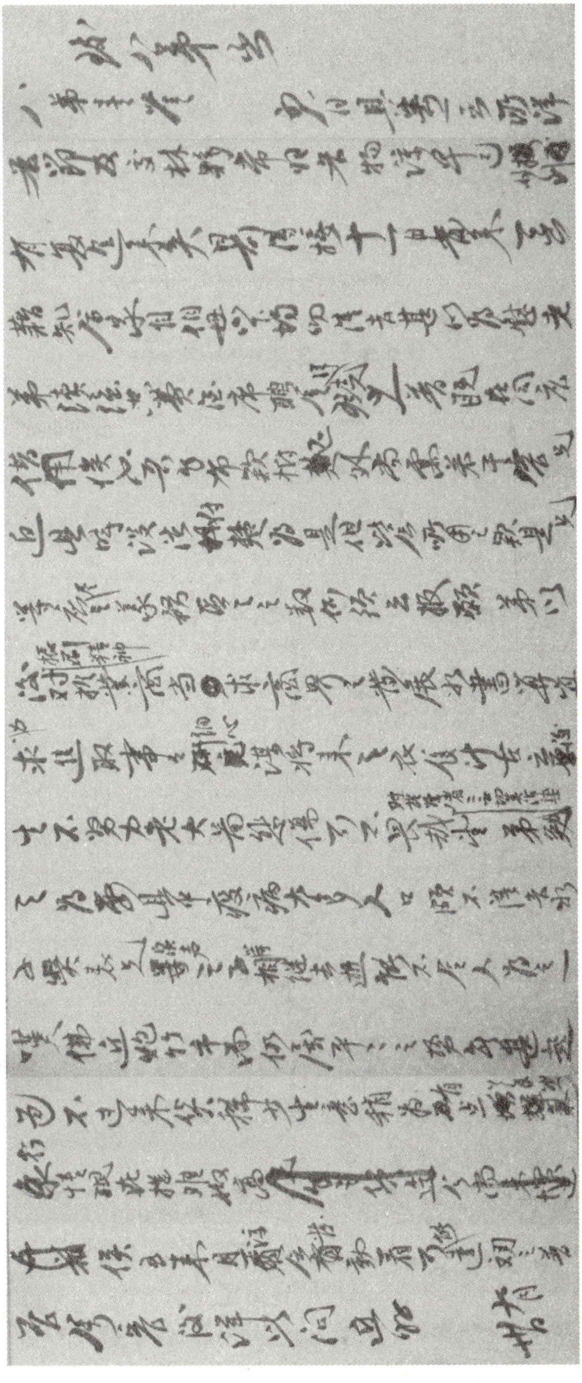

九月卅日(11月11日)致八弟函

十月初五日（11月16日）復八弟函

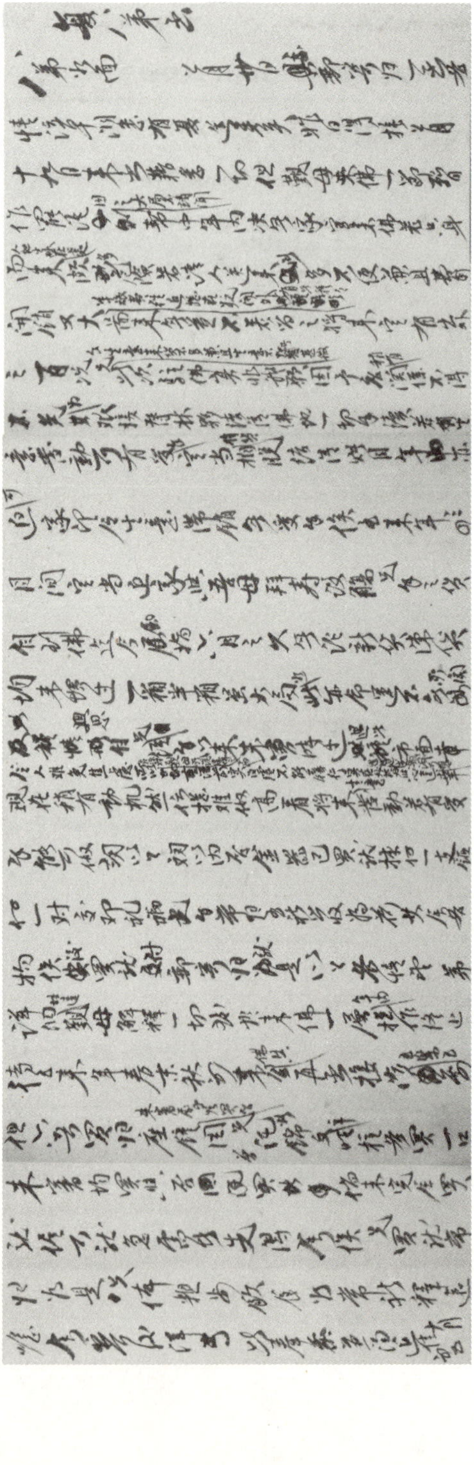

十月初七日(11 月 18 日)復八弟函

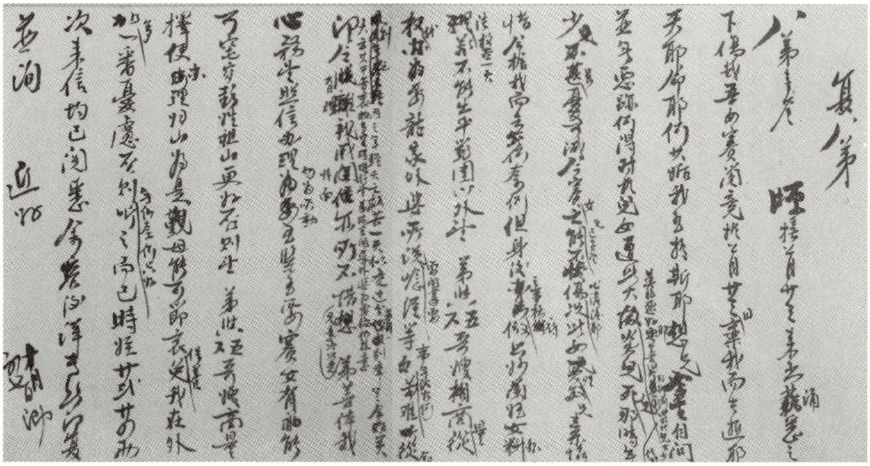

十月十一日(11 月 22 日)復申柳謙甫

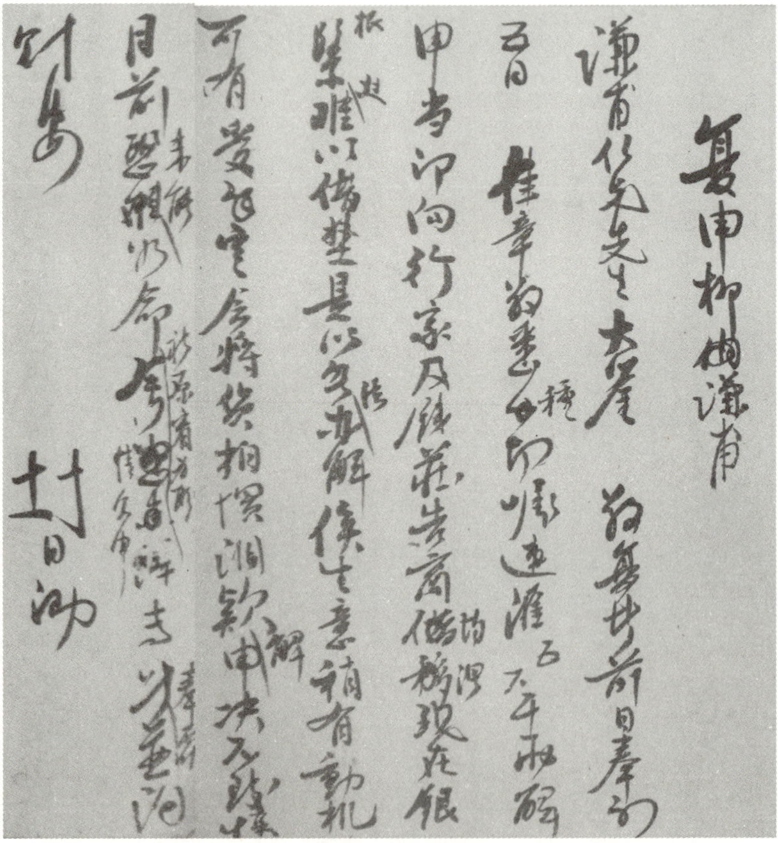

十月十六日(11月27日)復六哥函

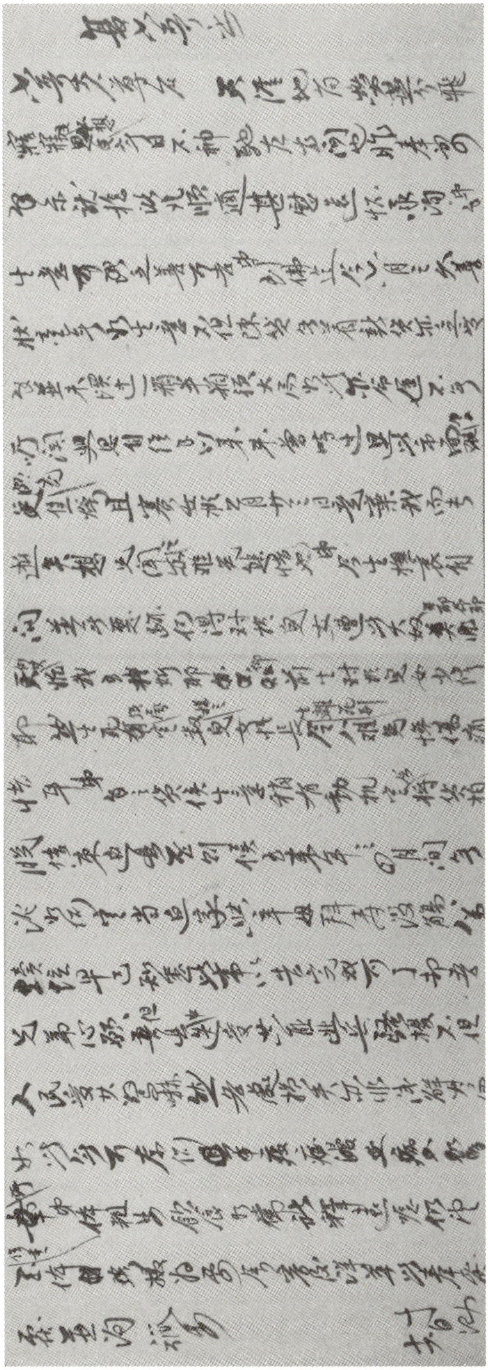

十一月十八日(12 月 29 日)致九江永慎昌

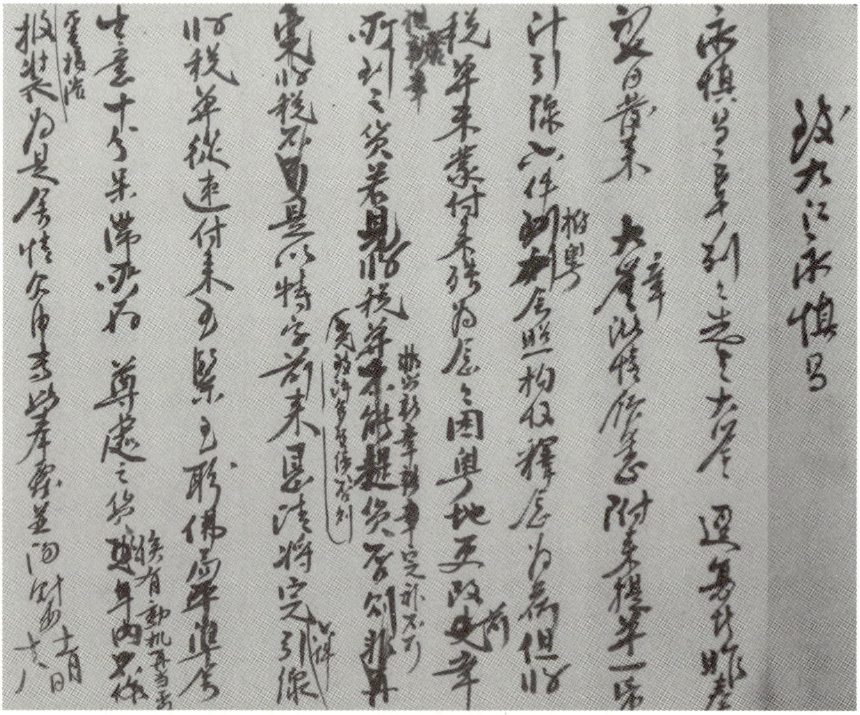

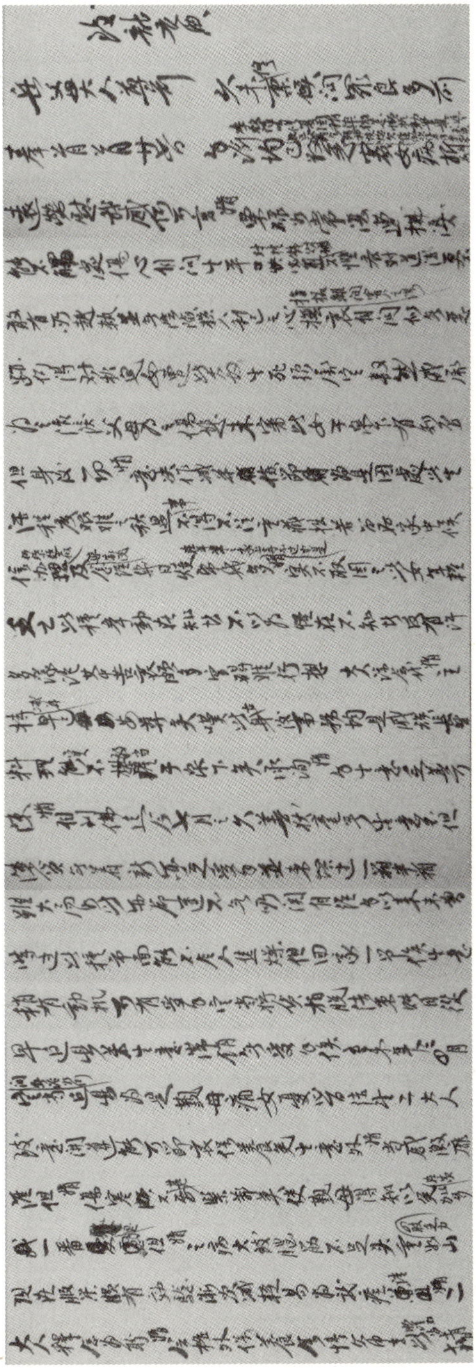

十一月十八日(12月29日)致龍賢典

十一月初二日(12 月 13 日)復雨峰函

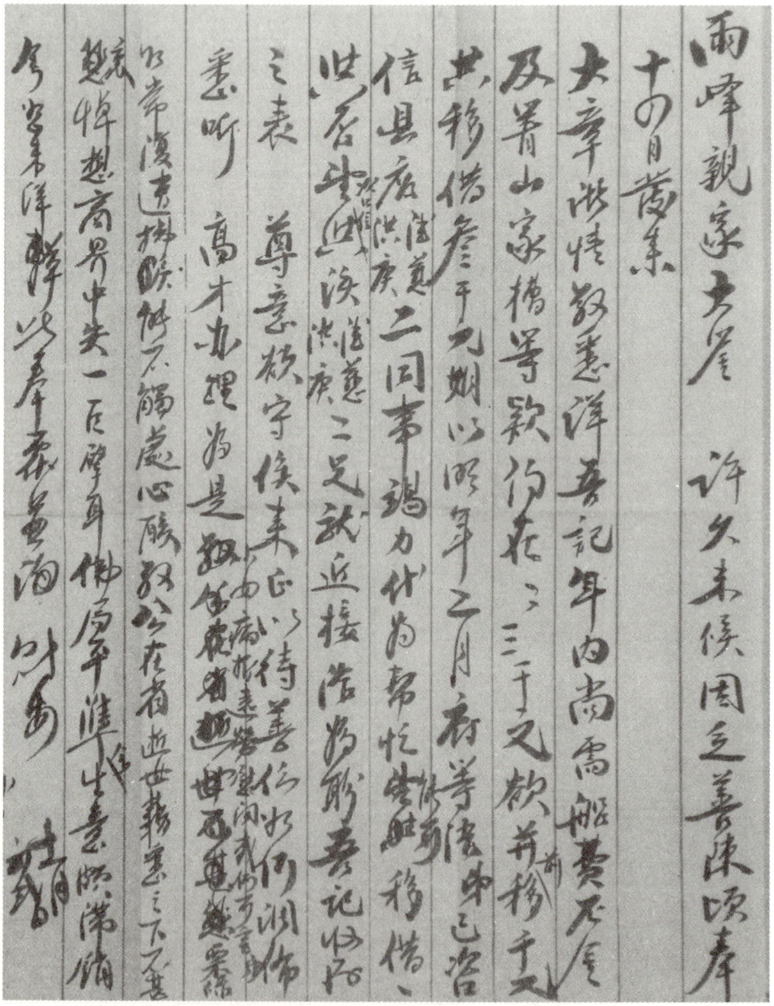

雨峰親家大人：許久未候，因乏善陳。頃奉
十四日[illegible]柬
大章，[illegible]悉，詳[illegible]記年內尚需船費不[illegible]
及胥山家[illegible]等款，仍在[illegible]三千文款，并移千文
共移借叁千九期，以明年二月[illegible]等[illegible]
信[illegible]二同事竭力代為幫忙[illegible]移借、
[illegible]近接[illegible]記[illegible]
之表
尊意[illegible]
[illegible]高才[illegible]理為是[illegible]
[illegible]
[illegible]

十一月初二日(12 月 13 日)致德慈函

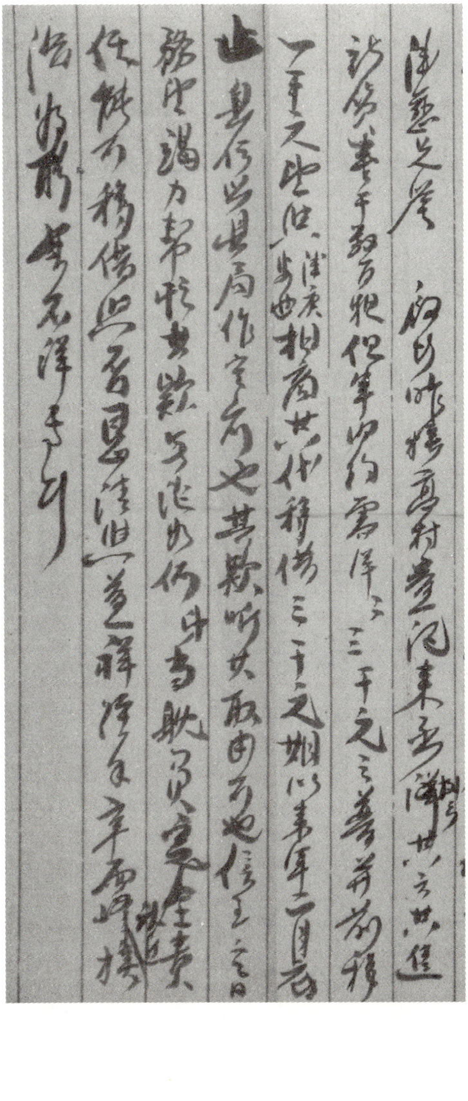

十一月十八日(12 月 29 日)復八弟

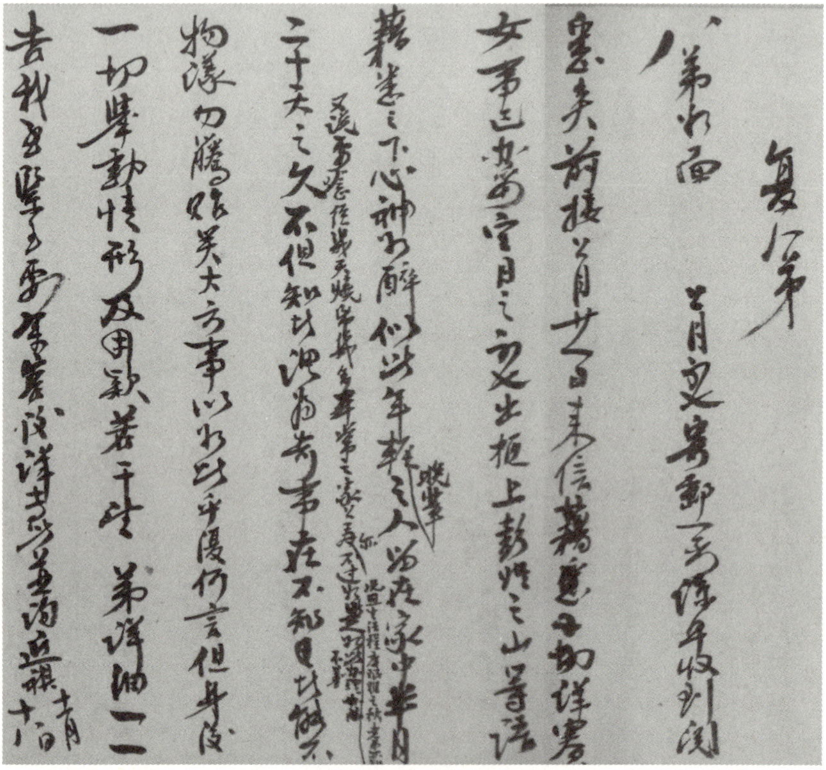

十一月十八日(12 月 29 日)復伯軒函

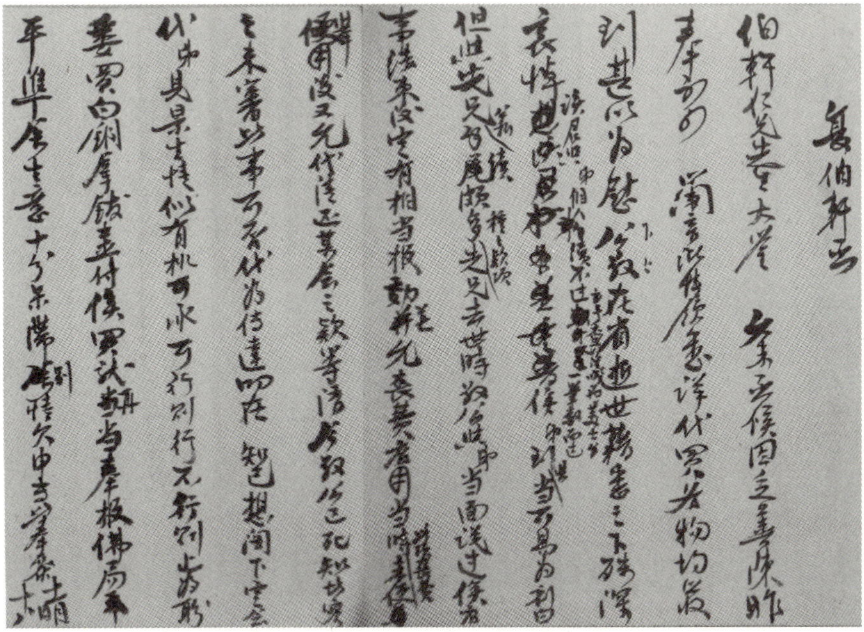

民國十八年（1929年）

十一月廿六日(1月6日)復張林函

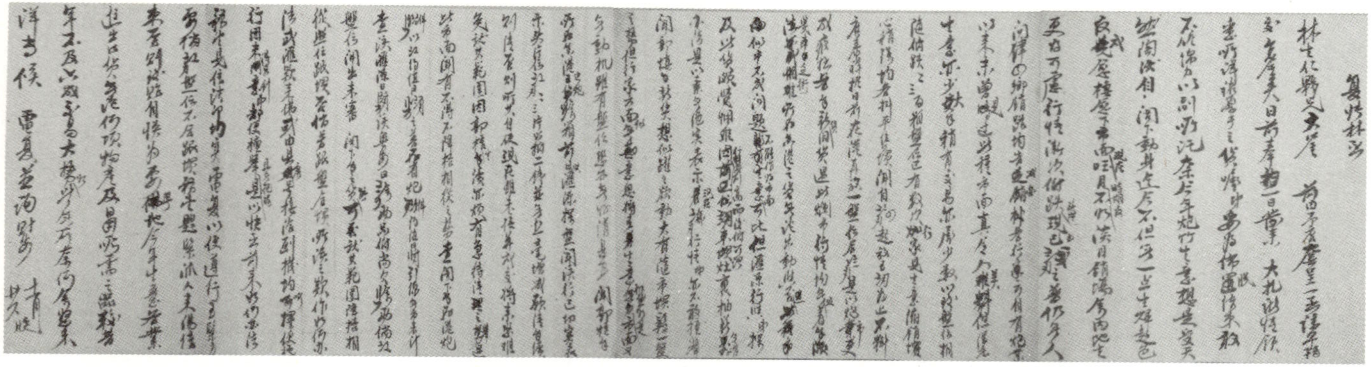

十一月廿八日(1月8日)致張林函

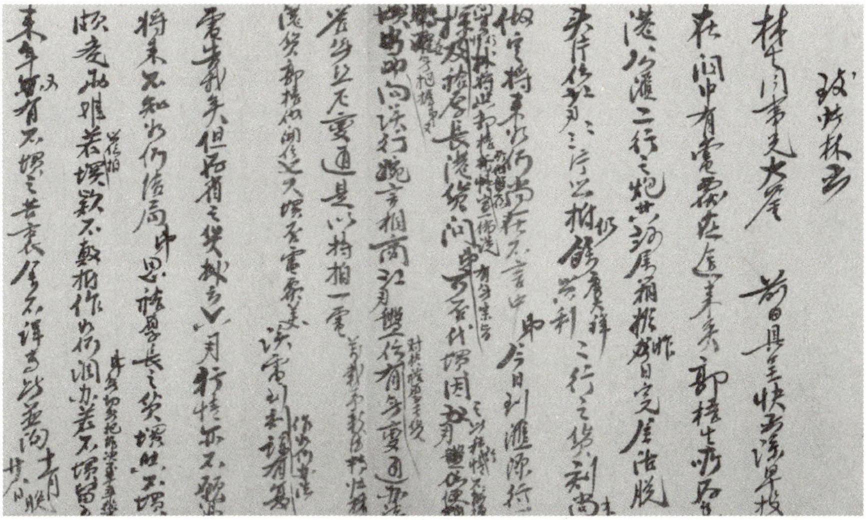
致張林函

十二月十三日（1月23日）復辛國柱函

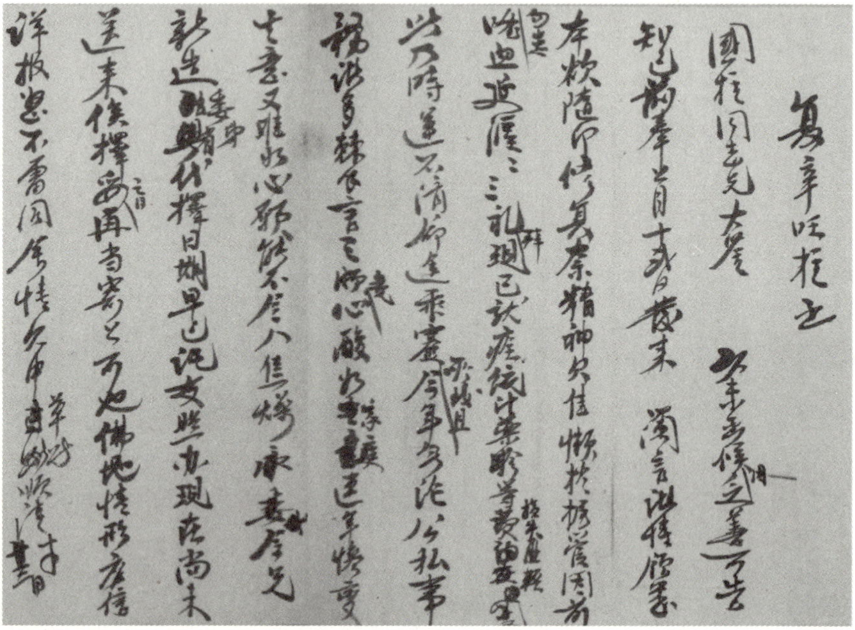

十二月十三日(1月23日)復安世函

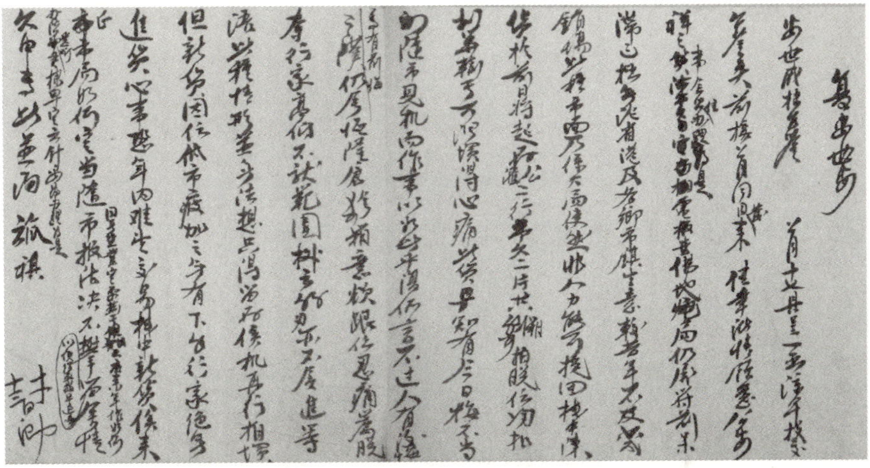

十二月十八日(1月28日)致家信

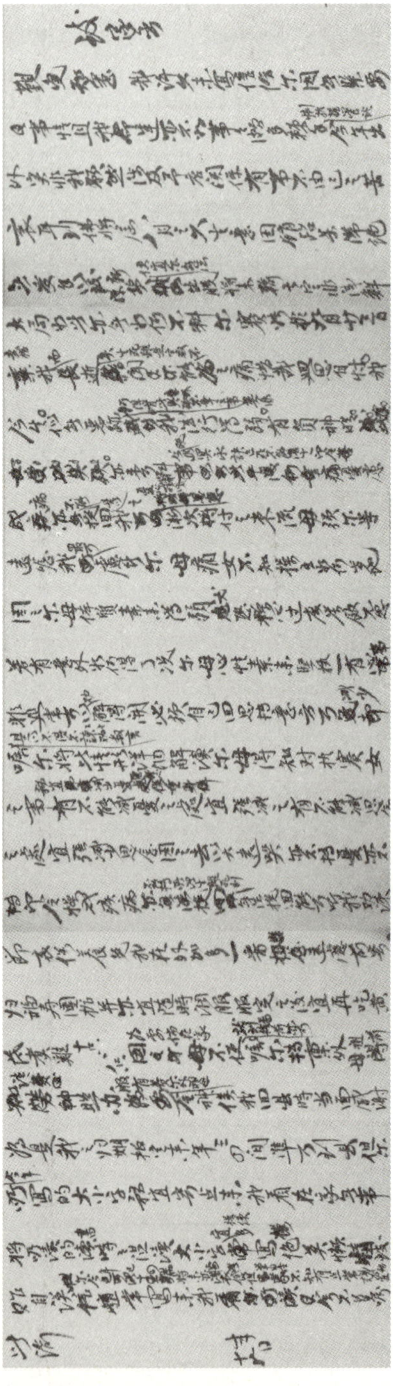

十二月十八日(1月28日)復時侄函

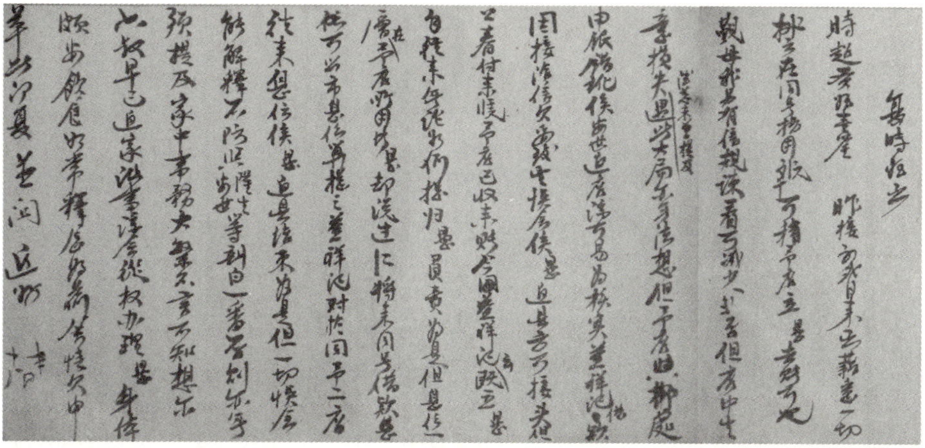

十二月廿一日(1月31日)致裕厚長函

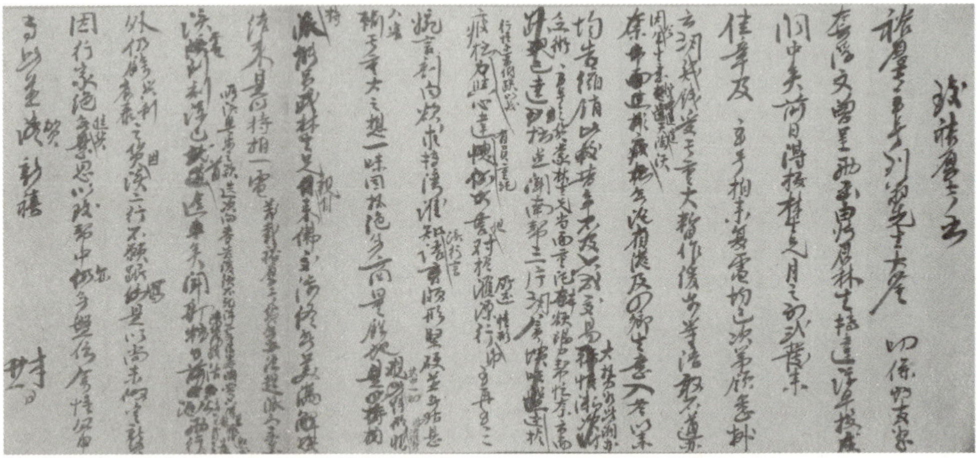

十二月廿二日(2月1日)致九江永慎昌函

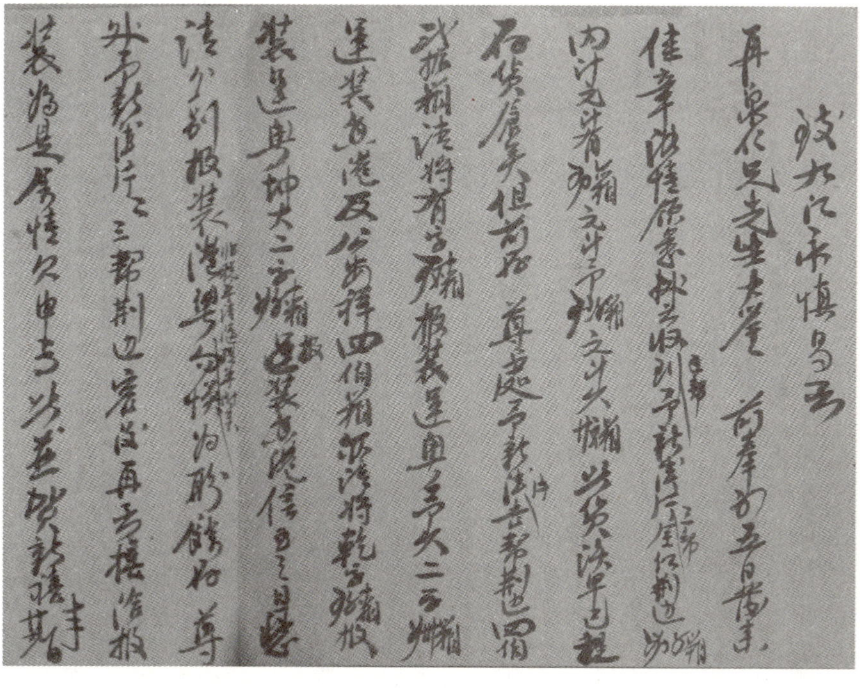

正月廿八日(3月9日)致潯復函

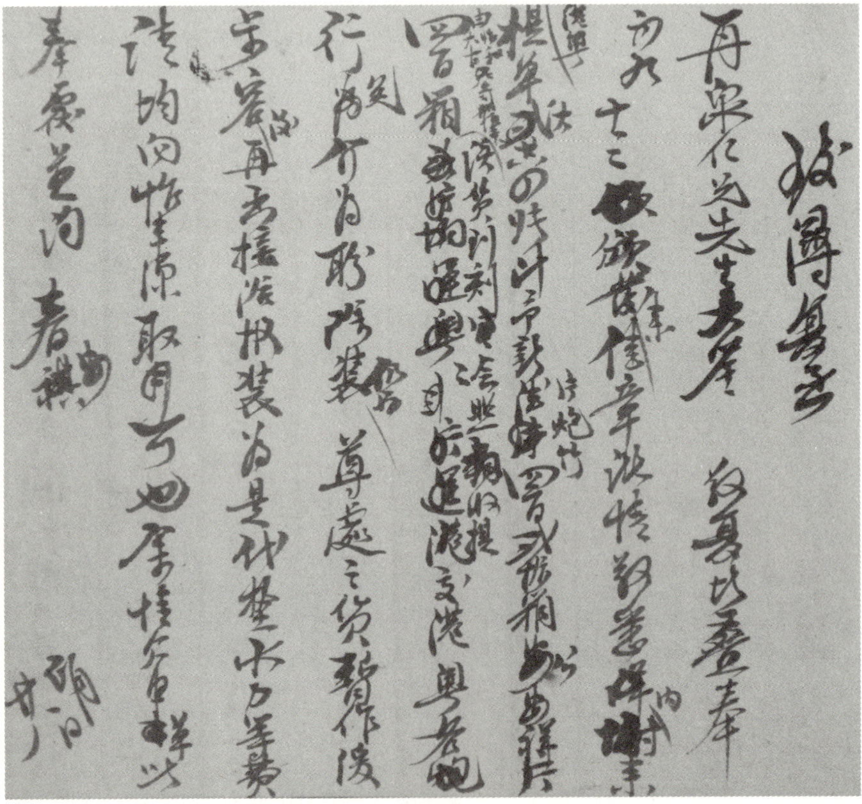

正月廿七日(3月8日)致安世、安夷函

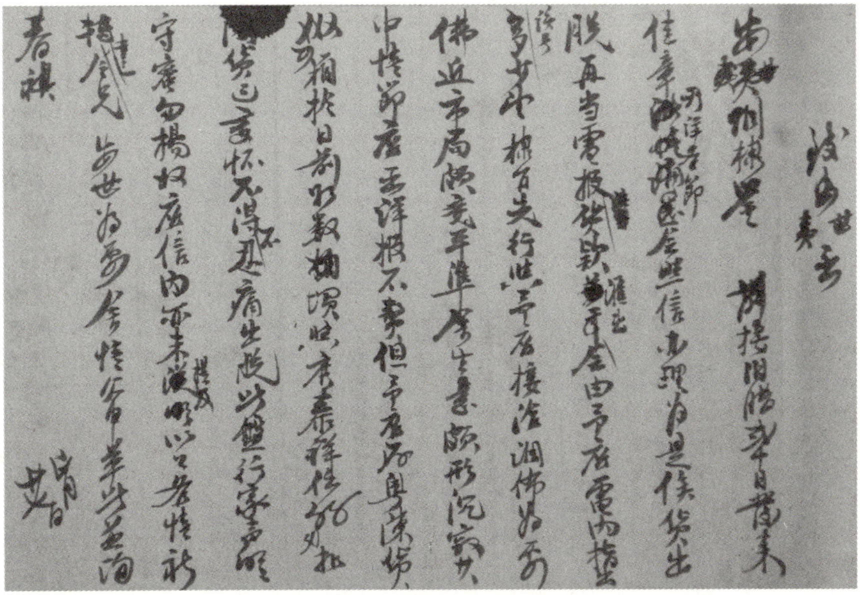

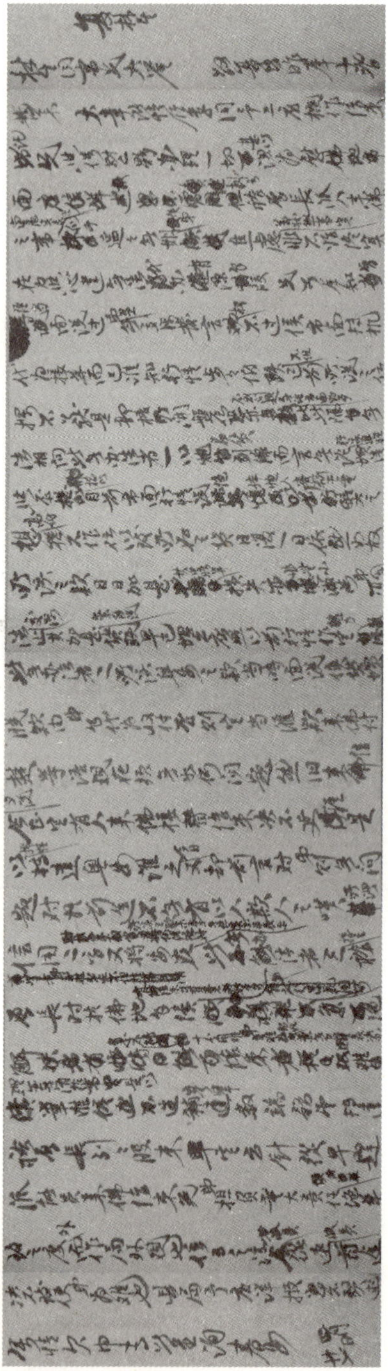

正月廿七日(3月8日)復林生

二月初一日(3月11日)復國柱函

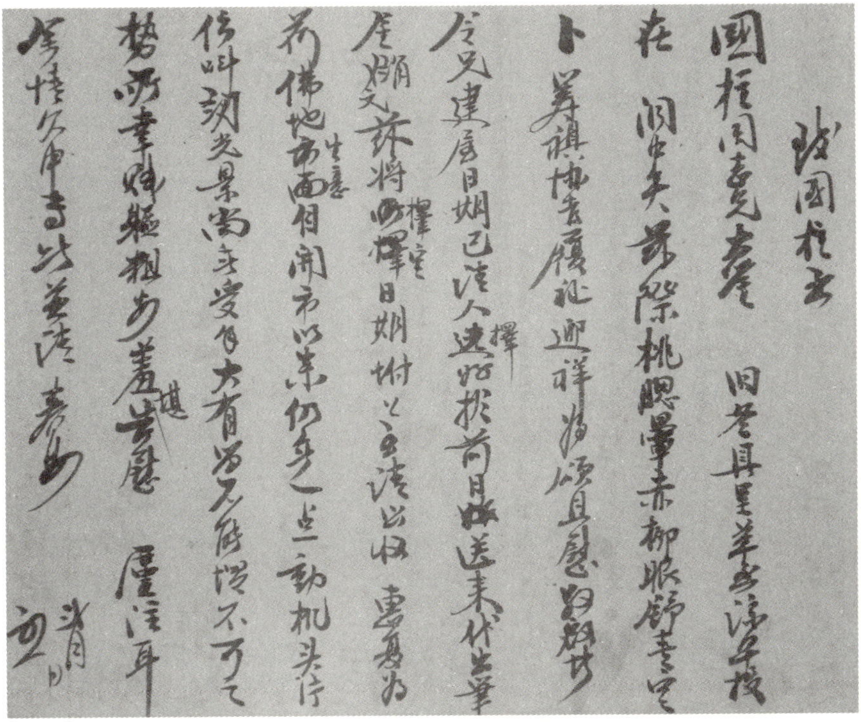

二月卅日(4月9日)復安世函

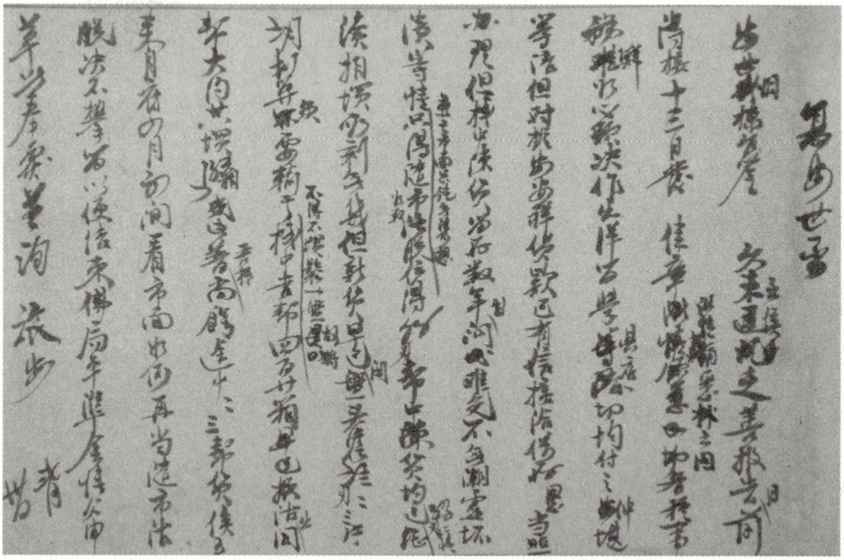

三月初十日(4 月 19 日)復雨峰函

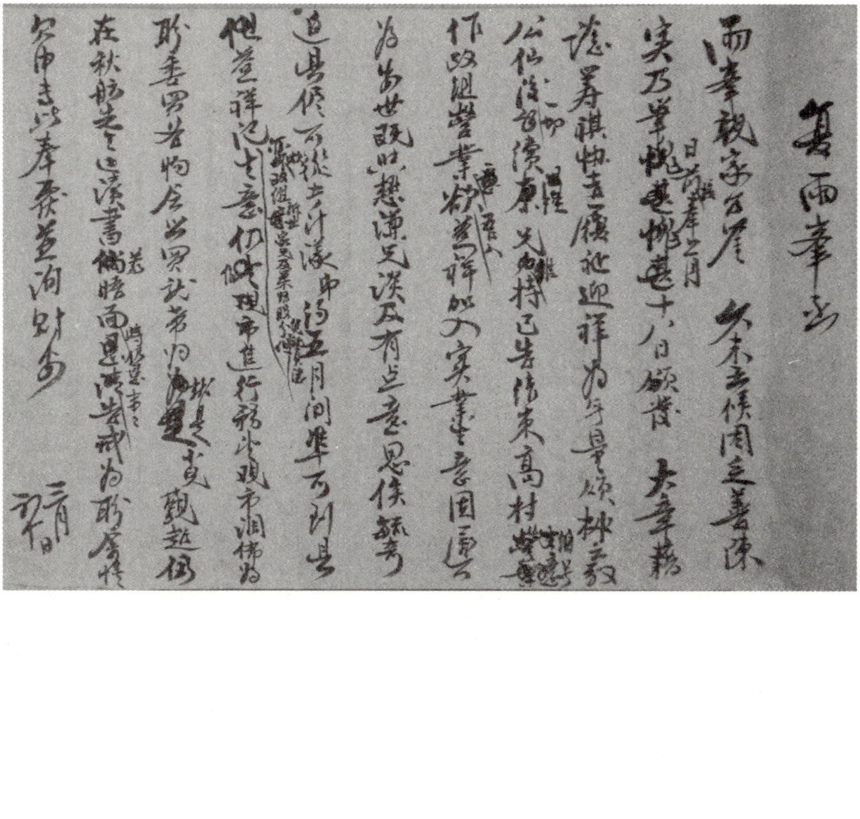

三月初十日(4 月 19 日)致申謙甫函

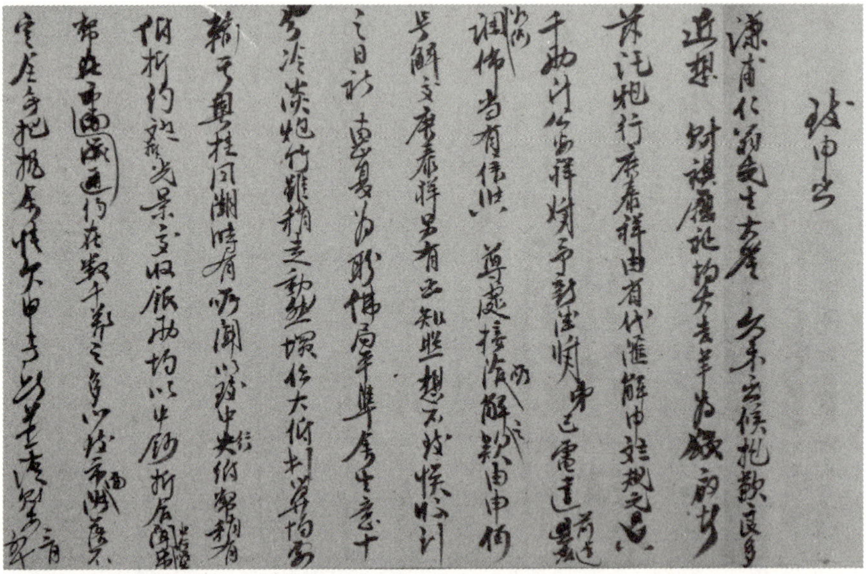

三月廿一日(4月20日)復國柱函

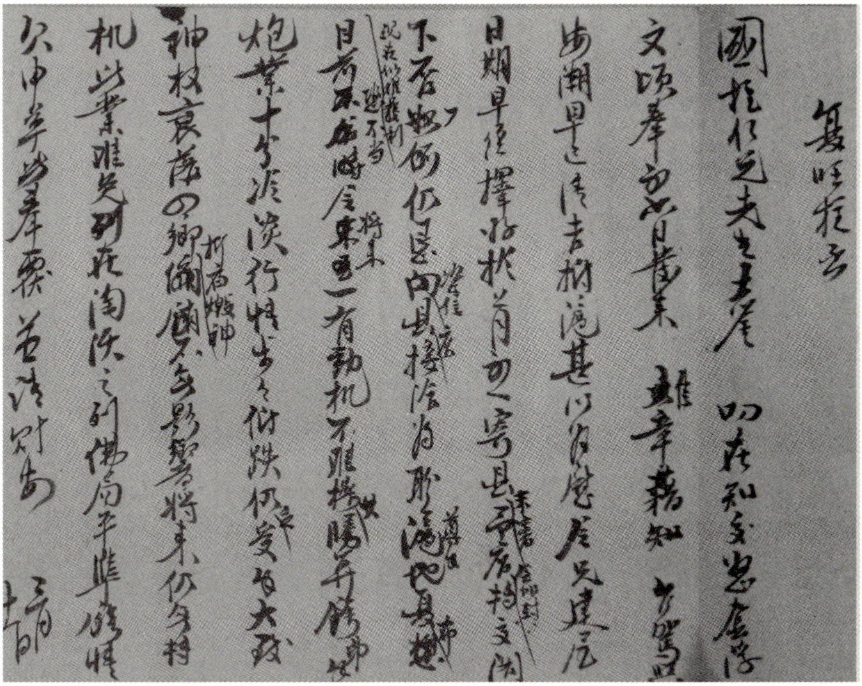

致八弟（無日期）

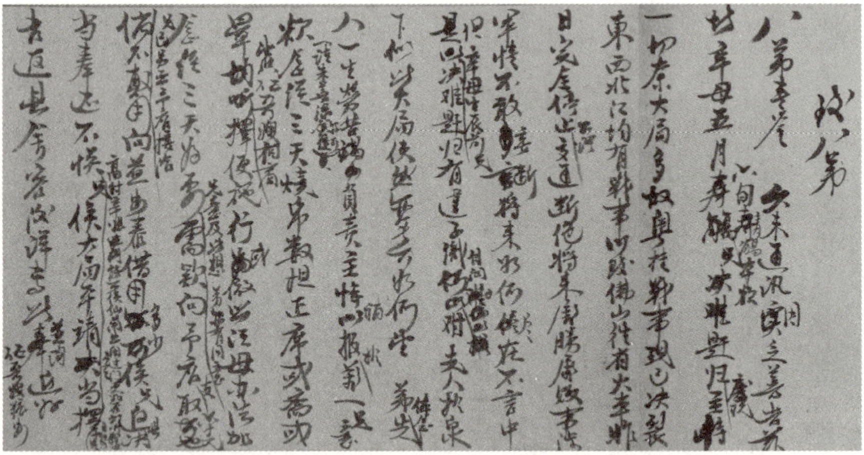

廿二日復國柱（無月份）

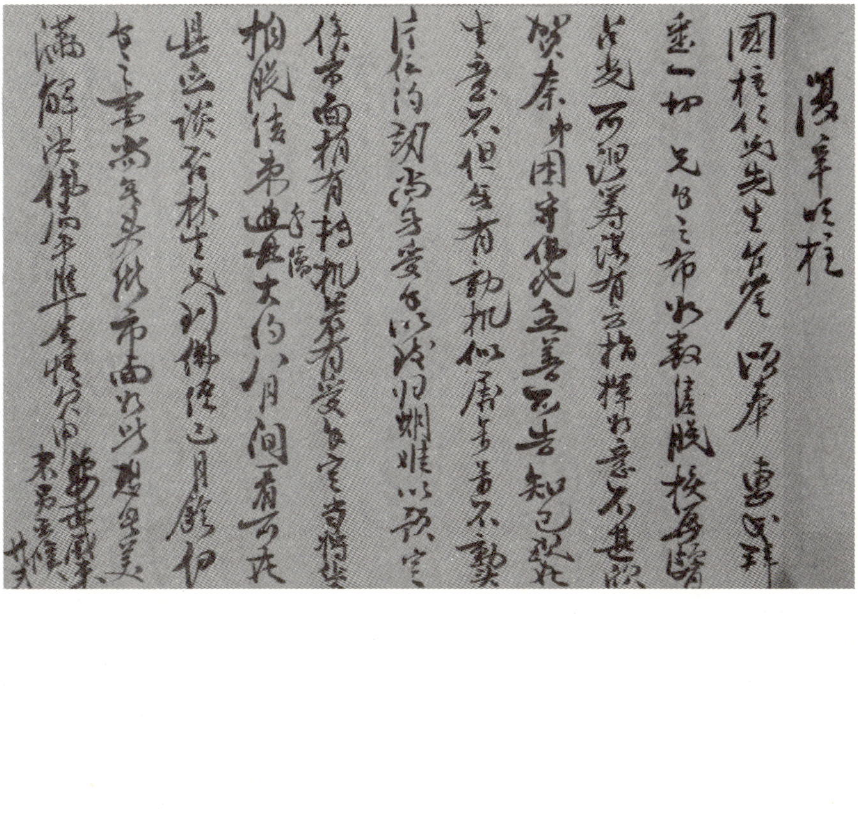

五月廿八日(7月4日)致心禪函

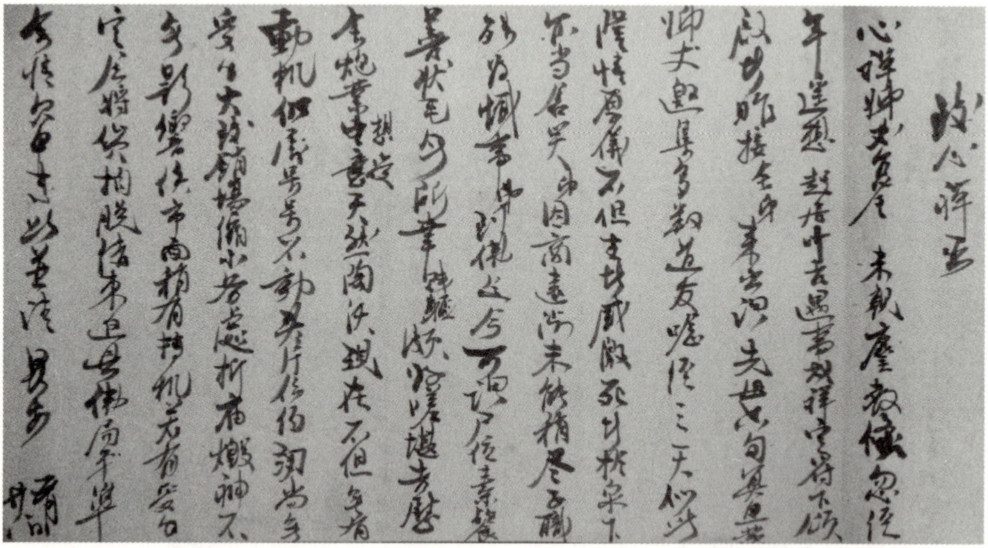

五月廿九日(7月5日)復春釐函

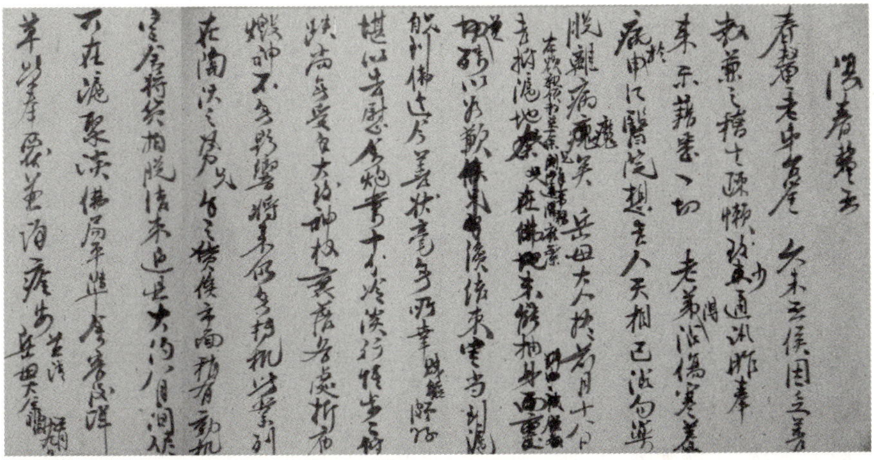

五月廿九日(7月5日)致九江永慎昌函

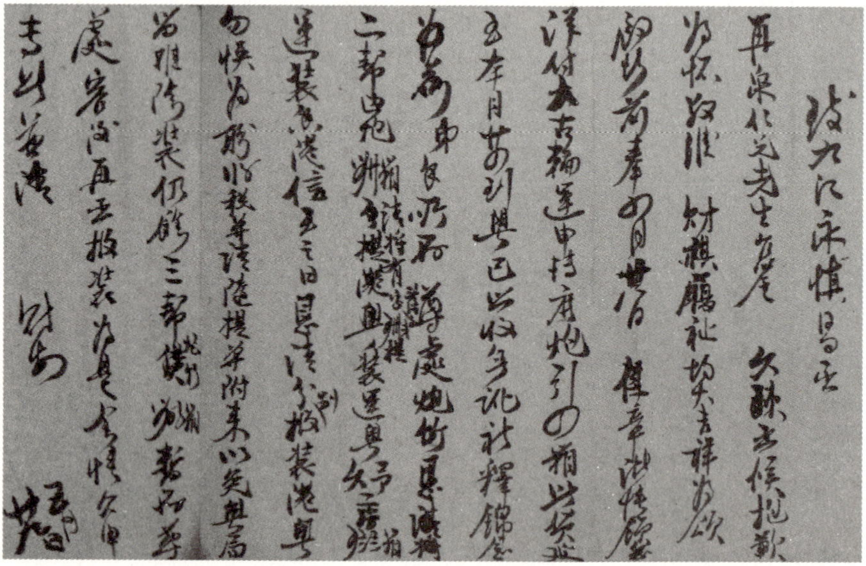

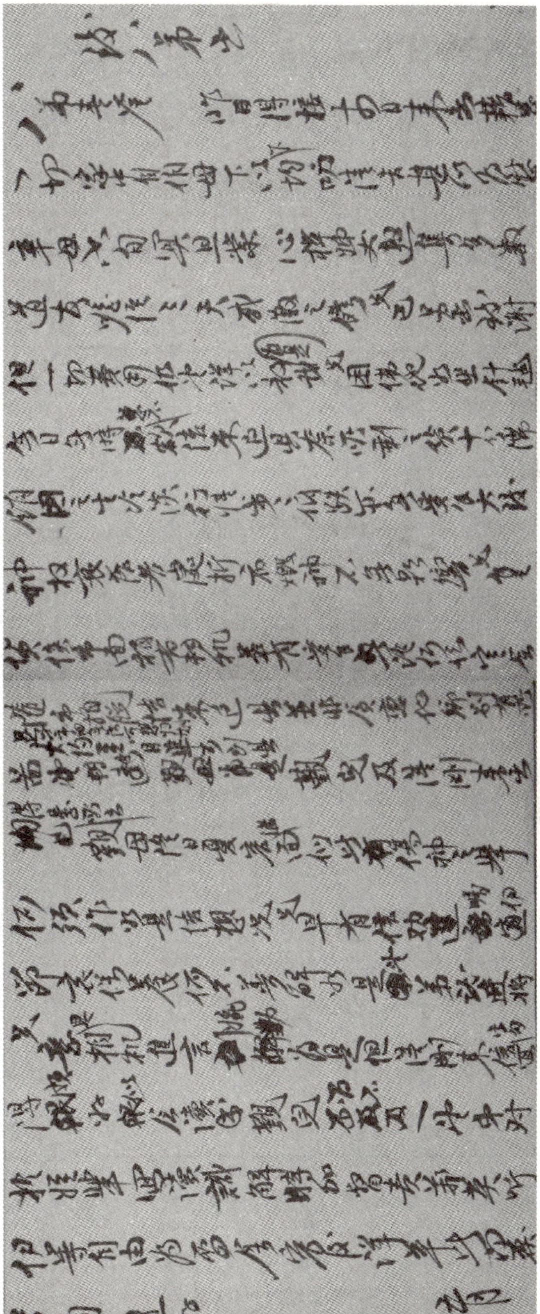

五月卅日(7月6日)致八弟函

六月廿九日(7月31日)復春耋函

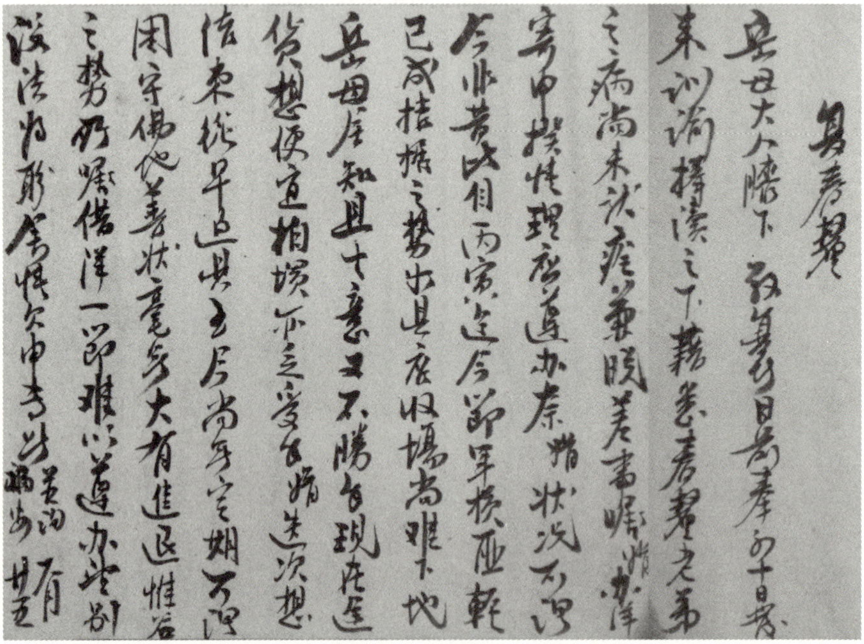

六月廿九日(8月4日)致謙德泰復函

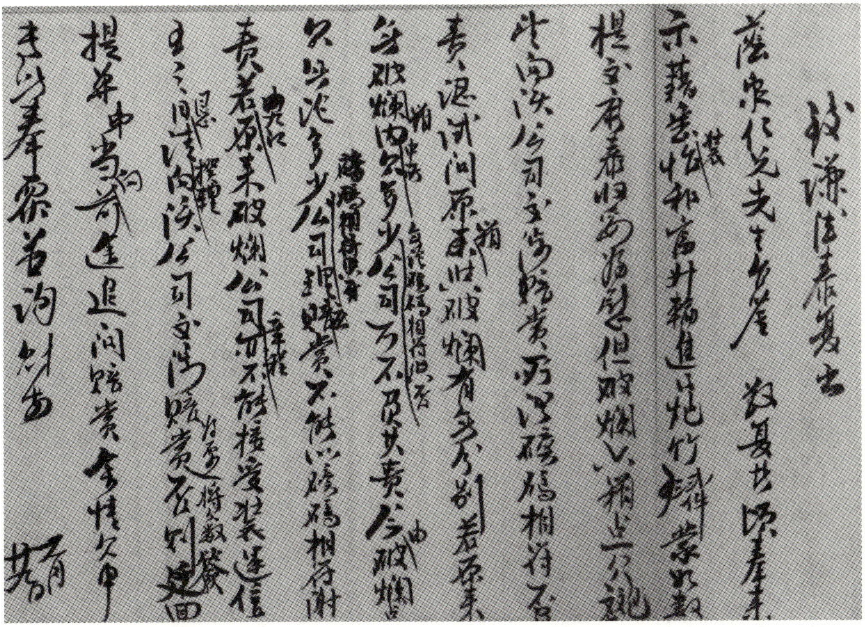

六月廿八日(8 月 3 日)復時超

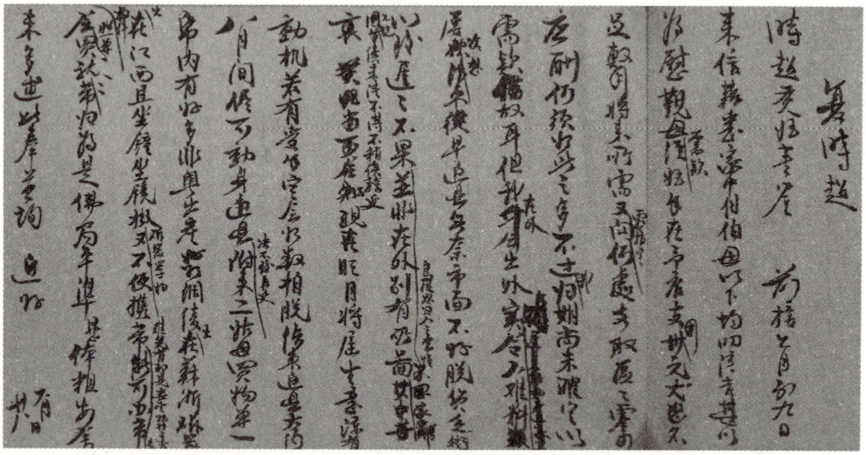

七月十八日(8月22日)致潯再泉函

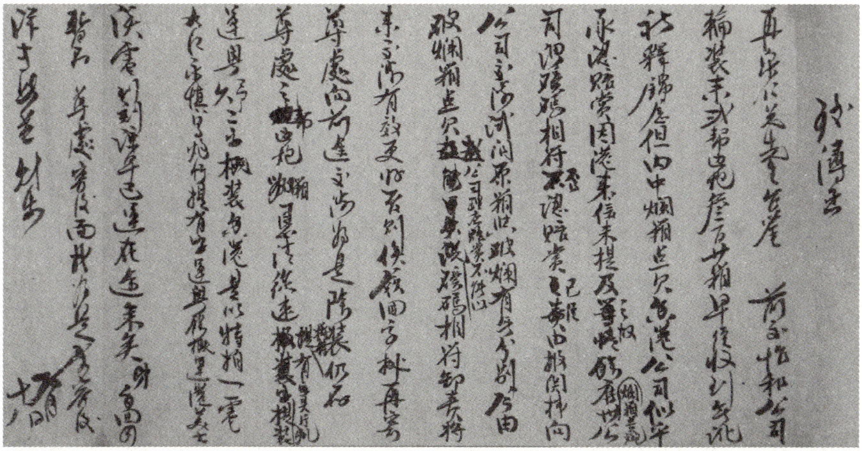

七月廿一日(8 月 25 日)致潯再泉函

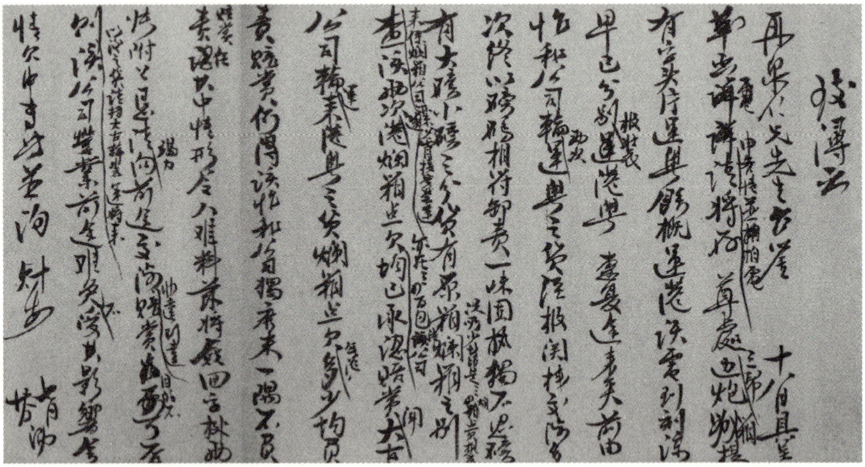

七月廿日(8月24日)致申莊函

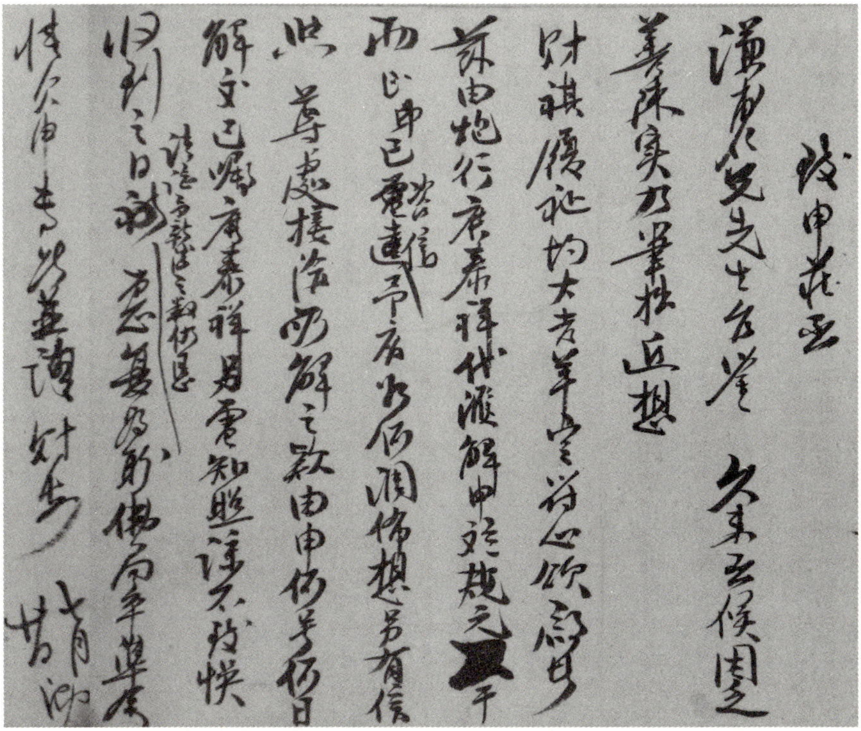

七月廿五日(8月29日)致八弟

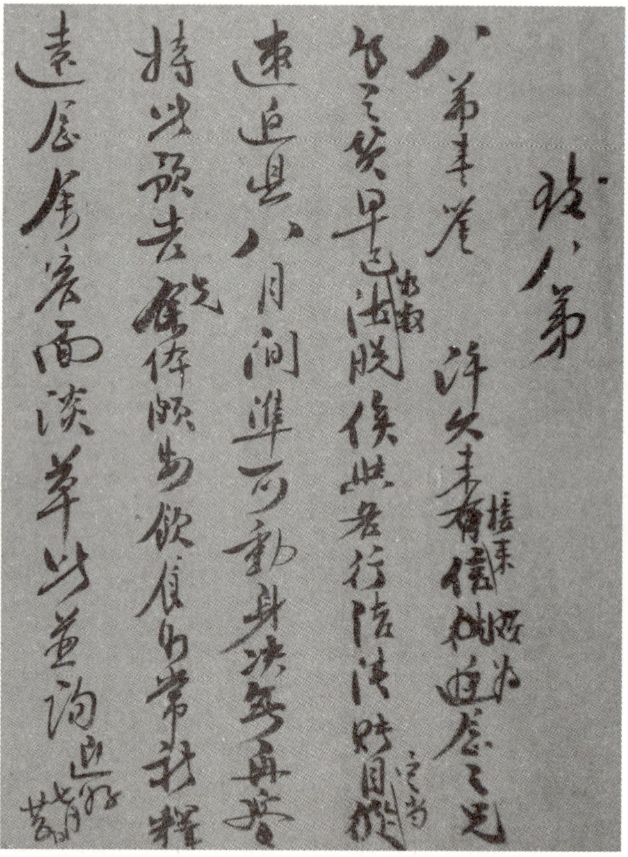
致八弟